Le Système Amazon

ALEC MACGILLIS

Le Système Amazon

Une histoire de notre futur

TRADUIT DE L'ANGLAIS (ÉTATS-UNIS)
PAR MORGANE SAYSANA
ET GUILLAUME CONTRÉ

Seuil | Éditions du sous-sol

Certaines parties des chapitres 3 et 7 ont d'abord été publiées
sous une forme légèrement différente dans le *New Yorker*.

Nous remercions chaleureusement Rockathon Records
de nous avoir autorisés à citer les paroles de "Dayton, Ohio – 19 Something
and 5" de Guided by Voices. Ainsi que Draze pour la permission
d'utiliser les paroles de "The Hood Ain't the Same".

Titre original : *Fulfillment*

Le livre a été publié pour la première fois par Farrar,
Straus and Giroux en 2021.

Une coédition Seuil / sous-sol

ISBN 978-2-02-148052-8

www.seuil.com
www.editions-du-sous-sol.com

À la mémoire de Donald MacGillis,
mon premier éditeur

Je reste près de l'entrée, j'attrape les objets dès qu'ils sont glissés dans le trou, j'écoute en hochant la tête. Je me suis lentement fondu dans cette cavité.

Rudolph Wurlitzer, *Nog*[1]

1. Paris, Christian Bourgois éditeur, 1999, p. 78 (traduction d'Anne Wicke). (*Toutes les notes sont des traducteurs.*)

INTRODUCTION

Au sous-sol

Hector Torrez[1] vivait au sous-sol de la maison à la demande de sa femme. Il n'avait rien fait de mal, n'avait pas donné de coup de canif dans le contrat de mariage. Simplement, il travaillait au mauvais endroit.

Ironie du sort : c'était son épouse qui l'avait poussé à accepter ce boulot. Il était resté onze ans au chômage, depuis qu'il avait perdu une situation très lucrative (avec un salaire annuel de 170 000 dollars) dans l'industrie du numérique, lors de la crise économique de 2008. Il avait cédé à l'abattement et à la dépression, cet état où végète le quinquagénaire mis sur la touche dans un secteur faisant la part belle aux jeunes. La famille s'était maintenue à flot bon an mal an grâce aux revenus de Laura, sa femme, qui vendait des formations sur du matériel de diagnostic médical. Mais ils avaient dû se rabattre sur une maison plus modeste en périphérie de Denver, la ville où ils s'étaient installés après avoir fui, dès 2006, leurs mensualités de 5 500 dollars dans la baie de San Francisco.

Laura avait fini par lui lancer un ultimatum : soit Hector trouvait un travail, soit il devait partir. Il avait donc fait ses valises pour retourner vivre dans sa famille, des immigrants d'Amérique centrale qui s'étaient établis en Californie quelques décennies plus tôt. Il cohabitait avec sa sœur aînée et les siens dans la grande banlieue de San Francisco. S'il s'absentait, il devait impérativement être de retour à 20 h 30, dernier carat, pour ne pas déranger son beau-frère, qui se levait à 4 h 30 tous les matins pour effectuer un long trajet jusqu'à la Silicon Valley, comme chacun de ces 120 000 travailleurs de la baie de San Francisco qui passent plus de trois heures par jour au volant de leur voiture ou dans les transports.

Au bout de cinq mois de cette routine pesante, Hector avait accepté l'offre de Laura, qui lui proposait de revenir à leur domicile, à condition qu'il trouve un emploi, ce qui fut le cas, six mois plus tard, en juin 2019. Un jour qu'il passait devant l'entrepôt, il vit une annonce de recrutement. Il se gara et alla se renseigner. On lui répondit qu'il pouvait commencer dès le lendemain.

Il travaillait quatre nuits par semaine, en général de 19 h 15 à 7 h 15. Il accomplissait toutes sortes de tâches, un peu partout dans l'entrepôt : empiler des cartons dans des remorques en partance, charger des paquets sur des palettes et réceptionner des enveloppes et des colis, ce qui impliquait de rester debout près de la courroie de distribution durant tout son service (il n'y avait pas une seule chaise dans le bâtiment) et de transférer d'un carrousel à l'autre des centaines d'articles à l'heure, sans oublier de les positionner sur le bon côté, vers le haut, afin qu'ils puissent être scannés.

Il soulevait un grand nombre de cartons, dont certains pesaient jusqu'à 25 kilos. Le plus dur n'était pas le poids de ces colis, mais surtout le fait qu'il était impossible de juger si un paquet serait difficile à soulever en fonction de sa taille. Le corps et l'esprit ne savaient jamais à quoi s'attendre. Pendant quelque temps, il porta un corset, mais ainsi accoutré il était comme dans une étuve. Sa tendinite au coude réapparut. À en croire son podomètre Fitbit, il parcourait souvent près de 20 kilomètres par service. Croyant l'appareil défectueux, il s'en procura un nouveau, mais celui-ci indiqua les mêmes résultats. Il se tartinait de crème anesthésiante, prenait de l'ibuprofène sur place, puis, une fois rentré à la maison, appliquait des poches de glace sur son coude et prenait des bains de pieds au sel d'Epsom. Il changeait souvent de chaussures pour répartir l'usure sur toute la plante de ses pieds. Il gagnait 15,60 dollars de l'heure, 20 % de ce que lui rapportait son emploi dans le numérique, mais infiniment plus que ce qu'il touchait au chômage.

L'entrepôt de Thornton, à 25 kilomètres au nord de Denver, avait ouvert une année plus tôt, en 2018. Avec ses sept ans d'ancienneté, son directeur général, Clint Autry, était un briscard du mastodonte et avait déjà contribué à l'implantation de plusieurs autres sites sur tout le territoire américain ; il avait même participé aux essais de ces gilets émetteurs d'ondes radio portés par les employés lorsqu'ils devaient s'aventurer près de la trajectoire des robots “Drive Units”, qui transportaient de grandes armoires de marchandises, afin de prévenir leurs collègues entièrement automatisés qu'il fallait s'écarter. "Le but du jeu, c'est d'apporter le produit au client selon la méthode la plus rapide et la plus performante en termes de coût, en fonction des frais d'expédition", déclara Autry lors d'une visite inaugurale en grande pompe.

La montée en puissance à l'entrepôt s'est amorcée mi-mars 2020, comme partout ailleurs dans le pays, quand les mesures de confinement pour endiguer la propagation du coronavirus ont pris effet. Les commandes ont alors grimpé en flèche, atteignant une ampleur digne des fêtes de fin d'année, lorsque des millions d'Américains ont décrété que le seul moyen de faire les magasins sans risque, c'était d'acheter de chez eux. Hector ne travaillait dans l'entreprise que depuis neuf mois. Pourtant, sur les vingt participants à son stage d'intégration, il était le seul toujours en poste. Quant aux autres, soit ils n'avaient pas réussi à tenir la cadence, soit ils s'étaient blessés, soit encore on les avait licenciés pour avoir dépassé – à force de se blesser – le nombre d'absences toléré. De nombreux employés avaient décidé qu'ils n'étaient pas en mesure d'encaisser le stress généré par la flambée des commandes ni les risques induits par la promiscuité dans l'entrepôt, aussi, à mesure que le nombre de travailleurs s'amenuisait, la pression sur ceux qui restaient s'intensifia. On exigea de Hector qu'il travaille douze heures d'affilée cinq nuits par semaine. La plus longue durée de travail et le jour de repos hebdomadaire en moins ne firent qu'aggraver sa tendinite.

C'est par d'autres employés, et non par la direction, qu'il eut des nouvelles d'un collègue avec qui il travaillait en étroite collaboration au quotidien. Quand cet homme, un quadragénaire, avait cessé de venir, Hector avait supposé qu'il avait simplement jeté l'éponge, comme tant d'autres. Mais une rumeur se mit à circuler, selon laquelle il avait attrapé une forme grave de Covid-19. Hector en parla à Laura, qui prit peur pour sa famille, notamment pour sa mère âgée, qui vivait sous leur toit et souffrait d'une bronchopneumopathie chronique obstructive. Elle le relégua donc au sous-sol. Celui-ci était encore en travaux, mais ils y installèrent un lit, trouvèrent un petit réfrigérateur, un four à micro-ondes et une cafetière. Hector montait en catimini au rez-de-chaussée pour se rendre aux toilettes et dans la salle de bains.

Que personne ne les ait prévenus mettait Laura hors d'elle. Hector n'avait pas été informé de la situation de son collègue. Il n'avait reçu aucune information concernant les risques de contagion et les moyens de l'éviter. Il n'y avait pas de numéro vert. Quand elle avait recherché sur Internet les préconisations de l'entreprise dans ce genre de situation, elle n'avait trouvé qu'une page, où celle-ci vantait tous les efforts qu'elle mettait en œuvre pour faire face à la crise en qualité de multinationale. "Ils ont peut-être pris quelques mesures, c'est vrai, commenta-t-elle, mais ils [les dirigeants de l'entreprise] tirent aussi profit de la situation, sur le dos de leurs employés, qui ne sont pas du tout protégés, ni eux, ni leurs familles."

Elle ne pouvait s'empêcher de regretter d'avoir poussé Hector dans la gueule du loup. "Ils se décrivent comme une entreprise de pointe, mais en vérité, c'est le goulag là-bas, ajouta-t-elle. Ils ont une telle mainmise sur notre économie et notre pays..."

Comme toutes les crises de grande envergure, la pandémie survenue en 2020 a mis en lumière les faiblesses des nations qu'elle a frappées. Dans le cas des États-Unis, ce talon d'Achille, c'est l'incroyable inégalité entre certaines zones et certaines populations. Quand il a atteint notre pays, le coronavirus a touché en premier lieu les échelons les plus élevés de la société, les villes les plus prospères – Seattle, Boston, San Francisco, Manhattan – en plus étroites connexions avec leurs homologues internationaux qu'avec des localités plus sinistrées autour d'elles. Toutefois, en l'espace de quelques semaines, il s'était insinué dans des bastions moins privilégiés, comme piloté par un infaillible instinct de retour à l'habitat d'origine qui l'aurait conduit jusqu'aux plus vulnérables, ceux chez qui la maladie ferait le plus de ravages : dans le Bronx, où les cas avérés avaient deux fois plus de risques de se solder par un décès que partout ailleurs à New York ; au cœur du Queens, où il a dévasté des maisonnées entières entassées dans des logements exigus, des familles nombreuses bangladaises et colombiennes travaillant dans la restauration ou comme chauffeurs de taxi, et où, dans un centre hospitalier, on a sommé un jeune garçon de régler les frais d'incinération de sa mère alors même que son père était en réanimation avec de très faibles chances de s'en sortir ; à Detroit, où beaucoup plus de gens mouraient qu'à Seattle, San Francisco et Austin réunies ; et dans la ville d'Albany, en Géorgie, où un enterrement a provoqué une contagion qui allait faire plus de soixante décès en quelques semaines dans un comté où l'on recense seulement 90 000 habitants. "Le virus nous a fait l'effet d'une bombe, déclara le médecin légiste du comté. Après [l'enterrement], tous les jours, il y avait un nouveau mort."

Ces disparités en termes d'impact n'auraient dû être une surprise pour personne, car les fossés entre communautés n'avaient rien de nouveau, ils étaient déjà très visibles, de plus en plus béants d'année en année, où que l'on soit amené à se déplacer. Par exemple, supposons que l'on laisse derrière soi les montagnes de Virginie-Occidentale ou de l'ouest de la Virginie et du Maryland pour se rendre en voiture dans l'agglomération de Washington. On traverse d'abord des petites cités dépeuplées, ravagées par le fléau des opioïdes et dépourvues de tout commerce de détail, en dehors de l'omniprésent magasin "tout à un dollar". Puis, à peine une heure plus tard, on s'enfonce dans la gueule de la capitale ou plutôt de sa grande banlieue par le biais d'une route à dix voies, passant devant des cubes de verre et de béton ornés d'insondables acronymes d'entreprises, pour pénétrer dans des comtés parmi les plus riches du pays.

Ou bien supposons que l'on quitte Washington en train pour descendre moins d'une heure plus tard à Baltimore. Là, d'un coup, la pression atmosphérique chute au point de donner le tournis. On passe d'une ville pleine de jeunes travailleurs acharnés et où l'argent coule à flots à une ville où règne le vide. On émerge de la superbe gare de style Beaux-Arts pour déboucher sur une esplanade trop calme, le long d'une grande artère trop silencieuse. À une station-service, environ deux pâtés de maisons plus loin, deux personnes – une Blanche, un Noir –, assises par terre, sniffent, au vu et au su de tous, une substance posée sur le dos de leur main.

Ces fossés s'observent partout. Entre Boston, une cité florissante, et des villes industrielles sur le déclin comme Lawrence, Fall River et Springfield. Entre New York et ses cousines du nord de l'État qui luttent pour se maintenir à flot : Syracuse, Rochester et Buffalo. Entre Columbus et ses homologues de l'Ohio, plus petites, dont elle se détache : Akron, Dayton et Toledo, et l'on pourrait continuer jusqu'à Chillicothe, Mansfield et Zanesville. Entre Nashville, la belle du Sud septentrional, et son parent pauvre, Memphis.

Certes, il y a toujours eu des régions plus riches que d'autres aux États-Unis, mais l'écart ne cesse de se creuser, atteignant des proportions inouïes. Au cours des ultimes décennies du XIXe siècle et des huit premières du XXe, à mesure que le pays devenait la nation la plus riche et la plus puissante de la planète, les zones les plus sinistrées étaient en voie de rattraper les plus prospères. En revanche, dans les années 1980, cette tendance à la convergence s'est inversée. En 1980, la quasi-totalité des territoires avaient des revenus moyens situés dans les 20 % de la moyenne nationale – seules les agglomérations de New York et de Washington se plaçaient au-dessus de cette tranche et seules quelques régions du Vieux Sud rural peinaient en dessous. Par contraste, en 2013, la quasi-totalité du "couloir du Nord-Est", de Boston jusqu'à Washington, ainsi que le littoral de Californie du Nord avaient des revenus plus de 20 % supérieurs à la moyenne. Plus surprenant encore, une vaste portion de l'intérieur des terres avait des revenus situés plus de 20 % en dessous de la moyenne. Et il ne s'agissait pas que des zones rurales du Sud et du Sud-Ouest ; la majeure partie du Midwest et des Grandes Plaines était également concernée. Quant aux endroits déjà prospères en 1980, ils pulvérisaient désormais exploser tous les records. En 1980, le revenu moyen dans la région de Washington était 25 % plus élevé que dans le reste du pays. Au milieu de l'année 2015, cet écart avait doublé.

Et pourtant, ces disparités régionales avaient beau s'amplifier, elles passaient plus ou moins inaperçues. Le débat sur les inégalités se cantonnait au revenu par tête – les 1 % au sommet de la pyramide et les 99 % en dessous – plutôt que de s'intéresser à la topographie des inégalités à travers le pays. Si le problème était parfois repéré à l'échelle régionale, on y voyait souvent un clivage ville/campagne, ce qui n'était pas faux : l'Amérique rurale était en crise. Mais il existait aussi un clivage entre grandes villes – entre une poignée de métropoles qui raflaient la mise et un nombre bien plus important de rivales laissées pour compte. Au sortir de la crise de 2008, pendant six années consécutives, le taux de création d'emplois augmenta presque deux fois plus rapidement dans les très grandes agglomérations urbaines que dans les plus petites, et les revenus y flambèrent 50 % plus vite. Quelques générations avant la nôtre, la prospérité urbaine s'était propagée à travers le pays : dans les années 1960, parmi les vingt-cinq villes aux revenus les plus élevés, on comptait Cleveland, Milwaukee, Des Moines et Rockford (dans l'Illinois). Aujourd'hui, presque toutes les métropoles les plus riches se situent sur le littoral. Depuis les années 1970, les salaires dans les plus grandes mégalopoles américaines ont enregistré une hausse de près de 20 % supérieure à celle dans les autres villes du pays. En 2019, plus de 70 % de l'ensemble du capital risque bénéficiait à trois États en tout et pour tout : la Californie, l'État de New York et le Massachusetts. "Une poignée d'agglomérations connaissent une concentration de richesses quasi inégalée jusqu'ici, tandis qu'un bien plus vaste ensemble de villes voient leurs emplois s'évaporer, leurs socles économiques se resserrer", écrit le sociologue Robert Manduca.

À mesure que ces inégalités régionales s'accentuaient, leurs conséquences aussi. On constatait, avant tout, un tribut politique : un ressentiment grandissant dans les zones laissées pour compte qui rendait l'électorat plus susceptible de céder aux sirènes des discours racistes et nativistes véhiculés par des candidats opportunistes et des chaînes de télévision cyniques. Le déclin économique ne justifiait en rien le racisme et la xénophobie ; disons plutôt qu'il en faisait des armes. Ce ressentiment pesait énormément dans la balance du système politique américain, qui répartit le pouvoir par territoires et pas seulement selon l'importance démographique. C'est au Sénat que les retombées en sont les plus flagrantes. Lors même que certaines régions s'étiolaient et se vidaient de leur population, les exclus qui y vivaient conservaient une influence et un poids démesurés pour exprimer leur amertume.

Mais les dégâts ne se limitaient pas à ce constat. Les inégalités au niveau régional rendaient certaines parties du pays inintelligibles pour les autres : un monde ravagé par les antalgiques, un autre vicié par les procédures d'inscription aux universités élitistes. Difficile, face à une telle dichotomie, de se mettre d'accord sur des programmes nationaux applicables dans des contextes présentant des disparités si flagrantes : dans un type de régions, la crise du logement rimait avec délabrement et abandon, tandis que dans l'autre on n'avait que deux mots à la bouche : accessibilité et gentrification.

Les inégalités entre régions aggravaient les inégalités en leur sein même. Plus la richesse se concentrait dans certaines villes, plus elle se concentrait dans certains segments de ces villes, exacerbant les déséquilibres de longue date, quand elle ne délogeait pas tout bonnement les plus démunis. Dans des villes comme San Francisco, les paradoxes aux accents dystopiques ne manquaient pas : les sans-abri déféquant à même le trottoir dans un quartier où un déjeuner frugal type salade coûtait 24 dollars et où le loyer moyen d'un deux-pièces s'élevait à 3 600 dollars ; des professionnels de la tech véhiculés en navettes jusqu'à des zones d'activités commerciales, en périphérie, alors que des travailleurs moins qualifiés optaient pour des "micro-appartements" de 18 mètres carrés, ou pour des solutions d'hébergement du genre dortoir avec sanitaires communs, ou encore pour des trajets aux aurores depuis des localités éloignées comme Stockton. Ces situations ubuesques étaient le produit des inégalités sur le plan aussi bien local que national. Un déséquilibre financier qui rendait la vie plus pénible pour tous, dans quelque endroit que ce soit. Le pays entier en était déstabilisé.

Les économistes et les sociologues préoccupés par cette nouvelle réalité tentèrent d'en identifier les causes. Dans une certaine mesure, les inégalités régionales n'étaient qu'un corollaire des inégalités de revenus, qui en 2018 s'étaient creusées jusqu'à un niveau jamais atteint au cours des cinq décennies écoulées, depuis que le bureau du recensement les suivait de près ; un fossé si large que l'agence de notation Moody's tira la sonnette d'alarme : cet écart de revenus représenterait une menace potentielle pour le profil de crédit du pays et aurait "un impact négatif sur la croissance économique et sa durabilité". À mesure que les très riches s'enrichissaient, il en allait de même pour leurs terres d'élection.

Toutefois, d'autres facteurs entraient en jeu. Au premier chef, la nature de l'économie du numérique, propice à l'agglomération des talents. Il y avait aussi le caractère fluctuant du marché de l'emploi : puisqu'on était de moins en moins certain de pouvoir faire carrière au sein d'une seule et même entreprise, on privilégiait les endroits offrant une multitude d'employeurs dans son secteur. Avec l'augmentation du nombre de couples à deux revenus, on préférait les zones géographiques offrant des perspectives d'épanouissement professionnel aux deux conjoints.

Il y avait aussi la dynamique sociale. Comme jamais auparavant, les Américains qui réussissaient le mieux recherchaient la compagnie de leurs semblables, histoire de se conforter dans leurs choix de vie et d'en jouir pleinement, sans culpabiliser. Même à l'intérieur des villes, les habitants les plus riches étaient de plus en plus enclins à vivre ensemble. Entre 1980 et 2010, la proportion de foyers à revenus très élevés résidant dans des quartiers aisés, plutôt que dans des secteurs plus mixtes, était passée du simple au double. En parallèle, au bas de l'échelle, le délitement des liens sociaux et l'effondrement de la cellule familiale traditionnelle – tendances en partie générées par la diminution des richesses dans les zones laissées pour compte – diminuaient les chances de déménager vers un endroit offrant davantage d'opportunités. Si on était une mère célibataire, par exemple, pas question de s'éloigner des grands-parents ou de tout autre membre de la famille à même d'assurer la garde des enfants, même si on avait sans doute les moyens de payer un loyer dans une ville florissante.

Ce n'était pas un hasard si les richesses se concentraient de plus en plus dans certains pôles tandis que des pans entiers de l'économie – les trois quarts de la totalité de l'industrie américaine, selon une estimation – se concentraient de plus en plus au sein de certaines entreprises. Cette tendance, il y avait des décennies qu'elle était à l'œuvre, depuis que le gouvernement fédéral avait relâché ses efforts d'opposition aux regroupements d'entreprises, et elle provoquait des déséquilibres en tout genre au niveau régional. À cause des fusions entre compagnies aériennes, les villes de moindre taille étaient moins bien desservies, ce qui nuisait à leur attractivité. Dans le monde agricole, du fait de ces regroupements, seule une faible proportion de l'argent alloué à l'alimentation finissait dans les poches de ceux qui l'avaient réellement produite, en zone rurale ou dans les petites communes. Les fusions dans le secteur bancaire ou les assurances contraignirent nombre de sièges sociaux à déserter des villes moyennes, privant ainsi celles-ci des avantages qu'ils procuraient à l'économie locale et aux citoyens.

En clair, plus cela allait, plus certaines activités autrefois réparties entre des centaines d'entreprises, petites et grandes, que ce soit dans les médias, la vente au détail ou la finance, étaient dominées par une poignée de mastodontes. Conséquence : les bénéfices et les opportunités de croissance autrefois disséminés aux quatre coins du pays affluaient désormais, dans des proportions sans cesse grandissantes, vers les lieux d'implantation de ces enseignes prépondérantes. Une économie où le gagnant rafle la mise supposait forcément des lieux où le gagnant rafle la mise.

S'il arrivait qu'on écrive à propos de ces inégalités régionales et de la concentration économique, c'était souvent séparément, sans établir de lien entre les deux phénomènes. En réalité, ils étaient intimement liés. Et lorsque j'ai commencé à me pencher sur cette corrélation, l'idée de raconter cette histoire à travers le prisme d'Amazon, une entreprise jouant un rôle surdimensionné dans cette classification entre gagnants et perdants, s'est tout naturellement imposée. Non pas en examinant de plus près l'entreprise elle-même – d'autres l'ont fait – mais plutôt en observant de plus près l'Amérique que son ombre grandissante éclipse.

Cette firme offre le cadre idéal pour comprendre les États-Unis et ce qu'ils sont en train de devenir, étant donné la kyrielle de forces contemporaines qu'elle représente et qu'elle aide à décrypter. Il y a, en premier lieu, la flagrante inégalité financière résumée par le contraste entre l'abracadabrante fortune personnelle de son fondateur et les salaires modestes de la grande majorité de ses employés. Il y a aussi la nature du travail effectué par la plupart d'entre eux : rudimentaire et désociabilisant, à la périphérie des villes, souvent avec des horaires et des emplois du temps instables. Il y a encore l'immense influence que l'entreprise a accumulée au fil des années sur les élus du pays, aussi bien au niveau des États qu'à Washington, où elle s'est insinuée dans la structure même du pouvoir exercé depuis la capitale nationale. Il y a le détricotage du tissu social auquel elle contribue en sapant l'activité commerciale en face à face et l'assiette fiscale d'un nombre incalculable de populations. En chamboulant notre façon de consommer – c'est-à-dire d'assouvir nos désirs –, elle a refondu notre vie quotidienne pour la réduire à son niveau le plus élémentaire.

Amazon est loin de constituer l'unique force à entraîner des divergences entre régions. D'autres géants du numérique, ses rivaux Google et Facebook, ont englouti la quasi-totalité des revenus générés par la publicité en ligne dans la baie de San Francisco, éviscérant par là même le journalisme local ; parmi un éventail d'autres secteurs industriels touchés, citons par exemple les sociétés de capital-investissement implantées dans des métropoles comme New York et Boston qui ont réalisé des bénéfices mirobolants en pompant la valeur d'entreprises éparpillées sur l'ensemble du territoire national, dans des villes moyennes, avant de procéder à des compressions de personnel, quand elles ne liquidaient pas tout bonnement les enseignes concernées.

Mais, plus que toute autre firme, Amazon offre la loupe idéale pour observer les clivages qui divisent le pays, car elle est présente à peu près partout, sous des formes très diverses. Au début, elle avait promis d'être une force au service de l'équité, elle qui acheminait son produit initial – le livre – aux quatre coins du pays, tel un catalogue Sears de notre époque. Au fil du temps et de son ahurissante expansion, elle a segmenté le territoire en différents types de lieux, chaque catégorie ayant un rang, un revenu moyen et un objectif bien définis. Non contente d'altérer le paysage national, elle a également remodelé le paysage des opportunités professionnelles aux États-Unis – les options qui s'offrent aux gens, leurs perspectives d'avenir, de vie.

Et, plus que n'importe lequel de ses homologues titanesques, elle semble la mieux placée pour sortir grandie de la pandémie, qui va lui permettre d'asseoir encore davantage son hégémonie. Pour des dizaines de millions d'Américains, le mode de consommation qu'elle a été la première à proposer, voici un quart de siècle, est passé du statut de solution pratique à celui de nécessité : il est désormais reconnu comme essentiel, par un décret officiel. Tandis qu'une multitude de ses concurrents de moindre envergure mettent leurs employés au chômage technique, les licencient, ou s'apprêtent à se déclarer en faillite ou à cesser définitivement leurs activités, Amazon embauche à tour de bras, recrutant par centaines de milliers pour assumer pleinement son nouveau rôle dans la vie des Américains. À mesure que la pénibilité et les risques encourus au travail par ces recrues augmentent, il en va de même pour les conséquences néfastes des clics hâtifs régissant la quantité d'efforts physiques à fournir. Et à mesure que s'amplifie l'emprise de cette entreprise quasi ubiquitaire, il en va de même pour les fissures qu'elle a contribué à creuser depuis sa création.

CHAPITRE 1

Communauté

La ville hyper-prospère

Seattle, État de Washington

En Californie, les vétérans de l'armée n'avaient pas droit aux tarifs préférentiels dont bénéficiaient les étudiants résidents, alors que c'était le cas dans l'État de Washington. Il n'en fallut pas plus pour Milo Duke. Démobilisé en 1971 de la Navy, où, au sein du Naval Security Group[1], il avait passé quelques années à pratiquer des écoutes clandestines dans la Baie de San Francisco, il se rendit à Seattle pour étudier l'océanographie à l'université de Washington. Il tint un trimestre, puis jeta l'éponge le jour où les équations à dérivées partielles se mirent en travers de son chemin. Elles lui avaient déjà donné du fil à retordre par le passé, pendant sa licence d'histoire à l'université du Nebraska. Milo avait vu dans cette deuxième tentative l'occasion de parvenir à les maîtriser enfin, mais il s'était trompé.

Il s'orienta donc vers un autre secteur d'activité. Mû par ses propres mésaventures avec la bureaucratie militaire, il entreprit d'aider à titre bénévole les vétérans qui avaient quitté l'armée dans des conditions peu favorables à "revaloriser leur démobilisation", et ne tarda pas à être embauché par un organisme spécialisé dans ce domaine et subventionné par un programme fédéral, en tant qu'assistant juridique *de facto*. Avec son épouse, rencontrée sur les bancs de la fac dans le Nebraska, ils louèrent un trois-pièces dans le quartier de Wallingford pour 150 dollars la semaine, avant d'en trouver un plus spacieux non loin de là pour 120 dollars. Persuadé qu'il gagnerait en efficacité au travail s'il obtenait un diplôme de droit, il se lança dans ce cursus à l'université de Washington en 1975. Hélas, deux ans plus tard, le président Carter promulgua l'amnistie pour les objecteurs de conscience, mesure qui eut pour effet secondaire de tarir les subventions versées aux structures comme celle où œuvrait Milo Duke. Le groupe se désagrégea, ce qui n'empêcha pas Duke de terminer ses études de droit, en 1978. Ensuite, après avoir brièvement exercé en qualité de commis d'office, il décrocha un poste dans un grand cabinet d'avocats pénalistes au cœur de Seattle.

À ce stade, il était marié, père de deux enfants et artiste à ses heures perdues. Pendant ses années estudiantines, son épouse et lui s'étaient installés dans une communauté hippie à Madrona, sur les rives du lac Washington, juste à l'est du Central District, le quartier afro-américain historique. Ils vivaient dans une maison qu'un membre du collectif avait acquise pour la modique somme de 5 000 dollars. Milo et sa femme achetèrent leur propre bien au même endroit pour 50 000 dollars en 1978. Mais à mesure qu'il perdait foi dans son métier de juriste, Milo, désabusé, sentait de plus en plus vibrer sa fibre artistique. Lorsqu'il faisait allusion à ses nouvelles aspirations, l'épouse d'un de ses associés lui répliquait, facétieuse, que si c'était du sérieux il ferait mieux d'aller vendre ses œuvres au marché de Pike Place, comme le type qui avait réalisé les gravures sur bois et linoléum à motifs floraux dont tous ses collègues semblaient décorer leur salle de bains.

En 1980, le cabinet de Duke prit la défense d'une partie des vingt-six accusés dans une affaire de racket incriminant la famille Carbone. Un procès colossal, la toute première fois qu'on avait recours à la loi RICO[2] via le neuvième circuit[3]. Un jour, Milo Duke se retrouva dans une vaste salle de conférences avec des dizaines d'autres juristes planchant sur la procédure en question. Il prit soudain conscience qu'en l'espace de quelques mois il avait fait le grand écart entre défendre les plus démunis en tant que commis d'office et représenter les intérêts de mafieux. "Mais qu'est-ce que je fous là ?" songea-t-il. Le lendemain, il démissionna et se joignit aux artistes du marché de Pike Place. Son mariage vola en éclats six mois plus tard. Il garda pour lui 200 dollars, laissa le reste de son argent et la maison à son épouse, puis trouva refuge auprès de sa nouvelle famille d'accueil, au marché.

En tant que nouveau venu, on lui avait attribué un des emplacements les moins prisés : les "dalles" à l'extrémité nord du marché, qui consistaient en une vulgaire portion de trottoir coûtant 3 dollars les jours de semaine et 5 dollars le week-end. Il y était à la merci des intempéries, qui à Seattle riment souvent avec pluie. Pourtant, dès le premier jour, Milo Duke se sentit en phase avec ses voisins artistes, qui se révélèrent tous investis d'une mission commune. "On partageait ce même désir d'apporter l'art aux gens", se souvient-il. Bientôt, ils s'arrangèrent pour arrimer une bâche de protection commune à leur demi-douzaine de dalles. Initiative qui avait le double mérite de les maintenir au sec et de conférer à leur emplacement l'allure d'un genre de galerie, augmentant ainsi les chances que les passants s'y arrêtent pour découvrir leurs œuvres. Ils se donnèrent même un nom à la Kerouac : les Dharmic Engineers ("Ingénieurs du dharma"), "dharma" signifiant "ce qui soutient ou étaie" en sanskrit. Voilà qui résumait bien l'esprit de leur collaboration dans sa dimension la plus pragmatique : s'épauler les uns les autres.

Rétrospectivement, Milo Duke se figurerait la ville telle qu'elle était juste avant cette période comme la première des trois Seattle qu'il connaîtrait. Cette Seattle-là était relativement petite – sa population ayant chuté en dessous des 500 000 habitants, guère beaucoup plus qu'à Saint Louis ou Kansas City. Boeing, les chantiers navals et le port occupaient toujours une place prépondérante dans le tissu économique local. La ville n'avait pas vraiment évolué depuis 1851, année de sa fondation en tant qu'avant-poste où puiser des ressources naturelles. Débarqués là par un bateau à vapeur côtier, les pionniers avaient construit des cabanes et envisagé de convertir le sol en terres agricoles avant de se rendre compte qu'il serait nettement plus rentable de récolter du bois pour les docks de San Francisco. Très vite, un homme originaire de l'Ohio, Henry Yesler, vint bâtir une scierie sur le bras de mer du Puget Sound.

Le boom économique se produisit avec l'arrivée du chemin de fer. La compagnie Northern Pacific atteignit Tacoma en 1883 et la Great Northern Railway parvint jusqu'à Seattle une décennie plus tard. La population de Seattle fut multipliée par dix, voire plus, au cours des années 1880, dépassant la barre des 40 000 habitants. La ruée vers l'or du Yukon à la fin des années 1890 étoffa les fortunes de la jeune localité – les chercheurs de pépites ayant besoin d'un point de ravitaillement. En 1916, William Boeing co-construisit son premier hydravion aux abords du lac Union. Durant les décennies suivantes, la ville se développa selon la trajectoire tracée par Yesler et Boeing. Si la Seattle des années 1970 n'était pas une ville ouvrière à proprement parler, elle était à peine plus prospère que certaines métropoles entrant dans cette catégorie : le revenu par tête dans l'agglomération de Seattle en 1978 n'était pas beaucoup plus élevé que celui de Cleveland, Pittsburgh ou Milwaukee. "Elle portait toujours les stigmates d'une colonie sommaire en territoire vierge", écrit l'auteur britannique Jonathan Raban, livrant sa première impression de la ville à cette époque-là.

Au début des années 1970, Boeing avait licencié des dizaines de milliers de salariés, suscitant l'installation d'un gigantesque et emblématique panneau : "Merci à la dernière personne qui quittera Seattle d'éteindre la lumière en partant". Selon *The Economist*, la ville "était devenue une vaste officine de prêteur sur gages où des familles vendaient tout ce qu'elles avaient sous la main pour trouver de quoi se nourrir et payer leur loyer". L'écrivain Charles D'Ambrosio, qui grandit à Seattle en ce temps-là, décrit la morosité ambiante des lieux, non sans évoquer leur charme mélancolique : "Il y avait Elliott Bay Book Company, avec sa librairie et son réduit en brique, au sous-sol. On pouvait y flâner sans avoir l'impression d'être un rôdeur. Apporter son gobelet à la caisse pour qu'on le remplisse. Et puis, on pouvait lire. La Seattle de cette époque avait un air comateux bien à elle et semblait renfermer, la nuit, dans sa vaste masse ensommeillée précisément un exemplaire de chaque chose : un chien qui aboie, une voiture qui grince, une porte qui claque, etc. – à quoi s'ajoutait une quantité faramineuse de *rien* tout à fait dispensable."

Elliott Bay Book, c'est là que les Dharmic Engineers se retrouvaient toutes les semaines pour se détendre en parlant art. Puis Milo Duke prenait le ferry pour rentrer sur Vashon Island sur le Puget Sound, où il logeait dans un bus. Après avoir passé sa première nuit loin de la maison sous le viaduc de l'Alaskan Way, il avait vite trouvé le chemin de l'île, où une de ses amies accueillait du monde dans sa ferme. Milo incita un autre copain à y garer un vieux car scolaire qui collectionnait les contraventions dans la rue. Milo vécut un moment dans ce véhicule – un modèle court – puis, au bout d'un an, il finit par acheter un car Continental Trailways où il s'installa de façon un peu moins spartiate. "Le coût de la vie était plutôt raisonnable, plaisanta-t-il par la suite. J'étais un précurseur de la mouvance *tiny house*."

Patrinell Staten, elle aussi, aurait recours à un car Continental Trailways, mais dans son cas il mènerait à Seattle, et non l'inverse.

Son trajet depuis Carthage, au Texas, dura trois jours et demi, et elle dut se retenir du début à la fin. Contrainte de s'asseoir au fond, près des sanitaires nauséabonds, elle n'était pas autorisée à s'y rendre, pas plus qu'elle n'avait le droit d'utiliser les toilettes des gares routières et d'autres endroits où le car fit halte lors de son interminable traversée du Texas. Ne lui étaient accessibles que les latrines reléguées au bout de chemins obscurs, et, du haut de ses vingt ans à peine, elle refusait de s'y aventurer seule. Alors, elle se retint, but le moins possible pour se faciliter la tâche, et continua même après que le car eut enfin quitté le Texas raciste et ses lois Jim Crow pour pénétrer dans l'Ouest ambivalent. À son arrivée à Seattle, elle avait le corps en miettes. "Tu as l'air mal en point", dit sa sœur, avant de l'emmener chez un médecin qui s'inquiéta de son degré de déshydratation. "Je me demande bien comment vous avez pu tenir ainsi pendant quatre jours", s'étonna-t-il en auscultant Patrinell.

On était en 1964. Pat Staten laissait à Carthage un père pasteur et une mère institutrice, propriétaires de quatorze hectares dans la campagne alentour. Toutefois, dans l'est du Texas, même les membres les mieux lotis de la communauté afro-américaine n'échappaient pas au climat pesant que faisaient régner les discriminations raciales. Une des sœurs de Pat, Anna Laura, s'était établie à Seattle, où son mari militaire était en poste, et où une autre sœur, Ora Lee, l'avait rejointe. Après deux ans à Prairie View A&M, une université pour Noirs dans la région de Houston, Pat décida de suivre le mouvement : elle se rendit à Seattle pour s'occuper des enfants d'Ora Lee, récemment divorcée.

Leur périple est très représentatif de la Grande Migration, qui mit quelques décennies à atteindre la plus occidentale et septentrionale de toutes les grandes métropoles : à la fin des années 1930, on recensait encore moins de 4 000 Afro-Américains à Seattle. La faible ampleur de ce flux avait suscité une situation d'exception : dès le départ, les hommes noirs se virent accorder, sans restriction, le droit de vote à Seattle, puis, à partir de 1883, ce fut le tour des femmes noires – une tolérance dont ne bénéficiaient pas les minorités chinoise et amérindienne, qui subissaient déjà une virulente discrimination. "Le faible nombre de Noirs permit à la communauté blanche de Seattle de se laisser aller à une tolérance raciale envers eux, ce qui, par contraste avec les politiques ségrégationnistes répandues dans toute la nation, incita Noirs comme Blancs à en conclure qu'ils habitaient une ville fondamentalement progressiste et égalitaire", note l'historien Quintard Taylor.

En 1950, la population noire de la ville avait bondi, pour s'élever à plus de 15 000 personnes, supplantant ainsi les communautés asiatique et amérindienne pourtant importantes. Augmentation due à la Seconde Guerre mondiale et à une hausse de la production chez Boeing et dans les chantiers navals. Ensuite, la population n'avait eu de cesse de croître au cours des trois décennies suivantes. Ici, il y avait du travail et, en pleine lutte pour les droits civiques, le Sud s'embrasant de toutes parts sous les affrontements, une ville préservée des hostilités présentait un atout non négligeable.

Préservée, certes, mais pas autant que Pat Staten l'avait imaginé. À son arrivée, elle s'était installée chez Ora Lee à Renton, une banlieue populaire au sud-est de la ville. À l'occasion de ses incursions dans le centre-ville de Seattle, elle remarqua que les Noirs y brillaient par leur absence. Abordant l'un des rares qu'elle croisa, un gardien d'immeuble, elle lui demanda :

"Mais vous êtes où ?"

Il comprit d'emblée qui désignait ce "vous". "Oh, il y a un endroit qu'on appelle le Central District, répondit-il. Ou Central Area."

D'emblée, les quelques Noirs vivant à Seattle avaient convergé vers deux lieux. Tout d'abord, le quartier de Yesler-Jackson, avec ses bars et ses bordels en front de mer. Très vite y élurent domicile les plus nomades : bagagistes, personnel de bord, activités parmi les rares accessibles aux hommes afro-américains dans un contexte de discrimination généralisée au sein des syndicats de la construction navale et des dockers. Et puis, il y avait la zone arborée à partir d'East Madison Street, où William Grose, le deuxième Afro-Américain à arriver en ville, avait acheté une ferme avec quatre hectares de terrain, et où nombre de familles noires parmi les mieux assises s'étaient aussi installées.

Au fil du temps, ces deux zones avaient fusionné en une seule dessinant un L inversé. C'était le Central District. Ce regroupement ne s'était pas opéré d'une façon tout à fait naturelle. Les clauses discriminatoires entravant les ventes à des acquéreurs noirs foisonnaient dans les autres quartiers, et les Afro-américains qui cherchaient un appartement à louer trouvaient, comme par hasard, les immeubles complets chaque fois qu'ils postulaient. Ils n'avaient donc d'autre choix que le CD (Central District). En 1960, au terme d'une décennie où la population noire s'était accrue de plus de 70 %, trois quarts de ses 26 901 habitants noirs étaient domiciliés sur une aire géographique couvrant tout juste quatre secteurs de recensement dans le Central District.

Pat Staten allait en ville pour la messe, à la True Vine Missionary Baptist Church, et c'est là que sa fière allure – son large sourire lucide flanqué de fossettes possédait un charme pénétrant – tapa dans l'œil de Benny Wright. Il y avait un moment que sa famille à lui avait migré vers le nord, depuis l'Arkansas. Pat et Benny se fréquentèrent pendant six mois avant qu'il la demande en mariage. Ils louèrent un appartement sur East Denny Way, dans le nord du Central District, puis cherchèrent à acheter une maison. L'agent immobilier ne leur fit visiter que des biens situés dans le CD, ce qui stupéfia Pat. "Je n'en revenais pas, relata-t-elle plus tard. Je n'arrivais pas à croire que j'habitais une ville du nord sudiste, où le seul logement auquel je pouvais prétendre, c'était ici et pas ailleurs." Ils emménagèrent à l'extrémité est du quartier, dans une maison en brique proprette à trois chambres, acquise pour 17 000 dollars.

Benny Wright devint professeur d'histoire et finit par être affecté au lycée Garfield, majoritairement noir, dans le Central District. Pat trouva un emploi de nuit dans une banque, où elle était chargée d'encaisser les chèques et de vérifier leur validité. Ce qui déboucha sur un poste de guichetière à la Liberty Bank, le premier établissement bancaire tenu par des Noirs à l'ouest du Mississippi, où elle fit ses débuts dès l'ouverture, en 1968, au cœur du Central District. À cette époque-là, elle était connue comme le loup blanc dans le quartier – ou en donnait du moins l'impression – et elle adorait voir les clients choisir la file d'attente la plus longue rien que pour avoir affaire à elle.

Bien sûr, il y avait aussi d'autres types d'échanges. Comme avec ces hommes qui faisaient une entrée fracassante en lançant une remarque du genre : "Regardez-moi qui travaille ici : une négresse !"

Ce à quoi Pat Wright répondait, les yeux écarquillés : "Ah bon ? Mais… Quelqu'un a vu une négresse ici ? Il y a des nègres ici ? Ça ressemble à quoi, une négresse, au juste ?"

Comme Milo Duke, Pat Wright céda peu à peu à l'appel de son art, matérialisé par une voix puissante qui lui avait valu d'être admise dès son plus jeune âge dans la chorale de son père, à l'église, puis de prendre la direction du chœur des adolescents avant d'intégrer, au lycée, un trio appelé "The Jivettes". Seattle était une Mecque pour la musique noire. Les clubs de jazz y avaient poussé comme des champignons dans les années 1930, tout le long de Jackson Street et autour du quartier chaud : le Black and Tan, Basin Street, le Black Elks, Ubangi. Count Basie, Louis Armstrong, Cab Callaway et Duke Ellington y faisaient parfois halte après avoir joué dans un établissement plus officiel des quartiers chics, au nord ; parfois, ils passaient la nuit au Golden West, l'hôtel pour Noirs sur Jackson Street, après avoir essuyé un refus dans des endroits plus sélect. Les *afterhours clubs* – Rocking Chair, Doc Hamilton's, Congo Club – attiraient aussi les Blancs : si les débits de boissons étaient illicites dans l'État de Washington depuis 1949, il existait une "politique de tolérance" tacite à l'égard des clubs noirs, qui graissaient les pattes de la police à coups de pots-de-vin. Les clubs devinrent encore plus en vogue dans les années 1940, lorsque l'effort de guerre impliqua un afflux de main-d'œuvre dans les usines, les chantiers navals et les bases militaires.

Afflux qui vit arriver la famille d'Ernestine Anderson, venue du Texas en 1944, à l'âge de seize ans, et qui donna bientôt des concerts sur Jackson Street ; ainsi que la famille de Quincy Jones, en 1943, l'année de ses dix ans et celle où son père trouva un emploi dans les chantiers navals de Puget Sound ; mais aussi Al Hendrix, qui s'installa en 1942 à Seattle et eut avec sa nouvelle épouse, Lucille Jeter, un fils qu'ils appelèrent Johnny Allen Hendrix avant de le rebaptiser James Marshall Hendrix quelques années plus tard.

En 1970, Pat Wright chanta aux obsèques de Jimi. Elle avait monté sa propre formation de gospel : Patrinell Wright's Inspirational Seven, sorti un 45 tours chez Sepia Records – "I Let a Good Man Go"/"Little Love Affair" –, et commencé à se produire dans des clubs, non seulement à Seattle, mais aussi plus au sud, à Portland, dans l'Oregon, où les cachets étaient plus généreux.

Ça ne plaisait pas trop à Benny que Pat parte jouer ailleurs. Des années plus tard, elle soutint qu'à elle non plus, ça ne lui avait pas beaucoup plu à l'époque. "Je n'aime pas ne pas pouvoir voir ton visage", avoua-t-elle à son mari. En 1970, elle eut vent d'une opportunité au lycée Franklin High, dans le sud du Central District. Le nombre d'élèves noirs ayant augmenté de façon considérable, le responsable de la section musique l'invita à créer une chorale gospel au sein de l'établissement. L'initiative remporta une adhésion si spectaculaire auprès des élèves – un vrai raz-de-marée – que son succès démesuré ne tarda pas à susciter un certain agacement. Le responsable pédagogique qui avait invité Wright reprocha à la chorale de transgresser la séparation entre Église et État. En 1973, elle retira donc son groupe de chant du circuit scolaire pour le rattacher à la sphère religieuse, au sein de l'église baptiste de Mount Zion, sur la Dix-Neuvième Avenue, où les étudiants la suivirent par dizaines, entraînant parfois dans leur sillage des frères et sœurs cadets – pourvu qu'ils ou elles soient prêts à se plier aux exigences strictes de Pat Wright. La chorale deviendra un pilier de la communauté : The Total Experience Gospel Choir.

Les clubs de jazz de la première heure commençaient à s'étioler. La drogue et la délinquance de rue faisaient de plus en plus de ravages, comme dans toutes les grandes villes. Pourtant, malgré ces fléaux, des liens de plus en plus forts semblaient se tisser au sein de la communauté du Central District. On y organisait des fêtes de quartier en permanence. Si quelqu'un tombait malade, tout le voisinage semblait accourir pour lui venir en aide. “Fallait voir tous les bons petits plats qu'on leur mijotait”, se souvenait Pat. Quand elle rentrait tard, une fois sa voiture garée, elle finissait le trajet à pied sans aucune crainte, sachant que ses amis veillaient sur elle de chez eux. De bons amis. “On se hélait par-dessus le grillage”, disait-elle.

Au cours de l'hiver 1978-1979, deux jeunes hommes quittèrent Albuquerque, au Nouveau-Mexique, pour le Nord. Ils s'y rendirent chacun en voiture, suivant des itinéraires différents, à un mois d'écart. Le premier, Paul Allen, traversa les montagnes glaciales de l'Utah et de l'Idaho au volant d'une Monza, les pneus renforcés de chaînes, l'autoradio branché sur Earth, Wind & Fire. Le second, Bill Gates, au volant de sa Porsche, roulait si vite qu'il fut verbalisé deux fois par le même avion en patrouille.

Mais ils avaient une destination commune : Seattle, où tous deux avaient grandi et fréquenté le même lycée privé très élitiste, Lakewood, dont ils avaient piraté le système informatique rudimentaire. Tous deux avaient ensuite migré vers Boston – d'abord Gates pour intégrer Harvard, puis Allen pour travailler chez Honeywell, après avoir laissé tomber ses études à l'université de l'État de Washington. En 1975, ils avaient été aimantés par Albuquerque, où était domiciliée une petite firme nommée Micro Instrumentation & Telemetry Systems.

Cette société sise dans une rue commerçante et prise en sandwich entre un salon de massage et une laverie automatique avait conçu un ordinateur sommaire baptisé Altair, qui fonctionnait avec une puce Intel 8080. Allen et Gates s'étaient juré de prouver l'efficacité de leur langage de programmation BASIC sur ce modèle. C'est ainsi qu'ils fondèrent à Albuquerque une entreprise appelée Micro-Soft.

Deux ans plus tard, ils étaient las des hauts plateaux désertiques et de se mettre en quatre pour appâter des talents de la programmation vers le Nouveau-Mexique. Allen suggéra de relocaliser Micro-Soft – dont l'effectif n'était alors que de treize personnes – à Seattle. Il avait le mal du pays : les pins, l'eau et la fraîcheur lui manquaient. Il soutenait que le climat y était, justement, idéal pour leurs affaires : “Les jours de pluie avaient du bon pour nous, écrivit-il par la suite. Les programmeurs avaient moins de chances de se dissiper.”

Gates était moins attaché à Seattle. L'autre option évidente, c'était la Silicon Valley, déjà devenue un pôle d'activité phare pour les concepteurs de micro-ordinateurs, grâce à l'université Stanford, qui tirait profit de son marché immobilier fourni et des budgets alloués dans le cadre de la guerre froide. Seattle, au contraire, n'était pas vraiment le genre de ville susceptible d'attirer les technophiles. Allen allait donc devoir se montrer très persuasif. Finalement, il trouva une tactique infaillible : il réussit à convaincre les parents Gates de travailler leur fils au corps, sachant à quel point ils étaient proches de lui. Ce dernier finit par se ranger à l'avis d'Allen. Ce serait donc Seattle.

Gates loua des locaux au septième étage du bâtiment de l'Old National Bank, à Bellevue, localité séparée de Seattle par le lac Washington. N'étant pas en mesure d'obtenir un crédit, Gates et Allen encaissèrent plusieurs certificats de dépôt pour équiper leurs bureaux d'un nouveau parc informatique. Le numéro de téléphone de la société se terminait par 8080, le nom de la puce grâce à laquelle ils avaient fait leurs preuves quelques années plus tôt ; une heureuse coïncidence peut-être pas si fortuite puisque la mère de Gates siégeait au conseil d'administration de l'opérateur téléphonique Pacific Northwest Bell.

Peu après son arrivée à Seattle, l'équipe Micro-Soft ferra son plus gros poisson : IBM la chargea de concevoir le système d'exploitation qui lui servirait à lancer sa propre gamme d'ordinateurs personnels (ou PC). Allen et Gates soutirèrent à un autre programmeur son système à peine sorti de l'œuf et le bidouillèrent pour créer MS-DOS. En 1981, l'entreprise s'était développée et comptait désormais plus d'une centaine de salariés. Elle avait également déménagé dans des locaux plus spacieux non loin du lac Washington et d'un Burgermaster, une des enseignes de fast-food préférées du personnel. La société cherchait de jeunes programmeurs frais émoulus de l'université, pas encore déflorés par d'autres employeurs. "Disons qu'on était surtout à l'affût des plus brillants ; le haut du panier, quoi", se remémora Allen. Comme ils l'avaient espéré, Seattle se révéla plus facile à vendre aux nouvelles recrues qu'Albuquerque, même si certains candidats leur préféraient la Silicon Valley.

L'année 1982 touchait à sa fin. Les bénéfices avaient doublé, atteignant 34 millions de dollars, et l'entreprise avait franchi la barre des deux cents employés. Sans pour autant se départir de son esprit décontracté un brin foutraque. Après le travail, il y avait baby-foot au Nowhere Pub. Le week-end, c'était volley et barbecue chez Bob O'Rear, le suppléant d'Allen, où Marc McDonald, le tout premier salarié à avoir rejoint Micro-Soft, concoctait des daïquiris.

Un jour, Allen organisa une fête de Halloween chez lui, sur les rives du lac Sammamish, où, selon ses dires, Gates "glissait sur le ventre le long de la rampe d'escalier, du premier jusqu'à la cuisine. Il courait comme un dératé, se jetait sur la rambarde et se laissait glisser comme sur un toboggan jusqu'au parquet, tout en bas".

La ville remodelée par l'arrivée de Microsoft fut la deuxième Seattle que Milo Duke connut. La présence de l'industrie du numérique s'y faisait un peu plus sentir, le décor devenait un peu plus chic. Mais on pouvait toujours s'en sortir.

Pour faire bouillir la marmite, puisque les acheteurs du marché de Pike Place ne s'arrachaient pas ses œuvres surréalistes, il s'était mis à jouer les agents pour d'autres "Ingénieurs du dharma". Il commença également à vendre lors de conventions de science-fiction, où les visiteurs semblaient apprécier ses créations. Lors d'un de ces événements, en 1982, il rencontra Wendy Dees, originaire de Saint Louis, qui connaissait des débuts très prometteurs comme illustratrice pour l'édition et écrivait aussi, en parallèle, de la poésie et de la fiction. Ils finiraient par se marier, mais seulement une décennie plus tard. Milo vécut dans le car garé sur Vashon Island jusqu'en 1989. Puis il se mit à passer ses nuits dans un atelier investi par plusieurs "Ingénieurs du dharma" sur Pioneer Square, ce front de mer classé "quartier historique", site originel des célèbres pontons d'amarrage en bois conçus par Yesler, et voué à devenir, quelques années plus tard, un haut lieu du mouvement grunge. Cet atelier, situé dans un des deux bâtiments de l'entreprise Washington Shoe, sans fenêtres et glacial, car contigu à un entrepôt réfrigéré, se louait 80 dollars par mois. Milo devint l'un des trois copropriétaires d'une galerie voisine. L'été 1991 fut une succession de soirées passées à fumer de l'herbe sur l'escalier de secours, la musique partout alentour. "On avait l'impression d'être au centre du monde", se remémora-t-il par la suite.

Parenthèse enchantée qui ne pouvait guère durer. Un des associés de la galerie mourut d'une forme rare de cancer à l'âge de trente-huit ans. Il fallut vendre l'affaire. Milo partit s'installer avec d'autres amis artistes dans une bâtisse vermoulue appartenant à un marchand de sommeil que sa réputation précédait, sur la 65e Rue, dans le Roosevelt District. À l'arrière, le bâtiment donnait sur un immense terrain vague. Lorsqu'un fusible sautait, en guise de réparation le propriétaire insérait de force une pièce de monnaie dans le tableau électrique.

Milo avait passé deux ans dans ce taudis quand Wendy vint à sa rescousse. Elle avait un emploi stable dans une galerie de luxe dédiée à l'art japonais. Ils optèrent tout d'abord pour la vie en communauté dans une colocation à Phinney Ridge, avant d'intégrer enfin un logement rien qu'à eux, en 1996 : un pavillon en location dans le quartier de Tangletown, tout près du lac Green, juste au sud. Au rez-de-chaussée, le logement s'étalait sur près de 250 mètres carrés, à quoi s'ajoutaient environ 120 mètres carrés à l'étage, pour l'atelier de Wendy, ainsi que 250 mètres carrés au sous-sol, en rez-de-jardin, pour celui de Milo. Un de ses fils utilisait le garage comme atelier de métallurgie et de réparation de motos. Pendant des années, la propriétaire avait gelé le loyer fixé à 1 000 dollars. Employée administrative dans un établissement scolaire, elle avait épousé un cadre de chez Boeing, et tous deux étaient émoustillés d'héberger des artistes.

Leur plaisir par procuration fut décuplé lorsque Milo ouvrit une école d'art dans son atelier. Il était arrivé à l'enseignement par des voies détournées : en 1998, Wendy et lui avaient suivi un cours de peinture à l'huile à l'Academy of Realist Art (une école d'art réputée et on ne peut plus traditionnelle dans le centre de Seattle), après être tombés sur un catalogue de formations oublié par un client dans un bar. Au bout d'un semestre, l'équipe pédagogique avait demandé à Milo s'il voulait lui-même enseigner. Ce dernier eut tôt fait de relocaliser les cours au pavillon. Qu'il se mit même à nommer *atelier*, en français.

La deuxième Seattle se montra également clémente avec Pat Wright. La révolution en marche de l'autre côté du lac Washington n'avait pas encore atteint le Central District, mais le quartier se métamorphosait déjà. À ce stade, on ne pouvait que se réjouir du changement à l'œuvre, comme venu de l'intérieur : peu à peu, la Seattle noire s'extirpait de son enclave.

Cette évolution se tramait depuis des années. En 1957, l'assemblée législative de l'État avait adopté une loi interdisant la discrimination au logement, mais, deux ans plus tard, un juge de la Cour supérieure du comté de King l'avait révoquée, décrétant que, aussi lamentables que soient les préjugés envers les locataires ou acheteurs potentiels, "la cour se pronon[çait] en faveur du droit du propriétaire immobilier de choisir librement avec qui il traitera[it]".

Au début des années 1960, les réformateurs, toutes origines ethniques confondues, firent pression sans relâche sur les institutions pour obtenir la ratification d'un arrêté municipal "contre la discrimination au logement" à Seattle même. Le conseil municipal, qui ne compterait pas un seul membre noir avant 1967, refusa d'appliquer la moindre loi à ce sujet et préféra soumettre la question à un référendum en 1964. Un courrier de protestation contre le projet de décret publié dans l'hebdomadaire *Argus* illustre bien la teneur de cette opposition : "Tout à coup, certains propriétaires se voient contraints de renoncer à une partie de leurs bénéfices [...] au profit de ce que l'on appelle l'accès au logement sans discrimination. Et l'électeur ne perçoit aucune compensation pour ce manque à gagner, si ce n'est le sentiment d'aider un tant soit peu les nègres opprimés."

L'arrêté fut rejeté le 10 mars 1964 par deux tiers des participants : trois mois avant l'adoption de la loi sur les droits civiques à Washington, plus de 110 000 votants, dans une ville soi-disant parmi les plus progressistes du pays, défendirent le droit à la discrimination raciale. Preuve que même Seattle avait encore beaucoup de chemin à parcourir.

Loin de se décourager, les réformateurs continuèrent à faire pression pour renverser les barrières au moyen de mesures volontaires. Ils se tournèrent vers des citoyens de bonne volonté résidant hors du Central District qui, pour tâcher de rendre leurs quartiers accueillants n'en déplaise aux législateurs, fondèrent le Fair Housing Listing Service (système d'annonces immobilières non discriminantes) à l'usage des familles noires souhaitant déménager. Leur initiative n'était pas sans susciter une certaine controverse, même dans le Central District. Quintard Taylor cite les propos de Keve Bray, homme d'affaires et militant, qui estampillait les personnes cherchant une solution pour quitter le quartier comme "des ambitieux aspirant à s'éloigner des leurs". Ces transfuges ne furent pas non plus épargnés dans les quartiers convoités, où on leur opposait parfois une farouche résistance. À Kent, une banlieue de Seattle, deux familles noires virent les maisons qu'ils venaient d'acquérir dégradées par des tirs au fusil.

Mais, malgré toute cette hostilité, le flux sortant ne se tarit pas. En 1970, seuls 9 % des 42 000 Afro-Américains de l'agglomération résidaient en dehors du centre-ville. En 1980, cette proportion avait plus que doublé et représentait 20 % de 58 000 personnes. En 1990, elle avait augmenté au point d'englober un tiers de 81 000 habitants. On ne partait pas que pour la banlieue, on migrait aussi vers des portions de la ville qui s'ouvraient de plus en plus. En 1980, le Central District avait cessé d'abriter la majorité des Noirs de Seattle.

Aux yeux de Pat Wright, ces années constituèrent une sorte d'heureux entre-deux. Désormais, les résidents du quartier ne se sentaient plus cantonnés à cette partie de la ville. Toutefois, ils y étaient encore assez nombreux pour maintenir une masse critique en termes d'esprit communautaire.

Pat Wright contribuait fortement à cette identité collective. Elle ouvrit une boutique de disques appelée Gospel Showplace sur la Quatorzième Avenue, où l'on pouvait se procurer le répertoire chanté par le Total Experience Choir tous les dimanches, ainsi que des ouvrages et divers accessoires chrétiens. Et la chorale avait le vent en poupe. "Les mômes n'ayant connu que le Central District avaient bien souvent du mal à saisir le style que je tenais à leur enseigner. Mais une fois qu'ils avaient pigé le truc, ils étaient imbattables", se souvint Wright par la suite. Au milieu des années 1970, le chœur, en constante progression, avait commencé à se produire lors d'occasions toujours plus prestigieuses : au Food Circus du centre commercial Seattle Center, à l'opéra et à un meeting avec Rosalynn Carter, la future Première Dame. L'ensemble vocal prit la route pour la toute première fois, direction Yakima et Spokane, dans l'État de Washington – un autre monde pour ces jeunes jamais sortis de Seattle et un galop d'essai pour ce qui se présenta en 1979 : une tournée nationale en bonne et due forme, trois semaines de concerts avec des escales à New York, Washington, Philadelphie, Saint Louis, Chicago.

Cette année-là, le Total Experience Gospel Choir avait quitté l'église de Mount Zion pour s'établir dans les quartiers sud de Seattle, en plein conflit à propos de son enthousiasme débordant, qui avait décontenancé certains patriarches de l'église. "Si la musique vous casse les tympans... Ma foi, tant pis", aimait à dire Wright. Le courrier officiel annonçant son renvoi de Mount Zion disait que le chœur avait pris trop d'ampleur et dépassait les capacités d'accueil de la paroisse. Déclaration douteuse, sachant qu'il s'agissait de l'un des plus grands édifices religieux de la ville. Difficile ici de ne pas déceler de la jalousie pure et simple. Pat Wright avait donné vie à un projet gênant, non parce qu'il "dépassait les capacités d'accueil" mais plutôt parce qu'il éclipsait l'église.

Les tournées se firent de plus en plus ambitieuses. Une virée à travers le Vieux Sud, les mômes entassés, à deux par siège, pour que toute la chorale tienne dans deux autocars Greyhound... Les Bahamas... Hawaï... le Mexique, le Salvador et le Nicaragua. Gregory, le frère cadet de Pat, accompagnait les chanteurs à la batterie lors des déplacements ; Benny était parfois du voyage, pour prendre des photos et immortaliser ainsi son épouse dans son élément : Pat se pavanant en peignoir sur le balcon d'un motel, Pat dirigeant la chorale dans son exécution de "Going Up Yonder" et "Oh Happy Day" ou encore "When the Battle Is Over" en harmonie à trois voix.

Mais tout n'était pas rose : à leur arrivée à Salt Lake City, certains jeunes à bord d'un des cars entendirent un badaud s'exclamer : "Tiens, v'là les nègres !" Pat rassembla les jeunes passagers pour calmer leurs ardeurs : "Nous représentons Dieu. Nous allons chanter sans apporter d'eau à leur moulin. Prions ensemble. Et *brillons* ensemble." Puis elle alla tenir les mêmes propos dans l'autre véhicule.

À Seattle, la chorale donna de la voix pour recueillir des fonds à destination des réfugiés cambodgiens. Elle se produisit lors d'un "spectacle de variétés syndicaliste" dans une salle baptisée International Brotherhood of Electrical Workers Hall (salle de la Confrérie internationale des travailleurs de l'électricité) et érigea en tradition annuelle sa version du spectacle *Nativité noire* de Langston Hughes. La formation s'était mue en une entité soudée, une sorte de petit clan. Un jour, Pat avait déposé une des choristes chez sa famille d'accueil, mais on avait refusé d'ouvrir la porte. Elle avait alors invité la jeune fille dans le logement qu'elle partageait avec Benny, où elle lui avait proposé de rester aussi longtemps que nécessaire, et l'adolescente s'était installée. Elle avait poursuivi ses études et décroché son doctorat en pathologie du langage à l'université du Michigan.

Au début des années 1990, les membres de la chorale atteignaient, pour beaucoup, l'âge d'entrer à l'université et passaient à autre chose. Il devenait de plus en plus difficile de trouver de nouvelles recrues pour les remplacer. Était-ce à mettre sur le compte de la réputation de Pat, connue pour son intransigeance ? Ou sur celui d'un désintérêt grandissant envers l'Église et la musique religieuse ? Pour maintenir ses effectifs, la chorale se mit à intégrer des adultes. On acheta un bus de tournée des années 1960, et le fils Wright, Patrick, fut nommé directeur adjoint. La chorale voyagea jusqu'en Russie et en Australie. Toutefois, le rythme effréné et l'ampleur considérable de l'initiative coûtaient à Wright. Elle annonça la fin de la chorale sous cette configuration. L'ensemble vocal passa de trente-deux à seize membres, triés sur le volet. La formation donna ses derniers concerts fin 1993.

Six mois plus tard, au printemps 1994, le vice-président principal de la société d'investissement new-yorkaise D. E. Shaw, un trentenaire, arriva à Santa Cruz pour faire du repérage en vue de créer sa propre entreprise, grâce à un coup de pouce parental de 100 000 dollars. La démarche de Jeff Bezos était assez simple : profiter de la croissance rapide de l'activité sur le World Wide Web, la nouvelle interface Internet accessible à tous, pour y vendre des biens de consommation. "La plupart des entrepreneurs montent une affaire par passion pour le secteur d'activité qu'ils veulent intégrer, écrit Richard L. Brandt dans son ouvrage paru en 2011 sur la société de Bezos. Ce dernier, lui, ne s'intéressait qu'à une chose : la croissance d'Internet et la certitude qu'y émergeraient une ou plusieurs grandes fortunes. Il voulait sa part du gâteau." Ne sachant pas trop quel genre de produits vendre, Bezos dressa une liste de vingt possibilités, dont les fournitures de bureau, les logiciels, les vêtements et la musique. Il finit par arrêter son choix sur les livres, pour une raison précise : grâce à la profusion presque infinie de titres, un espace marchand en ligne spécialisé dans ce type d'articles offrirait un avantage sur les magasins physiques que nul autre bien ne permettrait.

Il vint à Santa Cruz, sur la côte Pacifique, à une centaine de kilomètres au sud de San Francisco, pour tâcher de vendre son idée à deux programmeurs informatiques chevronnés. Il réussit à en amadouer un, Shel Kaphan. Ensemble, ils visitèrent des locaux professionnels dans le centre-ville, avec vue imprenable sur la côte et proximité de la Silicon Valley.

Seulement, il y avait un hic. En 1992, la Cour suprême avait voté une loi – ou plutôt décidé de faire respecter une loi promulguée en 1967 – permettant aux commerçants de n'appliquer la TVA qu'auprès des acheteurs originaires des États où le vendeur était physiquement présent. Si Bezos établissait son entreprise en Californie, il lui faudrait répercuter l'impôt sur tous ses clients vivant dans le plus grand État du pays. Procéder ainsi, dans un marché aussi gigantesque que la Californie, reviendrait à renoncer à un avantage crucial sur les détaillants traditionnels : ces derniers étaient tenus d'appliquer la TVA dans tous les cas de figure, ce qui se répercutait sur le prix de leurs produits, alors que Bezos, lui, en tant qu'e-marchand, ne serait pas contraint de prélever cette taxe. Pas question pour Bezos de perdre cette longueur d'avance considérable. S'il s'implantait dans un État relativement peu peuplé, sa société ne devrait imposer la TVA qu'à une frange très réduite de sa clientèle. Des années plus tard, il dira, sur le ton de la plaisanterie, mais pas complètement, qu'il avait même songé à s'établir dans une réserve amérindienne en Californie pour échapper à toute forme d'impôts.

Son regard s'arrêta sur Seattle. Contrairement à Bill Gates et Paul Allen, il n'avait aucune attache avec cette ville. Il avait grandi à Albuquerque, Houston et Miami avant de fréquenter l'université de Princeton. Toutefois, un des investisseurs de la première heure dans la firme naissante, Nick Hanauer, habitait à Seattle et plaida ardemment en sa faveur. Comme a pu le remarquer Jonathan Raban à son arrivée quelques années plus tôt, il y avait là-bas "une odeur de possibles tout à fait enivrante [...]. Même à cette époque, pourtant sur le tard, il y avait moyen de gagner sa vie en faisant son miel d'un paysage inachevé, semi-construit, où tout restait à faire ; un type pouvait débarquer de nulle part, monter son affaire et devenir un *alrightnik*, un nouveau riche sans scrupules, dans la plus pure tradition de l'immigrant venu tenter sa chance".

La ville était assez importante pour être desservie par un des principaux aéroports des États-Unis, condition préalable à l'expédition de livres aux quatre coins du pays. Elle ne se situait qu'à six heures de route d'un des plus vastes entrepôts de la chaîne nationale de distribution du livre, implanté à Roseburg, dans l'Oregon. Une autre considération entrait en ligne de compte : Bezos savait que si son projet connaissait le succès il lui faudrait embaucher un grand nombre de programmeurs. La baie de San Francisco était l'endroit idéal pour dénicher ce genre de profils talentueux, mais Seattle offrait une solution de repli tout à fait honorable. Le département "numérique et sciences informatiques" de l'université de l'État de Washington produisait de jeunes diplômés à la pelle. Et surtout, il y avait Microsoft, qui avait attiré dans son sillage et dans la région tout un assortiment de petites entreprises. "Le vivier de recrutement mis à disposition par Microsoft", affirma Bezos en 2018, expliquant pourquoi il avait jeté son dévolu sur Seattle.

Des années plus tard, ce choix s'imposerait comme un cas de figure classique de la loi régissant le développement économique à l'ère des nouvelles technologies : le gagnant rafle la mise, les riches s'enrichissent encore. L'Internet était censé nous permettre de vivre et travailler partout où nous le souhaitions en nous maintenant connectés, même de l'endroit le plus reculé qui soit. Il allait nous aider à briser nos chaînes et à sortir de nos box et de nos parcs de bureaux, à essaimer les opportunités à travers tout le territoire.

Mais c'est tout l'inverse qui se produisit. Très vite, les entrepreneurs du numérique s'aperçurent que le lieu d'implantation comptait plus que jamais. C'était un atout de voir son entreprise agglomérée à d'autres structures similaires, car on n'en était que plus attractif aux yeux des employés potentiels – et pas seulement ceux que l'on débauchait chez la concurrence, sur le trottoir d'en face, cela valait aussi pour les nouveaux arrivants aimantés par la réputation de la région en tant que véritable pôle d'attractivité. De même, pour les employés d'une industrie aussi instable que celle de la tech, il était judicieux de se trouver là où l'on avait toutes les chances de décrocher un autre emploi si le premier se volatilisait. Mieux valait donc être en plein centre névralgique, ce qui, en retour, attirait davantage d'employeurs dans le coin.

Ce regroupement en pôles avait une incidence sur les ressources humaines, mais aussi sur la capacité d'innovation, l'essence même de la technologie. En un sens, rien de nouveau sous le soleil : l'Histoire n'est ni plus ni moins que l'histoire de ces villes où les bonnes personnes confluent et évoluent dans une proximité bien dosée qui finit par faire avancer le monde, que ce soit dans l'Athènes antique, la Florence de la Renaissance ou le Glasgow de la révolution industrielle. "En réalité, les villes sont des machines conçues pour stimuler et intégrer la dynamique positive perpétuelle du retour d'expérience entre les dimensions physique et sociale, qui se renforcent mutuellement et de façon exponentielle", écrit le physicien théorique Geoffrey West dans son traité sur la croissance des villes et des entreprises.

Seulement, quelque chose dans la nouvelle économie numérique exacerbait cette dynamique. À l'ère industrielle, on avait davantage de chances de réaliser des avancées mécaniques au sein d'une plateforme industrielle, puis de les voir se propager à tel ou tel endroit possédant les matières premières, la main-d'œuvre et le réseau de transports nécessaires pour les mettre à profit. Dans la foulée des découvertes de Henry Bessemer en matière de sidérurgie, toute personne ayant le capital requis et accès à du charbon et du fer était en mesure de bâtir une aciérie. Et c'est ce qui se produisit : à Braddock en Pennsylvanie, à Weirton en Virginie-Occidentale, à Youngstown dans l'Ohio et à Gary, dans l'Indiana.

Avec l'économie du numérique, il en allait autrement. Désormais, les énormes retombées revenaient à l'innovation elle-même, et l'on pouvait donc générer des retours sur investissement démesurés à partir d'un très faible capital supplémentaire. Une fois qu'on avait inventé un nouveau logiciel sensationnel, on pouvait le reproduire à un coût quasi nul. Guère besoin de charbon ou de minerai. Le tout était d'avoir le génie de cette percée initiale. "La valeur économique était plus que jamais corrélée au talent, écrit Enrico Moretti, économiste à l'université de Californie, à Berkeley. Au XXe siècle, on jouait des coudes pour accumuler du capital physique. De nos jours, il s'agit d'attirer le meilleur capital humain." Autre point crucial : cet état de fait se perpétuait même lorsque le pôle d'activité devenait de moins en moins accessible sur le plan financier. À la place d'un rééquilibrage du marché – en disséminant les activités vers d'autres localités plus abordables –, une boucle d'asservissement s'imposait.

En 1994, lorsque Bezos et son épouse MacKenzie s'installèrent à Seattle, on ne savait pas trop encore ce que cette tendance impliquerait pour la ville, c'était flou. Ils louèrent 890 dollars par mois une maison dans le quartier de Bellevue, optant délibérément pour un bien avec garage, quoique converti en salle de jeux, afin que monsieur puisse, en temps voulu, se revendiquer du sempiternel mythe de la "start-up née dans un garage". Pendant quelques mois, Bezos dirigea son affaire depuis cette fameuse pièce, avant de trouver un bureau avec sous-sol dans un bâtiment situé en plein arrondissement industriel au sud de l'hypercentre.

À ce stade, l'entreprise avait un nom. Après avoir commencé sous l'intitulé "Cadabra.com", puis tourné et retourné dans sa tête diverses options – Awake.com, Browse.com, Bookmall.com, Aard.com et Relentless.com –, Bezos avait finalement arrêté son choix sur Amazon.com. "Non seulement c'est le plus long fleuve du monde, mais il est infiniment plus imposant que le second plus long fleuve du monde, déclara-t-il, selon le journaliste Brad Stone dans son livre sur Amazon paru en 2014. Il pulvérise tous les autres fleuves."

Vingt ans plus tard, Charles D'Ambrosio, l'écrivain qui avait dépeint la Seattle des années 1970, peinait à la reconnaître. "À mes yeux, la ville demeure balbutiante, obscure, et c'est pour cette raison que je m'y sens bien, moi qui suis toujours en proie aux affres de l'échec et du silence… J'ai une certaine loyauté, une sorte d'allégeance, envers cette ville-ci, et cela me cause une étrange dissonance de constater que Seattle est devenue cette Valhalla tant convoitée, confie-t-il dans un de ses ouvrages. Quand je pense que c'est désormais un lieu où l'économie, le spectacle vivant et la culture sont en plein essor et porteurs d'espoir, je n'en reviens pas. Et je suis un peu décontenancé à l'idée que mes neveux et nièces grandissent dans un environnement considéré comme désirable." En effet, le concept d'"échec" était désormais tout à fait antinomique à cette ville où l'on ne faisait plus que gagner, gagner à outrance. Difficile, dans l'histoire moderne, de citer une autre métropole américaine qui ait subi une métamorphose aussi spectaculaire en une vingtaine d'années. Au sortir de la crise économique de 2008, Seattle avait vu fleurir 220 000 emplois en une décennie. Plus de vingt entreprises figurant parmi les cinq cents les plus prospères selon le magazine *Fortune* avaient décidé d'y implanter des succursales spécialisées en ingénierie et R&D, y compris les géants de la Silicon Valley : Facebook, Google et Apple.

En 2018, le revenu moyen par tête dans l'agglomération de Seattle atteignait presque les 75 000 dollars, soit environ 25 % de plus que ses homologues des décennies passées : des villes comme Milwaukee,

Cleveland et Pittsburgh. Et cette augmentation des richesses ne se répartissait pas de façon homogène : en 2016, une métropole jadis connue pour la force de sa classe moyenne, ses taux de pauvreté et de richesse modérés, avait désormais rattrapé San Francisco et ses inégalités financières vertigineuses. Rien qu'au cours de l'année 2016, le revenu moyen des 20 % des ménages les plus aisés de Seattle avait augmenté de plus de 40 000 dollars pour atteindre 318 000 dollars par an ; ces ménages gagnaient désormais 53 % du revenu global de la ville.

Quand vint 2018, le coût médian d'un bien immobilier – tous types de logements confondus – était plus élevé à Seattle que n'importe où ailleurs aux États-Unis, hormis dans la baie de San Francisco : 754 000 dollars. Le salaire annuel nécessaire afin de pouvoir prétendre à ce logement médian avait grimpé de 88 000 dollars à 134 000 dollars en tout juste trois ans. Les loyers, qui jusqu'en 2010 correspondaient à peu près à la moyenne nationale, avaient subi une hausse de 57 % en cinq ans seulement, pour atteindre plus de 2 000 dollars en moyenne, soit trois fois plus que dans le reste du pays.

Conséquence directe, il devenait de plus en plus difficile de fonder et nourrir une famille à Seattle : très peu pouvaient se le permettre. Après San Francisco, c'était la ville américaine où l'on recensait le moins d'enfants : pas même un cinquième du nombre total de foyers en hébergeaient. Et pourtant, sa population ne cessait de grossir : en 2015, de toutes les métropoles américaines, Seattle était celle qui connaissait la croissance démographique la plus rapide, et une proportion démesurée de ces nouveaux arrivants étaient jeunes, très diplômés et très bien rémunérés. Quand arriva 2018, on estimait à cinquante le nombre de développeurs de logiciels à emménager à Seattle *chaque semaine*.

Toutefois, pris de façon isolée, ces chiffres ne pouvaient rendre compte de l'ampleur du changement à l'œuvre. Ils ne reflétaient pas la densité de la canopée de grues hérissant, de long en large, le centre-ville : en 2019, cinquante-huit de ces engins étaient mobilisés à Seattle, plus que n'importe où ailleurs aux États-Unis. Ni l'étalage de l'argent fraîchement gagné dans une ville autrefois symbolisée jusqu'à la caricature par le mouvement grunge et ses emblématiques chemises à carreaux : les voitures électriques Tesla roulant des mécaniques sur Capitol Hill ou à Belltown ; les énormes 4 × 4 noirs tournant sans relâche à l'affût de la prochaine course ; la boutique Gucci où une paire de mules se vendait 650 dollars ; le bar panoramique où l'on proposait un "Menu spécial millionnaires" arrosé d'un cocktail à 200 dollars ; la tour Nexus et ses quarante et un étages, une pile de cubes de glace décalés façon Rubik's Cube surmontée d'appartements-terrasses d'une surface de 900 mètres carrés, dont le prix de vente pouvait s'élever à 5 millions de dollars ; les tours Insignia, offrant une "retraite céleste" : piscine d'intérieur, sauna et salle de projection.

Ces chiffres ne pouvaient pas exprimer l'évolution des mœurs forgée par les nouveaux arrivants, qui fréquentaient la salle de dégustation, sur rendez-vous uniquement, chez le caviste au rez-de-chaussée de la tour résidentielle de luxe flambant neuve à Bellevue, ou la "taverne du magicien", dans le quartier branché de Ballard, où l'on pouvait se procurer des baguettes personnalisées "conçues pour être adaptées à chaque individu, l'essence de bois définie selon la date de naissance, avant d'être imprégnée d'un des douze élixirs magiques par le sculpteur". Si la ville ne comptait que peu de bambins, elle fourmillait d'adultes nantis des revenus nécessaires pour recréer les joies de l'enfance.

Cette hyper-prospérité émanait de nombreuses entreprises tenant lieu de figures paternelles, dont Starbucks, Nordstrom et Microsoft, qui se portait toujours à merveille, de l'autre côté du lac Washington. Cependant, une de ces enseignes planait bien au-dessus des autres. Ils étaient désormais 45 000 à travailler chez Amazon à Seattle, plus 8 000 en périphérie. À eux seuls, ils touchaient en moyenne une rémunération annuelle de 150 000 dollars tous avantages compris, sans compter les précieuses stock-options qui suscitaient une fervente fidélité à l'entreprise. On devait à cette dernière 30 % de la totalité des emplois créés à Seattle au cours de la deuxième décennie de ce siècle. Elle occupait un cinquième de la totalité du parc de bureaux de Seattle – la proportion la plus élevée possédée par une entreprise, tous secteurs confondus, sur tout le territoire national, et plus que les quarante principaux employeurs de la ville réunis ; à l'aéroport international Sea-Tac, les compagnies Delta et Alaska Airlines ouvrirent une file d'attente réservée aux employés d'Amazon pour l'enregistrement des bagages.

En 2007, l'entreprise annonça le regroupement de ses locaux dans un unique site situé sur une langue de terre, juste au nord de l'hypercentre, appelée South Lake Union. À l'origine, cette zone abritait de grandes scieries. Des usines ayant, dans les années 1990, cédé la place à des entrepôts pour l'industrie légère (les biens de consommation), à des garages automobiles, ainsi qu'à un club de strip-tease qui se targuait d'avoir "DES CENTAINES DE FILLES CANONS POUR SEULEMENT TROIS MOCHETÉS". Dans les années 1990, un projet de rénovation prévoyait de convertir les lieux en une zone résidentielle avec bureaux articulée autour d'un vaste parc. Pour s'investir dans ce programme immobilier, Paul Allen, co-fondateur de Microsoft, avait acquis vingt-cinq hectares de terrain, mais en vain, car le projet n'aboutit pas.

À la place, Amazon lui demanda de construire un siège social, ou plutôt un quartier général, d'une superficie de 160 000 mètres carrés. Allen accepta et alla même plus loin. La firme s'agrandit au point d'occuper près de 25 millions de mètres carrés, condensés pour la plupart dans plus de trente-cinq bâtiments au sein et sur le pourtour de South Lake Union – le plus vaste site d'entreprise en zone urbaine de tout le pays. Un quadrillage fait d'immeubles administratifs de cinq à dix étages de forme cubique – des blocs de verre à la Tetris, de l'acier inoxydable et des panneaux d'aluminium peints couleur rouille pour imiter la brique emblématique de l'ère industrielle, un ensemble que Keith Harris, ingénieur local et partisan de la "théorie critique" ou "philosophie sociale", qualifia de "ghetto high-tech néo-moderne". Afin de différencier ces structures pour beaucoup identiques, on leur avait attribué des noms, autant de clins d'œil à l'univers d'Amazon : Rufus (le Welsh Corgi ayant pour maîtres deux des plus anciens employés), Dawson (la rue qui abritait l'un des tout premiers entrepôts de la société), ou encore Fiona (nom que faillit porter le Kindle).

Comme l'entreprise autorisait ses employés à venir au travail accompagnés de leurs chiens, ils étaient plus de 6 000 à figurer sur le registre prévu à cet effet. Les trottoirs grouillaient donc de toutous en promenade avec leurs maîtres qui arboraient écouteurs Bluetooth, badges de service bleus et sac à dos égayés du sourire-logo d'Amazon. Dans un bâtiment, une terrasse perchée au dix-septième étage offrant une vue plongeante alentour avait été convertie en parc canin, avec gazon synthétique et extincteurs jaunes. Au rez-de-chaussée d'une autre construction se trouvait un bistrot où l'on servait exclusivement des plats pour chiens.

Sous une des arcades principales, des Amazoniens distribuaient des bananes gratuites à tous les passants. On comptait vingt-quatre cafés dans l'enceinte du site. Une des boutiques dont l'entreprise était propriétaire, vous proposait d'acheter vos articles sans passer à la caisse : des caméras suivaient les produits sélectionnés puis prélevaient le montant correspondant sur votre carte de crédit. À quelques encablures du complexe, il y avait un magasin de bien plus grande envergure, maillon d'une chaîne nationale comprenant près de cinq cents grandes surfaces alimentaires haut de gamme, désormais détenue par Amazon, elle aussi.

Bars et restaurants ouvraient l'un après l'autre un peu partout sur le site pour répondre quasi exclusivement aux besoins des employés de l'entreprise. À la Brave Horse Tavern, les soirs de semaine, des hommes en blazer jouaient aux palets. Un mercredi de juin, on vit une serveuse aux cheveux verts servir du champagne à un quadragénaire en veste polaire et à ses parents. Une fois attablés, tous trois demeurèrent silencieux, les yeux rivés sur leurs téléphones, pendant près d'une heure. Dehors, attaché à un poteau, un chien attendait.

Et puis, il y avait les biosphères. En l'espace de cinq ans, la société avait fait construire trois énormes globes encastrés l'un dans l'autre. Composés de 620 tonnes d'acier et de 2 643 vitres, ils occupaient la superficie d'un demi-îlot urbain à une extrémité du site, côté centre-ville. À l'intérieur de ces globes plusieurs niveaux étaient reliés entre eux par des escaliers ouverts offrant un dénivelé de près de 30 mètres. On y trouvait un café où les donuts coûtaient 4,25 dollars pièce, des espaces de réunion appelés "cabanes dans les arbres", et même un nid en cèdre où pouvaient tenir plusieurs humains en quête d'un endroit plus discret pour brainstormer à l'abri des regards, le tout dans une sorte de forêt amazonienne contenant environ 40 000 plantes issues de quatre cents espèces différentes venues du monde entier, dont des broméliacées et des anthuriums originaires d'Équateur, des philodendrons de Bolivie et des sélaginelles d'Asie du Sud-Est. On y trouvait plus de 40 arbres, dont un figuier pleureur de 15 mètres de haut pesant plus de 16 tonnes (surnommé Rubi) qu'il avait fallu introduire par le toit, en ôtant un panneau de verre. Les globes pouvaient accueillir pas moins de mille personnes à la fois.

Selon le responsable du service horticulture interrogé par un journaliste, les globes aident les employés à "trouver leur biophile intérieur, celui que le contact avec la nature remue en profondeur". Le jour de leur inauguration, début 2018, les employés se rassemblèrent, piaffant d'impatience. Le fondateur de l'entreprise se tenait devant un mur drapé de verdure orné du sourire-logo. L'heure était venue d'allumer les lumières et les brumisateurs.

"Alexa, ouvrez les Sphères, ordonna-t-il.

— D'accord, Jeff", dit Alexa.

Ainsi s'ouvrit la troisième Seattle que connut Milo Duke, et pour lui, comme pour Pat Wright, ce serait la dernière.

CHAPITRE 2

Carton

Dégringolade sociale dans l'Amérique provinciale

Dayton, Ohio

Todd et Sara avaient dit aux enfants qu'ils partaient en colonie de vacances. Pas banale, cette colo, il fallait bien l'admettre. Avec son vigile dans le hall d'entrée, auprès de qui ils avaient dû s'inscrire avant d'être invités, d'un signe de la main, à s'approcher, par une des réceptionnistes renfrognées que plus rien n'étonnait. Avec ses femmes allongées dans le couloir de droite, expulsées pour indiscipline des dortoirs équipés de lits de camp, et qu'on aurait sans doute mises à la porte si le mercure n'avait pas affiché – 10 °C dehors. La seule chose qui pouvait évoquer – de loin – une colonie de vacances, c'était la réserve à médicaments au rez-de-chaussée, où l'on entreposait les cachets des pensionnaires. Mais aucun camp de vacances n'avait jamais vu pareils sachets de médicaments : de grands sacs de congélation pleins de piluliers, aux étiquettes délavées devenues illisibles, les dates d'expiration largement dépassées. En outre, aucun moniteur ne distribuait la marchandise avec aussi peu d'égards que ces encadrants, qui remettaient les sachets sans se soucier de qui ingérait quoi. Il y avait des problèmes bien plus graves à régler.

Éviter, par exemple, que se répètent des évènements tragiques comme celui vécu par Jeremiah, ce bébé de quinze semaines retrouvé mort à l'intérieur du foyer l'année précédente. Ou fâcheux, comme la rechute probable dans la came de Nicole, grande femme enceinte aux yeux bleus. Ou ces postes de bénévoles non pourvus en cuisine, où le personnel rémunéré – une équipe de six personnes – préparait 1 200 repas par jour pour les 270 résidentes de cet établissement et les 225 hommes hébergés dans les locaux de l'ancienne prison, sur Gettysburg Avenue.

Non, le Foyer Gateway pour femmes et familles administré par l'association Saint Vincent de Paul, à Dayton, dans l'Ohio, n'avait rien d'une colonie de vacances. Mais les deux aînés de Todd et Sara – Izacc, cinq ans, et Jazzlynn, quatre ans – s'étaient bien gardés d'émettre le moindre doute à ce sujet. Peut-être un sixième sens leur insufflait-il une saine pudeur face à la détresse de leurs parents – de leur mère, surtout – pour qui devoir loger ici était déjà assez dur à accepter. Peut-être aussi parce que, n'étant jamais partis en colonie ou en camp de toute autre forme, ils n'y voyaient que du feu. Ils ignoraient, par exemple, qu'en colo il n'y avait pas de salles communes où plusieurs dizaines de personnes – souffrant de déficience mentale ou de problèmes psychiatriques pour la plupart – passaient leurs journées, les yeux vitreux et la mâchoire pendante, à regarder des émissions de divertissement à la télévision. Qu'en colo il n'y avait pas de vigile pour fouiller systématiquement vos affaires et vous scanner de la tête aux pieds à l'aide de son magnétomètre, chaque soir, avant de vous laisser regagner le dortoir.

En semaine, les autres enfants se mettaient en rang devant le bâtiment pour attendre les cars scolaires qui desservaient le foyer depuis longtemps, mais Sara n'avait inscrit Izacc nulle part depuis son arrivée, quelques semaines plus tôt, début janvier, signe de son refus d'accepter que ses enfants et elle puissent voir leur séjour au Foyer Gateway se prolonger en hébergement à long terme. Elle s'était contentée de le déclarer "scolarisé à domicile", ce qui, dans les faits, signifiait qu'au lieu d'aller à l'école il passait le plus clair de son temps avec sa mère, sa sœur et leur petit frère, Nicholas, dix-huit mois, dans le salon réservé aux familles, qui, s'il avait le mérite d'être exempt de téléspectateurs prostrés, ne faisait vraiment pas rêver. Il y avait un téléviseur fixé au mur, des casiers rouillés peints en rouge pompier sur deux des parois et une petite pièce dans la pièce, qui, au vu de ses dimensions et de sa fenêtre intérieure, aurait pu servir de salle d'interrogatoire dans un commissariat mais tenait ici lieu de "bibliothèque" : deux étagères de livres, deux coffres à jouets et un tableau magnétique constellé de lettres en plastique. Izacc savait écrire son prénom sur le tableau et tenait tête aux sceptiques surpris qu'il emploie un "z" et non un "s", alors que c'était bien là l'orthographe correcte. De même, Jazzlynn prenait deux "z", aucun doute là-dessus : son père, Todd, était un inconditionnel de danse *modern jazz*, une prédilection plutôt incongrue dans cette région, le sud-ouest de l'Ohio, qu'il avait décidé d'immortaliser à travers le prénom de sa fille. Dans la bibliothèque, des pancartes rappelaient qu'il était interdit de sortir les livres et les jeux de leur espace dédié. Une des raisons pour lesquelles, dans le salon, les mômes étaient si envahissants et remuants, leur agitation aggravant le chaos ambiant, le genre de charivari quasi anarchique qui règne dans n'importe quel lieu transitoire, où, se sachant de passage, les gens tolèrent un certain degré de tapage. Sauf que, dans le cas présent, beaucoup de pensionnaires finissaient par prendre racine.

Cette indifférence au vacarme stupéfiait Sara, elle qui parvenait à peine à la supporter une heure, alors une semaine, vous imaginez ? Pour éviter que la situation ne dégénère et que sa propre progéniture ne se laisse gagner, à son tour, par l'électricité dans l'air, elle se retrouvait à surveiller une bonne partie des autres enfants ; des enfants différents des siens, d'une part parce qu'ils avaient des mères insensibles au remue-ménage et, d'autre part, parce que presque tous avaient la peau noire. Sara, dont le teint clair confinait au diaphane, insistait sur le fait que ce qui l'agaçait le plus, c'était le premier point : devoir faire la nounou pour les gosses des autres… comme si elle n'avait pas déjà assez à faire avec ses trois à elle !

Elle aurait aimé que Todd soit là pour l'épauler, mais sa présence n'était qu'intermittente. Il y avait plusieurs raisons à cela. D'abord, l'intitulé "accueil pour femmes et familles" était trompeur. En réalité, les hommes n'étaient autorisés à résider au foyer qu'à la condition d'être des pères célibataires. Une famille comme celle de Todd et Sara n'avait donc pas le droit d'y séjourner au complet, malgré les enfants, précisément parce qu'elle comportait à la fois une mère *et* un père. Sara et les petits étaient donc hébergés au foyer familial tandis que Todd logeait au foyer pour hommes, dans les locaux de l'ancienne prison, à 8 kilomètres de là, où peu après son arrivée un des pensionnaires avait été arrêté pour en avoir poignardé un autre. Todd et Sara vivaient cette séparation forcée comme un corollaire à l'injustice subie dans les locaux des services sociaux où, parce que Todd travaillait, on leur avait annoncé qu'ils recevraient moins de bons alimentaires et qu'ils n'étaient plus éligibles aux allocations pour le logement et la garde des enfants.

C'était l'autre raison pour laquelle Todd était rarement là pour prêter main forte à Sara. Il avait un emploi à plein temps, comme toujours depuis qu'il était en âge de travailler. Ce qui, pour Sara et lui, rendait encore plus incroyable l'impasse où ils se trouvaient. Son salaire dérisoire expliquait, certes mais en partie seulement, pourquoi ils avaient atterri au Foyer Gateway. Mais, au moins, Todd avait un boulot. Des boulots, il en avait eu plein. Pour l'heure, il fabriquait des boîtes en carton.

De même que pour la gentrification des villes côtières, on abordait trop souvent le déclin post-industriel du Midwest sans prendre en compte la notion d'échelle et le contexte. De loin, on avait l'impression d'une détérioration inexorable, monolithique. De près, on distinguait des gradations et des paliers. Alors, le fatalisme s'évaporait et l'on identifiait enfin les conséquences précises de certaines décisions spécifiques et la responsabilité de certains acteurs des sphères politique et économique.

Si la vie n'avait jamais été un long fleuve tranquille pour la famille Swallows, elle était totalement partie à vau-l'eau vers la fin de la présidence de George W. Bush. À l'instar de Dayton dans son ensemble. Certes, la ville avait déjà beaucoup rétrogradé depuis son heure de gloire, au tournant du siècle précédent, du temps où Orville et Wilbur Wright s'employaient à fabriquer leurs bicyclettes Van Cleve et St. Clair tout en rêvant de concevoir, un jour, leurs avions Flyer, tandis que leurs homologues inventeurs – de nos jours, on dirait "innovateurs" – déposaient plus de brevets par tête que leurs confrères dans n'importe quelle autre grande ville du pays. "La Silicon Valley de son époque", affirmait-on maintenant, en se gardant bien d'ajouter : "Difficile à croire, non ?" À la fin des années 1870, James Ritty, patron de saloon, élabora la toute première caisse enregistreuse mécanique pour empêcher ses barmen de le voler. John H. Patterson popularisa cette innovation au niveau national, en mettant au point la National Cash Register, accompagnée d'un habile slogan : "Une caisse enregistreuse National Cash Register n'est pas une dépense, car vous l'amortirez rien qu'avec les pertes évitées." Patterson était un excentrique, un vrai : il portait des sous-vêtements en feutre de table de billard, dormait la tête pendant hors du lit pour ne pas courir le risque d'inhaler l'air qu'il venait d'exhaler. Un jour, il ordonna à son économe de commander 2 tonnes de paprika pour ses employés, après avoir remarqué, lors d'un séjour en Bulgarie, que les gens en consommaient beaucoup et avaient une dentition saine. C'est pourtant ce même Patterson qui serait à l'origine de tous les outils, ou presque, du négoce moderne à l'américaine : la formation pour les vendeurs, les territoires de vente, les quotas de vente et même le congrès annuel tant redouté.

Et il y eut surtout l'ingénieur Charles Kettering, qui créa la version électrique de cette caisse enregistreuse, début d'une longue série d'inventions en tout genre : le starter, l'essence au plomb, le Fréon, la peinture de couleur pour voitures… Kettering était tellement dévoué à la cause de l'innovation qu'un jour il souscrivit à une assurance-vie et désigna "la recherche automobile" comme bénéficiaire des 1,6 million de dollars placés.

Même la crue dévastatrice de la Great Miami River en 1913, qui fit plus d'une centaine de morts, ne parvint pas à enrayer l'essor de la ville. Trois ans plus tard, le poète Paul Laurence Dunbar, fils d'anciens esclaves venus du Kentucky, écrivit :

Amour du foyer, passion la plus sublime
Que le cœur humain puisse vivre !
Et tout de même immuable, quand le sort et la mode
Croissent et décroissent, affluent et refluent,
À la gloire de notre nation,
À la santé de notre État
Consacrons tous avec ferveur
La somme de tous nos efforts.
Et notre chère ville, la décevrons-nous ?
Son aimable cause déserterons-nous ?
Non… car
Avec loyauté nous l'acclamons
Et ses justes lois nous vénérons.
À jamais elle réclamera notre tribut
Puisqu'elle brille…
Ultime joyau étincelant comme jamais,
Aucun autre n'aura garni
Avec tant de beauté
Le diadème
de ce cher Ohio.

Ricanez autant que vous voudrez, mais les lieux possédaient une indéniable splendeur à l'époque. Une grandeur palpable dans les locaux de la Third National Bank, où les clients vaquaient à leurs activités sur des comptoirs en bronze dans le vestibule aux finitions en marbre importé avec boiseries en acajou. Palpable aussi dans les hôtels Biltmore et Algonquin, dont les noms prestigieux annonçaient les ambitions pas tout à fait injustifiées. Palpable dans les grands magasins de luxe du type Elder & Johnston (par la suite rebaptisé Elder-Beerman) et surtout chez Rike's, bâtiment de huit étages où l'on put, pendant un temps, acheter des Harley Davidson au rayon "équipement sportif", où les retouches et la livraison à domicile étaient offertes, afin que les maîtresses de maison puissent faire halte au salon de thé Maud Muller délestées de leurs emplettes.

La ville connut son pic démographique aux alentours de 1960, après un afflux massif du Sud, de Noirs comme de Blancs, alimenté non seulement par la Grande Migration depuis le Mississippi et l'Alabama, mais aussi par ce que l'on appelait "l'autoroute des ploucs" en provenance du Kentucky et du Tennessee. De nouveaux arrivants tous issus des mêmes milieux modestes. Mûs par la même intention : travailler pour les fabricants d'objets inventés par les innovateurs quelques décennies plus tôt, au sein d'entreprises comme National Cash Register (surnommée "The Cash") et Delco (Dayton Engineering Laboratories Co.), cofondée par Kettering.

Cependant, tous ne reçurent pas le même accueil. Dès le début des années 1960, la fuite des Blancs eut des répercussions sur Dayton. Des milliers de maisons à un étage avec véranda ouverte, bâties quelques dizaines d'années auparavant par des Allemands et des Polonais vigoureux, se vidèrent, au profit d'humbles bungalows dont l'avantage principal était la proximité de West Dayton, les quartiers ouest, où les immigrants originaires d'Alabama et du Mississippi s'étaient regroupés. Ils ne s'étaient pas rassemblés là-bas de leur propre chef, mais parce qu'il était communément admis qu'ils ne devaient pas s'établir à l'est de la rivière, là où débutait le centre-ville, ni au nord de Wolf Creek, le quartier juif de Dayton. De même, il était entendu que leur progéniture fréquenterait uniquement le lycée Dunbar, baptisé d'après le poète exalté, alors emporté par la tuberculose depuis longtemps. Ces frontières invisibles eurent cours pendant très longtemps. Une fois, dans les années 1960, des gosses furent réprimandés par les policiers juste pour avoir franchi le Wolf

Creek, un affluent de la Great Miami River, depuis les quartiers ouest afin de venir admirer un camion de pompiers stationné là, spectacle époustouflant auquel ils n'avaient pu résister.

Comme dans une multitude d'autres villes du Midwest, les habitants de Dayton fuirent devant la menace de ce genre d'incursions et l'ampleur qu'elle prenait – la classe ouvrière migra vers Huber Heights, West Carrollton, Miamisburg et Fairborn, les plus aisés vers Centerville, Oakwood, Kettering et Beavercreek. En 1990, la ville avait déjà perdu plus d'un quart de sa population et 40 % des habitants restés sur place – soit 73 000 sur 182 000 – étaient noirs. Ces derniers pouvaient désormais s'aventurer loin du West Side si bon leur semblait : des pans entiers de la ville s'offraient à eux, laissés vacants par tous ces départs.

La population avait beau décliner, il subsistait une masse critique. Contrairement aux villes tournées vers la sidérurgie et l'industrie houillère depuis longtemps moribondes, Dayton se consacrait surtout à l'automobile, secteur où elle occupait la deuxième place, après Detroit, et dans les années 1990 l'Amérique fabriquait toujours des véhicules motorisés : de grosses voitures, des 4 x 4 géants et des camions qui engloutissaient l'essence bon marché emblématique des années Clinton.

Il y avait l'usine General Motors à Moraine et son partenaire Delphi, géant des pièces détachées et rejeton de Delco, implanté à Kettering, qui comptait une dizaine de sites disséminés dans la région. Il y avait NCR, qui fabriquait désormais des distributeurs automatiques de billets en sus des caisses enregistreuses. Il y avait la base aérienne militaire à l'orée de la ville, Wright-Patterson, où les Serbes ratifièrent de mauvaise grâce les Accords de Dayton, en 1995. Il y avait le groupe de rock indépendant local, et fier de l'être, Guided by Voices, qui servait un concentré de chauvinisme décalé *made in* Dayton à des fans situés à des lieues de chez eux et donc incapables de saisir ce qu'évoquait Robert Pollard en 1996, lorsqu'il chantait :

Isn't it great to exist at this point in time?
Where the produce is rotten but no one is forgotten
On strawberry Philadelphia Drive
Children in the sprinkler, junkies on the corner
The smell of fried foods and pure hot tar
Man, you needn't travel far to feel completely alive

On strawberry Philadelphia Drive
On a hazy day in 19 something and 5

C'est génial, non, d'être en vie, là, maintenant ?
À ce moment précis où les fruits et légumes sont pourris,
Mais où tout le monde est servi,
Dans la rue Cheesecake à la fraise

Des mômes sous l'arroseur automatique, au coin de la rue des junkies
L'odeur de friture et de pur bitume cuisant
Pas besoin d'aller bien loin pour te sentir tout à fait vivant
Dans la rue Cheesecake à la fraise
Par un jour de brume en 1990 et quelques

En cette année 1990 et quelques, 1995 pour être précis, Todd Swallows avait cinq ans et vivait avec sa famille à Lake Lakengren, à une cinquantaine de kilomètres à l'ouest de Dayton, près de la frontière avec l'Indiana. Adulte, Todd aurait du mal à croire qu'il avait grandi dans une *gated community*, un quartier sécurisé par des clôtures, quoiqu'il ne corresponde pas vraiment à la connotation habituelle du terme. Lakengren, un lotissement bâti autour d'un lac artificiel de 3 kilomètres de long, comportait bel et bien deux portails d'entrée, mais la maison des Swallows n'avait rien d'une villa hollywoodienne. Il s'agissait d'un modeste pavillon de plain-pied, construit en 1977 et acheté moins de 90 000 dollars. Et pourtant, un quartier sécurisé restait un quartier sécurisé, et l'on aurait difficilement pu en vouloir à Todd de le revendiquer. Il ne le faisait pas par vantardise mais pour insister sur le caractère spectaculaire de sa déchéance.

La vie à Lakengren était loin d'être idéale. La mère de Todd avait le sang chaud et n'hésitait pas à recourir aux châtiments corporels envers son fils à l'intelligence précoce – qui faisait des puzzles normalement réservés aux enfants bien plus âgés – mais au tempérament hyperactif. “Mon père passait énormément de temps sur les routes et ma mère devait encaisser beaucoup de choses. Je n'en faisais vraiment qu'à ma tête, se souvint Todd. Des fois, ses punitions étaient vraiment exagérées. Mais je ne lui en tiens pas rigueur.”

Au moins, sur le plan économique, la vie était stable. Le père de Todd, Todd Senior, s'était forgé sa place dans le tissu local en créant sa propre société : une petite entreprise de transport avec un parc de dix camions, un rouage dans la gigantesque machine de l'industrie automobile à Dayton. Via l'autoroute I-75, il acheminait des pièces détachées produites par Delco, entre autres fournisseurs, jusqu'à Toledo, Detroit et Flint. Swallows Trucking LLC était l'incarnation même de la chaîne de production dans tout ce qu'elle avait de plus prospère : des fabricants implantés dans des villes moyennes se nourrissaient du succès d'entreprises et de villes de plus grande taille, ce qui créait un réseau très dense de connexions symbiotiques déployé à travers toutes les régions.

Par la force des choses, cette machine et le réseau qu'elle avait engendré s'enrayèrent, de manière progressive mais inéluctable. À l'époque, le réflexe était de rejeter la faute sur l'Accord de libre-échange nord-américain (ALENA) et les Mexicains, et il était certain qu'une bonne partie des activités de production et d'assemblage de pièces détachées empruntaient l'autoroute inter-États I-75 dans la mauvaise direction, vers le sud, pour ensuite bifurquer vers Monterrey, Celaya et Aguascalientes. Au bout d'un moment, les économistes finirent par montrer du doigt un nouveau coupable : l'admission de la Chine au sein de l'Organisation mondiale du commerce en 2001, à la suite de quoi les licenciements dans le secteur de la production industrielle s'étaient accélérés, frappant de plein fouet des endroits comme Dayton. Dans un article écrit en 2016, l'économiste David Autor et des collègues du MIT conclurent que la concurrence avec la Chine avait détruit près de 1 million d'emplois dans l'industrie aux États-Unis, entre 1999 et 2011, et 2,4 millions au total, en comptant les fournisseurs et autres secteurs associés. “L'adaptation aux nouveaux marchés est un processus qui prend du temps [...] et ce sont bien souvent les marchés locaux, les plus exposés aux mécanismes de l'import-export, qui paient le plus lourd tribut, au lieu de voir ce coût réparti à échelle nationale”, écrivent Autor et ses collègues. En d'autres termes : si dans des villes comme Dayton les gens avaient l'impression que personne à Washington et New York ne se souciait de leur sort, il y avait une explication rationnelle à ce sentiment d'abandon.

Ces analyses universitaires ne seraient produites qu'*a posteriori*. À Dayton à l'époque, on constatait simplement que la machine était en train de s'enrayer. Pour de bon. Les usines de pièces détachées Delphi fermaient l'une après l'autre. Au cours de cette décennie, la main-d'œuvre locale de l'entreprise chuta de 10 000 à 800 employés.

Le 3 octobre 2008 survint le coup de grâce : l'annonce par General Motors de la fermeture de son immense usine à Moraine, dans la périphérie sud de Dayton, où, malgré des compressions de personnel préalables, ils étaient encore environ 2 400 à fabriquer des SUV.

Et le secteur automobile n'était pas le seul à trinquer. NCR, la dernière entreprise de la ville à figurer parmi les cinq cents sociétés américaines les plus riches selon le magazine *Fortune*, dont les racines remontaient à James Ritty et son saloon, émettait des signaux alarmants. Le PDG, Bill Nuti, ne daignait pas quitter New York pour Dayton et invoquait des "raisons familiales", excuse derrière laquelle les locaux devinaient la répugnance de son épouse à vivre dans l'Ohio. En tout, entre 2001 et 2008, la conurbation englobant Dayton et Springfield, ville de moindre taille au nord-est, avait vu disparaître 32 000 emplois, soit 7,5 % de sa main-d'œuvre. Et la quasi-totalité – 27 000 – étaient des postes d'ouvriers. Pas moins d'un emploi local sur trois dans ce secteur se volatilisa en à peine un mandat présidentiel. À l'échelle de l'État, il y eut tant d'usines à fermer au cours de cette décennie que la consommation d'électricité dans l'industrie diminua de plus d'un quart.

Très vite, Swallows Trucking LLC commença à perdre ses clients. Sa fin survint avec une efficace fugacité : le 2 mars 2009, six semaines après l'arrivée de Barack Obama à la Maison-Blanche, une période où chaque mois 700 000 emplois disparaissaient aux États-Unis, Todd Swallows Sr. alla déclarer son entreprise en faillite au tribunal fédéral du Southern District de l'Ohio. Le grand-père de Todd Jr. perdit une partie de sa retraite General Motors, ce qui contraignit sa grand-mère à travailler comme aide à domicile jusqu'à plus de soixante-dix ans.

Trois mois plus tard, NCR annonça le déménagement de son siège social dans la banlieue d'Atlanta et emporta dans son sillage ses 1 200 emplois locaux restants. "Nous avions beaucoup de mal à recruter des gens prêts à venir vivre et travailler à Dayton", expliqua Nuti, comme si son propre refus de s'y installer laissait le moindre doute sur la question. Durant cette décennie, Dayton perdit 25 000 habitants, ce qui fit chuter sa population totale à 141 000, à peine la moitié de ce qu'elle avait été lors de son pic démographique. À la même période, l'agglomération et le reste du comté de Montgomery subirent une baisse spectaculaire en termes de salaires totaux, plus forte que dans n'importe quelle autre grande ville de l'Ohio – environ 3 milliards de dollars de pertes.

Todd Swallows Sr. s'était déjà rendu dans ce tribunal pour une autre procédure : son divorce. Rétrospectivement, Todd Jr. mettrait leur séparation sur le compte de l'effondrement de Swallows Trucking LLC, même si le divorce avait à son tour précipité cet effondrement, les frais de justice ayant coûté au père de Todd une somme considérable.

Son père emménagea dans un parc de mobile-homes à Brookville, plus près de Dayton. Sa mère, qui travaillait désormais comme réparatrice informatique, s'installa à Eaton, la ville près de Lakengren où Todd allait au lycée. Ce dernier était toujours adolescent. "Pendant trois ans, j'ai été ballotté entre ma mère et mon père, et je n'en pouvais plus de vivre comme ça, confia-t-il. Toujours à faire le yo-yo, à voir mon père se battre pour s'en sortir, puis me retourner et voir ma mère galérer, elle aussi, tout ça parce qu'ils n'étaient plus une équipe." Alors, il partit de son côté, vers un lieu qui touchait le fond.

Il fut un temps où les adeptes du développement urbain et de cette ville en particulier célébraient Dayton comme un haut lieu de l'innovation. "Dayton : berceau de l'aviation, point de départ du starter". À présent, ils se félicitaient de sa proximité avec d'autres endroits où l'on fabriquait des choses. Ces dernières années, l'aéroport avait vu son nombre de vols considérablement réduit, mais la ville se situait toujours à l'intersection de deux autoroutes inter-États, la I-70 et la I-75, et à moins d'une journée de route de plus d'un tiers de la population nationale, ce dont peu d'autres agglomérations de plus de 100 000 habitants pouvaient se targuer. "Dayton : la ville la moins éloignée des lieux où vous avez vraiment envie d'aller !" La métropole, qui avait été la Silicon Valley d'une époque révolue, se repensa comme un pôle dédié à l'industrie de la logistique, où l'on se chargeait d'acheminer, d'emballer, de conditionner et de trier tout et n'importe quoi, des articles ménagers Procter & Gamble aux aliments pour chiens Chewy en vente par correspondance. La chambre de commerce de Dayton et de ses environs créa la Dayton Area Logistics Association (Association des activités logistiques de la région de Dayton). La ville en viendrait même à organiser un événement intitulé la Southwest Ohio Logistics Conference (Convention du secteur logistique de l'Ohio du Sud-Ouest). Et pour se réinventer, pour cesser d'être une plateforme de production et devenir une plateforme d'emballage et de fret, il fallait du carton.

Les fabricants de carton n'aimaient pas ce terme, "carton", et préféraient préciser qu'il était "ondulé". Le carton, c'était n'importe quel machin fait à partir de pulpe de papier épaisse : techniquement, les cartes à jouer et les cartes de vœux, c'était du carton. La version ondulée, en revanche, c'était du sérieux, d'une tout autre trempe. Le carton ondulé se composait de trois couches de papier : deux plates pour les faces extérieures (ou couvertures) et une strate de papier cannelé prise en sandwich et contrecollée à la colle d'amidon. Le carton ondulé étant robuste, il constituait un bon support d'impression. C'était donc le contenant idéal pour l'exposition et l'expédition de produits. Et dans le Dayton de l'après-crise des subprimes, on expédierait à tour de bras.

Todd Swallows Jr. mit quelques années à s'en rendre compte, à s'orienter vers le carton.

Il avait commencé à travailler dès la préadolescence, en nettoyant de fond en comble les camions de son père. À quinze ans, il avait trouvé un boulot chez Wendy's, la chaîne de fast-food. Puis quitté le lycée à dix-sept ans, après une bagarre, en seconde, qui avait envoyé l'autre jeune aux urgences et Todd devant un juge à deux doigts de le faire comparaître en tant qu'adulte pour "agression dans le but de commettre un crime". Il évita ce triste sort en s'engageant dans les Job Corps, le programme fédéral d'insertion professionnelle des seize à vingt-quatre ans sur la mauvaise pente. Il fut affecté au Earle C. Clements Job Corps Center à Morganfield (Kentucky), une ville de 3 000 âmes sur la rive de l'Ohio opposée à Evansville (Indiana). Par la suite, il qualifia cet établissement de "prison sans barreaux" : on se retrouvait coincé là-bas avec nulle part où aller. Ceux qui se démarquaient par leur "bonne conduite" avaient le droit à une virée hebdomadaire chez Walmart en minibus, voire à une séance de cinéma. Son baccalauréat en poche, il tenta d'intégrer leur groupe de programmation informatique, mais comme il n'y avait pas de place il se rabattit sur la section "pré-militaire", où il décrocha un emploi dans la maintenance. L'idée était de s'engager dans l'armée au terme de son contrat d'un an. Au lieu de cela, l'inquiétude et le devoir filial envers son père, en plein nadir post-faillite, l'incitèrent à retourner dans l'Ohio. "Mon père, c'est mon héros, tu comprends ? Je l'ai toujours admiré. Je suis son seul fils. Tout ce qu'il a fait, c'était pour ma sœur et moi, explique-t-il. Et j'ai bien vu comment tout ça le déprime et lui sape sa motivation, et ça, ça me pèse, tu vois."

Pendant un temps, il travailla chez Parker, un des rares fabricants toujours en activité à Eaton et implanté – détail fort pratique – tout près de chez sa mère, où il logeait. Il y assemblait des raccords de tubes à la chaîne. Mais ensuite, avec un ami, il commença à toucher aux antalgiques mis en avant par les laboratoires pharmaceutiques depuis le début des années 1990. Cette histoire de cachets n'était pas grand-chose en soi, mais cela suffit à le faire expulser de chez sa mère, le jour où elle les surprit en train d'en prendre. Il partit s'installer chez sa sœur à Columbus, où Donato's pizza l'embaucha. Promu chef d'équipe au bout de six mois, il devint donc, à dix-neuf ans, responsable de huit personnes, plus âgées que lui pour la plupart, un statut dont il s'enorgueillissait encore, des années plus tard. "C'était chouette quand on venait me trouver pour me demander telle ou telle information", se souvient-il.

C'était la première fois – mais pas la dernière, loin de là – que Todd Swallows retirait une certaine satisfaction d'un travail que beaucoup auraient jugé indigne d'eux, une mission qui ne mettait guère à profit son intelligence innée. Lui qui avait pourtant subi de plein fouet l'effondrement de l'idylle de la classe moyenne, à Lakengren, il s'était, d'une certaine manière, imprégné de l'éthique selon laquelle le travail c'était tout, c'était la seule rédemption possible. Autour de lui, le nombre d'hommes en âge de travailler mais privés d'activité lucrative atteignait un niveau record, mais il n'en faisait pas partie. "Jamais je n'ai vu mon père ou ma mère au chômage, ne serait-ce qu'un jour. Quand on était petits, mes parents ont trimé et trimé pour que ma sœur et moi on n'ait pas à vivre ça. Mais ensuite, quand ç'a été notre tour d'être adultes, tout était devenu cent fois pire que pour eux, pendant leur jeunesse et leur entrée sur le marché du travail." Cette éthique, il s'y cramponnerait toujours plus fort au fil des années, à mesure que son besoin de rédemption s'intensifiait.

Il trouva un boulot pour le fils de la nouvelle femme de son père dans une sandwicherie Subway, et tous deux se mirent à échanger des repas, histoire que les employés de chez Donato's mangent autre chose que de la pizza et ceux de Subway autre chose que des sandwichs. Ils s'installèrent en colocation. Mais le demi-frère perdit son emploi et tous deux finirent par retourner chez le père de Todd, au parc de mobile-homes.

Todd rencontra une fille qui habitait Middletown, à mi-chemin entre Dayton et Cincinnati. Il emménagea avec elle et s'essaya aux études universitaires, à l'antenne locale de la Miami University of Ohio. Après avoir validé ses enseignements prérequis, il décrocha au bout d'un semestre : accro à la fille, mais beaucoup moins aux cours… Il trouva des boulots à temps partiel chez Captain D's Seafood Kitchen (une chaîne de restaurants de poisson et fruits de mer) et Domino's Pizza : il faisait l'ouverture chez l'un et la fermeture chez l'autre. La fille et lui rompirent ("Nos vies prenaient des directions différentes"), alors il s'investit pour la toute première fois, dans un appartement rien qu'à lui, à Middletown, dans la résidence Williamsburg Place.

C'est là qu'il rencontra Sara Landers. Une jolie blonde de son âge, également issue d'une famille éclatée. À vrai dire, le parcours de Todd avait l'air d'une promenade de santé comparé à celui de Sara. Sa famille à elle aussi avait connu la stabilité financière pendant un temps. Son père travaillait dans le bâtiment, sa mère à l'immense usine AK Steel de Middletown. Mais son père était parti quand elle avait huit ans, envolé loin, au Canada, où il avait fondé une nouvelle famille, un revirement qui demeura, pour Sara, l'événement déterminant de sa vie, l'événement qui l'aiderait à trancher là où tant d'autres auraient hésité. Ensuite, quand elle avait onze ans, sa mère avait été victime d'un grave accident du travail : son bras se trouvait à l'intérieur d'une machine qu'elle s'employait à nettoyer, quand quelqu'un l'avait mise en marche. Elle quitta AK Steel et finit par être reconnue "travailleuse handicapée".

La mère de Sara trouva un nouveau compagnon durable, un héroïnomane. Elle-même assez fêtarde, elle confiait souvent Sara et sa sœur cadette à des baby-sitters. Quand Sara avait onze ou douze ans, elle la laissa chez une voisine, dont le mari la viola.

Ce drame fit revenir le père de Sara, mais il repartit, hélas, très vite pour le Canada. Il faudrait attendre une décennie pour qu'il reparaisse dans l'Ohio et dans sa vie. Les sévices sexuels plongèrent Sara dans la dépression, si bien que les médecins lui prescrivirent tout un cocktail de médicaments. Elle n'aimait pas les cachets. Elle préférait l'alcool, qu'elle consomma sans modération pendant toute son adolescence.

Sara eut trois enfants avec un autre homme, un immigrant mexicain qui avait régularisé sa situation en partie grâce à leur union. Il avait un emploi de paysagiste plutôt lucratif mais il la traitait mal, c'était un piètre compagnon comparé à Todd, qui se montrait tendre à la fois avec elle et envers ces trois petits pourtant pas de lui. "Il s'est investi auprès de nous", dit Sara. Todd s'installa chez elle. Il trouva un emploi dans le démarchage à domicile : refourguer des aspirateurs à des personnes âgées assez crédules pour acheter 1 200 dollars un modèle qui, selon Todd, devait en valoir 400 à tout casser, convaincues par le jeune bonimenteur en costume-cravate qui les amadouait avec une démonstration de shampouinage de moquette. Les rares fois où quelqu'un mordait à l'hameçon, le distributeur empochait sa part en premier, puis venait le tour du type qui conduisait Todd de maison en maison avec son van, puis celui des autres vendeurs et, enfin, Todd touchait les 200 dollars restants, ce qui lui tenait lieu de salaire. "C'était raide, comme plan", se souvient-il.

Ils étaient ensemble depuis peu quand Sara tomba enceinte. Ils se séparèrent, en partie à cause du peu d'estime que la mère de Sara portait au père de son futur petit-enfant : "Ses critiques, ça m'a détruit", avoua Todd par la suite. Et en partie aussi à cause des doutes de Todd, qui, d'après la date de conception annoncée par la clinique, ignorait s'il était bien le géniteur, ou si c'était l'ex.

Les choses finirent vraiment très mal entre eux, et, fin 2011, il décida de partir le plus loin possible : à San Angelo, au Texas, chez un ami. Il y resta seize mois, travailla comme caissier chez Lowes Market, à quoi s'ajouta un deuxième emploi consistant à manœuvrer un transpalette dans un entrepôt de produits surgelés PAK. Les deux meilleurs boulots qu'il ait eus jusqu'alors : "J'avais vraiment l'impression d'avoir enfin trouvé mon truc", commenta-t-il, fier de renouer avec ce genre de tâche physique nécessitant de la concentration et ayant du sens pour lui. Mais, début 2013, les résultats du test ADN arrivèrent du laboratoire et révélèrent que les estimations de la clinique étaient erronées : Todd était bel et bien le père d'Izacc, qui avait déjà un an.

Entre-temps, Sara avait perdu la garde de ses trois autres enfants, confiés à leur père. La grossesse avait été plus que pénible : sujette à l'*hyperemesis gravidarum*, terme savant pour désigner des vomissements incessants du premier au dernier mois, ainsi qu'au diabète gestationnel, elle avait dû rester alitée, ce qui lui avait valu de perdre ses emplois en maison de retraite et chez McDonald's, sa voiture et sa maison. Ainsi fragilisée, elle finit par accéder aux requêtes du père des enfants, qui soutenait que ces derniers seraient mieux au sein de sa famille, même si officiellement ils étaient toujours en garde alternée.

Elle débloqua Todd sur Facebook. Il l'appela. "Alors, tu reviens quand à la maison ?" lui demanda-t-elle sans préambule.

Todd retourna dans l'Ohio, se remit avec Sara et fit la connaissance de son fils. Son image de soi en tant que travailleur valeureux revêtit une dimension encore plus traditionaliste : à partir de maintenant, il gagnerait son pain tout comme l'avait fait son père pendant les jours heureux à Lakengren. "Mon père m'a appris à toujours pourvoir au nécessaire, dit-il. J'ai fondé une famille, je subviens aux besoins de ma famille." Mais cette cellule familiale ne s'articula pas autour du mariage. Todd et Sara évitèrent cette institution, comme tant d'autres membres de la classe ouvrière blanche depuis un bon moment. Le nombre d'adultes de moins de quarante-quatre ans à avoir déjà été mariés avait chuté de dix points en une décennie, pour ne plus représenter que la moitié de ce segment de la population. Et puis, Lakengren ne faisait désormais plus partie de sa vie, pas plus que Swallows Trucking SARL, où Todd aurait pu être chauffeur, dispatcheur-répartiteur ou chef d'équipe. Swallows et Fils…

Au lieu de cela, Todd trouva un emploi dans un atelier de soudure à Dayton, où l'on fabriquait des pièces détachées pour Tesla. Jamais il ne s'était approché aussi près de l'âge d'or de Dayton, même en tant que simple intérimaire payé 11,85 dollars de l'heure. Ce contrat terminé, il se rabattit sur un temps partiel à l'espace jardinerie de Home Depot, comme son père à l'époque où il avait repris les cours tout en continuant à travailler. Ce salaire ne suffisait pas à faire vivre sa famille, d'autant qu'elle s'était agrandie, avec l'arrivée de Jazzlynn. Todd envisagea donc de reprendre ses études, lui aussi.

En 2014, il s'inscrivit à une formation de secouriste dispensée par le Sinclair Community College[1], à Dayton. Il accrocha quelques matières à son tableau de chasse, mais pas assez pour obtenir le diplôme. Comment aurait-il pu à la fois suivre des cours et accomplir le nombre d'heures de travail nécessaire pour nourrir les siens, sachant que Sara était dans l'impossibilité de travailler et ne pouvait pas bénéficier d'allocations pour la garde des enfants, puisque son conjoint avait un emploi ? Son assiduité au Community College s'essouffla peu à peu jusqu'au second semestre 2015, quand il trouva un nouvel emploi, payé moins de 10 dollars de l'heure, en tant que chef de l'équipe de nuit chez le fabricant de pièces automobiles Advance Auto Parts à Eaton, à l'ouest de Dayton, près de Lake Lakengren.

On était à l'été 2015. Au cours du mandat d'Obama, Todd avait travaillé pour les entreprises suivantes :

Earle C. Clements Job Corps Center, maintenance des équipements
Parker Tube Fittings, fabricant de raccords hydrauliques à Eaton
Donato's Pizza à Columbus
Captain D's à Middletown
Domino's Pizza à Middletown
Aspirateurs Kirby à Middletown
Lowes Market à San Angelo
Entrepôt de produits surgelés PAK à San Angelo
Atelier de soudure Select-Arc à Dayton
Home Depot à Middletown
Advance Auto Parts à Eaton

Et Sara s'apprêtait à avoir un autre bébé… Ils ne voyaient pas trop comment cela avait pu se produire, étant donné qu'elle avait reçu une injection contraceptive, mais il était bel et bien en route.

Dayton ne comptait aucun foyer pour SDF avant que la municipalité n'en ouvre un, au milieu des années 1980, dans une caserne de pompiers, avec une capacité d'accueil limitée à vingt-cinq personnes. En 2005, l'association Saint Vincent de Paul établit Gateway sur Apple Street, dans le sud du centre-ville. Le vaste bâtiment où la structure avait élu domicile avait naguère servi d'entrepôt pour les grands magasins Elder-Beerman. On y remisait les robes et les costumes avant leur mise en exposition dans la boutique phare sur Courthouse Square. Ce point de vente ferma en 2002, coup fatal porté à un centre-ville où les trottoirs déserts et les vitrines vides faisaient désormais la nique aux larges rues et aux façades couleur terre cuite.

En 2018, l'ancien entrepôt sur Apple Street comprenait 212 lits de camp, la cuisine et les salles communes. Et toujours des vêtements : dans un garage au rez-de-chaussée, des bénévoles triaient les dons. Les résidents étaient les premiers servis : ils pouvaient prendre ce qu'ils voulaient. Tout le reste était ensuite vendu dans la friperie attenante au foyer.

Le foyer pour hommes, tout au bout de Gettysburg Avenue, avait vu le jour en 2007, dans le bâtiment servant jadis de prison et toujours cerné d'établissements pénitentiaires : une prison d'État pour femmes d'un côté, une prison pour hommes en fin de peine de l'autre. Cette réaffectation en chagrinait plus d'un parmi les salariés de l'association Saint Vincent de Paul qui supervisaient les deux foyers. Mais il fallait bien composer avec un budget de 2,5 millions de dollars pour héberger environ cinq cents personnes par jour, et la prison attendait désespérément un repreneur. Si cette nouvelle implantation (à une demi-heure de bus du centre) n'était pas du tout pratique pour les sans-abri du centre-ville, elle n'aurait pas pu mieux tomber pour les détenus ayant purgé leur peine, dont certains, disait-on, quittaient la prison pour hommes et empruntaient, dans la foulée, l'allée la reliant à l'ex-prison désormais devenue un foyer cerné de barbelés.

Todd n'avait jamais fait partie de ce circuit menant de la prison au foyer sur Gettysburg Avenue. Mais il avait eu quelques démêlés avec la justice, à mettre sur le compte – c'était selon – soit de la dureté intrinsèque de ce territoire, soit de sa propre personnalité.

À dix-huit ans, Todd avait été inculpé pour avoir dérobé le portefeuille d'une femme dans son sac, geste qu'il décrirait par la suite comme une tentative hâtive et irréfléchie de venir en aide à son père en faillite. Un an plus tard, à une période où il fumait énormément d'herbe, ses amis et lui, en proie à une fringale, se rendirent dans un Walmart. Il paya la nourriture prise dans les rayons mais oublia de régler le Nesquik qu'il avait ouvert avant de se présenter à la caisse. On l'accusa de vol à l'étalage et on lui infligea 190 dollars d'amende.

Peu après, à Columbus, où il vivait à l'époque, il revenait d'une fête à l'occasion du match Ohio State/Michigan et occupait le siège passager. Les policiers avaient arrêté la voiture et embarqué le chauffeur pour conduite en état d'ébriété. Sur le chemin du retour, Todd, contraint de rentrer à pied, avait été plaqué au sol par-derrière : un des flics qui les avaient contrôlés avait décrété que le sachet de poudre retrouvé sous le siège du passager lui appartenait. Les drogues – qui n'étaient pas à lui, il le jurait – se révélèrent être des contrefaçons. Une nouvelle "infraction" vint donc garnir son casier judiciaire : "possession de substances illicites contrefaites" (l'accusé plaidant coupable), assortie d'une amende de 150 dollars.

Enfin, en mai 2013, il reçut un avertissement pour "trouble à l'ordre public", le jour où selon sa version des faits, alors que Sara était enceinte de Jazzlynn et qu'ils patientaient dans leur Mercury, au drive de chez Wendy's, submergé par la passion, il s'était tourné vers elle pour lui donner un fougueux baiser en lui enserrant très fort la tête, geste qu'un témoin avait pris pour une clé d'étranglement. "M. Swallows a expliqué qu'il s'agissait d'un petit jeu entre [Sara] et lui, et que, comme bien souvent, il avait placé ses mains autour du cou de sa compagne mais que, comme toujours, ses mains étaient simplement posées et n'exerçaient aucune pression, pouvait-on lire dans le rapport de police. L'agent Isaacs s'est entretenu avec Mlle Landers et cette dernière a déclaré que M. Swallows et elle ne faisaient que s'amuser, et que jamais il ne lui ferait de mal." Todd fut assigné à résidence ; Sara se vit remettre un formulaire de signalement pour violences conjugales.

Le 12 mars 2016, le samedi précédant les primaires dans l'Ohio, Donald Trump vint à Dayton, enfin plus précisément jusqu'à l'aéroport au nord de la ville, à Vandalia, où se trouvait une des usines Delphi désormais fermées. La veille, son meeting à Chicago avait dû être annulé devant l'ampleur des manifestations contre sa venue, et les frictions générées par ce rendez-vous manqué semblaient s'être colportées vers l'est, jusqu'au terrain plat et désert aux abords de l'aéroport. Des embouteillages se formèrent sur les voies d'accès au site des heures avant son arrivée, et les opposants, eux aussi, se présentèrent tôt sur place. PAS DE HAINE DANS MON ÉTAT, pouvait-on lire sur une pancarte. TRUMP, RENDS SA GRANDEUR À DAYTON : VA-T'EN. Ou encore : ÉCHANGE TRUMP CONTRE 100 MIGRANTS.

À l'intérieur du hangar, l'ambiance était à la fête. La bande-son testostéronée chère au candidat Trump tournait en boucle *ad nauseam* (les Rolling Stones, Billy Joel, Pavarotti). Il y avait des couples : les maris, casquette de golf rivée sur le crâne, flanqués de leurs femmes impeccablement manucurées. Une multitude de *frat boys*, ces membres de fraternités étudiantes souvent moins intellectuels qu'athlétiques. Mais ce qui frappait le plus, c'étaient ces innombrables pères accompagnés de leurs fils désormais grands ou presque.

Tout à coup, l'avion se matérialisa, surgi de nulle part. La foule s'élança vers l'avant, comme un seul homme et comme au premier coup de batterie lors d'un concert de rock. Trump se dirigea vers le podium à l'entrée du hangar.

"Ohio ! lança-t-il. J'aime l'Ohio !"

Quelques minutes plus tard, il semblait pourtant avoir oublié où il se trouvait :

"L'ALENA a détruit la Nouvelle-Angleterre, assena-t-il, devant une assemblée que cela n'avait pas l'air d'émouvoir. Vous vous êtes battus pendant des années et des années. D'ailleurs, vous ne vous en êtes jamais vraiment remis. Mais si je suis élu, l'ALENA, si vous voulez mon avis, toute personne qui répond présent... Clinton a ratifié la proposition de loi... Mais il en a anéanti, des États, l'ALENA. Des États entiers. Il a anéanti la Nouvelle-Angleterre. Il a fallu des années et des années, et maintenant, voyez un peu ce qu'ils ont fait des usines : ils les ont converties en résidences pour seniors. C'est super tout ça, c'est bien joli, mais nous ce qu'il nous faut, c'est des emplois. Mais oui, il nous faut des emplois, messieurs-dames. Nos emplois, ils nous échappent. Nos emplois partent en Chine, au Japon, au Mexique. Nos emplois partent au Vietnam. On est en train de perdre nos boulots, on est en train de perdre le socle de notre économie, on est en train de perdre toutes nos activités de production, on est en train de tout perdre. On est en train de perdre sur toute la ligne, quoi qu'il arrive."

Jadis, Dayton et ses environs étaient un bastion de la sobriété républicaine. Bill McCulloch, un avocat de province devenu député-maire républicain d'une petite municipalité au nord de la ville, avait mené l'offensive pour faire voter la loi sur les droits civiques par le Congrès. Chuck Whalen, député-maire républicain de Dayton pendant plus d'une dizaine d'années, était à l'origine de la loi contre la discrimination au logement, qu'il avait fait inscrire dans la législation de l'État. Il avait écrit un ouvrage sur l'adoption de la loi sur les droits civiques, et exprimé haut et fort son opposition à la guerre du Vietnam.

Mais il y avait belle lurette que McCulloch et Whalen avaient quitté l'arène politique. L'exode vers les zones suburbaines avait remodelé le paysage électoral dans l'agglomération de Dayton. Les grandes banlieues étaient sous l'emprise d'idéologues conservateurs, les rejetons de Newt Gingrich, Jerry Falwell et Grover Norquist. Désormais atrophié, le centre-ville était peuplé en majorité par des Blancs de catégorie socioprofessionnelle supérieure et des Noirs aux revenus modestes qui, malgré tout ce qui les séparait, trouvaient un point de convergence et une cause commune dans la dominante progressiste du Parti démocrate national : défense des droits civiques, soutien aux migrants, protection sociale. Entre les deux, dans les proches banlieues ouvrières sur le déclin et les petites villes voisines en perte de vitesse comme Eaton et Middletown, se trouvaient ceux que la redistribution des cartes avait laissés orphelins : d'anciens démocrates et descendants de démocrates se reconnaissant aussi peu dans la coalition progressiste de Dayton que dans les conservateurs suburbains avec leurs villas ostentatoires en carton-pâte. Ces électeurs d'un nouveau genre venaient de trouver chaussure à leur pied. Le 15 mars, Trump perdit face au gouverneur sortant, John Kasich, lors des primaires républicaines dans l'Ohio. Mais il s'en tira mieux dans le comté de Montgomery (ayant pour chef-lieu Dayton) que dans les neuf autres comtés les plus vastes, s'octroyant de beaux résultats dans les circonscriptions les plus sinistrées et raflant plus de votes dans ce comté-ci que Hillary Clinton, elle qui avait pourtant remporté les primaires du camp adverse. Une performance remarquable, sachant que le comté n'avait pas basculé du côté républicain depuis 1988.

Le 13 septembre 2016, Todd fêta son vingt-sixième anniversaire avec Sara et les enfants. Le lendemain, le couple se disputa dans le duplex qu'ils louaient sur Main Street, à Eaton, car Todd avait surpris sa compagne en train d'envoyer des textos à un autre homme. "Nous nous disputions quand il m'a agrippée par la capuche et m'a serrée très fort à la gorge, puis il a attrapé ma queue de cheval et m'a jetée par terre", écrit-elle dans sa déposition à la police. Elle déclara également s'être défendue en lui donnant des coups de poing. Elle avait une petite entaille au genou. "Il voulait qu'on parte. On se prend la tête pour un oui, pour un non."

La police trouva Todd chez Walmart, l'arrêta et le conduisit à la prison du comté de Preble. Sur les formulaires administratifs du tribunal, il dressa la liste de ses ressources financières :

Compte courant, compte épargne, compte de dépôt du marché monétaire : 0
Actions, obligations, certificats de dépôt : 0
Actifs / Autres liquidités ou espèces disponibles : 0

Il déclara ses revenus : 9,93 dollars de l'heure chez Advance Auto Parts. Il indiqua également qu'il était bénéficiaire du dispositif Medicaid et des bons alimentaires. Il dressa la liste des dépenses du couple : 550 dollars de loyer, 600 dollars de nourriture, 70 dollars de téléphone, 180 dollars de frais de transport et de carburant, 25 dollars de charges courantes. Todd passa deux semaines derrière les barreaux. Le chef d'accusation retenu contre lui fut revu à la baisse : il ne s'agissait plus de "violence conjugale" mais de "trouble à l'ordre public". Pourtant, le juge délivra une ordonnance de protection temporaire, lui interdisant tout contact avec Sara pendant quatre-vingt-dix jours. Il le condamna également à s'acquitter de 190 dollars de frais de justice, payables à raison de 25 dollars par mois. Dette d'autant plus compliquée à rembourser que, quand il sortit de prison, son emploi chez Advance Auto Parts lui avait filé entre les doigts.

On avait là un exemple classique de casse-tête en matière de violences conjugales. D'après les données scientifiques, elles étaient beaucoup plus fréquentes dans les foyers à faibles revenus. Certes, les agresseurs devaient rendre des comptes, mais la prison, premier recours, se traduisait souvent par une perte d'emploi et donc une hausse des difficultés économiques qui, dans certains cas, avaient contribué à provoquer le comportement brutal au départ. "Le fait de tout miser sur les arrestations et les poursuites judiciaires exacerbe les conditions associées à la violence entre conjoints, phénomène étroitement lié aux situations de pauvreté, écrit Leigh Goodmark, professeure de droit à l'université du Maryland. Les femmes issues des milieux défavorisés sont plus susceptibles d'être victimes de violences conjugales ; les hommes embauchés en deçà de leurs qualifications ou au chômage sont plus susceptibles de devenir des agresseurs. Un casier judiciaire non vierge entrave grandement la recherche et la pérennisation d'un emploi." Elle évoque une autre caractéristique fréquente chez les auteurs de violences familiales, que l'on observe aussi chez Todd : l'expérience de châtiments corporels pendant l'enfance. "Le traumatisme est un facteur aggravant, écrit-elle. Subir, pendant l'enfance, des maltraitances, de la négligence, ou être témoin de scènes brutales détermine si une personne introduira la violence dans son foyer." Pas étonnant, conclut-elle, que les séjours en prison n'aient pas l'effet escompté. "L'incarcération est un traumatisme, déclare-t-elle. Nous punissons des personnes pour leur violence en les enfermant dans des lieux où elles ont de grandes chances d'être, à leur tour, sujettes à des violences, puis nous les renvoyons au sein de leurs communautés, de leurs relations."

Il avait perdu son travail, mais au moins Todd fut-il relâché à temps pour un moment fort : l'élection de 2016. Il avait voté deux fois pour Barack Obama. Mais ce qu'il entendait dans la bouche de Donald Trump lui parlait. Une décennie de petits boulots payés au maximum 11 dollars de l'heure l'avait rendu réceptif aux promesses émises par un candidat possédant un jet privé. “C’est un homme d’affaires, dirait Todd après coup. Ce type gère ses entreprises et il vaut des millions de dollars, et il en a des centaines, de boîtes, et il les dirige et elles sont à lui. Alors je me suis dit : ‘Ce gars-là va changer le pays !’”

Todd vota donc pour Trump, qui remporta l’Ohio avec huit points d’avance, quatre ans après Barack Obama, qui s’y était imposé avec un écart de deux points. “J’avais hyper hâte d’aller voter Trump, j’étais tout fou”, se souvient Todd, avant de citer ses propres réflexions sur le moment comme s’il s’agissait des propos de quelqu’un d’autre : “Il va créer de l’emploi. Il va redresser l’économie et la remettre en état, pareil que du temps où mes parents travaillaient.”

Donald Trump fut élu président et Todd Swallows trouva un travail dans le secteur du carton.

L’entreprise Lewisburg Container était implantée dans la petite ville dont elle avait pris le nom, à une demi-heure de route à l’ouest de Dayton, à une quinzaine de kilomètres d’Eaton. Cette succursale de Pratt Industries, une multinationale spécialisée dans la fabrication de papier et d’emballages, appartenait à un milliardaire australien et comptait 4 000 employés aux États-Unis. Il y avait d’ailleurs une usine Pratt juste à côté de Lewisburg Container : les feuilles de carton ondulé étaient conçues chez Pratt à partir de pulpe tout droit sortie de la papeterie, puis transformées en emballages divers chez Lewisburg Container.

Todd aimait façonner le carton ondulé. Il aimait se retrouver seul devant l’ampleur de la tâche à accomplir : l’occasion de se prouver de quoi il était capable, encore et encore, sans l’aide de personne. On plaçait devant la grosse machine une palette où étaient empilées des feuilles de carton ondulé. Ces plaques pouvaient faire entre 30 centimètres et 2,15 mètres de largeur. Ensuite, on programmait la machine en fonction de l’action à effectuer sur chacune d’elles : impression, rainage, pliage, collage. Une fois la feuille insérée dans la trémie d’alimentation, elle était maintenue en place par aspiration, pliée par des pinces, rainée par des outils rotatifs circulaires appelés filets refouleurs, puis collée à l’aide de la plieuse-colleuse. Ensuite, on déchargeait l’objet ainsi obtenu pour l’empiler bien proprement avec les autres avant de les passer à la banderoleuse, puis de s’assurer que la bande les maintenait ensemble correctement. Alors, la commande suivante arrivait et il fallait réinitialiser la machine, ajuster les courroies pour s'assurer que les plis soient effectués correctement. Une erreur de réglage et le produit ne ressortait pas sous la forme souhaitée. Autant dire qu'il y avait mille et une façons de le rater.

C'était un travail pénible, plus ardu encore que tous ses boulots précédents à l'usine, même quand, à un moment, Todd avait fabriqué des pièces détachées pour Tesla. "Le monsieur Tout-le-monde qui débarquait là-dedans, il pouvait vite se sentir largué", précise-t-il, un brin bravache. En moyenne, ils fabriquaient entre 6 000 et 10 000 emballages par heure. Une fois, ils avaient honoré, pour Duracell, une commande de 100 000 articles en deux jours.

Todd débuta au sein de l'équipe volante : il actionnait six machines, passant de l'une à l'autre pour relayer ses collègues pendant leurs pauses. Il commença à 12 dollars de l'heure, le plus haut salaire qu'il ait jamais touché. En parallèle, sa vie privée partait en vrille.

Sara et lui étaient toujours ensemble… enfin, plus ou moins, puisque l'ordonnance de protection avait toujours cours. Pourtant, fin janvier, quelques semaines après le début de son nouveau contrat, Todd découvrit qu'elle l'avait rayé de la liste des bénéficiaires des prestations sociales auxquelles elle pouvait prétendre via les Job & Family Services (dons alimentaires, solutions de garde subventionnées par l'État, aide à l'emploi, soins médicaux gratuits). Ayant terminé son service de nuit peu avant l'aube, il but quelques bières une fois de retour à Eaton. Dans sa déposition à la police, Sara relata ainsi ce qui se produisit ensuite : "Ce matin, vers 7 h 30, Todd est rentré dans la maison en hurlant, ivre, alors que je dormais encore, il m'a réveillée. La dispute s'est envenimée au point qu'il m'a serrée très fort à la gorge et donné deux coups de poing dans la mâchoire alors que je tenais Nicholas dans mes bras."

La police ne trouva pas trace de Todd. Trois jours plus tard, le tribunal émit une nouvelle ordonnance de protection, interdisant tout contact entre lui et sa famille. Ce soir-là, quand Sara rentra chez elle, elle découvrit l'appartement sens dessus dessous ; il avait été mis à sac, des oreillers éventrés, ses soutien-gorge découpés en morceaux. Peu après, Todd se présenta au commissariat pour expliquer qu'il avait pénétré dans le domicile familial sans avoir connaissance de la nouvelle ordonnance de protection. Il fut néanmoins arrêté pour l'avoir enfreinte.

La semaine suivante, il se retrouva à remplir le même formulaire que quatre mois plus tôt. L'argent dont il disposait était toujours égal à zéro. Son salaire mensuel net à Lewisburg Container était de 1 800 dollars. Comme la fois précédente, il énuméra les membres de sa famille : Sara, Izacc, Jazzlynn, Nicholas, revendiquant les quatre personnes qu'il avait désormais interdiction de voir.

Il plaida non coupable et reprit son poste chez Lewisburg Container. Il se réjouissait de franchir la barre des quatre mois dans cette entreprise, date à laquelle il serait engagé en CDI, et non plus comme prestataire mandaté par l'agence d'intérim. Il seconderait un opérateur sur toute la ligne, davantage préposé aux réglages des machines qu'au travail manuel. Son salaire serait augmenté à 14 dollars de l'heure. Il pourrait verser de l'argent à Sara, pour les enfants et elle, et ainsi marquer des points, à la fois auprès d'elle et de la cour, en vue de leurs retrouvailles finales.

Il avait déjà reçu les papiers pour officialiser cette transition quand, à nouveau, il fit tout foirer. Un lundi, exaspéré par un jeune tire-au-flanc qui geignait pour un rien, il le rembarra de façon assez cinglante : "T'as pas un peu fini de nous casser les couilles ?" lui lança-t-il.

Le jeune alla sur-le-champ se plaindre au directeur des ressources humaines, qui convoqua Todd pour lui annoncer sa mise à pied. La sanction ne s'appliqua qu'au bout de quelques jours, Todd évoluant dans les limbes entre l'agence d'intérim et l'entreprise.

Dans l'intervalle, un peu plus tard cette même semaine, il rentrait à Eaton au petit matin, après avoir travaillé de nuit douze heures d'affilée – les dix heures normales plus deux heures supplémentaires qu'il avait accepté de faire – quand un cerf surgit d'un fossé. Il songea à ce que son père lui avait toujours dit : "Tu accélères pour réduire les chances que l'animal percute le véhicule de profil." Il enfonça la pédale d'accélération. Le cerf fut tué sur le coup. Sous l'impact, le pied de Todd, déjà fragilisé par une vieille blessure, se fractura en trois endroits. Sa voiture, une Crown Victoria noire de 1993, non assurée, était désormais bonne pour la casse.

Pour Dayton aussi, le premier semestre 2017 fut un vrai cauchemar. Depuis plusieurs années, le comté de Montgomery était en première ligne de l'épidémie d'opioïdes. Le fait qu'il soit devenu l'épicentre de cette crise s'expliquait, selon les experts, par sa situation géographique à l'intersection de deux autoroutes très fréquentées (le statut de plateforme logistique allant de pair avec celui de plaque tournante pour trafics en tout genre), ainsi que par l'effondrement de l'économie régionale et ses retombées en profondeur (non seulement les ouvriers licenciés étaient sujets à la dépression, mais la pénibilité du travail leur causait des douleurs justifiant l'utilisation de ces antalgiques sur ordonnance commercialisés à outrance par les fabricants de produits pharmaceutiques, dans tout le sud de l'Ohio).

Mais au cours de l'hiver 2017 et du printemps suivant, à mesure que les quantités de fentanyl et de son cousin encore plus dévastateur, le carfentanil, disponibles auprès des fournisseurs locaux grimpaient en flèche, Dayton touchait le fond, prise dans une spirale infernale sans précédent. Entre janvier et mai, 365 personnes succombèrent à des overdoses rien que dans le comté, presque autant que durant l'année 2016. Le coroner[2], dont l'équipe réalisait aussi des autopsies dans d'autres comtés, craignait tellement de manquer de place pour stocker les cadavres qu'il mit au point des solutions de repli : il sollicita des pompes funèbres pour accueillir des dépouilles supplémentaires, réquisitionnant les camions réfrigérés placés en réserve pour intervenir en cas d'"incidents entraînant un lourd bilan humain".

Privé de son véhicule, Todd n'avait aucun moyen de se rendre chez Lewisburg Container, où il était déjà sur la sellette avec sa suspension imminente. Il perdit son emploi dans le carton. Et se vit prescrire du Percocet contre sa douleur au pied.

Depuis qu'il avait, très jeune, commencé à toucher aux cachets, il avait toujours résisté au chant des sirènes opiacées qui s'intensifiait de jour en jour dans le sud de l'Ohio ; jusqu'ici, l'herbe et la bière lui avaient suffi. Mais au fil des semaines il s'aperçut qu'il lui fallait deux pilules en plus des deux ou trois qu'il était censé ingérer par jour. "Je me suis rendu compte que plus je continuais à en prendre, moins j'arrivais à m'en passer, se remémora-t-il par la suite. J'avais en permanence besoin d'être défoncé, de soulager une douleur fantôme qui n'était même plus là." Alors, quand arriva la fin du traitement, au bout de quatre-vingt-dix jours, le sevrage fut brutal. Il était en pleine tourmente, incapable de rien avaler, sujet à des sueurs nocturnes. Il compensa le manque avec du cannabis et des pilules que lui procurait son entourage. "J'étais au fond du trou, dit-il. Pendant un temps, j'ai complètement perdu pied, je n'essayais même plus de garder la tête hors de l'eau."

Il réitérait les demandes de renvoi pour son audience au tribunal concernant les chefs d'accusation retenus contre lui en janvier et l'ordonnance de protection. Il avait trouvé un nouvel appartement à Eaton pour Sara et les enfants, expulsés du précédent parce que, Todd n'ayant plus de travail, Sara n'avait pas pu payer le loyer. Début août, Sara et lui, de nouveau ensemble depuis peu, se disputèrent une fois de plus. Elle le mordit, fort. Il ne prévint pas la police mais tandis qu'il rentrait à pied chez sa mère, où il logeait, des flics aperçurent du sang sur son bras et l'interrogèrent à ce sujet puis, comme le décrit leur compte rendu de l'incident, se présentèrent à l'appartement de Sara et l'arrêtèrent. Elle passa une nuit en garde à vue pour "voies de fait simples".

Elle embarqua les enfants loin d'Eaton et s'installa chez sa mère, qui vivait à Middletown avec son petit ami. Todd emménagea dans l'appartement qu'ils venaient de libérer mais en fut délogé sur-le-champ par un policier lui opposant que sa présence sur les lieux constituait une violation de l'ordonnance de protection, même si Sara n'y résidait plus. Peu après, la police l'inculpa pour avoir enfreint l'ordonnance en passant deux appels téléphoniques et en envoyant un texto à Sara. Lors de son arrestation, Todd déclara, une fois de plus, qu'il possédait zéro dollar d'argent disponible. Comme il avait perdu son emploi chez Lewisburg Container, ses revenus étaient également de zéro dollar par mois. Dans l'espace prévu pour indiquer son adresse, il écrivit : "Pas d'adresse de domicile en raison d'une OP [ordonnance de protection]."

À sa sortie de prison, comme pour prouver sa résolution à respecter cette sanction, Todd se mit à fréquenter une autre femme. Il vivait tantôt chez elle, tantôt dans le mobile-home de son père. Il travaillait dans une pizzeria à Brookville.

Au deuxième semestre 2017, Dayton connut une sorte d'éclaircie. Lofts et micro-brasseries poussaient comme des champignons dans le centre. La ville avait beau être assaillie sur une multitude de fronts, sa splendeur d'antan lui assurait une certaine attractivité, dont bon nombre de plus petites cités postindustrielles ne jouissaient pas. Le taux de mortalité décroissait, mais peu. Selon la rumeur, les dealers avaient désormais la main moins lourde sur le fentanyl, ayant pris conscience qu'ils décimaient leurs clients. Au sud de la ville, à Moraine, on recrutait à nouveau sur le site de l'ancienne usine General Motors rachetée par Fuyao, un fabricant de vitres pour automobiles chinois.

Les salaires démarraient à 13 dollars de l'heure, beaucoup moins que ce que General Motors payait à l'époque, les inspecteurs fédéraux signalaient sans cesse des violations des normes de sécurité, et les propriétaires opposaient une farouche résistance à toute tentative de syndicalisation... mais c'était déjà ça.

Et puis, des bruits couraient au sujet de l'implantation imminente d'un autre grand employeur dans le sud-ouest de l'Ohio. Il était inéluctable, vu la place prépondérante qu'avait prise l'industrie logistique dans la région de Dayton, vu tout ce qui s'y effectuait en termes d'emballage, de tri et de transport, que l'entreprise qui dépendait plus que toute autre de ces activités finisse par s'aventurer jusqu'ici, elle aussi.

Quand, en 2005, Amazon avait lancé sa formule Prime (expédition gratuite en quarante-huit heures pour un forfait de 79 dollars par an), elle possédait moins d'une dizaine d'entrepôts disséminés dans tout le pays. En 2017, leur nombre s'élevait à plus de cent au niveau national. Il lui fallait augmenter ses capacités, car elle gérait désormais 40 % de la totalité des ventes en ligne, ce qui représentait deux fois le volume pris en charge par ses neuf plus grosses rivales réunies. Elle avait également besoin de répartir ses centres un peu partout sur le territoire afin de continuer à honorer sa promesse de livraison en quarante-huit heures aux 80 millions d'Américains, au bas mot, qui avaient souscrit un abonnement Prime ; un chiffre qui égalait presque le nombre de citoyens à s'être rendus aux urnes lors des élections de mi-mandat, en 2014.

Pendant des années, Amazon avait évité l'Ohio, se gardant bien d'y bâtir la moindre plateforme pour ne pas avoir à appliquer la TVA sur le volume considérable d'achats généré par le septième État de l'Union en termes démographiques. Finalement, l'entreprise revit ses calculs, comme elle l'avait fait pour d'autres États. Elle s'était constitué sa clientèle colossale dans ces États-là grâce, en partie, aux prix plus compétitifs qu'elle pouvait pratiquer par rapport aux vendeurs traditionnels tenus de taxer leurs clients sur leurs ventes. Cette clientèle s'était désormais tellement étoffée que cela valait la peine d'investir ces États et d'y implanter des entrepôts afin d'être en mesure d'honorer la promesse de livraison en quarante-huit heures. Pour cela, il faudrait appliquer la TVA, mais seulement à certaines transactions : dans tous les États, sauf un ou deux, l'entreprise ne se donnait pas la peine de prélever des taxes sur la moitié de ses ventes réalisées par des tiers, ce qui représentait un manque à gagner de centaines de millions de dollars pour l'État fédéral.

Autre point rendant encore plus alléchante une éventuelle installation dans l'Ohio : la perspective de se voir offrir une incitation financière considérable. Il fallait avoir un sacré culot, en tant qu'entreprise, pour demander une exonération fiscale auprès d'un État dont on s'employait à vider méthodiquement les caisses par le biais d'une activité d'e-commerce précisément conçue pour contourner la TVA… mais du culot, on en avait à revendre chez Amazon. En 2015, le mastodonte présenta son projet d'implantation de deux entrepôts sur le territoire de l'État, non loin de l'autoroute I-270, qui servait de rocade à Columbus, devant l'Ohio Development Services Agency (agence œuvrant pour le développement économique de l'Ohio) et JobsOhio, l'association à but non lucratif fondée par le gouverneur John Kasich en 2011, dans l'optique de promouvoir la création d'emplois grâce à des dispositifs incitatifs, et qui, d'après un calcul, ne tarda pas à verser 3 milliards de dollars de subventions par an.

Amazon comptait dans ses rangs le candidat idéal pour présenter le projet : Tony Boetto, qui, dix ans plus tôt, avait travaillé pour l'État comme "expert en incitation fiscale". L'Ohio Development Services Agency succédait à un organisme de plus grande envergure qui avait supervisé le développement économique de l'État durant des années, mais qui ne comptait plus désormais que quelques membres. En réalité, tout se passait dans la tour de bureaux voisine, qui abritait les locaux de JobsOhio, où plusieurs dizaines d'employés proposaient des crédits d'impôts aux entreprises sans avoir à se soucier de cette pesante obligation de transparence à laquelle étaient tenues les vraies agences gouvernementales. Chaque mois, une commission nommée l'Ohio Tax Credit Authority (la commission pour l'octroi des réductions fiscales aux entreprises en Ohio) approuvait les plans d'incitation financière négociés par JobsOhio. En théorie, les réunions, qui avaient lieu deux étages au-dessus des bureaux de l'agence, étaient publiques, mais en pratique elles se déroulaient à huis clos. L'ordre du jour était divulgué le vendredi après-midi pour une réunion le lundi suivant. Tout visiteur devait se plier à deux contrôles de sécurité pour accéder aux étages supérieurs. Une fois, la personne à l'accueil n'avait même pas su répondre lorsqu'un visiteur découvrant les lieux lui avait demandé où avaient lieu les réunions.

De toute façon, on se demande bien pour quelle raison un citoyen lambda aurait souhaité assister à ces séances cryptiques déjà écrites à l'avance, tels les conciliabules d'une obscure confrérie. Les cinq membres du conseil d'administration, nommés par le gouverneur et les autorités légales de l'État, siégeaient à la même table à l'entrée de la pièce. Le personnel de JobsOhio et les représentants des entreprises sollicitant des aides étaient assis sur des fauteuils, face aux membres du conseil. Une rumeur conviviale emplissait la salle ; comme si tout le monde se connaissait, ce qui était quasiment le cas. Lorsque le président du CA demandait le silence et déclarait ouverte la séance, les représentants des entreprises et les employés de JobsOhio se relayaient pour livrer une synthèse de chaque avantage fiscal convoité. Toutes les présentations suivaient la même trame : une promesse de créer tant d'emplois ou de permettre à l'État d'en conserver tout autant, si ce n'est plus, suivie d'un rappel de la menace par l'entreprise de devoir plutôt privilégier tel ou tel État, au final, et donc de la nécessité de ce crédit d'impôt pour qu'elle jette son dévolu sur l'Ohio. Ce laïus débouchait ensuite sur quelques questions posées par le CA pour la forme, puis sur un vote. Celui-ci était presque toujours unanime et favorable au projet défendu : en l'espace de quatre ans, le conseil d'administration avait approuvé plus de sept cents demandes de subventions sans qu'un seul de ses membres vote “non”. Ne serait-ce qu'une seule fois. Les réunions étaient bien souvent pliées en une demi-heure.

Et c'est ainsi que ça s'était passé pour Amazon, le 27 juillet 2015. L'entreprise promit de créer 2 000 emplois à plein temps, soit une masse salariale de 60 millions de dollars, grâce à ses nouveaux entrepôts. Un employé de JobsOhio rappela au conseil d'administration que l'Ohio était “en lice avec plusieurs États du Midwest pour l'implantation des deux centres de distribution”. Si l'Ohio, qu'elle avait évité des années durant, voulait qu'Amazon s'engage auprès de lui, il lui faudrait octroyer au géant un crédit d'impôt sur quinze ans d'une valeur de 17 millions de dollars. Cadeau qui viendrait s'ajouter à une subvention de 1,5 million de dollars en espèces puisés dans les recettes du monopole étatique sur la vente d'alcool, contrôlé par JobsOhio.

Le conseil d'administration approuva l'octroi du crédit à quatre voix contre zéro. Il y eut une abstention : celle d'Emmett Kelly, qui travaillait dans un cabinet d'avocats présentant un double conflit d'intérêts, Frost Brown Todd. Un de ses membres officiait en qualité de responsable juridique ou adjoint au responsable juridique de plusieurs municipalités qui souhaitaient voir Amazon investir dans leur ville ; d'autres membres de ce même cabinet représentaient Amazon en matière de droit du travail ; ce qui revenait à la défendre contre les syndicats.

La rapidité des opérations une fois le crédit accordé par le CA mit en évidence les faux-semblants de l'entreprise et sa prétendue hésitation quant au site où seraient implantées les plateformes logistiques. Début décembre 2015, Boetto envoya par e-mail à l'agence et aux employés de JobsOhio une demande de confirmation concernant les détails de l'accord sur les entrepôts. La transaction fut finalisée avant la fin de l'année.

"Bonnes fêtes !" écrivit Eric Lindner, conseiller au sein de l'Ohio Development Services Agency. "Je vous souhaite à tous de très belles fêtes de fin d'année, répondit Boetto. Au plaisir de collaborer avec vous en 2016 et bien plus encore."

Fin 2016, un des jeunes employés de JobsOhio qui avaient traité la candidature d'Amazon, Ryan Wilson, partit travailler chez le géant de la logistique, pile de l'autre côté de la table : pour solliciter les agences d'État comme celle qu'il venait tout juste de quitter, en vue d'obtenir des avantages fiscaux.

L'année suivante, Amazon braqua son viseur sur la région de Dayton. C'était officiel : la ville jadis chef de file en matière d'innovation menait désormais la danse pour approvisionner l'innovateur implanté à près de 4 000 kilomètres. L'entreprise fixa son choix sur un site à une demi-heure au sud de la ville, à la sortie de l'autoroute inter-États I-75, en direction de Cincinnati, une langue de terres agricoles jouxtées par un pôle commercial, un casino et la prison du comté, qui s'était métamorphosée en un complexe logistique tentaculaire. Quand arriva 2017, cette zone d'activité abritait notamment des entrepôts Home Depot, Hayneedle et Serta. Exactement ce dont Amazon avait besoin, là où elle en avait besoin : entre deux des six plus grandes villes de l'État, sur un des principaux axes routiers du pays. L'I-75, que Swallows Trucking LLC empruntait autrefois pour acheminer des pièces détachées fabriquées localement, servirait désormais à transporter toujours plus de marchandises fabriquées à l'autre bout du monde, mais emballées et triées localement.

Et pourtant, l'entreprise réussirait une fois de plus à jouer le rôle d'objet du désir récalcitrant plutôt que celui de prétendant. Ce coup-ci, elle visait des exonérations de la part de l'État et de la collectivité territoriale, en l'occurrence Monroe. Elle tenait à ce que les négociations se déroulent dans la plus stricte confidentialité, loin des regards inquisiteurs de l'opinion publique, jusqu'à ce que le marché soit conclu. Les élus locaux ne désignaient les transactions que par une seule appellation : Projet Lux. Jusqu'au jour où ils se rendirent compte que ce nom de code avait déjà servi pour une autre initiative d'Amazon, ailleurs, et décidèrent donc de le troquer contre celui de Projet Big Daddy.

Les élus locaux de Monroe avaient tellement peur d'effaroucher Amazon qu'ils ne révélèrent son identité à aucun des autres acteurs, pas même au cabinet d'avocats de Columbus engagé par la municipalité pour s'occuper des négociations, Bricker & Eckler. "Bricker ignore qui est votre client, assura Jennifer Patterson, l'élue en charge du projet, à l'avocat d'Amazon en août 2017. La mairie est vraiment très prudente sur ce dossier." Quelques mois plus tard, Patterson raconta à un associé du cabinet Bricker que, contactée par un élu du comté qui souhaitait de plus amples informations sur la transaction dans le cadre d'une réunion, elle s'était "volontairement abstenue de créer un document public comportant toutes les infos dont il avait besoin", ajoutant : "Il pourra retrouver tous ces éléments dans l'e-mail ci-dessous, si l'envie lui prend de regarder les chiffres de plus près [emoticon sourire]."

Cette politique d'opacité perdura jusqu'à l'annonce du partenariat, quand Patterson envoya un courriel à deux cadres d'Amazon pour leur confirmer que ses propos anodins sur les pourparlers recueillis par un journaliste télé local, Jay Warren, ne provenaient en aucun cas d'un entretien qu'elle lui aurait accordé. "Nous filtrons toujours les appels téléphoniques et les e-mails, leur écrivait-elle. Jay m'est littéralement tombé dessus sur le parking de l'hôtel de ville, où je lui ai répondu que je ne m'exprimerais pas sur la question. Mais ensuite il est allé fouiner dans le PV de la réunion de ce matin pour exhumer ces bribes. De notre côté, c'est toujours motus et bouche cousue. Promis, demain, je viens au travail en jean et T-shirt de BTP pour passer incognito."

L'accord prévoyait un crédit d'impôts sur dix ans d'une valeur de 3,8 millions de dollars pour Amazon, déjà exonérée de la taxe foncière à 100 % pendant quinze ans. Monroe n'était pas la seule localité à se montrer si magnanime – rien qu'en 2017 Amazon bénéficia de plus de 100 millions de dollars de subventions pour l'ouverture de centres de distribution – ces temples du Système Amazon – sur tout le territoire national, elle qui avait déjà touché plus de 1 milliard de dollars en avantages fiscaux lors de la décennie précédente. L'entreprise comportait un service à part entière dédié à l'obtention de subsides : elle l'avait baptisé bureau de "développement économique".

Tandis que l'année 2017 touchait à sa fin et que les ténèbres se dissipaient quelque peu à Dayton, Todd Swallows amorça une sorte de rebond, lui aussi. Début octobre, il fut enfin convoqué au tribunal. Il plaida coupable pour violences conjugales dans le cadre de l'incident survenu en janvier. En revanche, les procureurs révoquèrent les inculpations pour mise en danger de mineur et infraction à l'ordonnance de protection. Condamné à une année supplémentaire de liberté conditionnelle, il dut s'acquitter d'un montant total de 270 dollars de frais de justice.

Il avait arrêté les cachets. Quitté l'autre femme. Et puis, Sara et lui envisageaient de se remettre ensemble.

Les proches de Sara se montraient incrédules. Elle tenta de leur expliquer. Todd avait enfin commencé un suivi pour apprendre à canaliser sa colère, condition requise dans le cadre de sa nouvelle mise à l'épreuve. Hébergée chez sa mère depuis trop longtemps, sa présence y était devenue un fardeau : quand bien même elle n'aurait pas osé tenir tête au nouveau mari de sa mère lors des scènes de ménage, il n'y avait, de toute façon, pas assez de place pour ses enfants et elle dans le petit appartement qui se résumait à une chambre, une salle de bains et un séjour exigu.

"Elle n'aimait pas que je me mêle de leurs histoires, que je m'interpose entre eux", dit-elle.

Toutefois, ce qui pesait plus que tout dans la balance, c'étaient les traces indélébiles laissées par le départ de son père, près de vingt ans plus tôt, et tout ce qui s'en était suivi. Elle voulait à tout prix que ses enfants – ces trois-ci, du moins, la deuxième fratrie – grandissent au sein d'une famille "entière", où le père serait présent. Elle avait l'intime conviction qu'il était digne de confiance, ce père qui, malgré tout, malgré ses terribles coups de sang, s'était efforcé de subvenir à leurs besoins du mieux qu'il avait pu, étant donné sa situation, son vécu et la conjoncture actuelle. “Je l’aime, vous savez. Je n’avais pas envie que mes enfants subissent la même chose que moi, dit-elle. On ne choisit pas de qui on tombe amoureux, c’est notre cœur qui nous le dicte. Et il ne faut jamais perdre de vue son rêve. Tout le monde a le droit à une deuxième chance, celle de changer. J’avais déjà une famille en miettes. Pas besoin d’une deuxième.”

Seuls deux petits problèmes se posaient : l’ordonnance de protection et leur incapacité à payer le loyer par eux-mêmes. Todd trouva donc une solution. Il avait entendu dire qu’à l’instar des églises les foyers pour SDF étaient considérés comme des “havres de paix”, des refuges. Pour lui, cela signifiait qu’on ne pourrait pas l’arrêter parce qu’il côtoyait sa famille dans une structure d’accueil. Autre argument non négligeable : la gratuité. Il retirait une certaine fierté de ce plan d’action concocté par ses soins, aussi humiliant fût-il. “Ma famille, c’est pas comme ça que je veux la voir vivre, déplora-t-il. Moi, je n’ai pas eu à m’en faire quand j’étais petit, vu que mes parents étaient tous les deux en mesure de bosser et qu’ils le faisaient. Et on habitait dans un quartier sympa, avec de bonnes écoles. Je... C’est plus pour mes enfants que j’ai peur, en fait.” Mais au moins, il avait réussi à regrouper toute la famille. Il était en grande partie responsable de cette mauvaise passe infligée à tous les cinq, il le savait, mais il avait bon espoir que le suivi psychologique lui permette bel et bien de maîtriser ses démons. Il en parlait avec la ferveur d’un homme tout juste converti à une nouvelle cause : “Je vois le psy une fois par semaine. Il faut absolument que je puisse y aller, c’est un vrai besoin.”

Sara n’était pas très convaincue par la solution du foyer. Quand, au bout d’une semaine à Gateway, on lui demanda comment elle le vivait, elle fondit en larmes. Il faisait tellement froid dans le dortoir qu’elle n’avait pas fermé l’œil, les trois premières nuits. “On n’en était encore jamais arrivés là”, dit-elle, sous-entendant que sa brève existence déjà marquée par une agression sexuelle dans l’enfance, le retrait de la garde de trois de ses enfants et le concubinage avec un homme jugé et condamné pour violences conjugales venait officiellement de toucher le fond. À l’échelle nationale, le pourcentage de familles en situation d’extrême précarité, c’est-à-dire vivant avec deux fois moins que le seuil de pauvreté, avait doublé depuis 1975. Et voilà qu’ils en faisaient désormais partie.

Restait aussi le problème de la non-mixité des deux structures. Ceci dit, grâce à son interprétation très libre de la “théorie du havre de paix" (et à son omission de mentionner l'ordre restrictif au personnel encadrant), Todd pouvait passer un peu de temps au foyer familial en journée. Enfin, quand il ne travaillait pas. Car il était sur le point de commencer un nouveau job.

Entre 2011 et 2016, le chiffre d'affaires généré par l'e-commerce avait doublé pour atteindre 350 milliards de dollars. Ce secteur qui, au tournant du millénaire, ne représentait que 1 % des ventes au détail avait connu une croissance fulgurante et détenait désormais 17 % du marché, sans compter le secteur automobile et l'essence. Le besoin en cartons d'emballage était donc considérablement accru – la vente en ligne et par correspondance utilisait environ sept fois plus de carton par dollar dépensé que les magasins physiques et consommait environ la moitié de toutes les boîtes en carton ondulé fabriquées à l'usage des détaillants, tous types de marchandises confondus, soit 12 milliards de mètres carrés de matériau. La production annuelle de carton d'emballage aux États-Unis était montée en flèche, jusqu'à franchir la barre des 35 millions de tonnes en 2014, et elle continuait sur sa lancée sans vaciller : + 3,6 % en décembre 2017 par rapport au même mois l'année précédente. Le réseau ferroviaire offrait une autre voie d'acheminement pour le "papier brun" servant de matière première au carton, et l'essor des expéditions par ce biais insufflait un regain au modeste wagon de marchandises, quelque peu négligé en raison de la forte baisse de la demande concernant certains produits phares du fret, comme le papier journal.

Ce n'était donc pas étonnant que le travail décroché par Todd en janvier 2018, malgré son casier judiciaire encore moins vierge qu'avant, soit à nouveau dans le secteur du carton. Pas chez Lewisburg Container, cette fois, mais dans une plus petite entreprise appelée Miami Valley Packaging Solutions, à Dayton. Il se réjouissait de renouer avec un travail pour lequel il se considérait apte. Il y avait toutefois un bémol : l'agence d'intérim qui lui avait trouvé ce poste l'avait prévenu que, pour commencer, il devrait rétrograder à 10 dollars de l'heure, à peine plus que le salaire minimum en vigueur dans cet État : 8,30 dollars. Ainsi, il gagnerait peu ou prou la même chose, à vingt-sept ans, que ce qu'il touchait dix ans plus tôt à la pizzeria. Sur ce point, il était loin d'être un cas isolé : à l'échelle nationale, les 10 % les plus pauvres de la population gagnaient tout juste 4 % de plus de l'heure que ce qu'ils percevaient quarante ans plus tôt, inflation prise en compte. Un tiers de tous les emplois aux États-Unis étaient rémunérés moins de 15 dollars de l'heure ; la moitié inférieure de l'échelle des revenus était moins bien lotie, après indexation, que trente ans auparavant. Et les hommes non titulaires d'un diplôme universitaire gagnaient beaucoup moins, en dollars indexés, qu'un demi-siècle plus tôt.

Il débuta un vendredi. Il n'avait pas encore bien identifié qui étaient leurs clients. Chez Lewisburg Container, on honorait des commandes pour Bath & Body Works, Smirnoff et Captain Morgan. Mais le plus gros client de Miami Valley Packaging Solutions, et de loin, c'était le nouveau venu, tout juste implanté dans l'Ohio : Amazon.

Amazon achetait 140 000 tonnes de carton par an auprès de Pratt Industries, la maison-mère de Lewisburg Container, un fournisseur du mastodonte parmi tant d'autres, et l'augmentation de la demande ne semblait pas près de s'arrêter. "C'est vraiment grisant tout ce qui se passe, à l'heure actuelle, autour de ce modeste matériau qu'est le carton ondulé", s'enthousiasma Anthony Pratt, le milliardaire australien propriétaire de la société du même nom. Amazon générait une si forte croissance dans ce secteur que Pratt Industries fit construire une immense papeterie en vue de fabriquer du carton, à 80 kilomètres au nord de Dayton ; comme Pratt s'en féliciterait plus tard via un encart publicitaire d'une page entière dans le *Washington Post,* il s'agissait du "plus vaste complexe industriel bâti depuis l'élection du président Trump. Une promesse concrétisée" ; fanfaronnade qui incita Trump à se déplacer en personne pour admirer la nouvelle usine.

Todd passa beaucoup de temps auprès de Sara et des enfants au foyer familial le week-end avant sa première semaine complète à Miami Valley Packaging Solutions. Comme d'habitude, il était le seul père à venir en visite depuis le foyer pour hommes. Il réussit même à rester pour le dîner du dimanche : des pâtes accompagnées de pêches au sirop. Il joua les chefs de table comme si c'était la sienne propre, dans sa maison à lui, garnie de sa nourriture à lui. Il poussa Jazzlynn, qui s'était présentée dans la salle à manger emmitouflée dans son duvet, à finir son assiette : "Tu n'as pas faim, c'est ça ? Ou tu as froid, peut-être ?" s'enquit-il.

Mais l'heure de regagner le foyer pour hommes arriva vite. Le lendemain, il devait prendre deux bus pour se rendre à son travail dans le carton, un trajet de quarante-cinq minutes pour parcourir une dizaine de kilomètres. D'ailleurs, il ne savait pas trop comment il réglerait son titre de transport avant sa première paie. La personne qui l'avait ramené en voiture le déposa devant le foyer qui servait jadis de prison. Derrière la porte, le vigile l'attendait, son détecteur aux allures de matraque en main.

CHAPITRE 3

Sécurité

Richesse d'une capitale de la nation

Washington, D.C.

Il n'y avait pas âme qui vive dans la salle de bal du Hilton, hormis le personnel de service affairé, sur le pourtour de la pièce, à remplir en hâte de grands saladiers, ensuite apportés par des collègues jusqu'aux vastes tables où l'on disposait une portion de crudités sur chacune des presque mille cinq cents assiettes. Le cliquetis des cuillères sur les grands récipients, métal contre métal, était cadencé, quasi musical.

Peu après 18 heures, le chef de rang (un homme pâle et robuste qui ne devait pas avoir beaucoup plus que la trentaine) apparut sur la mezzanine dominant la salle de bal d'un pas ferme et assuré : "Ça y est, les gars ! Finie, la salade ! Tout le monde en cuisine pour le briefing ! Merci." Le personnel de service, dont la plupart n'étaient pas des "gars", se démena pour achever la tâche en cours.

D'ordinaire, les dîners organisés par le Club économique de Washington se tenaient dans des lieux moins vastes que cette salle, où se retrouvaient les correspondants de la Maison-Blanche pour leur dîner annuel. Mais, de toute l'histoire du club, jamais on n'avait accueilli un invité si prestigieux. On avait eu Bill Gates, Warren Buffett, le président de la Chambre des représentants des États-Unis… Mais cette fois-ci, on ne jouait plus dans la même cour. La venue de cet hôte nécessitait le déploiement d'un dispositif de sécurité plus rapproché : des hordes d'hommes munis d'oreillettes. Cet invité se voyait gratifier d'un accueil en grande pompe par la garde d'honneur de l'armée de l'air américaine. Il allait attirer bien plus de convives que le club n'avait coutume d'en accueillir. Sa visite était un véritable coup de maître pour le président du club, David Rubenstein.

À la tête de cet organisme depuis une décennie, Rubenstein lui avait insufflé une seconde jeunesse. Il avait multiplié par deux le nombre d'événements organisés chaque année, élargi le nombre d'adhérents, et revu de A à Z le déroulé des dîners. Auparavant, l'invité d'honneur se levait, après le repas et quelques formalités d'usage, pour faire un discours. Mais ces tirades étaient parfois rébarbatifs. Rubenstein avait donc décidé d'interviewer la star du jour sur scène, un exercice auquel il se prêtait avec une aisance surprenante, lui qui, jadis d'une timidité maladive, osait à peine prendre la parole en réunion. Sa simplicité sans artifice faisait de lui le faire-valoir idéal. Cela lui permettait de poser des questions directes et personnelles qui auraient pu passer pour indiscrètes dans la bouche d'un interlocuteur plus suave.

À vrai dire, le tempérament et l'habileté hors pair de Rubenstein n'expliquaient pas à eux seul pourquoi le Club économique était devenu si prisé. Fondé en 1986 pour offrir un espace d'échange et de rencontre à l'élite économique de la ville, à ses innovateurs et investisseurs, le Club, depuis dix ans que Rubenstein était à la barre, avait vu les rangs des innovateurs et investisseurs à Washington s'étoffer de façon considérable. Cela pouvait sembler contre-intuitif sachant que l'année de sa prise de fonction, 2008, fut aussi celle du krach financier mondial, un événement qui n'avait guère épargné les chambres de commerce et autres structures similaires, dans tout le reste du pays.

Toutefois, Washington ne ressemblait pas au reste du pays. Elle s'était tirée haut la main de cette Grande Récession. En fait, la crise avait été une bénédiction pour la ville : une bonne partie des milliards dépensés par le gouvernement fédéral pour relancer l'économie étaient restés sur place, au profit à la fois de la bureaucratie fédérale et de la kyrielle d'entrepreneurs sortis de terre autour de la Beltway[1], auxquels le gouvernement fédéral confiait de plus en plus la supervision de ses propres projets, moyennant de juteuses commissions. Dans plusieurs banlieues de Virginie septentrionale, le prix des logements continua d'augmenter alors même que l'immobilier était en crise au niveau national. D'ailleurs, le comté de Fairfax comptait désormais une résidence baptisée "Prosperity Flats". En 2010, 17 des

500 entreprises américaines les plus riches selon le magazine *Fortune* étaient domiciliées dans la région, contre 4 seulement en 1975. En 2012, sept des comtés les plus opulents du pays en termes de revenu médian par foyer se situaient dans les environs de Washington.

C'est au cœur du District, à proprement parler, que cette prospérité était la plus flagrante. En 2011, des promoteurs qataris se lancèrent dans la construction de CityCenterDC, un immense ensemble immobilier d'une superficie de 4 hectares et d'un budget de 700 millions de dollars, comprenant plusieurs immeubles résidentiels, des bureaux et un centre commercial qui, à son ouverture quelques années plus tard, se targuerait d'abriter la gamme complète des enseignes les plus luxueuses : Hermès, Bulgari, Louis Vuitton, Dior. Dans cette ville sans charme qu'était autrefois Washington, on pouvait désormais se procurer un sac fourre-tout Gucci en peau de crocodile pour 41 000 dollars. Dans les écoles privées les plus prestigieuses de la ville, aux frais de scolarité avoisinant les 40 000 dollars par an, les élèves roulaient en Range Rover, Lexus et Mercedes-Benz ; les filles s'attiraient les faveurs des athlètes vedettes de leur classe en leur offrant des claquettes Gucci et des baskets Air Jordan.

Un nouvel arrivant s'imposa comme l'incarnation même de cet état d'esprit glamour. Barack Obama avait été élu président, et le simple fait qu'il réside au 1600 Pennsylvania Avenue nimbait la ville d'une aura très sélect. Son personnel de campagne débarqua en masse à D.C. pour travailler au sein de son administration, remplissant des immeubles entiers à Bloomingdale et Shaw, ainsi que dans le U Street Corridor, zone où logeait jadis la classe ouvrière noire. Un territoire immortalisé dans les romans d'Edward P. Jones se voyait remodeler en terrain de jeu pour jeunes carriéristes majoritairement blancs, son passé relégué au rang de simple gimmick marketing : on pouvait y dîner chez Marvin, restaurant baptisé d'après Marvin Gaye, où le menu était pourtant d'inspiration belge ; on pouvait y acquérir pour 500 000 dollars un appartement dans la copropriété Langston Hughes ou louer 2 000 dollars par mois un T2 dans l'immeuble Ellington.

Une métamorphose pour le moins gênante. Autre point embarrassant : la façon dont cette prospérité washingtonienne et ses nombreuses métastases étaient perçues par le reste du pays. La capitale des États-Unis avait été conçue comme une entité à part entière, l'arrondissement administratif d'un gouvernement fédéral que les Pères fondateurs avaient voulu d'une portée modeste. Ce district demeurait à part, certes, mais d'une tout autre manière : pour son opulence et son invulnérabilité aux chocs ressentis partout ailleurs aux États-Unis. Ce régime d'exception se fit particulièrement criant au sortir de la crise financière, en 2008. Mais il y avait des années qu'il se tissait en silence.

L'ère qui verrait naître la richesse démesurée de Washington débuta par des auditions du Congrès sur la malnutrition. Gerry Cassidy fut le premier de sa famille américano-irlandaise sans le sou, installée à Brooklyn et dans le Queens, à faire des études. Une fois diplômé de la Villanova Law School et de la Cornell Law School, deux grandes écoles de droit, il partit dans le sud de la Floride représenter des travailleurs clandestins éligibles à l'aide juridictionnelle, mission qu'il envisageait comme un court prélude à une carrière d'avocat plus lucrative et à la stabilité financière dont sa famille avait cruellement manqué quand il était enfant. "Il voulait devenir riche", affirma un ami de Cassidy, qui le connaissait depuis leurs études de juriste, et avait été son témoin de mariage, à Robert Kaiser, auteur de *So Damn Much Money*, une histoire du lobbying à Washington parue en 2009.

C'est dans le sud de la Floride que Cassidy rencontra George McGovern, sénateur progressiste du Dakota du Sud, qui avait fait le déplacement dans le cadre de la nouvelle croisade nationale contre la faim. Ce problème de société s'était imposé parmi les préoccupations majeures des Américains par un concours de circonstances : un déplacement très médiatisé de Robert F. Kennedy, accompagné d'un confrère sénateur, en 1967 pour aller à la rencontre d'enfants décharnés à Cleveland, dans le Mississippi, suivi, un an plus tard, de la diffusion d'un documentaire choc sur CBS intitulé *Hunger in America*, puis de la publication du rapport *Hunger USA*, qui révélait l'existence aux États-Unis de certaines maladies obscures dues à la malnutrition que l'on croyait jusqu'alors réservées aux pays du tiers-monde.

En 1968, le Congrès réunit le Select Committee on Nutrition and Human Needs (Comité sénatorial sur la nutrition et les besoins humains), souvent simplement appelé "Comité McGovern", d'après le nom de son président. Cet organisme, composé d'un éventail bipartite de sénateurs chevronnés, s'aventura dans des contrées en proie au plus grand dénuement, et finit par atteindre, en mars 1969, Immokalee, en Floride, où l'on comptait plusieurs camps de travailleurs clandestins.

Gerry Cassidy y rencontra McGovern, et sa faconde eut tôt fait de lui valoir un poste au sein du comité, à Washington. En 1975, avec Kenneth Schlossberg, un collègue ayant plus d'ancienneté que lui dans le comité, ils décidèrent de monter leur propre affaire en s'appuyant sur leurs connexions dans la capitale.

La pratique du lobbying était vieille comme la république. En effet, les marchands de New York avaient assiégé le tout premier Congrès en 1789 pour contester une loi sur les droits de douane. Le droit d'"adresser des pétitions au gouvernement pour qu'il mette fin aux abus" était inscrit dans le Premier Amendement, au même titre que la liberté d'expression, de culte et de réunion. L'agressivité de ce genre de pétitions fluctuerait au gré des époques : les "agents", ainsi qu'on les désignait au XIXe siècle, furent particulièrement actifs durant la guerre de Sécession et les années qui suivirent, allant souvent jusqu'à soudoyer, tout bonnement, des sénateurs en faveur des compagnies ferroviaires. Ils connurent un regain d'activité pendant le New Deal, lorsque de grands groupes menacés par la nouvelle réglementation les sollicitèrent pour défendre leurs intérêts.

Pourtant, au début des années 1970, l'industrie du lobbying demeurait un marché de niche dans la capitale. S'il n'existait pas d'entreprises spécialisées dans ce domaine, certains cabinets d'avocats pratiquaient le lobbying pour leurs clients sous couvert de représentation légale. Schlossberg, le collègue de Cassidy au sein du Comité McGovern, venait d'une famille possédant une entreprise de pompes funèbres dans le Massachusetts. Il partageait la réticence générale au sujet des groupes de pression et préférait que Cassidy et lui se présentent comme des "consultants". Selon son plan d'action, Schlossberg pourrait mettre son expertise dans le domaine alimentaire au service d'institutions comme le ministère de l'Agriculture ou l'Agence des États-Unis pour le développement international. Les statuts de la société Schlossberg-Cassidy et Associés (dont les bureaux étaient officiellement situés dans la maison bourgeoise de Schlossberg, sur Capitol Hill) omettaient de mentionner le mot tabou.

Le problème, c'est que la demande pour les services de conseil proposés par Schlossberg était inexistante. Alors qu'il y avait une réelle demande de lobbying. Les toutes premières missions de la société leur furent confiées par des clients qui désiraient vendre leurs produits aux programmes fédéraux d'aide alimentaire, lesquels avaient pris beaucoup d'ampleur sous Nixon. Un fabricant californien de produits alimentaires avait besoin d'aide pour obtenir un financement de 200 000 dollars destinés à l'achat d'ingrédients dans le cadre du programme fédéral d'approvisionnement des cantines scolaires, et versa une avance sur honoraires de 10 000 dollars en échange ; souhaitant placer ses céréales dans les cafétérias scolaires, la société Kellogg's débourssa 5 000 dollars pour qu'on l'épaule dans cette démarche ; le National Livestock and Meat Board (Conseil national de la viande et des produits carnés) paya 25 000 dollars un rapport sur les conséquences potentielles de la politique du Congrès en termes de nutrition sur l'élevage industriel ; Mead Johnson paya 10 000 dollars pour avoir un aperçu du nouveau programme nutritionnel à destination des femmes et des nourrissons, qui finit par acheter en grande quantité son lait maternisé.

À leur tour, Pillsbury, Nabisco et General Mills ne tardèrent pas à frapper à leur porte. Très vite, Schlossberg et Cassidy gagnèrent assez d'argent grâce au lobbying en lien avec les initiatives gouvernementales dans le cadre de "la guerre contre la pauvreté" pour pouvoir investir un bureau, exigu mais digne de ce nom, sur L'Enfant Plaza.

C'est toutefois dans un autre domaine que le duo connut sa véritable percée : l'enseignement supérieur. Le nouveau président de l'université Tufts, le diététicien Jean Mayer, avait à cœur d'améliorer l'image d'un établissement éclipsé par les institutions de plus grande envergure à Boston et dans ses environs. En 1976, il fit appel à Schlossberg et Cassidy pour obtenir un financement dans l'optique de monter un "centre national de nutrition". Durant les deux années qui suivirent, touchant chaque mois 10 000 dollars d'avances sur honoraires, ils actionnèrent tous les leviers à disposition dans leur réseau et finirent par décrocher une dotation de 20 millions de dollars allouée à Tufts par le Congrès pour la construction de son centre, à quoi s'ajoutait une enveloppe de 7 millions pour les frais de fonctionnement.

Il était rare que le Congrès attribue des fonds à une seule université dans un but précis et circonscrit, et plus rare encore que la dotation en question soit l'œuvre de lobbyistes. Cassidy et Schlossberg ne venaient-ils pas d'inventer la version moderne de l'enveloppe réservée (l'obtention de fonds par un bénéficiaire spécifique, pratique tapie dans les replis de la législation) ? Le débat reste ouvert. En revanche, ils venaient sans conteste de créer une activité très lucrative : veiller à ce que leurs clients obtiennent bien ces fameuses enveloppes réservées. “Nous avons perfectionné une méthode pour octroyer des postes de recette à des gens qui n’auraient jamais pensé y avoir droit”, résuma Schlossberg. En un rien de temps, ils avaient décroché 10 millions de dollars supplémentaires pour la nouvelle école vétérinaire chapeautée par Tufts et 19 millions de subventions pour la construction de son institut d’études diplomatiques, somme à partager avec l’université de Georgetown. Ils recrutèrent quelqu’un qui se spécialisa dans l’obtention de bourses de recherche pour les universités. “Ken Schlossberg et Gerry Cassidy avaient, un peu par hasard, découvert une activité économique d’un nouveau genre : se faire du fric en extorquant de l’argent au Trésor public fédéral pour le compte de clients à qui ils prélevaient des honoraires”, résume Robert Kaiser.

Tandis que les trois pionniers exploraient plus avant ce territoire à conquérir, l’industrie de l’influence à Washington poursuivait son expansion sur un autre front. Au début des années 1970, l’essor de la Great Society et la prolifération des agences fédérales et des réglementations – qui se poursuivirent sous Nixon avec la création de l’Environmental Protection Agency (Agence pour la protection de l’environnement) et de l’Occupational Safety and Health Administration (Administration de la santé et de la sécurité au travail) – suscitaient une certaine inquiétude dans la sphère commerciale. La peur de se faire damer le pion par des personnalités comme Ralph Nader, que son acerbe dénonciation des manquements de certains constructeurs automobiles en termes de sécurité avait rendu célèbre, tenaillait tout le secteur. Elle fut cristallisée dans un manifeste publié en 1971 par Lewis Powell, un avocat d’affaires de Virginie qui fut par la suite nommé à la Cour suprême. “Le système économique américain est attaqué de toutes parts, à l’heure actuelle, écrit Powell. [...] Le monde des affaires doit en tirer la leçon suivante : le pouvoir politique est indispensable ; il convient de cultiver ce type de pouvoir avec assiduité ; et, si besoin est, de l’exercer avec agressivité et détermination... sans éprouver le moindre embarras, ni la réticence par laquelle le monde des affaires américain s’est illustré jusqu’ici.”

La menace identifiée par Powell s’intensifia lorsque, en réaction au scandale du Watergate, les élections de 1974 firent pénétrer dans l’arène des démocrates animés d’une ferveur militante. “D’un coup, le danger était monté en puissance, commenta plus tard Bryce Harlow, émissaire de Procter & Gamble à Washington. Il fallait à tout prix défendre les intérêts du business, pour qu'il ne finisse pas à la poubelle, avec ce Congrès-là."

Les grandes entreprises répondirent à l'appel. De très riches donateurs financèrent des groupes de pression néo-conservateurs comme la Heritage Foundation. Les firmes affluèrent en masse aux portes des agences de lobbying : la chambre de commerce des États-Unis vit son effectif se multiplier par deux entre 1974 et 1980, tandis que la National Federation of Independent Business (fédération nationale pour l'indépendance des petites et moyennes entreprises), institution résolument conservatrice, doubla de volume au cours des années 1970. En 1968, seules 100 sociétés avaient des services de "relations publiques" implantés à Washington ; une décennie plus tard, elles étaient plus de 500. À Washington, le nombre de firmes comportant au moins un lobbyiste inscrit au registre de transparence passa de 175 en 1971 à 2 500 en 1982. Expliquant pourquoi, en 1972, la National Association of Manufacturers (NAM, association nationale regroupant les fabricants industriels américains) avait déménagé de New York à Washington, son responsable déclara : "Ce ne sont plus tant les interconnexions entre *business* et *business* qui priment, mais plutôt les interconnexions entre *business* et gouvernement."

Cette offensive se fraya inéluctablement un chemin jusque dans les campagnes politiques. Le nombre de comités d'action politique gérés par des entreprises avait plus que quadruplé entre 1976 et 1980. (Ironie du sort : l'élément déclencheur de cette hausse du nombre de comités, c'étaient les réformes post-Watergate, qui avaient plafonné le montant des dons par les particuliers, incitant les donateurs à se coordonner pour effectuer des versements multiples.) Au début des années 1970, les campagnes menées dans le cadre des élections du Congrès étaient plutôt financées par les comités d'action politique travaillistes que par les comités représentant le patronat, mais à la fin de cette décennie la tendance s'était complètement inversée : les dons des syndicats ne représentaient même plus un quart du montant total versé par les comités d'action politique.

La hausse spectaculaire des fonds générés par les comités d'action politique défendant des intérêts privés joua un rôle non négligeable dans le rejet stupéfiant, en 1978, de la législation qui aurait facilité la tâche aux ouvriers pour s'organiser et défendre leurs droits, un projet de loi dont les syndicats n'avaient pas douté un seul instant qu'il serait accepté, les démocrates tenant alors les rênes de la Maison-Blanche et du Congrès. Et, combiné avec l'essor de la publicité télévisée, l'argent levé par ces comités d'action politique provoqua une inflation phénoménale au niveau des frais engagés pour se porter candidat au Bureau ovale. Durant les élections de 1974, en plein après-Watergate, le coût des campagnes électorales pour la Chambre des représentants et le Sénat s'était élevé à un total de 77 millions de dollars. En 1982, à peine dix ans plus tard, ce montant avait plus que quadruplé, pour atteindre les 343 millions.

Si ce déferlement de fonds collectés par les comités d'action politique privés s'était opéré par la droite de l'échiquier, cela n'empêcha pas les anciens membres du Comité McGovern d'y prendre part. Parmi les gros clients de Schlossberg-Cassidy, il y avait le groupe Ocean Spray, implanté dans le Massachusetts, qui s'évertuait à inscrire son jus de canneberge au menu des cantines scolaires malgré sa haute teneur en sucre. Gerry Cassidy aida Ocean Spray à créer son propre comité d'action politique puis lui suggéra une liste de députés à soutenir.

Ce genre d'arrangements rebutait de plus en plus son partenaire, Schlossberg, que cette ambivalence n'empêcha pourtant pas d'en profiter pendant des années. En 1984, les deux hommes gagnaient chacun environ 500 000 dollars par an, soit plus de dix fois ce qu'ils touchaient, une décennie plus tôt, en tant que fonctionnaires à Capitol Hill. Tous deux étaient domiciliés à McLean, une banlieue très sélect en Virginie septentrionale, le long du fleuve Potomac. Cassidy roulait en Mercedes ; Schlossberg s'était fait construire un court de tennis et possédait une Jaguar. "Tout petit, je rêvais de posséder mon propre court de tennis, confia Schlossberg. Alors je me fais plaisir."

Fin 1984, Schlossberg décida de quitter la société qui avait vu le jour dans son sous-sol neuf ans plus tôt. "On s'éclatait bien, dans l'ensemble, au début… Et puis, au bout d'un moment, plus du tout", déclara-t-il. L'entreprise qui avait inventé un tout nouveau moyen de gagner de l'argent à Washington, et par là même hissé l'injection de richesses dans la ville à un tout nouveau palier, ne serait donc désormais plus connue que comme Cassidy & Associates. On ne comptait plus ses émules, les enveloppes réservées foisonnaient à Washington, tout comme les "consultants" qui percevaient des avances sur honoraires mensuelles à quatre zéros pour les dénicher. Cependant, Cassidy & Associates occupait toujours une place à part : pendant des années encore, elle resta détentrice du titre de plus grande agence de lobbying dans la capitale internationale du lobbying.

Si Cassidy et Schlossberg avaient été les premiers à promouvoir la stratégie d'influence à Washington, David Rubenstein, lui, montra comment élargir et développer ce secteur économique à une tout autre échelle en l'adossant à un domaine connexe, la haute finance. Qui aurait cru qu'un jour Rubenstein jouerait des coudes à la capitale ? Qui plus est pour régner sur ce milieu terriblement lucratif ? Enfant, il habitait une maison mitoyenne à deux chambres dans le nord-ouest de Baltimore. Son père triait le courrier au bureau de poste ; sa mère, femme au foyer, rêvait que son fils devienne dentiste. À onze ans, Rubenstein fut frappé par le fameux discours inaugural dans lequel John F. Kennedy appelait ses concitoyens à "[se demander] ce [qu'ils pouvaient] faire pour leur pays". Au lycée, "il était très, très discret, se souvient Kurt Schmoke, qui devint par la suite le premier maire noir de la ville. Il aimait parler politique, et surtout du gouvernement… Les affaires n'avaient pas l'air de l'intéresser plus que ça".

Rubenstein décrocha une bourse pour l'université Duke, un établissement privé très sélectif situé à Durham en Caroline du Nord, poursuivit sur sa lancée avec un cursus de droit à l'université de Chicago, puis affûta ses armes pendant deux ans dans un cabinet d'avocats à New York, avant d'être aimanté vers le lieu qui s'imposait pour un mordu de bureaucratie gouvernementale : Capitol Hill.

Il trouva un poste de conseiller auprès du sénateur Birch Bayh, un démocrate originaire de l'Indiana, au sein du Subcommittee on Constitutional Amendments (Sous-comité en charge des amendements à la Constitution) : difficile de trouver tâche moins sexy à Capitol Hill. Un an plus tard, il faisait partie de ces jeunes idéalistes qui embarquèrent pour la campagne présidentielle de Jimmy Carter.

Carter gagna et Rubenstein se vit offrir un emploi grassement payé : adjoint à Stuart Eizenstat, le conseiller de Carter en matière de politique intérieure. Il participait à la rédaction d'allocutions du président, le préparait à ses conférences de presse, et produisait les premiers jets des discours sur l'état de l'Union. Il ne comptait pas ses heures et se nourrissait d'en-cas provenant du distributeur automatique. Plutôt que de prendre la parole en réunion, il parvenait à se faire entendre en laissant ses notes de service sur le haut de la pile quand il finissait par quitter le bureau, bien après tout le monde. "David n'avait pas beaucoup de charisme, c'est sûr, affirma par la suite Eizenstat. Mais il possédait une sorte de vigueur intellectuelle, et il faisait preuve d'un profond engagement, d'un grand dévouement envers le service public." Puis Carter perdit son pari d'être réélu, au profit de Ronald Reagan. Pour David Rubenstein, cette défaite semblait à la fois annonciatrice d'un changement de paradigme politique à échelle nationale et révélatrice d'un désamour de ses concitoyens pour le service public, qui entama son propre idéalisme en la matière. "J'ai essayé d'aider mon pays, mais ça n'a pas marché", dit-il des années plus tard. Il allait donc adopter une stratégie différente : percer dans cet autre Washington qui se développait autour de lui.

Rubenstein remarqua que nombre de ses amis à la Maison-Blanche s'enrichissaient dans le milieu des affaires. "Je trouvais que j'avais un QI plutôt élevé, et j'en voyais certains gagner bien plus que moi sans être forcément aussi intelligents."

Il se mit à nourrir une idée en particulier. À New York et à Boston, on assistait à la prolifération de *leveraged-buyout firms* (entreprises pratiquant le LBO, rachat par effet de levier), comme Bain Capital, qui rachetait des entreprises grâce à des emprunts bancaires, améliorait leurs résultats nets par le biais de licenciements et de primes de rendement, puis réalisait une plus-value en les revendant – bénéfices qui seraient par la suite baptisés "capital-investissement". En parallèle, à Washington, le lobbying, porté par des sociétés comme celle de Cassidy, connaissait un formidable essor. Toutefois, pour l'heure, personne n'avait songé à atteler ces deux pratiques lucratives l'une à l'autre. Pourquoi ne créerait-on pas un LBO articulé autour de partenaires choisis pour leur proximité avec les membres du gouvernement et leur connaissance des industries réglementées ? Gary Shapiro, alors lobbyiste dans l'électronique grand public, se rappelle l'argumentaire que lui avait servi Rubenstein lors d'un voyage d'affaires au Japon, au début des années 1980 : "Son idée, c'était d'associer le capital avec des personnalités au bras long dans la sphère politique, des types capables de passer des coups de fil aux quatre coins du monde sans se faire filtrer. On lui a ri au nez. On se disait : 'Mais oui, bien sûr'..."

Fin 1987, Rubenstein fonda le Carlyle Group avec deux anciens de chez Marriott, dont le siège social se situait à Washington, et un ex-salarié de MCI, l'entreprise de télécommunications. Ils baptisèrent leur société d'après l'hôtel sis à New York, un clin d'œil à la splendeur des vieilles fortunes, celles héritées et non gagnées, et à la capitale de la finance. Pourtant, grâce à un heureux hasard, l'entreprise ne s'articula bientôt plus qu'autour de Washington, conformément aux attentes de Rubenstein. Fred Malek, entremetteur républicain de longue date, responsable de la campagne présidentielle de George H. W. Bush en 1988, dut démissionner lorsqu'on découvrit qu'il avait établi, en 1972, une liste des Juifs employés au Bureau of Labor Statistics, sur ordre du président Nixon. Malek fut engagé chez Carlyle, où il introduisit Frank Carlucci, le dernier secrétaire à la Défense de Reagan. Épaulé par Carlucci, Carlyle fut en mesure de racheter BDM, le groupe de conseil en défense de Ford Aerospace, signant ainsi le premier d'une longue série d'investissements dans le complexe militaro-industriel. Sept ans plus tard, après avoir élargi le champ d'action de BDM jusqu'en Arabie Saoudite, Carlyle tira de sa revente 650 % de bénéfices nets. Emboîtant le pas à Carlucci, deux autres hauts dignitaires de l'administration Bush rejoignirent Carlyle : le directeur de budget Richard Darman et le secrétaire d'État James Baker, troisième du nom. Puis, à la fin des années 1990, Bush en personne vint grossir les rangs de Carlyle, qu'il aida à remporter une lutte acharnée pour le rachat d'une importante banque sud-coréenne. Rubenstein appartenait désormais au cercle intime de l'ancien président : en 2000, sa famille et lui avaient accompagné Barbara Bush et ses petits-enfants lors d'un safari. Cette même année, son épouse et lui furent invités au soixante-quinzième anniversaire de Barbara, à Kennebunkport.

Comme Rubenstein l'expliqua plus tard, il avait dépassé le stade de la simple politique. "Mon but, ce n'est pas de m'engager sur le plan idéologique en finançant telle ou telle personnalité du milieu ou en me positionnant comme démocrate ou républicain, déclara-t-il. À l'instant T, je me considère comme un Américain, c'est tout."

À 9 h 37, le 11 septembre 2001, le vol 77 American Airlines en provenance de l'aéroport international de Washington-Dulles et à destination de Los Angeles s'encastra dans l'aile ouest du Pentagone. Cela coûta la vie à 125 personnes, en plus des 64 passagers. Cet attentat serait devenu le plus meurtrier jamais survenu sur le sol américain, avec un bilan plus lourd encore que lors de l'explosion de la bombe d'Oklahoma City en 1995, s'il ne s'était pas fait voler la vedette par une autre attaque, bien plus meurtrière et plus sensationnelle sur le plan visuel, perpétrée à New York, ce matin-là. Autre élément qui contribua à occulter les morts du Pentagone : la discrétion de rigueur au sein de l'armée – sept des victimes appartenaient à la Defense Intelligence Agency (Agence de renseignement de la défense), et parmi les autres on comptait quelques contractuels avec différents statuts plus ou moins confidentiels. Tandis qu'à New York on érigea un musée ainsi que deux vastes miroirs d'eau pour immortaliser Ground Zero, le Pentagone ne fut gratifié que d'un mémorial minimaliste : une série de bancs disposés le long de l'aile l'ouest du bâtiment.

Un autre phénomène vint complexifier davantage, au niveau local, le rapport au drame qui avait frappé le Pentagone. Au lendemain du 11 Septembre, une agglomération déjà beaucoup enrichie par ses activités en matière de stratégie d'influence monta encore d'un cran en se mettant au service de la sécurité nationale. Le gouvernement vécut comme une humiliation l'incapacité de cette dernière à déceler les signes avant-coureurs des attentats et compensa en allouant des milliards à la prévention d'une éventuelle nouvelle attaque. Et la majeure partie de ces dépenses fut absorbée par Washington.

Trente-trois grands ensembles fédéraux conçus pour abriter des services de renseignement top-secret furent construits dans la région pendant la décennie qui suivit les attentats, sur une superficie totale pratiquement égale à trois fois le Pentagone. En 2009, le budget des renseignements américains avait atteint 75 milliards de dollars, soit deux fois et demie de plus qu'avant le 11 septembre 2001. La plupart de ces dépenses engraissaient les mastodontes gouvernementaux implantés à Washington. La Defense Intelligence Agency du Pentagone passa de 7 500 employés en 2002 à 16 500 en 2011. Durant cette même période, la National Security Agency, l'oreille indiscrète braquée sur le monde entier depuis Fort Meade, une banlieue de Washington dans le Maryland, multiplia par deux son budget. Le ministère de la Sécurité intérieure fut créé de A à Z : vingt-deux agences agrégées sous leur nouveau nom orwellien, qui établirent leur siège social en surplomb de Washington, dans les locaux de l'ancien hôpital psychiatrique Saint Elizabeths, après une rénovation estimée à 3,4 milliards de dollars.

Toutefois, la majorité des dépenses furent allouées à l'archipel d'entrepreneurs privés qui, ayant flairé l'aubaine, se ruèrent dessus. Sur les 854 000 personnes qui obtinrent les habilitations requises pour accéder à des informations classées top-secret avant 2011, 265 000 étaient des travailleurs venus du secteur privé et non des fonctionnaires, selon le *Washington Post*. Parmi les effectifs de la CIA, on recensait approximativement 10 000 contractuels employés par une centaine de sociétés sous-traitantes, soit plus d'un tiers de la main-d'œuvre totale de l'agence. Au ministère de la Sécurité intérieure, on trouvait autant de contractuels que d'employés du gouvernement fédéral. Robert Gates, le premier secrétaire à la Défense sous Obama, admit dans le *Washington Post* ne même pas connaître le nombre exact de contractuels en poste dans son propre cabinet. Les rangs des contractuels ne cessaient de s'étoffer alors que cette catégorie de travailleurs coûtait beaucoup plus cher à ses employeurs – les agences – que des fonctionnaires "traditionnels".

Parmi ces contractuels, beaucoup travaillaient pour le compte de géants comme Lockheed Martin, General Dynamics et Raytheon, qui rivalisaient pour recruter les titulaires de ces "habilitations de sécurité" tant convoitées en agrémentant leurs contrats de primes de 15 000 dollars payables à signature ou de BMW. General Dynamics, qui avait mis en place et supervisait les tout récents services de sécurité intérieure, vit ses bénéfices plus que tripler entre 2000 et 2009, pour friser les 32 milliards de dollars. En parallèle, sa main-d'œuvre doubla, se hissant à 90 000 salariés.

Toutefois, une pléthore d'autres travailleurs du secteur privé s'affairaient au sein des sociétés d'envergure et de renommée moindres qui proliféraient dans la région – les entrepreneurs de la sécurité intérieure. Elles portaient des noms cryptiques du type SGIS, Abraxas ou Carahsoft. Bien souvent, elles voyaient le jour dans la chambre (ou autre repaire) des opportunistes qui les avaient créées. Ensuite, elles se développaient à vue d'œil afin de puiser au plus vite dans la formidable manne que représentait l'argent du contribuable : en 2010, les dépenses du gouvernement à destination de ces sous-traitants avaient doublé pour atteindre 80 milliards de dollars. La croissance effrénée de cette corne d'abondance fit augmenter à vive allure le besoin de connexions pouvant faciliter l'obtention de ces contrats : entre 2000 et 2011, les sommes versées aux lobbyistes de Washington avaient plus que doublé, s'élevant à 3,3 milliards de dollars. Loin de supplanter les acteurs locaux de la stratégie d'influence, l'avènement du complexe militaro-industriel spécialisé dans la sécurité intérieure ne faisait, au contraire, que promouvoir leur développement.

Cette industrie naissante était en train de remodeler le paysage local. Chez Liberty Crossing, un complexe titanesque situé à McLean, en Virginie, des gardes armés et des barrières automatiques hydrauliques en métal assuraient la sécurité des QG du Director of National Intelligence (directeur du renseignement national) et du National Counterterrorism Center (NCTC, Centre national pour la lutte contre le terrorisme). Des bâtiments conçus pour avoir l'air de simples entrepôts étaient, en réalité, équipés de salles à isolation phonique, disponibles à la location. Des mastodontes aveugles sortirent de terre sur des terrains agricoles perdus en grande banlieue, dépourvus de toute enseigne ou signalétique, non identifiés par Google Maps. Des vans fonçaient sur des voies express de seconde zone, traversant à toute vitesse des esplanades commerciales, dans le cadre d'exercices d'entraînement en vue de pourchasser des cibles désignées par les services de contre-espionnage. Les habitants de ce paysage d'un nouveau genre parlaient une langue bien à eux : ils s'amusaient à comparer les tailles respectives de leurs SCIF (*sensitive compartmented information facility*, local isolé pour l'information sensible cloisonnée) ou évoquaient à voix basse les SAP (*special access program*, protocole de sécurité réservé aux informations classées "secret défense") sur lesquels ils étaient mobilisés ; à l'apéro chez Applebee's ou Chili's, lorsqu'on leur demandait où ils travaillaient, ils répondaient du bout des lèvres : "Pour l'armée."

Mais c'est surtout en y introduisant une croissance démesurée que cette nouvelle industrie métamorphosa la région. Pendant la première décennie du XXIe siècle, les prix de l'immobilier dans l'agglomération de Washington flambèrent encore plus que dans n'importe quelle autre ville : plus qu'à New York, San Francisco et Los Angeles. Ce secteur d'activité en devenir attira une nouvelle classe socioprofessionnelle à Washington : une catégorie de population plus intéressée par la technologie que par le gouvernement, en quête de profits plus que de pouvoir. Selon une étude, le nombre de ménages jouissant d'un patrimoine net important et disposant d'actifs de placement (c'est-à-dire en capacité d'être investis) de plus de 1 million de dollars a augmenté de 30 % entre 2008 et 2012 (année où les estimations en recensèrent 166 000), soit pendant la période où la vaste majorité du pays peinait toujours à se remettre de la crise financière de 2008.

Un concessionnaire Aston Martin avait ouvert à Tysons Corner ; plus de cinq cents automobilistes de la région roulaient au volant de la voiture sur mesure de James Bond, qui valait environ 280 000 dollars. Les restaurants de la ville se virent décerner leurs premières étoiles Michelin ; dans un de ces établissements, Plume, le personnel de salle se présentait avec un chariot plein de jus pétillants pour accompagner les plats des enfants. (La Cuvée n° 25, un mélange de prunelles, de baies d'aronia, de poires et de cassis, était servie dans une flûte à champagne miniature et coûtait 12 dollars.) À Great Falls, sur la rive du Potomac située en Virginie, une famille s'était fait construire un manoir de 8 000 mètres carrés qui se voulait une réplique du château de Versailles.

On aurait pu s'attendre à ce que l'essor de cette nouvelle industrie dédiée à la sécurité intérieure profite à l'entreprise locale qui s'était illustrée auprès de l'ancienne industrie de la défense : le Carlyle Group. Mais David Rubenstein et ses associés virent, au contraire, les événements du 11 Septembre comme une sorte de signal : la tragédie ayant révélé à quel point leur agence excellait à ce petit jeu, il était temps de prendre le large pour déployer leurs activités au-delà de Washington et de sa sphère d'influence. La conférence annuelle des investisseurs Carlyle se tenait le jour des attentats, et Shafiq Ben Laden, membre de la tentaculaire dynastie Ben Laden, y était convié, les 2 millions de dollars investis par sa famille dans un fonds Carlyle lui donnant ses entrées au sein du groupe. Sentant que le terrain politique devenait très glissant, Carlyle vira de bord pour s'orienter vers un plus large éventail de clients : Dunkin' Donuts, Hertz, la chaîne de maisons de retraite HCR ManorCare. C'est à peine si cette diversification eut des retombées sur les résultats nets de la société. En 2012, quand Carlyle effectua sa première émission publique d'actions, elle révéla qu'à eux trois Rubenstein et ses cofondateurs Daniel D'Aniello et William Conway Jr. avaient perçu pas moins de 140 millions de dollars en salaires l'année précédente, sans compter les retours, non négligeables, sur leurs investissements dans des fonds Carlyle : à lui seul, Rubenstein avait amassé 57 millions de dollars.

À mesure que la richesse affluait vers Washington, les médias en firent de même. Les organes de presse déclinaient à vue d'œil dans les villes, grandes et moins grandes, aux quatre coins du pays, leur *business model* réduit en charpie par un triple coup dur : tout d'abord, une entreprise (Craigslist) se mit à offrir sans contrepartie un de leurs produits les plus rentables (les petites annonces), puis une autre (Amazon) se mit à dépecer les grands magasins, gros consommateurs de ces encarts publicitaires qui finançaient les journaux, et, enfin, deux autres encore (Google et Facebook) se mirent à détourner les revenus générés par la publicité en ligne qui aurait pu compenser le manque à gagner en publicité imprimée. Entre 2005 et 2015, un poste de journaliste sur quatre disparut aux États-Unis, 12 000 emplois au total. Les conseils municipaux, les conseils d'établissements scolaires et les principaux procès n'étaient même plus couverts par la presse, ou alors très peu ; dans le même ordre d'idées, on ne se donnait plus la peine de passer au crible le pedigree des candidats aux élections d'État ou locales.

Pourtant, à Washington, pendant cette même période, le nombre de reporters passa du simple au double. Plus facile pour le journalisme numérique de faire du chiffre à échelle nationale que régionale : un article au sujet d'un drame survenu à Washington rapportait assurément davantage de clics, sur tout le territoire, qu'un autre relatant des faits survenus dans une ville moyenne, même une capitale d'État. Et si jamais il se produisait quelque chose de vraiment très vendeur tout-là-bas-en-province, il vous suffisait de remanier les papiers déjà parus sur le sujet – de "les agréger", dans le jargon de la presse 2.0 – pour récupérer sur votre propre site Internet l'audience générée par l'actualité en question. En parallèle, les industriels prêts à débourser toujours plus pour asseoir leur influence à Washington par le biais des groupes de pression et des chambres syndicales ne lésinaient pas non plus pour obtenir des informations sur les fruits de leur lobbying, d'où l'augmentation en flèche des publications commerciales (journaux, revues et magazines d'affaires) à Washington, dont certaines purent se permettre de pratiquer des tarifs d'abonnement mirobolants – jusqu'à 8 000 dollars – en échange de leur révélations d'initiés.

L'expansion du marché médiatique à Washington présentait tout de même un avantage : au moins, certains journalistes qui avaient perdu leur emploi ailleurs purent trouver du travail dans la capitale, même si tous ne sautaient pas de joie à l'idée de quitter les villes et métropoles qu'ils avaient couvertes des années durant pour se retrouver rivés à un bureau, à Washington, derrière deux écrans d'ordinateurs (plus pratique pour la fameuse "agrégation"), ou noyés parmi la cohorte de reporters dans le sillage des membres du Congrès, sur Capitol Hill.

Cette concentration eut également un coût très tangible, lorsque l'effondrement et la récession frappèrent le pays en 2008 et 2009 : avec l'implantation d'un si grand nombre de journalistes dans une

Washington en plein essor, plutôt qu'à Saint Louis, Buffalo ou Tampa, la plupart des médias nationaux étaient alimentés par des personnes vivant et travaillant là où la situation était bien moins critique qu'ailleurs, et pouvaient donc facilement se fourvoyer sur l'état général réel du pays, n'ayant tout bonnement pas connaissance de ce qui se passait tout-là-bas-en-province.

Pour sa part, Jay Carney avait échappé à cet exode ayant contraint tant de ses confrères et consœurs à délaisser la couverture médiatique en local : son parcours professionnel placé sous de bons auspices lui avait permis de percer au niveau national des années plus tôt, en début de carrière. Il avait grandi en Virginie septentrionale, fréquenté les bancs de la Lawrenceville School, dans le New Jersey, une des plus anciennes écoles privées du pays, avant de poursuivre ses études à Yale. En 1987, son diplôme en poche, il décrocha un poste au *Miami Herald*, un des meilleurs quotidiens du pays, à l'époque. En l'espace de deux ans, il se retrouva catapulté chez *Time Magazine*, nommé directeur de la rédaction de l'antenne de Miami à même pas vingt-cinq ans. Ensuite, il partit couvrir la chute de l'Union soviétique, mettant à profit les notions de russe qu'il avait acquises à l'université. À Moscou, il rencontra sa future épouse, Claire Shipman, de la chaîne d'information ABC, et reçut une belle récompense à son retour : l'honneur de couvrir le secteur de la Maison-Blanche. En 2005, il fut nommé directeur de la rédaction du *Time* à Washington. Lors de son pot de promotion, Michael Bloomberg, alors maire de New York, tint à porter un toast pour marquer le coup.

Vint 2009 et Carney commençait à se lasser de sa situation dans le monde des médias, si prestigieuse fût-elle. L'émoi suscité par Obama chez ses confrères, qui se pâmaient d'admiration devant sa campagne, lui avait paru un peu excessif. Son changement de cap professionnel n'en parut que plus surprenant : il rejoignit l'administration, en tant que porte-parole de Joe Biden. En janvier 2011, propulsé sur le devant de la scène, il reprit le flambeau de l'attaché de presse à la Maison-Blanche.

Si Carney avait sévi de l'autre côté du miroir pendant plus de vingt ans, il ne s'en révéla pas moins doté d'une qualité cruciale pour exercer ce poste, comme le souligna le *New York Times* : il "avait toujours l'air à l'aise en présence des gens de pouvoir". Il ne tarda pas à avoir son nouveau rôle bien en main : les tentatives vaseuses de faire de l'humour, les esquives incessantes. En 2013, un site Web comptabilisa le nombre total de fois – presque 10 000 – où Carney avait éludé une question posée par un journaliste, grâce à des parades du type : "Sur ce point, je vous conseillerais de vous adresser à quelqu'un d'autre" (1 383 occurrences), "Je ne vais pas vous dire que..." (939 occurrences) et "Je ne vais pas me livrer à des conjectures" (525 occurrences).

Il eut bientôt droit à ce traitement médiatique ironique dont certaines célébrités font les frais, à base d'articles sur sa barbe et ses lunettes, et fit même l'objet d'un portrait non satirique dans le magazine *Washingtonian Mom*. On les y voyait, Claire et lui, posant dans leur demeure à cinq chambres d'une valeur de 2 millions de dollars en compagnie de leurs deux enfants : jouant à la conférence de presse, occupés à bâtir une tour Jenga, à préparer des œufs au plat en pyjama, le tout agrémenté de références vestimentaires en légende.

En mai 2014, Carney annonça son départ de la Maison-Blanche pour "se consacrer davantage à sa famille". Une nouvelle voie s'ouvrait aux anciens membres de l'administration Obama... Ou plutôt, la version revisitée d'une voie déjà éculée.

La pratique de la porte tournante avait toujours eu cours à Washington, où l'on avait coutume de jouer au yo-yo avec des personnalités issues de Wall Street. Alexander Hamilton fonda la Bank of New York après avoir officié au Congrès continental et avant d'être nommé secrétaire au Trésor. Longtemps, on associa aux républicains – parti du *business* – ce centre névralgique de la finance qu'était Washington, mais il avait aussi absorbé des démocrates, aux alentours de la Seconde Guerre mondiale, lorsqu'on avait introduit au gouvernement des hommes d'affaires des deux partis. Herbert Lehman, démocrate progressiste, associé du groupe Lehman Brothers, la société d'investissement dirigée par sa famille, succéda à Franklin Roosevelt au poste de gouverneur de l'État de New York, avant de chapeauter les actions d'aide humanitaire à l'étranger menées par le département d'État puis de siéger au Sénat.

Le républicain Robert Lovett, cadre de la banque d'investissement Brown Brothers Harriman, fut ensuite nommé adjoint du général George Marshall, puis secrétaire à la Défense sous Harry Truman, mandat lors duquel il contribua à la création de l'OTAN et de la CIA. Lovett faisait partie de cette clique de mandarins des affaires étrangères qu'on ne tarda pas à baptiser les *Wise Men*, un sobriquet témoignant de l'image inoffensive que l'on avait du pantouflage et de la collusion entre Wall Street et Washington, à l'époque.

Ce va-et-vient entre public et privé s'accéléra au sortir de la guerre, l'économie alors en plein boum, le rôle régulateur de l'État datant du New Deal en pleine croissance. John F. Kennedy nomma C. Douglas Dillon, ancien banquier d'investissement, au poste de ministre des finances. Son homologue sous Lyndon Johnson, Henry Fowler, fut ensuite recruté par Goldman Sachs. Dans le camp républicain, les transferts étaient désormais si prévisibles que peu de voix s'élevèrent lorsque le PDG de Merrill Lynch, Donald Regan, prit la direction du ministère des Finances sous Ronald Reagan, ou lorsque le sénateur du Texas Phil Gramm fut nommé vice-président du conseil d'administration du département d'investissement d'UBS (Union des banques suisses), ou quand George W. Bush choisit le PDG de Goldman Sachs, Henry Paulson, comme ministre des finances.

Toutefois, la tendance se fit plus vénéneuse du côté démocrate dans les années 1990, lorsque l'ALENA (Accord de libre-échange nord-américain), la réforme du système social et la levée de l'impôt sur les plus-values, mesures toutes passées sous Clinton, rendirent les figures de proue démocrates très sensibles aux critiques les accusant de trahir leurs origines et leur rôle traditionnel d'outsider. Le mandat de Robert Rubin, ancien cadre chez Goldman Sachs, que le président Clinton avait placé à la tête du ministère des Finances en 1995, et qui finirait par gagner 126 millions de dollars chez Citigroup, souleva une telle controverse que le simple qualificatif "*rubinite*" suffisait à vous couvrir d'opprobre dans les cercles de gauche. Rubin et son successeur, Lawrence Summers, déjouèrent une tentative de réguler les produits financiers dérivés et bataillèrent pour l'abrogation du Glass-Steagall Act, qui garantissait la séparation des activités bancaires commerciales et d'investissement.

Par la suite, ces précieux coups de pouce pour Wall Street seraient jugés responsables de l'effondrement des marchés financiers. La complaisance de l'administration Obama, qui se garda de sanctionner les banquiers les plus lourdement incriminés dans ce krach, viendrait noircir encore davantage la réputation des démocrates de Wall Street. Et le phénomène de perdurer : un cadre de chez Morgan Stanley, Tom Nides, devint le principal conseiller de Hillary Clinton au sein du département d'État ; le directeur du budget de l'administration Obama, Peter Orszag, partit chez Citigroup, qui, à son tour, envoya

Jack Lew remplacer Orszag puis devenir ministre des Finances ; le premier secrétaire au Trésor d'Obama, Tim Geithner, se tourna par la suite vers la société de financement par capitaux propres Warburg Pincus. Mais tout ce trafic s'opérait désormais avec une certaine furtivité.

Quelle bénédiction, alors, que l'avènement de ce nouveau domaine vers lequel les plus hauts dignitaires pouvaient migrer pour continuer à s'enrichir, désormais débarrassés du stigmate de Wall Street ! Depuis de nombreuses années, l'industrie du numérique se tenait à bonne distance de Washington, car, à ses yeux, c'était une morne forteresse peuplée de bureaucrates et de politiciens besogneux incapables de distinguer un serveur d'un routeur, et définissant Internet comme "une succession de tubes". Condescendance frôlant l'ingratitude, sachant à quel point leur secteur avait bénéficié des investissements fédéraux, ces dernières années. Mais à mesure que ce domaine prenait de l'ampleur, la nécessité de nouer des liens avec Washington la ringarde s'érigeait en fait incontestable même pour les plus farouches libertariens de la Silicon Valley. Il fallait se prémunir d'éventuelles poursuites judiciaires antitrust comme celles engagées par le ministère de la Justice contre Microsoft en 1998. Il fallait dissuader les pouvoirs publics d'appliquer des réglementations pénibles qui entendaient dicter comment utiliser la manne de données personnelles récoltées par les plateformes en ligne. Et enfin, il fallait saper toute volonté de sévir contre les paradis fiscaux où on amassait ses bénéfices faramineux.

Ainsi, une série de clients d'un nouveau genre frappèrent à la porte de "Cassidy et Associés" et de leurs rivaux. En 2002, Google n'avait pas consacré plus de 50 000 dollars à ce groupe de pression ; en 2015, l'entreprise dépensa 5 millions de dollars à cet effet en un seul trimestre, érigeant "Cassidy et Associés" au rang de troisième plus gros lobbyiste d'entreprise. Et à mesure qu'elles voyaient s'élargir leur propre sphère d'influence, ces firmes se mirent tout naturellement au jeu des chaises musicales. Facebook embaucha Joel Kaplan, l'ancien directeur de cabinet de George W. Bush. Google engagea Susan Molinari, ancienne membre républicaine du Congrès. (Une parmi les quatre cents anciens membres du Congrès, au bas mot, désormais employés en qualité de lobbyistes, et touchant parfois jusqu'à dix fois plus que les 174 000 dollars annuels qu'ils gagnaient pour siéger au Congrès. En 1970, seulement 3 % des membres du Congrès se reconvertissaient dans le lobbying une fois qu'ils avaient quitté leurs fonctions ; trois décennies plus tard, ils étaient plus de 40 %.)

Mais il était plus facile de recruter d'anciens hauts fonctionnaires chez les démocrates. L'industrie du numérique avait viré à gauche depuis le début des années 1990, lorsque certains démocrates comme Bill Clinton et le technophile Al Gore, ayant saisi où résidait notre avenir, avaient aidé la Silicon Valley à se défaire de son ancrage libertarien et libéral ("tout pour le *business*") dans le Parti républicain (David Packard, cofondateur de Hewlett-Packard, avait occupé les fonctions de secrétaire adjoint à la Défense pendant le mandat du président Nixon). Si le secteur d'activité se méfiait toujours de la tendance des démocrates à réguler et taxer les entreprises, certaines considérations d'ordre éthique et social, telles que le mariage homosexuel et l'immigration, l'avaient clairement fait basculer dans leur camp. Obama lui-même avait couvert Amazon d'éloges lors de sa visite d'un entrepôt à Chattanooga, en 2013 : "Amazon offre un formidable exemple de ce qu'il est possible d'accomplir, avait-il déclaré. Je vois cette infrastructure incroyable, et je vous vois, vous, qui jamais ne perdez la cadence. Vous avez tous ces colis qui sortent d'ici. Des croquettes pour chiens aux Kindle en passant par les tondeuses à barbe. Il y a tout un tas de choses ici. Mais une fois que c'est emballé, il faut que ça parvienne au client."

Un élu issu du gouvernement Obama pouvait se targuer d'avoir fait un pas vers l'avenir en rejoignant la Silicon Valley, un pas vers une sorte d'épiphanie, d'éveil aux valeurs hipster, à l'inverse du choix de vendu qu'avait fait tel ou tel collègue en rejoignant Wall Street.

Ainsi s'amorça un flux ininterrompu. David Plouffe, dont le génie tactique avait facilité la victoire d'Obama en 2008, poursuivit sa carrière chez Uber. Lisa Jackson, directrice de l'Agence pour la protection de l'environnement sous Obama, chez Apple. Et en février 2015, moins d'un an après avoir quitté la Maison-Blanche, Jay Carney rejoignit Amazon.

La demeure fut acquise le 21 octobre 2016 pour la somme de 23 millions de dollars, payés en espèces ; le prix de vente le plus élevé jamais enregistré à Washington. En réalité, elle se composait de deux maisons contiguës, conçues au début des années 1900 par deux architectes différents, l'un des deux étant John Russell Pope, à qui l'on devait aussi le Jefferson Memorial. Plus récemment, le 2320-2330 S Street Northwest avait abrité le musée du Textile. Désormais, il s'apprêtait à devenir la quatrième résidence secondaire de Jeff Bezos, mais pas la dernière : quelques années plus tard, il acquit également la propriété de David Geffen à Beverly Hills pour 165 millions de dollars, prix record en Californie. Bezos passait de plus en plus de temps à Washington, où il se rendait en jet privé, un Gulfstream G650 d'une valeur de 66 millions de dollars, pas moins d'une dizaine de fois par an et où il logeait au Saint Regis ou au Four Seasons. Il était devenu une sorte de figure locale, ce qui faisait sourire les habitants de Seattle, où on le voyait rarement. À Washington, il organisait des repas dans des restaurants à la mode – CafeMilano, Le Diplomate, Minibar, Fiola Mare. Ces soirées impressionnaient même Sally Quinn, illustre hôtesse de D.C., épouse de Ben Bradlee, l'ancien rédacteur en chef du *Washington Post*. "Personne n'avait envie de partir, commenta-t-elle après une de ces sauteries, qui avait duré quatre heures. C'était vraiment extra."

Il avait également racheté le journal local. En 2013, la famille Graham, dépassée par les chambardements à l'œuvre dans le secteur de la presse, cherchait à se débarrasser du *Washington Post*, qu'elle détenait depuis quatre-vingts ans. Graham rencontra Bezos pour en discuter lors de la conférence annuelle organisée par la banque d'investissement Allen & Co à Sun Valley, dans l'Idaho. Quatre semaines plus tard, tous deux annonçaient la vente du journal pour 250 millions de dollars, somme représentant moins de 1 % de la valeur nette de Bezos, selon les estimations de l'époque.

Après ce rachat, le nouveau propriétaire engagea des dépenses considérables : agrandissement de la salle de rédaction, refonte du site Internet, rénovation des bureaux, désormais rutilants, surplombant Franklin Square. Ces investissements furent un grand soulagement pour les centaines d'employés du *Post*, qui avaient enduré des coupes budgétaires au cours des années précédentes, et donnèrent un coup de pouce à la cause du bon journalisme.

Mais ils servirent aussi à embellir fortement l'image d'une personne à la tête d'une enseigne dont les intérêts dans la capitale augmentaient à vue d'œil. Entre 2012 et 2017, les dépenses d'Amazon en matière de lobbying quintuplèrent ; en 2018, la société dirigeait le plus vaste cabinet de lobbying jamais possédé par une entreprise dédiée aux nouvelles technologies à Washington, fort de vingt-huit employés, sans compter la centaine de prestataires, au bas mot, sous contrat dans une dizaine d'agences à travers la ville. Dans ses rangs, on comptait quatre anciens membres du Congrès. Son conseil d'administration ne tarda pas à accueillir Jamie Gorelick, déjà bien enracinée dans les institutions fédérales, à l'intérieur de cette fameuse Beltway qui séparait le peuple des hautes sphères du pouvoir concentré à Washington et où elle avait fait ses preuves en qualité d'adjointe au secrétaire d'État à la Justice, puis perçu plus de 25 millions de dollars en quatre ans au sein de la société d'investissement de crédit immobilier Fannie Mae (surnom de la Federal National Mortgage Association), puis représenté les intérêts de BP après la marée noire dans le golfe Persique.

Aucune entreprise de pointe n'exerçait davantage de pression qu'elle sur les agences fédérales. Elle faisait du lobbying à propos de la TVA, qu'elle n'appliquait toujours pas sur la plupart des articles vendus par des tiers, produits qui représentaient désormais plus de la moitié de ses activités aux États-Unis. Elle faisait du lobbying contre la réglementation des drones, qu'elle espérait utiliser pour livrer ses colis. Elle faisait du lobbying pour conserver les tarifs de livraison réduits dont elle bénéficiait grâce aux services postaux. Elle faisait du lobbying sur les marchés publics, en vue de devenir le guichet unique pour tous les achats au niveau fédéral. Elle faisait du lobbying contre toute tentative de la soumettre à un examen approfondi visant à vérifier si elle enfreignait les lois antitrust.

Et Bezos avait désormais la mainmise sur l'organe de presse principal pour couvrir l'actualité à Washington, centre névralgique où convergeaient stratégie d'influence et sphère politique. De plus, il n'allait pas se contenter de reprendre le flambeau des Graham pour financer le quotidien ; non, il prolongerait également la tradition instaurée par Katharine Graham, qui avait coutume de faire affluer les élus de Washington sous son toit, dans ses salons de grande renommée.

C'était à cela que servirait la maison. Bezos engagea un architecte célèbre, Ankie Barnes, pour orchestrer la rénovation de ses 8 000 mètres carrés ; chantier qui coûterait pas moins de 13 millions de dollars. Le *Washingtonian* se procura les plans en vertu du Freedom of Information Act (loi sur l'accès à l'information) et révéla ce qu'il décrivit comme "une entreprise de dimension pharaonique". Sur les plans, on dénombre 191 portes (dont certaines conçues sur mesure en acajou ou en bronze), 25 salles d'eau et cabinets de toilette, 11 chambres, 5 salles de séjour ou salons, 5 escaliers, 3 cuisines, 2 bureaux/bibliothèques, 2 salles de sport, 2 ascenseurs, 287 extincteurs à incendie et 1 006 luminaires. Le bâtiment conçu par Pope tiendrait lieu d'appartements privés, où la famille jouirait d'une chambre à vins, d'une cave à whiskey, d'un salon aux plafonds en plâtre ornés de peintures décoratives, de deux pièces dressing (chacune équipée d'une cheminée), ainsi que de chambres différenciées par des noms bien distincts, du type "Ottomane", "Jardin" ou "Dortoir". Le deuxième bâtiment serait réservé aux invités, qui pourraient se délecter du vestibule ouvrant sur un escalier en marbre, encadré d'une galerie de 10 mètres de long. D'une superficie de plus de 400 mètres carrés, la salle de bal, fièrement étayée de colonnes ioniques cannelées, était agrémentée d'une cheminée en pierre calcaire et surplombée d'une promenade couverte bordée de balustrades en fer. Les hôtes pourraient aussi flâner dehors, fouler des sentiers en pierre concassée parmi des arbres fraîchement plantés, contourner deux fontaines, une pergola, et un pavillon de jardin en stuc et cuivre égayé de lampes à gaz. "C'est une très grande demeure, commenta le rédacteur en chef du *Washington Post*, Marty Baron. J'espère que le propriétaire organisera une fête chez lui en notre honneur."

La maison – ou plutôt les maisons – se situait à Kalorama, un des secteurs les plus majestueux de toute la ville. Flanquée de la Woodrow Wilson House et de l'ambassade du Myanmar, sa façade donnait sur le domicile de l'ambassadeur du Pakistan. Avec l'arrivée de Bezos, entre autres nouveaux résidents, le quartier atteignit un degré d'exclusivité jusqu'alors inégalé. Barack et Michelle Obama décidèrent de s'y installer en location après leur départ de la Maison-Blanche. Et, juste au coin de la rue de Bezos vivait un autre couple célèbre : Jared Kushner et Ivanka Trump, qui s'étaient établis à Washington quand Donald Trump avait été élu président.

Cette victoire avait jeté un voile de tristesse sur une ville où l'on avait voté quasi exclusivement pour son adversaire. Une déconvenue n'ayant en rien entravé sa prospérité florissante. Le président entrant avait fait le serment d'augmenter le budget alloué à l'armée, ce qui se traduisait par davantage de dépenses en faveur de tous ces prestataires implantés à l'intérieur de la Beltway. De plus, ce gouvernement inaugura une nouvelle branche dans le marché de la stratégie d'influence, une voie juteuse ouverte à toute personne qui pouvait justifier d'une connexion avec Trump. En 2017, les dépenses consacrées au lobbying à échelle fédérale s'élevèrent à plus de 3,3 milliards de dollars, soit plus du double de ce qui se pratiquait en 2000.

Parmi les petits derniers à entrer dans l'arène, il y avait Brian Ballard. Il s'employait depuis des années à bâtir un empire du lobbying pour régner sur toute la Floride. En 1986, alors âgé de vingt-cinq ans, il avait assisté le candidat républicain au poste de gouverneur, Bob Martinez, lors de ses déplacements. Son poste se résumait à porter l'attaché-case et aller chercher les Coca Light du candidat, mais ce statut de subalterne ne l'empêchait pas de cultiver un certain franc-parler. Un jour que Martinez quadrillait l'État en avion juste avant les élections en compagnie d'un de ses rivaux lors des primaires républicaines, ce dernier, Tom Gallagher, se gargarisait, répétant à l'envi qu'il avait mieux négocié tel ou tel aspect lors de sa campagne. "Dites, je peux vous poser une question, Tom ? intervint Ballard. Si vous êtes si malin et si votre campagne était si géniale, comment se fait-il que nous vous ayons littéralement explosé ?" Après les élections, Martinez avait fait de Ballard son responsable des affaires courantes, pour un salaire de 68 000 dollars, dont Ballard avait profité pour se payer une BMW couleur chrome.

Ballard fut promu chef de cabinet avant ses trente ans. Il portait des bretelles avec des soldats de plomb pour motifs. Il épousa la fille d'un ancien secrétaire d'État et procureur de la République. Après sa lecture de *The Art of the Deal (Trump par Trump)*, il écrivit à l'auteur pour lui faire savoir tout le bien qu'il en pensait. Trump lui répondit sur du papier à lettres de luxe. "Je suis revenu vers lui à mon tour pour lui dire : 'Si jamais la Floride vous donne du fil à retordre, surtout n'hésitez pas à m'appeler'", relata Ballard.

Après la défaite de Martinez, qui avait tenté de briguer un second mandat en 1990, Ballard s'établit dans "le secteur privé". Lorsqu'en 1996, les républicains prirent le contrôle de la Chambre des représentants de Floride pour la première fois en cent vingt-deux ans, les lobbyistes bien ancrés dans leur camp furent l'objet de maintes convoitises, et plus encore quand Jeb Bush fut élu gouverneur, en 1998. Chez Ballard, ça se bousculait au portillon, et il comptait parmi ses clients AT&T, Prudential, les Yankees de New York, des établissements hospitaliers, des entreprises de pointe, des champs de courses. Ballard possédait deux propriétés dans le secteur de Tallahassee, chacune valant plus de 1,3 million de dollars.

Il s'était démené pour en arriver là : il se levait à 6 heures du matin et travaillait bien souvent jusqu'à 21 heures. "Quand on a la fibre, on se met la pression tout seul, affirmait-il. Les gens sont prêts à vous payer une coquette somme pour plaider leur cause et parvenir à leurs fins." Il n'avait alors que trente-sept ans.

En 2016, Ballard avait des bureaux dans sept villes de Floride. Il l'avait jouée très fine pendant la période électorale. Un sans-faute. À l'origine, il soutenait Jeb Bush, dont le statut de gouverneur avait beaucoup contribué à sa propre percée en tant que lobbyiste dans le secteur de Tallahassee. Cependant, voyant que la campagne de Bush lambinait, Ballard s'était discrètement rapproché de l'autre républicain qui sillonnait la Floride, Marco Rubio. Et quand Rubio était tombé à son tour, Ballard s'était rabattu, sans le moindre accroc, sur Donald Trump. Après tout, Donald lui avait envoyé un petit mot écrit de sa main, dans les années 1980, et puis, ces dernières années, l'entité Trump Organization lui avait versé 460 000 dollars pour ses services de lobbying, en grande partie consacrés à Mar-a-Lago, la résidence avec terrain de golf que Trump avait acquise à Palm Beach. Il semblait donc judicieux de lui apporter son soutien. Ballard leva 16 millions de dollars pour la campagne de Trump ; avant même de s'engager auprès de lui, il lui avait rendu un énorme service en mettant sur son chemin une des meilleures lobbyistes de sa société, Susie Wiles, grâce à qui Trump battrait Hillary Clinton en Floride.

Les affinités de Ballard avec Trump n'avaient rien d'idéologique : le lobbyiste demeurait assez modéré sur certains points, y compris les questions environnementales. Non, cette sympathie pour Trump tirait plutôt son origine de la résolution de Ballard de ne pas s'arrêter aux turpitudes qui avaient effarouché certains républicains plus conventionnels. "Ils étaient nombreux à refuser d'endosser la casaque Trump, se souviendrait-il. Mais c'était quand même notre candidat, et pour tout vous dire, je trouve que c'est quelqu'un de vraiment très très bien, sur le plan humain."

Trump désormais à la Maison-Blanche, Ballard vit se présenter une occasion inespérée. Son empire de l'influence avait déjà annexé toute la Floride. L'heure était maintenant venue d'élargir son champ d'action à la nation entière.

Début février 2017, deux semaines après l'investiture de Trump, Ballard Partners installa des bureaux dans l'opulent Homer Building, à moins d'un kilomètre de la Maison-Blanche. Parmi les employés de cette nouvelle antenne, on comptait Wiles, à peine remise de sa mission pour le candidat Trump en Floride, un membre de l'équipe de transition de Trump et Otto Reich, l'ancien ambassadeur américain au Venezuela, dont le General Accounting Office (organisme d'audit, d'évaluation et d'investigation du Congrès des États-Unis) venait de révéler les activités de "propagande interdite et secrète" en faveur des Contras, des groupes armés contre-révolutionnaires nicaraguayens. Dans le vestibule du cabinet, le nom de l'agence était tracé en lettres argentées sur le mur gris acier de rigueur, des piles de magazines (*The Economist* et *The Atlantic*) jouxtaient un diffuseur de parfum à bâtonnets Antica Farmacista (fleur d'oranger, lilas et jasmin).

Avec seulement six associés, c'était un petit cabinet, selon les standards de Washington. Mais les clients s'y ruèrent, cherchant désespérément à se frayer un chemin jusqu'à un président que tant d'autres groupes de pression locaux n'avaient pas jugé bon de prendre au sérieux. En mai 2018, en à peine plus d'un an d'activité, Ballard Partners avait perçu plus de 13 millions de dollars en honoraires, se hissant ainsi au rang de onzième entité de lobbying en termes de revenus.

Sur le nouveau registre de l'entreprise, plusieurs clients attiraient un peu trop l'attention. Le groupe GEO, un des principaux administrateurs pénitentiaires privés du pays, signa un contrat annuel de 600 000 dollars avec Ballard trois mois avant de conclure un marché à 110 millions de dollars concernant la supervision d'un centre de détention pour migrants au Texas.

La République de Turquie signa un contrat de 1,5 million de dollars par an avec Ballard Partners quelques jours seulement avant que les agents de sécurité du président Recep Tayyip Erdoğan ne passent à tabac des manifestants pacifistes lors d'une mini-émeute devant l'ambassade de Turquie à Washington.

Et Amazon signa avec Ballard, à hauteur de 280 000 dollars par an.

La salle de bal du Hilton de Washington était enfin prête, mais on s'affairait encore aux préparatifs dans la partie du vestibule réservée aux VIP pour l'occasion, occultée par des cloisons pour échapper aux regards indiscrets des journalistes et des autres convives n'ayant pas le pedigree requis. Parmi la crème de la crème, on comptait Tom Daschle, ancien sénateur démocrate devenu lobbyiste ; Mike Allen, l'écrivain public du sérail washingtonien ; Katharine Weymouth, ancienne directrice générale du journal que sa famille avait cédé à l'invité d'honneur ; et Muriel Bowser, maire de la ville dont Bezos possédait désormais la plus imposante demeure. Également présents ce soir-là : dix-sept ambassadeurs des quatre coins du monde ; le ministre des Postes, qui supervisait les opérations d'expédition à prix réduit si primordiales pour le roi de la soirée ; et le responsable de la General Services Administration, en charge des marchés publics, dont l'entreprise percevait une part de plus en plus importante.

David Rubenstein prit le micro pour présenter officiellement la vedette du jour au parterre de VIP. Il y avait longtemps que tout concourait à cet instant – le rachat d'un organe de presse, la rénovation d'une vaste propriété, l'expansion des activités de lobbying – et voilà qu'enfin nous y étions : le coming-out officiel à Washington.

“Comme vous le savez, l'événement de ce soir suscite un intérêt phénoménal dans toute la région, dans tout le pays, devrais-je dire : beaucoup de médias, beaucoup de caméras, et j'en passe, commença Rubenstein. Et l'unique raison à tout cela c'est, je crois, la présence de celui que nous avons l'honneur d'accueillir comme invité spécial : Jeff Bezos !”

Les VIP applaudirent avant de pénétrer dans la salle de bal. La garde militaire les y attendait.

Intermède : zone de largage 9

Carlisle, Pennsylvanie

Jody Rhoads passa la soirée du 31 mai 2014, un samedi, à regarder la télévision avec l'un de ses deux fils, selon la déclaration que ce dernier fit ensuite à la police de l'État. Elle alla se coucher à 21 h 30 et se leva à 5 h 20 afin d'arriver à l'heure à l'entrepôt d'Allen Road, où elle embauchait à 7 h 30 et restait jusqu'à 18 heures, du dimanche au mercredi.

Rhoads, qui à cinquante-deux ans avait survécu à un cancer du sein, travaillait dans cet entrepôt de 80 000 mètres carrés depuis environ trois ans ; cela faisait d'elle une salariée relativement chevronnée, étant donné le taux de rotation qu'on y pratiquait. Comme beaucoup des 690 personnes employées là, elle avait commencé parmi les 260 intérimaires qui travaillaient également sur les lieux sous la responsabilité d'une importante agence de travail temporaire, Staff Management / SMX. Au bout de 280 heures effectuées dans l'entrepôt par le biais de SMX, avec un indice de présence correct et sans aucun avertissement écrit, on avait une chance d'intégrer la masse des salariés à proprement parler – de “se convertir” – comme Rhoads y était parvenue. Les travailleurs de SMX portaient un badge blanc. Lorsqu'ils étaient promus au statut d'employé régulier, celui-ci devenait bleu.

Rhoads s'occupait maintenant des transpalettes, elle était l'une des six ou sept personnes par créneau horaire qui transportaient des palettes de marchandises sur des *powered industrial truck*, ou PIT. Le PIT était un chariot élévateur conçu pour les besoins des entrepôts – on le conduisait avec les bras de fourche derrière, comme un pick-up. Sur le modèle manœuvré par Rhoads, un Crown PC 4500, le pilote se tenait sur une plateforme de 90 centimètres de largeur et contrôlait le PIT avec un manche pourvu de boutons pour la marche avant et arrière. Il n'y avait pas de pédale de frein ni de frein à main, donc pour ralentir ou arrêter le chariot élévateur le pilote devait presser le bouton de la marche arrière. Un PIT pouvait dériver beaucoup sans que le pilote puisse le ralentir – jusqu'à 10 mètres. Un dossier de 1,50 mètre de haut séparait l'espace du pilote des bras de fourche, qui s'étendaient 2,50 mètres en arrière. Dans cet entrepôt, les PIT étaient réglés sur la vitesse "tortue", le mode "lièvre" étant désactivé.

En juillet 2009, l'Office fédéral de prévention des accidents de travail (OSHA) avait publié un communiqué à propos des "risques de chocs" liés aux chariots élévateurs conduits debout : "Un des dangers potentiels auxquels font face les pilotes de chariots élévateurs conduits debout est celui d'un écrasement pouvant survenir lors d'un déplacement en entrepôt, avec les bras de fourche en arrière, près des étagères de stockage et d'autres obstructions du même ordre. Le risque étant qu'un rayonnage horizontal d'étagère (barre fixe) ou une obstruction similaire puisse pénétrer dans le compartiment du pilote, lors d'une situation dite de 'chevauchement'." Au cours des quinze années précédentes, au moins neuf travailleurs dans tout le pays avaient été tués et trois autres gravement blessés en pilotant de tels engins en marche arrière, rappelait le communiqué.

Bien qu'elle se fût couchée tôt, Jody Rhoads était visiblement fatiguée ce matin-là. C'était peut-être lié à la dépression et aux problèmes de sommeil dont elle souffrait, que son fils mentionna ensuite à la police de l'État. Son mari, John, était mort moins d'un an plus tôt, et elle s'inquiétait pour un de ses frères, qui se trouvait en prison. Brian Hippensteel, cinquante ans, avait été condamné deux mois plus tôt pour tentative de meurtre après avoir tiré avec un fusil depuis son pick-up sur le compagnon actuel de son ex-femme, lequel se trouvait assis dans son propre camion à l'angle des rues North West et C à Carlisle.

Quelles que soient les raisons de l'état de Rhoads ce matin-là, plusieurs personnes qui travaillaient près d'elle remarquèrent à quel point elle semblait épuisée. À 11 h 30, un de ses collègues lui demanda si elle allait bien. "Oui, ça va", répondit-elle. Peu après, on lui proposa un peu d'eau. Elle refusa. “Elle avait l'air fatiguée, mais qui ne l'est pas ?” dirait plus tard un autre collègue. Rhoads appela son fils pendant sa pause-déjeuner à 12 h 30 et lui raconta que les gens n'arrêtaient pas de lui demander de se réveiller.

Le manque d'énergie de Rhoads ne tarda pas à attirer l'attention de ses supérieurs. Le taux de livraison horaire moyen des conducteurs de PIT était de trente palettes. Mais Jody Rhoads, plusieurs heures après avoir embauché, n'en était qu'à une moyenne de onze. Un manager ordonna à un superviseur – un “assistant processus” – d'aller parler directement avec Rhoads de ce problème. C'est ce que fit l'assistant quand elle revint de sa pause-déjeuner. Rhoads, dirait-il ensuite, attribua son faible rendement au personnel des livraisons, qui mettait trop de temps à accomplir sa mission et la ralentissait. L'assistant dit ensuite à la police de l'État que Rhoads “avait l'air normale” quand ils avaient parlé.

Peu avant 14 h 30, Rhoads venait de déposer des marchandises dans l'allée 630 de la zone de largage 9, près de l'endroit où étaient stockées les palettes de nourriture pour chiens, et repartait avec les bras de fourche vides. Alors qu'elle approchait de l'emplacement P1E630A240, elle dévia soudainement de sa course et tourna à droite, vers les rayonnages.

Le choc fut si brutal qu'il fit tomber les marchandises par terre – deux découpeuses à disque Makita et huit cartons – dans l'allée de l'autre côté des rayonnages. Et il fut si fort qu'il coinça le cou de Rhoads entre le dossier du PIT et l'étagère en acier la plus basse, à 1,20 mètre du sol.

D'autres personnes ne tardèrent pas à remarquer leur collègue en détresse. Quelqu'un l'appela par son nom mais elle ne répondit pas. On cria pour demander de l'aide. Les premiers arrivés sur les lieux trouvèrent Jody Rhoads la tête tordue sur le côté, les yeux ouverts, les mains cramponnées à la poignée de direction du PIT. Un scanner et un sachet de biscuits pour chiens gisaient à côté des commandes du chariot. Des collègues essayèrent de mettre la machine en marche arrière sans succès.

Finalement, ils réussirent à la déplacer de 15 centimètres après avoir débloqué le frein d'urgence, ce qui fut suffisant pour libérer Jody Rhoads. Elle tomba de biais dans les bras d'un collègue, qui empêcha les 1,67 mètre et 63 kilos de son corps, moulés dans un jean, un pull gris et un gilet de sécurité jaune, de s'effondrer par terre.

Elle avait la peau bleuâtre. Les lèvres criblées de miettes de biscuits pour chiens. Bien qu'elle eût un pouls faible, elle ne respirait pas. Plusieurs collègues remarquèrent un hématome sur son menton, là où sa tête avait heurté l'étagère en acier ; un collègue supposa qu'elle avait le dos brisé.

Un travailleur qui disposait d'une radio voulut contacter l'équipe médicale interne de l'entreprise. Mais celle-ci n'était pas en service les dimanches après-midi. Alors, une ambulance fut appelée à 14 h 42. Un collègue avec un maillot des Steelers de Pittsburgh essaya de pratiquer un massage cardiaque, en vain. On apporta un défibrillateur automatique. Ce fut également sans résultat. Une foule de travailleurs inquiets s'étaient réunis, mais un manager leur ordonna de se remettre au travail. Quelqu'un tendit un ruban de signalisation autour de l'allée 630 et de l'allée 625 adjacente, pour interdire le passage.

Les secouristes des Cumberland Goodwill Emergency Medical Services arrivèrent sur place et tentèrent à leur tour de réanimer Rhoads avec les électrodes d'un défibrillateur. Vers 15 h 30, ils parcoururent rapidement les 1 500 mètres qui les séparaient du Centre médical régional de Carlisle. Elle fut déclarée morte à 15 h 55.

Plus de six heures plus tard, peu après 22 heures, un responsable régional de la sécurité de l'entreprise, Greg Williams, laissa un message au numéro gratuit de l'Office fédéral de prévention des accidents de travail, pour signaler un accident mortel survenu au 675 Allen Road à Carlisle, Pennsylvanie.

"La brève description de l'incident est la suivante, dit Williams. L'employée a été trouvée inconsciente sur un chariot élévateur. L'employée a été retirée de l'engin par des collègues et ses constantes vitales ont été vérifiées. Un massage cardiaque a été réalisé et les secours appelés. Le service d'urgence a répondu et quitté les lieux à 15 h 20 avec l'employée." Il ne fit pas mention du choc de Rhoads contre l'étagère, ou de son cou coincé contre le rayonnage en acier, ou de son hématome au menton. "Pour l'instant, dit Williams, nous ne croyons pas l'incident lié au travail."

Le lendemain matin, le directeur de l'OSHA à Harrisburg, Kevin Kilp, chargea l'un de ses employés de contacter la responsable de la sécurité de l'entrepôt, Diana Williams (aucun lien de parenté avec Greg), pour rassembler davantage d'informations à propos de ce qui était considéré, d'après le message reçu la veille, comme une mort non liée au travail. L'employé de l'OSHA voulut de nouveau savoir si l'entreprise était sûre que Jody Rhoads était morte de causes naturelles. Selon Diana Williams, la compagnie en était persuadée puisqu'"il n'y avait pas de sang ou quoi que ce soit d'autre".

Le jour suivant, les bureaux de l'antenne régionale de l'OSHA basée à Harrisburg contacta le médecin légiste du comté de Cumberland pour s'enquérir des résultats de l'autopsie : le décès était en réalité dû à "des blessures multi-traumatiques dues à un accident de transpalette", incluant "des saignements intestinaux", "une lacération du foie" et "une contusion myocardique".

L'OSHA de Harrisburg lança une enquête le jour même. L'un des rapports de l'agence sur le sujet commençait par décrire en termes généraux la nature de l'entreprise où la mort s'était produite : "L'entreprise gère des entrepôts et des centres de distribution au niveau national et vend et distribue de la marchandise au détail à travers tout le pays et à l'étranger, son siège social se trouve à Seattle, État de Washington. Cet établissement pratique le commerce entre États."

CHAPITRE 4

Dignité

La transformation du travail

Baltimore, Maryland

William Kenneth Bodani Jr. avait besoin d'aller aux toilettes. Âgé de soixante-neuf ans, il devait s'y rendre plus souvent que ses jeunes collègues et cela lui prenait un peu plus de temps. Or, il n'avait droit qu'à vingt minutes de "temps hors mission" par tranche horaire de dix heures, en plus de sa pause-déjeuner, et la traversée des 4 000 mètres carrés de l'entrepôt pouvait en prendre la moitié. Si on mettait plus que les vingt minutes autorisées, on récoltait des points de pénalité et risquait des retenues sur salaire, voire un licenciement. Alors il faisait de son mieux pour se retenir.

Il était conducteur de transpalettes. Son travail consistait à décharger les palettes des camions et de les transporter dans l'entrepôt. Les superviseurs contrôlaient de près le temps qu'on mettait à décharger. On était supposé finir un camion en quinze ou vingt minutes. S'agissant d'une remorque type de 15 mètres de long, cela signifiait au moins vingt palettes. On avançait droit dans le camion et on soulevait les palettes, une ou deux à la fois. Parfois, les marchandises n'étaient pas palettisées et quelqu'un devait s'en charger avant qu'on puisse les déplacer. Parfois, les palettes étaient chargées trop en hauteur, jusqu'au plafond de la remorque, et on avait besoin de quelqu'un pour les stabiliser afin qu'elles ne tombent pas pendant le transport.

Les choses se passaient en général de la façon suivante : on apportait la marchandise à l'intérieur, laquelle était désemballée par les “araignées d’eau”, des employés qui la distribuaient ensuite aux postes de travail où les personnes en charge du rangement entreposaient les articles dans des “alvéoles” empilées sur des rayonnages jaunes vertigineux. Et enfin, des robots orange apportaient les capsules aux collecteurs humains, qui les envoyaient au service de conditionnement et d’expédition. Depuis peu, lors des périodes particulièrement chargées comme les vacances, l’entreprise avait décidé de faire passer directement les marchandises les plus demandées sur des bandes transporteuses jusqu’à la zone d’emballage – une entrée et sortie instantanée pour assouvir la demande des consommateurs. *Couteaux. Vaisselles. Echos. Transformateurs. Ordinateurs portables. iPad.* “Il faut être alerte, commentait Bodani. Vous alimentez la chaîne. Tandis que vous déchargez la remorque, on a besoin de ce que vous déchargez et il faut tout mettre sur le tapis roulant.”

Il occupait ce poste depuis trois ans. Il avait pris sa retraite une douzaine d’années plus tôt et n’avait pas prévu de continuer à travailler, hormis quelques boulots d’appoint dans l’entreprise de réparation de motocycles d’un ami. Il avait de l’asthme, une asbestose, un emphysème, une bronchopneumopathie chronique obstructive et un TSPT (trouble de stress post-traumatique). Mais la faillite de son employeur précédent avait ratatiné sa retraite de 3 000 à 1 600 dollars, les dépenses liées à sa santé et au diabète de sa femme augmentaient et leur pavillon avait besoin de réparations, alors il postula pour un emploi dans l’entrepôt après son ouverture en 2015.

On refusa d’abord de l’embaucher ; il réalisa que c’était à cause de son âge et les menaça d’un procès, alors il fut accepté. Le plus drôle dans tout ça, c’est qu’il se révéla si compétent qu’on lui demandait maintenant de former les conducteurs. C’était un étrange spectacle de voir ce quasi-septuagénaire en surpoids, former tous ces jeunes hommes et ces jeunes femmes, la plupart dans la vingtaine ou la trentaine. Mais Bill Bodani – “Bo”, comme on l’appelait dans son ancienne boîte – savait manier un transpalette, en fait il se débrouillait avec toute sorte d’engins et de machines bien plus complexes qu’un chariot élévateur. Il avait consacré trois décennies à un travail nettement plus exigeant et dangereux, mais aussi plus gratifiant.

Ce travail semblait appartenir à un tout autre monde, même s’il l’avait effectué à l’endroit même où il trimait aujourd’hui. Une portion de terre qui avait été le théâtre d’une des transformations les plus radicales jamais subies par un site professionnel dans tout le pays. Une histoire de la main-d'œuvre américaine au siècle passé s'était écrite là, à cet endroit : Sparrows Point.

Contrairement à ce qu'on aimerait croire, le nom de l'endroit ne faisait pas référence à un moineau[1], mais à Thomas Sparrow, un colon anglais auquel Lord Baltimore avait accordé une bonne partie des terres en 1652. Il s'agissait d'une péninsule quadrangulaire d'environ 2 kilomètres de côté, qui saillait comme une griffe sur le fleuve Patapsco ; une crique qui s'étendait de la baie de Chesapeake jusqu'au port maritime de Baltimore. Sparrows Point se trouvait à l'ouest de Fort Howard, près de l'endroit où 7 000 soldats britanniques avaient débarqué pendant la guerre de 1812, et était visible depuis Fort McHenry, où les canons américains avaient repoussé l'attaque navale britannique, ce dont Francis Scott Key, l'auteur des paroles de l'hymne national, avait été le témoin fasciné. Mais l'endroit lui-même était resté une étendue de marais et de champs jusqu'en 1887, lorsqu'il fut découvert par Frederick Wood.

Wood était un ingénieur de la Compagnie de l'acier de Pennsylvanie, qui cherchait un port facile d'accès depuis son usine de Steelton, Pennsylvanie, située 145 kilomètres plus au nord. L'industrie de l'acier était en plein essor, de la Pennsylvanie à Chicago, stimulée par les avancées technologiques de l'inventeur britannique Henry Bessemer et par les besoins voraces en rails des grandes entreprises qui rivalisaient pour construire des voies de chemin de fer à travers le pays. Pour produire de l'acier, on avait besoin de charbon, de calcaire et de minerai de fer. Du charbon, il y en avait à revendre d'un bout à l'autre de la chaîne des Appalaches et la Pennsylvanie regorgeait de calcaire. Le minerai de fer, c'était une autre affaire. Les plus importants filons connus aux États-Unis se trouvaient dans la péninsule supérieure du Michigan ; le minerai pouvait être transporté à travers les Grands Lacs jusqu'aux aciéries du Midwest, mais le faire parvenir jusqu'en Pennsylvanie, plus à l'est, était laborieux.

Heureusement pour l'est des États-Unis, Wood avait trouvé des dépôts profonds du minerai lors d'un voyage de repérage à Cuba en 1882, alors qu'il n'avait que vingt-cinq ans. Le président de la Compagnie de l'acier de Pennsylvanie, Luther Bent, et le propriétaire d'un bateau à vapeur avaient persuadé les souverains espagnols de les autoriser à extraire le minerai pendant vingt-cinq ans sans payer de redevance. Tout ce dont ils avaient besoin désormais, c'était un port où le livrer. En 1887, Wood, qui n'avait pas encore trente ans, s'installa à Sparrows Point et la Compagnie de l'acier de Pennsylvanie acheta l'essentiel de la péninsule à cinq propriétaires terriens pour la modique somme de 57 900 dollars.

En quelques semaines, les travailleurs montèrent une briqueterie qui ne tarda pas à produire 30 000 briques par jour pour construire les installations portuaires ainsi qu'un quai de près de 300 mètres de long, sans oublier la pose de rails sur la jetée. Sparrows Point serait bien plus qu'un simple port, il convertirait le minerai importé en fonte brute, laquelle serait transportée par chemin de fer vers le nord jusqu'à Steelton. La première locomotive arriva à la mi-juillet, le magasin de l'entreprise ouvrit en août, et le sol fut défoncé pour les hauts fourneaux en octobre. Le terrain marécageux fut asséché, des coquilles d'huîtres servirent de remblai. Durant les deux années suivantes, 50 tonnes de matériel par jour furent transportées à Sparrows Point en train et sur des barges pour construire l'immense usine nouvelle. Rufus, le frère de Wood, se chargea de planifier la ville qui logerait l'armée de travailleurs dont la fabrique avait besoin. Et à Annapolis, l'entreprise fit pression pour rester maître sur son nouveau domaine, loin de l'irritante intervention des élus de la périphérie du comté de Baltimore, duquel il était censé dépendre. Sparrows Point serait un modèle de ville d'entreprise.

Le 30 mai 1890, l'usine était fin prête pour sa grande inauguration. Des dignitaires de Washington, Baltimore et Philadelphie arrivèrent en train. L'entreprise les hissa de 25 mètres dans un ascenseur jusqu'à la plateforme de chargement au sommet d'un des hauts fourneaux. De là, ils assistèrent, subjugués, au spectacle des travailleurs déclenchant une explosion dans un autre fourneau situé 60 mètres plus loin, qui projetait des éclairs de feu à travers le ciel.

Leur admiration fut récompensée par un déjeuner où on leur servit des hors-d'œuvre au crabe, de la tortue d'eau douce et des poulets entiers, le tout suivi de cigares et d'un toast. Dans son histoire très documentée de Sparrows Point, Mark Reutter cite le cardinal James Gibbons, archevêque de Baltimore, lorsqu'il acclame la nouvelle usine de Luther Bent comme étant la solution au "grand problème du travail". "J'ai toujours eu des mots généreux envers les travailleurs, disait Gibbons. Me voici aujourd'hui entouré de capitalistes et je crois que s'il y a bien une personne capable de résoudre ce grand problème, c'est notre ami qui préside ici aujourd'hui. Il satisfera les capitalistes en érigeant ces grands fourneaux et en produisant de généreux dividendes ; il apportera la joie aux travailleurs en construisant des maisons confortables et en leur payant de bons salaires. Les intérêts de chacune des parties sont les intérêts des deux."

Le maire de Baltimore, John Davidson, ne vit lui aussi qu'une heureuse symbiose. "Votre prospérité est la nôtre, dit-il à Bent. Vos intérêts sont les nôtres."

Le capitaliste était effectivement satisfait de ce qui coulait à flots de Sparrows Point. Il fut bientôt évident que l'endroit pourrait accueillir une aciérie complète, à laquelle ne sauraient manquer les "convertisseurs Bessemer", qui transformaient le fer en acier. Frederick Wood sut imaginer une chaîne de production compacte qui ne s'enrayait jamais et ne ressemblait à rien de connu dans le pays.

Trois ans après le grand déjeuner, une équipe Bessemer à Sparrows Point pouvait produire 300 tonnes d'acier par jour. À ce stade, l'usine possédait son propre chantier naval. En 1900, 3 000 personnes y travaillaient et 3 500 personnes y vivaient. En 1906, l'endroit produisait un tonnage annuel suffisant pour poser une double voie ferrée de New York à Sacramento.

Reste à savoir si l'usine apportait de la joie aux travailleurs, ce qui est moins sûr. Frederick Wood imposait des horaires brutaux à ses ouvriers : dix ou onze heures par jour durant la semaine de travail diurne, suivi de treize ou quatorze heures par nuit durant la semaine de travail nocturne – et lors du dimanche de transition, ceux de l'équipe de nuit travaillaient vingt-quatre heures non-stop. Ils n'auraient pas de jour de pause avant le dimanche suivant, lorsque les membres de l'autre équipe travailleraient à leur tour vingt-quatre heures non-stop.

Pour un tel labeur incessant, la Compagnie de l'acier de Pennsylvanie payait les ouvriers 1,10 dollar par jour en 1895. L'entreprise n'accordait que deux congés dans l'année, à Noël et lors de la Fête nationale, sans solde. Même en travaillant tous les jours de l'année à l'exception de ces deux congés, un ouvrier gagnait moins de 400 dollars. Comme le remarque Reutter, c'était bien en dessous des 500 ou 600 dollars que le Bureau des statistiques du travail considérait alors comme le minimum pour accéder au "standard de vie américain" d'une famille de cinq enfants.

Face à ce genre de critiques, l'entreprise pouvait argumenter qu'elle fournissait au moins un logement subventionné. La colonie conçue par Rufus Wood était un damier ordonné situé dans le sens du vent à moins d'un kilomètre des fourneaux, coupé en deux par la rivière Humphrey et répondant explicitement à une organisation hiérarchique. Les directeurs et les chefs d'équipe vivaient dans de grandes maisons avec chauffage à la vapeur et éclairage électrique dans les rues B et C – ces maisons avaient même droit au courant électrique une fois par semaine, "le jour du repassage" pour les maîtresses de maison.

Les ouvriers qualifiés, la plupart d'origine anglaise ou allemande et souvent transplantés d'autres villes de l'acier de Pennsylvanie et de l'Ohio, vivaient dans de modestes maisons mitoyennes et des cottages dans les rues E et F, lesquelles étaient éclairées au kérosène. Les nouveaux immigrants en provenance d'Europe de l'Est et du Sud étaient relégués dans des cabanes le long de la rivière s'ils avaient une famille et dans un grossier bidonville derrière les fourneaux s'ils n'en avaient pas. Mais Frederick Wood faisait peu de cas de ces immigrants, les considérant comme peu fiables.

Sa préférence, s'agissant de la main-d'œuvre non qualifiée qui faisait tourner l'usine, allait aux Noirs. Pas ceux de Baltimore, lesquels, en 1890, formaient une importante communauté afro-américaine de 67 000 personnes. Ils étaient trop entêtés. Bien plus désirables étaient les Noirs jeunes et forts en provenance de Virginie, où l'entreprise envoyait des recruteurs. "Les Noirs de la ville risquaient de dire d'emblée 'Je ne ferai pas un travail pareil', raconta le fils d'un travailleur de Caroline du Sud à Deborah Rudacille, elle-même fille d'un ouvrier sidérurgiste, dans son livre sur Sparrows Point. Mais pas si vous veniez de plus au sud." Si ces hommes venaient travailler dans le Nord avec leurs familles, ils vivaient dans d'humbles duplex en planches de pin situés dans deux rues sur la rive nord de la rivière Humphrey, les rues I et J, qui étaient reliées au reste de la ville par une passerelle. S'ils n'avaient pas de familles, ils vivaient dans le bidonville. Le *Baltimore Sun* s'émerveilla de la perfection de l'aménagement conçu par l'entreprise dans un article de 1906. À Sparrows Point, déclarait le journal, "le problème des races [...] avait presque [été] réglé en plaçant les Noirs de l'autre côté du large lit d'une rivière, à l'écart des Blancs".

Le reste de la vision de Rufus Wood allait croître le long de ce méticuleux damier où régnait la ségrégation. Le magasin de l'entreprise s'agrandit pour devenir un large complexe incluant un fumoir, des boutiques de vêtements pour hommes et pour femmes, et l'épicerie principale, où l'on pouvait acheter de la farine et du sucre, des casseroles et des poêles, des meubles, du bois de chauffage, du charbon, des outils et des tartes aux fruits pour cinq *cents*. L'entreprise faisait son propre pain, cultivait ses propres légumes, trayait les cent cinquante vaches de son propre cheptel, tuait ses propres bœufs (vingt par semaine), et préparait même son propre carburant. Le lait était livré chaque jour. Des vendeurs ambulants de pain, de viande et de fruits et légumes faisaient des tournées régulières chaque semaine. Sur la rivière, des péniches vendaient des bonbons. Il y avait un restaurant qui dépendait d'une auberge dans laquelle logeaient les étudiants en ingénierie pendant leur formation estivale.

Sparrows Point pouvait se vanter d'avoir deux écoles (l'une pour les Blancs, l'autre pour les Noirs), la première crèche au sud de la ligne Mason-Dixon, six églises (quatre pour les Blancs, deux pour les Noirs), un forgeron, un shipchandler, un cinéma avec un bowling au sous-sol (le Lyceum), et une aire de baignade le long de la rue A. La ville offrait les premiers cours d'art ménager pour filles dans tout l'État, lesquels se déroulaient dans une maison modèle, de sorte que "les jeunes femmes ne négligent pas les tâches ménagères". Le lycée de Sparrows Point ouvrit en 1910 et eut un bâtiment spécifique, orné de flèches et de tourelles dignes d'un château, à partir de 1922.

La seule chose qui manquait vraiment à la ville, c'étaient les bars : la vente d'alcool était interdite dans un rayon de 2 kilomètres. En pratique, cela signifiait que les travailleurs prenaient le train vers n'importe lequel des nombreux débits de boissons qui fleurissaient au-delà des limites de Sparrows Point.

Et qui leur en aurait voulu ? Le travail n'était pas seulement éprouvant, mais d'une dangerosité constante. Rudacille montre l'étendue du danger dans son livre. En une période de six mois en 1910, il y eut 10 accidents mortels, et ce ne fut pas tout : il y eut également 3 accidents qui rendirent des travailleurs partiellement invalides, 304 accidents "graves", et 1 421 "accidents mineurs". L'entreprise passait cela en pertes et profits, comme d'insignifiants coûts commerciaux : Reutter mentionne un "registre des dépenses liées aux accidents" de l'hôpital de Sparrows Point en 1902 dans lequel le "coût total par accident" pour les 2 336 accidents de l'année ne dépassait pas 3,91 dollars. Cela incluait 150 dollars dépensés en "poumons artificiels, yeux, etc." et 638,50 dollars en funérailles. Les accidents mortels étaient si courants que l'entreprise avait son propre tramway dédié au transport des morts vers le cimetière de la ville. Il s'appelait Dolores.

De telles conditions – travail peu fiable, sans beaucoup de repos et pour un bas salaire – ne pouvaient, remarque Reutter, "fonctionner que dans une atmosphère où tout syndicalisme était absent". Consciente de cela, l'entreprise fit tout ce qu'il fallait pour maintenir l'atmosphère aussi pure que possible... Wood demandait aux travailleurs de signer un formulaire de "Conditions d'emploi" qui mentionnait "l'agitation" et "l'insubordination" comme des motifs de licenciement. Il y avait également la menace de perdre sa maison : les travailleurs avaient besoin de la signature de leur chef d'équipe pour postuler à un logement dans la ville. Lorsque les travailleurs de Steelton se mirent inutilement en grève, Wood claironna que Sparrows Point était un "entreprise libre" où ne pénétrait pas l'infection syndicale. "Vous qui entrez ici, abandonnez toute espérance", déclara le journal des travailleurs de Baltimore dans un article en une de 1891 consacré à Sparrows Point.

Étonnamment, le paternalisme antisyndical des frères Wood semblait préférable à ce qui allait suivre. En 1916, la Compagnie de l'acier de Pennsylvanie fut achetée par la Compagnie de l'acier de Bethlehem, sa rivale de longue date dans l'État, sise dans une ville de la vallée de Lehigh dont elle avait emprunté le nom. Sous la direction de Charles Schwab (aucun lien avec l'agent de change), Bethlehem s'était rapidement étendue en nourrissant la machine de guerre qui dévastait l'Europe. Bethlehem contourna les limitations sur la vente de munitions aux Alliés imposées par la neutralité des États-Unis – l'entreprise fut le deuxième plus gros bénéficiaire des commandes des Alliés pendant cette période, après DuPont. Durant quatre mois à la fin de l'année 1916, lorsque les Français, les Britanniques et les Allemands perdirent plus de 1 million d'hommes, Bethlehem vendit pour plus de 23 millions de dollars d'armes aux Britanniques et aux Français.

Sous la direction de Schwab, Sparrows Point s'étendit rapidement afin d'avoir sa part de ce nouveau gâteau lucratif. L'entreprise acheta les 215 hectares de la péninsule qu'elle ne possédait pas encore et l'agrandit de 40 hectares supplémentaires avec des pilotis et des remblais. En juillet 1917, trois mois après l'entrée en guerre des États-Unis, l'entreprise possédait déjà ses premiers laminoirs à tôles fortes et ateliers d'étamage, ce qui fit d'elle la seule fabrique de fer-blanc complètement autonome à l'est de Pittsburgh. Et les affaires étaient florissantes sur son chantier naval, qui devançait ses concurrents de la côte Est, lesquels ne disposaient pas d'une aciérie adjacente. On amenait chaque jour des milliers de travailleurs, la moyenne d'emplois journaliers tripla jusqu'à atteindre les 12 500 ouvriers.

L'armistice de 1918 ne fut pas bon pour les affaires, mais Bethlehem sut conquérir de nouveaux marchés. Les constructeurs automobiles eurent besoin d'acier pour les plus de 2 millions de voitures qu'ils produisirent en 1920. L'industrie alimentaire avait besoin de fer-blanc pour le marché fleurissant de l'alimentation en boîte : vers le milieu des années 1920, Sparrows Point en fabriquait suffisamment pour produire 2 *milliards* de boîte par an. Ce nouveau filon économique fit venir des centaines de femmes dans l'usine, qui se tenaient debout devant de longues tables pour contrôler les feuilles de métal, en quête du moindre défaut. Sparrows Point fournissait également de l'acier pour les grands projets de l'époque : des segments de fonte pour les tuyaux du tunnel Holland sous le fleuve Hudson, des plaques et des poutrelles pour le pont Benjamin Franklin reliant Philadelphie et Camden, New Jersey, et, quelques années plus tard, des superstructures pour le pont du Golden Gate. Les rangs des travailleurs grossirent tellement qu'une nouvelle ville poussa au nord, Dundalk, avec son enclave noire adjacente, Turner Station.

Dans les années 1920, Bethlehem était devenue la troisième plus grande entreprise du pays, en termes d'actifs, derrière U.S. Steel et Standard Oil of New Jersey. Une part dérisoire de cet essor, néanmoins, parvenait à ces travailleurs auxquels le cardinal Gibbons avait offert un beau discours des années auparavant lors de la grande inauguration. La paie avait augmenté depuis l'époque de Wood, mais dans une certaine limite : le travailleur moyen gagnait 2 000 dollars par an en 1925, moins de 30 000 dollars selon le cours actuel. Le chômage saisonnier était courant. Le gouvernement fédéral avait fait pression sur l'entreprise pour qu'elle traite mieux les travailleurs pendant la guerre, la menaçant de perdre des contrats, mais Schwab avait repoussé les menaces en invoquant "le programme de représentation des employés" de l'entreprise, un organisme interne sous la coupe de la direction. “Nous créons nos propres syndicats de travailleurs, déclara-t-il. Je n’accepterai jamais de me retrouver dans une position où l’on dicterait à la direction ce qu’elle doit faire.”

Schwab était un pionnier de ce qui deviendrait au cours du siècle le modèle dominant de PDG américain. Réussir était une injonction. “Quitte à être un glouton, soyez un glouton de travail, écrivit-il en 1917 dans un manuel. Je n’ai encore jamais entendu parler d’un cas où le malheur aurait frappé un homme parce qu’il travaillait sans compter ses heures. Je connais en revanche beaucoup de cas où il a frappé des hommes qui ne l’avaient pas fait… La lente et implacable dégradation que provoquent l’immobilité, le manque d’avancée, l’échec final, voilà qui est bien plus grave qu’une blessure physique.” Il méprisait les longues réunions ; à Bethlehem, les décisions se prenaient sans traîner pendant les déjeuners. Il était contre l’engagement civil – siéger au conseil d’une banque locale, s’impliquer dans la politique locale, tout ce qui pouvait éloigner de l’entreprise. “Produire toujours plus”, tel était le slogan conçu par son protégé, Eugene Grace.

Et Schwab s’assurait qu’une part disproportionnée des gains lui reviennent, ainsi qu’à ses collègues cadres. Il mit de côté des millions en bonus – les cadres de Bethlehem Steel étaient les mieux payés du pays. Reutter estime que Schwab gagna 21 millions de dollars grâce à ses parts dans l’entreprise durant les seules années de guerre – près de 400 millions au cours actuel. Cette fortune prit la forme d’un manoir qui occupait un pâté de maisons entier sur Riverside Drive à New York. Avec ses soixante-dix-sept pièces remplies de toiles de maîtres et sa salle à manger qui pouvait accueillir deux cent cinquante personnes, c’était la plus grande résidence privée de la ville. Son domaine en Pennsylvanie, avec ses milliers d’hectares et ses dix-huit bâtiments, nécessitait une équipe à temps complet de soixante-dix personnes et comprenait la réplique d’un village rural qu’il avait vu en Normandie.

Francis Bodani vivait dans la ville de Sparrows Point, laquelle, à la fin des années 1920, hébergeait plus de 4 000 personnes. Débarqué de Sicile plus tôt dans la décennie, il avait débuté à New York avant de préférer Baltimore. Ayant échoué à s’installer comme cordonnier, il partit travailler dans les hauts fourneaux de Bethlehem Steel. Il louait une maison dans la partie nord de la ville, là où se trouvaient relégués les travailleurs blancs les plus humbles, non loin des familles noires. La rivière avait été comblée vers la fin de la guerre et remplacée par des terrains de jeux, mais les Noirs étaient toujours groupés dans les rues I et J, et continuaient de dire qu'ils "traversaient la rivière" lorsqu'ils se rendaient dans la partie blanche de la ville. De nombreuses femmes noires faisaient quotidiennement ce chemin pour aller travailler dans les maisons des directeurs.

Nous étions en 1929, pas la meilleure des années pour se lancer. Le krach fut bien plus dévastateur pour la production d'acier que pour n'importe quelle autre industrie ou presque – au début de 1932, les neuf dixièmes des 500 000 ouvriers sidérurgistes seraient soit licenciés, soit forcés de passer à des horaires réduits. Leurs revenus moyens chutèrent de 32,60 dollars par semaine à 13,20 dollars. Les rangs des travailleurs à Sparrows Point furent réduits d'un tiers, et ceux qui restaient travaillaient presque tous à temps partiel ; à la fin de l'année 1932, il n'y avait plus que 3 500 emplois quotidiens dans l'usine. Les travailleurs survivaient en grappillant dans les champs alentour. Les sbires de Schwab s'abstenaient de mettre à la rue les familles qui ne pouvaient pas payer le loyer et annulaient les dettes au magasin de l'entreprise.

Jusque-là, Sparrows Point avait penché du côté républicain. Mais en novembre 1932 la ville vira largement démocrate, ainsi que d'autres circonscriptions ouvrières autour de Baltimore, pour faire élire Franklin D. Roosevelt. Lui et sa secrétaire au Travail, Frances Perkins, la première femme à siéger au cabinet présidentiel, firent de la sauvegarde de l'industrie sidérurgique leur ordre du jour, considérant comme essentielle la stabilisation des salaires pour restaurer la demande. L'administration Roosevelt présidait un conseil où le secteur industriel était largement représenté, lequel, poussé par l'urgence, transgressa le droit de la concurrence en instaurant un salaire minimum. La nouvelle Agence des travaux publics dépensa 51 millions de dollars dans l'achat de rails et de fixations des traverses. Perkins visita Sparrows Point, où elle insista pour rencontrer les travailleurs.

Une telle attention de la part de l'administration contribua, en quelque années, à stabiliser l'industrie. Mais elle eut également un effet négatif pour les seigneurs de cette même industrie : l'administration encouragea explicitement les efforts d'organisation des ouvriers sidérurgistes. John L. Lewis, le leader aux gros sourcils de l'United Mine Workers, se fit un devoir de faire entrer les ouvriers sidérurgistes dans le giron syndical. "[L'industrie], en trente-cinq ans, n'a jamais payé de salaires qui permettent de survivre, ne parlons même pas de vivre, à l'énorme masse de ses travailleurs", disait-il en 1936. Le temps était venu de décider "si la population des travailleurs de ce pays peut choisir son propre destin ou si elle doit rester inféodée à une dictature financière et économique qui exploite sans vergogne nos ressources naturelles, corrompt l'âme et détruit la fierté du peuple libre".

Un an plus tard, le nouveau syndicat des ouvriers sidérurgistes réussissait sa percée en signant un contrat avec U.S. Steel. Ce géant était moins motivé par les théories de Perkins en faveur du pouvoir d'achat des employés que par les commandes des Britanniques, en train d'organiser leur réponse militaire face à la menace nazie. Il s'agissait de garantir la production – autrement dit, d'éviter les conflits sociaux.

Beth Steel, la deuxième plus grosse entreprise sidérurgique du pays, se révélerait une cible plus difficile. L'entreprise continuait d'exhiber son pseudo-programme interne de représentation des employés, arguant que pas moins de 97 % des travailleurs avaient récemment voté en sa faveur. Pour contrer les délégués syndicaux de Lewis, elle ajusta ses salaires sur ceux de U.S. Steel et déclencha un raz-de-marée de propagande antisyndicale. "Les éléments étrangers n'étaient pas nécessaires auparavant, prévenait un des manifestes, il ne s'est rien passé qui les rende nécessaires maintenant." Elle équipa sa propre police de wagons entiers de mitrailleuses, mitraillettes, fusils militaires, fusils de chasse, pistolets et revolvers, et acheta un stock de gaz lacrymogène plus important que celui de n'importe quel autre organisme de maintien de l'ordre dans le pays.

Les délégués syndicaux ne relâchèrent pas leur pression pour autant. Ils tenaient des meetings secrets dans une taverne du quartier de Highlandtown, dans le sud-est de Baltimore. Ils tablaient sur le mécontentement lié à un incompréhensible système de salaire à la prime, selon lequel certains travailleurs étaient payés beaucoup moins que d'autres pour le même travail, et sur la gestion brutale de la transition vers un nouveau laminoir plus automatisé qui nécessitait moins de personnel. Et ils impliquèrent les travailleurs noirs de l'usine. Dans d'autres industries et dans d'autres villes, la discrimination syndicale avait souvent cantonné les Noirs au rôle de briseurs de grève. Les délégués syndicaux savaient que cela serait fatal à leurs efforts à Baltimore, étant donné le nombre de travailleurs noirs – près d'un tiers de l'usine, la plus importante poche d'ouvriers sidérurgistes noirs hors de Birmingham, en Alabama. Les délégués syndicaux firent du porte-à-porte dans les quartiers noirs et prirent la parole dans les églises noires ; des travailleurs pro-syndicats blancs et noirs défilèrent ensemble à Dundalk, la ville ouvrière blanche au nord de Sparrows Point.

Ce fut finalement la guerre à venir qui régla la question. En 1939, le National Labor Relations Board[2] décida que l'entreprise avait été impliquée dans une stratégie à long terme d'intimidation antisyndicale et ordonna le démantèlement de son plan interne bidon. Exercer davantage de pression, c'était risquer de perdre les contrats gargantuesques liés à la construction de "l'arsenal de la démocratie" de Roosevelt. Le 25 septembre 1941 – à peine deux mois avant Pearl Harbor –, des élections syndicales furent finalement organisées. Près de 11 000 travailleurs votèrent pour, soit 68,7 % des votants. Environ 6 000 des 6 500 votants noirs de l'usine s'exprimèrent, la plupart favorablement.

Ce fut donc une usine pleinement syndiquée qui allait récolter les extraordinaires bénéfices de cette expansion guerrière, dont l'ampleur éclipsait les excès de la Première Guerre mondiale. Les fours Martin-Siemens, qui avaient remplacé les convertisseurs Bessemer pour fabriquer de l'acier, s'étalaient maintenant sur quarante hectares. Pendant les années qui suivirent, le chantier naval construisit plus d'une centaine de navires tandis qu'un deuxième chantier d'urgence, nommé Fairfield, que l'entreprise avait installé de l'autre côté du port, embaucha plus de 45 000 travailleurs et construisit plus de 500 navires, principalement des cargos Liberty, aussi laids qu'importants.

Pour les gens de Sparrows Point, la guerre donnait une nouvelle raison d'être à un travail ardu qui, pour beaucoup, était bien plus gratifiant qu'on n'aurait pu le croire de prime abord. Voici comment Mike Howard décrivit le travail dans les fours Martin-Siemens à Mark Reutter : "On aimait ça. Quand on est dans la fleur de l'âge, le travail physique est un défi, et si on travaille avec d'autres gens, il y a une certaine fierté à être le meilleur dans son boulot. Les exigences d'un tel travail produisaient un genre d'homme férocement dévoué à sa tâche." Howard faisait la distinction entre "travail abrutissant" et "travail exigeant" : "Dans le four, on devait surmonter des problèmes liés à la métallurgie, au travail de forgeron, à votre jugement. Les gars, c'étaient pas un ramassis de bourrins. C'étaient des types brillants. Il y avait des décisions à prendre en une fraction de seconde. Il y avait beaucoup de défis qui vous maintenaient sur le qui-vive."

Il y avait, en d'autres termes, "une part de virtuosité" dans le métier d'aciériste, comme l'écrivit le journaliste de Bethlehem John Strohmeyer dans son histoire publiée en 1986 de l'entreprise qui porte le nom de sa ville : "Quiconque a la force musculaire nécessaire peut soulever une pioche et extraire du charbon, vous diront-ils. Les robots peuvent assembler des voitures. Mais il faut un talent peu commun, un corps puissant et un esprit sans peur pour être capable de transformer des piles de déchets rouillés et de ferraille en du métal en fusion que l'on va verser, laminer et marteler pour lui donner les diverses formes qui servent de charpente à la civilisation."

Au début de 1942, Bethlehem Steel était le contributeur le plus important dans l'effort de guerre du pays. Reutter donne quelques chiffres stupéfiants : entre 1940 et 1945, l'entreprise produisit un tiers des blindages et des forgeages de canons dont avait besoin la Navy. Le montant brut du chiffre d'affaires de l'entreprise grimpa en flèche, passant de moins de 200 millions de dollars en 1935 à plus de 1,3 milliard en 1945. "En défiant de telles industries, Hitler a déchaîné une pluie de métal qui s'est révélée bien plus forte que ce qu'il pouvait endurer", légendait le *Baltimore Sun* sous des images révélatrices de Sparrows Point en 1944, prises par le photographe Aubrey Bodine.

Ses concurrents mondiaux se trouvant exsangues, les États-Unis produisaient désormais près des deux tiers de l'acier mondial. Cette industrie, qui avait fait davantage que toute autre pour aider le pays à gagner la guerre, approchait de son apogée. De même s'agissant de l'endroit que cet effort avait transformé, tant le bourg de l'entreprise que la ville toute proche à laquelle son destin était lié. Le 14 mai 1945, une semaine après la capitulation nazie, le maire de Baltimore, Theodore McKeldin, fit d'Eugene Grace, qui avait pris les rênes de l'entreprise à la mort de Schwab en 1939, un citoyen d'honneur. McKeldin écrivit : "L'usine de Bethlehem Steel à Sparrows Point, avec ses installations gigantesques et son recours à la main-d'œuvre et à la production locales, est notre fierté."

Le boom de l'après-guerre apporta à Sparrows Point plus de travail encore que ne l'avait fait l'acier de la flotte des cargos Liberty et des avions de combat. Environ 85 % des produits manufacturés nécessitaient de l'acier, en premier lieu les voitures flambant neuves – la demande en acier plat laminé de Detroit augmenta de 55 % en 1946. Parmi ceux qui passaient des commandes à Sparrows Point se trouvait l'usine General Motors située quelques kilomètres plus loin, sur Broening Highway.

Bethlehem Steel injecta du capital dans la péninsule pour améliorer sa capacité d'accueil. Afin de nourrir son vorace appétit en minerai de fer, les bateaux de l'entreprise allaient maintenant jusqu'au Chili et au Venezuela. En 1953, la production de Beth Steel était plus importante que toute celle d'une Allemagne en reconstruction rapide, tandis que la production à travers tous les États-Unis était plus importante que celle du reste du monde combiné. Lorsque Arthur Vogel arriva à Sparrows Point en 1949 pour travailler à la presse à ferraille, il fut abasourdi : "Entrer dans l'usine, voir quelque chose d'aussi énorme, ça m'a vraiment effrayé, dirait-il ensuite, j'ai regardé autour de moi et je me suis dit : 'C'est ça.'"

Grâce à la syndicalisation de Sparrows Point, une considérable part de cette prospérité revenait aux travailleurs. En 1946, une grève nationale des ouvriers sidérurgistes – désormais le plus gros syndicat de l'industrie – permit d'obtenir une augmentation de 18,5 % du salaire horaire. Horrifié par de tels gains, le lobby des entrepreneurs parvint un an plus tard à faire adopter par le Congrès, malgré le veto du président Truman, le Taft-Harley Act, une loi antisyndicale qui allait devenir un obstacle important à toute future organisation des travailleurs.

Des négociations routinières de contrat permirent en 1955 d'augmenter d'environ 15 % les salaires dans les aciéries. Les ouvriers sidérurgistes obtinrent également la première retraite privée pour cols bleus. Une grève nationale en 1959, qui s'acheva finalement au bout de 116 jours par un décret présidentiel d'Eisenhower, permit d'augmenter les salaires de 8 % et d'obtenir une véritable couverture sociale.

Mais les acquis syndicaux ne s'arrêtaient pas là. Grâce à la plus grande implication des travailleurs dans la gestion de l'usine, Sparrows Point était moins catastrophiquement dangereux qu'il ne l'avait été à ses débuts. Il y avait aussi un aspect moins tangible : "Ce que les gars attendaient du syndicat, dit un retraité à Reutter dans les années 1980, c'est que tout le monde respecte votre ancienneté et votre habileté, et que les meilleurs postes ne soient pas réservés aux toutous du patron et aux lèche-bottes. On a eu plus d'argent, c'était important, évidemment, mais on a aussi eu davantage de respect et c'était ce qui comptait le plus."

Un an après l'augmentation de 1955, Beth Steel autorisa un projet d'expansion de l'entreprise de 300 millions de dollars qui allait stimuler la production d'environ 30 %, lui permettant d'atteindre 8 millions de tonnes d'acier par an, soit 16 tonnes à la minute, et d'embaucher 3 000 ouvriers supplémentaires, pour atteindre un total de près de 30 000 employés. "On est optimistes, s'agissant de la demande", dit Grace, le président de l'entreprise. Et Sparrows Point, déclara-t-il, était "le plus beau spectacle sur terre".

C'était discutable. Néanmoins, en 1958, cela au moins était vrai : Sparrows Point était passé devant U.S. Steel, situé à Gary, dans l'Indiana, pour devenir la plus grosse usine sidérurgique du monde.

Comment faire comprendre l'échelle de Sparrows Point à cette période-là ? Vu depuis l'autre rive du fleuve Patapsco, ses rangées de cheminées hautes de plus de vingt étages paraissaient des gratte-ciel. Vu d'en haut, c'était une masse de toits et de cheminées aussi dense que la canopée d'une forêt vierge : sur la péninsule s'entassaient 1 700 bâtiments, 72 kilomètres de routes pavées, et plus de 160 kilomètres de voies ferrées parcourues par plus de 60 locomotives et 3 400 wagons. Chaque jour, pour éviter la surchauffe des machines, l'entreprise consommait 2 milliards de litres d'eau salée, 56 millions de litres d'eau douce, et 380 millions de litres d'eau industrielle, un euphémisme pour désigner les eaux usées qui portaient toujours des traces d'acide urique même après retraitement. Sparrows Point consommait également plus de 11 000 tonnes de charbon par jour et un cinq centième de l'électricité nationale, via 16 000 kilomètres de lignes électriques. Il disposait d'une caserne de pompiers de 110 hommes et de 196 hommes dans son service de police, le deuxième plus important de l'État après celui de Baltimore, lesquels policiers s'entraînaient au stand de tir de l'entreprise, le plus grand du pays. Il possédait sa propre prison. Même s'il n'avait recours qu'à peu de services du comté, il payait 2 millions par an – plus de 17 millions en dollars actuels – d'impôts locaux. L'entreprise avait tellement hâte d'engager des jeunes gens à un salaire avantageux qu'elle installait des bureaux d'embauche dans les lycées lors des remises de diplômes – les bacheliers pouvaient passer directement de la salle de classe à un travail.

C'était le Sparrows Point dans lequel William Bodani Jr. fut élevé. Son grand-père, Francis, avait survécu à la Grande Dépression et à la guerre et était passé des fourneaux à la fonderie. Francis et sa femme avaient eu six enfants. Le troisième plus âgé, William, sortit diplômé du lycée de Sparrows Point pendant la guerre et fut ensuite engagé comme chauffeur de camion dans le département des transports de l'entreprise, transportant des bulldozers et d'autres équipements encombrants à travers l'étendue de 1 200 hectares.

Bill Jr. naquit en 1949. Il était tellement difficile de se loger que sa famille vécut dans la maison du grand-père pendant les cinq premières années de sa vie avant d'avoir son propre logement dans les environs. C'était un endroit idyllique pour grandir. Les rues étaient désormais bordées d'arbres. Le moment marquant, c'était le Steel Bowl à Thanksgiving, où l'équipe de football du lycée de Sparrows Point affrontait celle du lycée de Dundalk, avec une parade la veille. Le tramway n° 26 de Baltimore, "la fusée rouge", desservait le centre-ville. Non loin de là, le Sparrows Point Country Club possédait un terrain de golf, une marina, une piscine et un club-house avec piste de dance.

La rive nord avait sa propre zone commerciale – une épicerie, une salle de bal, une salle de billard tenue par des Noirs, un barbier, un comptoir casse-croûte et un snack où les enfants avaient droit à une glace s'ils lavaient quelques assiettes. Les Noirs étaient libres d'aller faire des achats sur la rive sud – ils ne pouvaient simplement pas s'asseoir au restaurant ou au comptoir casse-croûte (vente à emporter uniquement) ou aller voir des films au Lyceum (ils les regardaient à l'église méthodiste noire). Les écoles noires de Sparrows Point s'arrêtaient à la cinquième. En 1939, le comté de Baltimore accepta de financer la venue des élèves noirs dans les lycées de la ville, mais seulement s'ils passaient un examen ; en 1948, le comté construisit un lycée pour les Noirs près de la gare de Turner. Des moqueries racistes se faisaient parfois entendre lors des matchs de football américain entre Blancs et Noirs. "On devait alors se battre pour rentrer rue J, se souvenait Roy Winston Cragway Sr. Quoi qu'il en soit, la semaine suivante on retournait du côté blanc et on jouait de nouveau au football américain."

L'amertume contre les lois racistes Jim Crow est palpable dans les témoignages des habitants noirs de Sparrows Point. De même que la nostalgie pour la convivialité de la rive nord, où la supervision des enfants était mutualisée, où il était presque donné pour acquis que vous alliez épouser la fille du trottoir d'en face. Louis Diggs : "Tout le monde avait un jardin et partageait ce qu'il possédait avec les autres." Florence Parks : "La vie à Sparrows Point était magnifique." Anna Ruth Randolph : "On n'avait jamais besoin de verrouiller sa porte, on pouvait compter sur ses voisins pour tout." Theodore Cragway : "La communauté était tellement unie, c'était incroyable." Charlotte Cager Harvey : "Tout le monde avait de la nourriture en abondance, de beaux vêtements à porter, une morale exemplaire, buvait modérément." Les matins d'hiver, Charlotte regardait son père patiner sur la rivière. "Il était si gracieux."

Il y avait une chose que tout le monde partageait – tout le monde, des directeurs de la rue B aux femmes de la rue J qui travaillaient pour les femmes des directeurs. C'était l'air. On devait prendre un bain à la fin de chaque journée à cause de la pluie de flocons rouges que crachaient les cheminées. Même si le ciel était bleu partout ailleurs, dans la baie de Chesapeake, au-dessus de Sparrows Point, il avait "cette pâleur rougeâtre et cendreuse, qui n'était pas sans rappeler le ciel martien photographié par la sonde Mariner", comme le journaliste Mark Bowden, du *Baltimore News-American*, le décrivit plus tard. Lorsque les fenêtres étaient ouvertes à l'école, les cahiers devenaient rouges de poussière. Les gens du coin l'appelaient "la poussière dorée", c'étaient les traces de la prospérité.

On ne s'étonnera pas que de nombreux enfants aient eu de l'asthme – Bill Jr. notamment. Lorsqu'il avait douze ans, sa famille déménagea à Baltimore, en partie pour éviter à ses frères et sœurs le même destin, et en partie aussi parce que le bourg de Sparrows Point était en train d'être réduit pour faire de la place à une usine en constante expansion.

En retournant à Baltimore, la famille Bodani nageait à contre-courant. La ville avait beaucoup grossi pendant la guerre, frôlant le million d'habitants avant de se stabiliser sur un chiffre de 949 000 en 1950, le plus gros qu'elle eût jamais atteint lors d'un recensement décennal. C'était la sixième plus grande ville des États-Unis ; plus grande que Washington, Boston, San Francisco ou Houston. Mais même en pleine ascension, le déclin avait discrètement commencé, avec l'exode constant des habitants vers la banlieue. Les gens partaient en quête de maisons plus spacieuses et de jardins plus grands, mais ils le faisaient aussi pour fuir. En 1940, avant même l'irruption du flot de travailleurs qui arriverait un peu plus tard pendant la guerre, Baltimore avait la plus grande proportion d'habitants noirs des dix principales villes du pays – un cinquième de la ville, 168 000 personnes. Initialement forcés à résider aux confins est et ouest de la ville, dans des logements bondés jusqu'au sordide, ils cherchèrent des conditions plus humaines et ce faisant causèrent un grand désarroi. Il y eut d'abord des arrêtés discriminatoires pour les empêcher de déménager dans des zones majoritairement blanches, puis vinrent les discriminations des banques et des législateurs. À la fin des années 1940, néanmoins, la pression exercée par le ghetto en pleine croissance, gonflé par la Grande Migration, était trop forte même pour les mesures de discrimination urbaine. Les familles noires les plus prospères – celles qui avaient des emplois syndiqués dans des endroits comme Beth Steel – avancèrent hardiment vers de nouveaux quartiers.

Il est difficile de ne pas exagérer la soudaineté du combat qui eut alors lieu. Edmundson Village, un quartier allemand catholique de 30 000 habitants dans le sud-ouest de Baltimore, passa presque entièrement du blanc au noir à la fin des années 1950 et au début des années 1960. L'école élémentaire de Gwynns Falls, dans un quartier juif dans l'ouest de la ville, était entièrement blanche avant qu'un arrêt de la Cour suprême, le "Brown v. Board", déclare inconstitutionnelle en 1954 la ségrégation dans les écoles. Baltimore obtempéra officiellement et lorsque l'école ouvrit, en septembre de cette année-là, il y avait 44,5 % d'élèves noirs. Deux ans plus tard, ils étaient 93 % – en trois ans, l'école s'était presque entièrement transformée.

L'adolescent Bill Bodani n'avait guère conscience de tout cela tandis qu'il s'installait dans son nouveau lycée, Patterson, dans le sud-est de Baltimore, une partie de la ville où la classe ouvrière blanche allait résister plus majoritairement qu'ailleurs. Malgré son asthme, il pratiquait presque tous les sports possibles : football, baseball, lacrosse, natation. Pendant les vacances scolaires, il travaillait à l'usine General Motors sur Broening Highway, posant des pare-chocs sur des Chevrolet Chevelle.

À sa sortie du lycée, des emplois mieux payés attiraient du monde à Sparrows Point. Beth Steel embauchait, et son statut de parrainé, tout comme le fait d'être membre de l'Order Sons of Italy in America, lui donna un coup de pouce. Il fut embauché comme ouvrier à l'entretien mécanique en 1967. Sa fiche de paie était parfois confondue avec celle de Bill Bodani Sr., qui travaillait désormais à l'entretien des locomotives. Son père était aussi surnommé "Bo". Quant à lui, on l'appelait "Little Bo".

Little Bo s'apprêtant à être mobilisé, il préféra s'engager dans la Navy. Il passa six ans dans l'armée – deux ans avec les Seabees, sous les ordres d'un jeune lieutenant nommé John Kerry, et quatre avec les SEAL[3], voyageant dans des endroits dont il ne révélerait jamais les noms, pas même des décennies plus tard. Lors des permissions, il revenait aussitôt et travaillait quelques semaines ou quelques mois à Sparrows Point.

Lorsqu'il quitta finalement l'armée, en 1975, il souffrait d'un sérieux trouble de stress post-traumatique. Son travail l'attendait toujours. Mais ce n'était plus le même Sparrows Point, ni la même ville.

Lorsque Bo avait commencé pour la première fois à travailler à l'usine, en 1967, il avait fait l'erreur de se tromper de toilettes. "Oh ! avait beuglé quelqu'un. Vous n'entrez pas ici. Lisez la pancarte."

La ségrégation était toujours à l'ordre du jour dans les toilettes de Sparrows Point. Pareil pour les vestiaires, les cafétérias et les distributeurs d'eau. La ségrégation fonctionnait aussi au travail : la plupart des hommes noirs étaient toujours employés comme manœuvres, gagnant un peu moins de 2 dollars de l'heure, et se voyaient confiés les travaux les plus risqués, les "boulots costauds", tels que les fours à coke, où l'on devait porter des vêtements thermiques même l'été pour se protéger de la chaleur et avaler des comprimés de sel pour lutter contre la sueur abondante, ou l'étiquetage du fil machine incandescent qui sortait du train à fil. Il y eut une avancée : de nombreux employés noirs travaillaient maintenant comme grutiers. Mais il n'y avait qu'un seul électricien noir dans une unité qui en comptait trois cents.

Le syndicat avait, ici ou là, contesté la discrimination flagrante que pratiquait l'entreprise. En 1949, il avait demandé un arbitrage face au refus de l'entreprise de promouvoir Charlie Parrish, un réparateur qualifié, au poste de premier mécanicien de chantier de l'usine – ce fut un homme blanc ayant neuf ans de moins d'expérience qui obtint le poste. "M. Parrish a vingt-deux années de service et vous avez isolé M. Parrish et le reste de son groupe de travailleurs noirs et ne leur avez pas donné d'opportunité d'avancement", déclara l'avocat du syndicat. Un superviseur de l'usine répondit : "Nous lui avons assigné des postes correspondant à ses capacités."

Finalement, en 1966, deux travailleurs se rendirent dans les bureaux du Congrès pour l'égalité raciale (CORE) dans l'est de Baltimore afin de déposer une plainte contre Sparrows Point pour discrimination endémique. Le CORE assigna deux volontaires blancs pour enquêter, envoya ensuite deux bus entiers de travailleurs pour protester devant le siège de l'entreprise à Bethlehem, puis une délégation au département du Travail à Washington, où ils apprirent que, selon un décret présidentiel de 1964 signé par Lyndon Johnson, Beth Steel pourrait risquer de perdre des contrats fédéraux – y compris ceux liés à la nouvelle guerre au Vietnam – à cause de ses pratiques discriminatoires.

La pression fonctionna jusqu'à un certain point. En 1967, le gouvernement ordonna à l'entreprise de respecter une série de réformes si elle ne voulait pas perdre ses contrats. Pendant les quelques années suivantes, le nombre de chefs d'équipe noirs monta jusqu'à 100 et des travailleurs noirs furent ajoutés aux programmes de formation. Une grève sauvage en janvier 1974, dirigée par des travailleurs noirs – avec le soutien de travailleurs blancs plus jeunes, beaucoup d'entre eux fraîchement rentrés du Vietnam –, permit d'obtenir de meilleures conditions de travail dans les fours à coke.

Finalement, plus tard en 1974, le département de la Justice entama un procès en discrimination contre Beth Steel et d'autres entreprises qui se solda par un décret qui concernait tout le secteur industriel et selon lequel les entreprises devaient accepter de nouvelles règles d'ancienneté, de sorte que les années passées dans une précédente unité soient prises en compte lorsqu'un travailleur était transféré dans une nouvelle unité, ce qui permit aux Noirs de gravir plus facilement les échelons de l'entreprise. L'accord fut également accompagné d'indemnités pour tous les travailleurs des minorités au nom des discriminations passées, mais elles étaient si maigres – environ 600 dollars chacun – qu'il furent nombreux à les refuser.

Il y avait toujours de la résistance. Après l'annonce du décret, des prospectus vantant les mérites d'une section locale du Klu Klux Klan furent distribués dans l'usine. Un électricien blanc qui avait osé former secrètement le premier apprenti noir de son département trouva des excréments humains dans sa boîte à déjeuner. Mais avec le temps la nouvelle réalité s'installa. Elle donna un énorme élan à la communauté noire de Baltimore. Même en tant que manœuvres, les travailleurs noirs de Beth Steel jouirent d'une stabilité à laquelle n'avaient pas droit la plupart de leurs collègues partout ailleurs. "Nos gars n'avaient peut-être pas les boulots les plus qualifiés, mais ils bénéficiaient d'un emploi stable, dit l'un d'eux, Theodore Patterson. Il n'y avait pas de sécurité sociale à Sparrows Point." Désormais, en ayant accès aux métiers qualifiés et à de meilleurs salaires, ils pouvaient profiter d'une vraie ascension sociale.

James Drayton gagnait 3,20 dollars de l'heure lorsqu'il commença à dix-huit ans dans l'équipe du laminoir dégrossisseur en 1965. Il marchait sur les traces de son père, un ancien combattant de la Seconde Guerre mondiale et de la guerre de Corée. La ségrégation était toujours pratiquée dans les vestiaires. Mais, petit à petit, les réformes furent appliquées. Il vit nombre de ses collègues blancs se refréner puis s'adapter. (Y contribua le fait que les nouvelles règles d'ancienneté aidaient également certains des plus anciens travailleurs blancs, lesquels étaient supplantés dans leurs postes qualifiés par les avancées de la technologie et déplacés dans de nouvelles unités.) "Ils ont finalement reçu le message, dit Drayton, j'imagine qu'ils ont compris que ça se passerait comme ça, désormais. Ils ont dû se faire à cette idée."

Drayton devint l'un des premiers grutiers noirs. Et, dans tous les postes qu'il occupa ensuite dans l'usine, ses années en tant que manœuvre furent finalement prises en compte pour le calcul de son ancienneté, de sorte qu'il put jouir d'une autorité bien gagnée sur les plus jeunes qui arrivaient. Ses revenus augmentèrent régulièrement jusqu'à dépasser les 40 000 dollars par an avant sa retraite dans les années 1990. Il s'acheta une maison dans un coin agréable à l'extrême ouest de Baltimore. Ses cinq enfants allèrent tous à l'université. L'un d'eux prendra la tête de la National Bar Association, une organisation d'avocats noirs.

"Je faisais partie de la classe moyenne", conclut Drayton.

Mais quel timing, pourtant ! Car ce fut au moment même où James Drayton et des milliers d'autres travailleurs noirs de l'usine obtenaient un tremplin que le travail à Sparrows Point commença à se déliter.

Les signes avaient été visibles bien plus tôt, pendant les années de prospérité, dans le complaisant manque d'entrain de l'entreprise à explorer de nouvelles façons d'envisager les affaires ou à se préparer aux changements du marché. Il y avait eu peu d'innovations remarquables, mis à part un modèle de poutrelle métallique qui eut un rôle crucial dans l'édification des gratte-ciel. Dans les années 1920, l'entreprise avait refusé l'offre d'un aciériste plus petit, Armco, de partager avec lui sa technique innovatrice de laminage de l'acier. Elle dépensait remarquablement peu en recherche et en développement et préférait les employés obéissants aux libres penseurs (à son apogée, dans les années 1940, l'entreprise soulignait sa préférence pour les hommes au "physique agréable"). Lors de sa tardive expansion des années 1950, elle en resta à la formule qu'elle utilisait depuis des décennies, préférant construire le plus grand four Martin-Siemens au monde, long comme deux terrains de football, plutôt que d'essayer les technologies plus efficaces inventées par les Européens, comme le convertisseur LD, qui pouvait produire autant d'acier en quarante-cinq minutes que le four Martin-Siemens en six ou huit heures.

La somnolence de l'entreprise atteignit de macabres sommets après qu'Eugene Grace, le nouveau directeur général, avait été victime d'un AVC en 1957 : après avoir confié la direction des opérations à celui qui avait été choisi comme son successeur, il continua à présider les réunions, pendant lesquelles il piquait parfois du nez. Le conseil pouvait rester silencieusement assis durant une heure en attendant qu'il se réveille et que la réunion puisse reprendre.

Cette arrogance touchait tout le secteur de l'acier. Beth Steel, U.S. Steel et les géants de moindre importance contournaient le droit de la concurrence pour se mettre d'accord sur des augmentations de prix qui, dans les années prospères, dépassaient largement les augmentations de salaires concédées dans le cadre des conventions collectives. Où allait l'argent, s'il n'allait pas dans la poche des travailleurs ? À Beth Steel, il allait dans l'expansion brutale de l'usine – ainsi que dans la paie des cadres et dans les bénéfices. L'entreprise, dont le conseil n'eut aucun membre extérieur durant des décennies, dépensa des millions dans le club de loisirs de ses cadres à Bethlehem – un clubhouse avec lustres, un complexe de trois piscines relié à une piscine intérieure par une terrasse de magnolias, et des terrains de squash. En 1956, Eugene Grace se vanta d'être le directeur général le mieux payé du pays ; trois ans plus tard, sept des dix cadres les mieux payés des États-Unis travaillaient à Bethlehem. "À cette époque-là, l'entreprise avait la réputation d'avoir des couloirs tapissés d'or, et la rumeur disait que lorsque vous deveniez employé on vous donnait une pioche pour l'extraire", confia un membre de l'équipe juridique de l'entreprise à Strohmeyer, le journaliste de Bethlehem.

Un tel degré de fierté arrogante en faisait une cible de choix pour leurs jeunes concurrents. Les fabricants d'aluminium produisaient des cannettes moins chères pour la bière ; le plastique et le béton se révélaient également des matériaux alternatifs pour toutes sortes de produits. Les usines compactes dans le sud et l'ouest du pays utilisaient de la main-d'œuvre non syndiquée pour faire des produits en acier plus petits à partir de scories dans des fourneaux électriques à un coût bien moindre. Les Européens et surtout les Japonais commencèrent à défier les géants avec des prix compétitifs rendus possibles non seulement par un coût du travail réduit mais aussi grâce à un type de technologie innovante que les géants méprisaient – les barres d'acier produites au Japon coûtaient 15 % moins cher, tandis que les tôles et le charbon coûtaient 60 dollars de moins la tonne.

Les importations américaines passèrent de 3,3 millions de tonnes en 1960 à 21,1 millions en 1978, dépassant la production de U.S. Steel à la fin de l'année. Lorsque cette même année s'acheva, la production à Sparrows Point avait baissé de 2 millions de tonnes par rapport à son niveau le plus haut, soit plus de 20 %. Ça n'allait pas mieux pour la construction navale : l'embargo pétrolier arabe avait dévasté le commerce des navires-citernes en surcapacité ; en 1978, le nombre de postes au chantier naval était descendu sous la barre des 4 000, la moitié de son niveau le plus haut, tandis que, au niveau national, le nombre était passé à moins de 20 000. L'entreprise fut finalement forcée de prendre en charge au moins une partie des coûts de la pollution diffusée par ses cheminées, ses bouches d'égout et ses lagunes artificielles : un flux quotidien de 2,5 milliards de litres d'eau contaminée au liquide de décapage, à l'huile, au goudron de houille et aux métaux lourds tels que le plomb, le cuivre et le nickel, qui avait fait des eaux de la baie, où les habitants de Sparrows Point avaient un temps pu ramasser des boisseaux de crabes presque à volonté, un liquide sombre dans lequel la jeune Deborah Rudacille n'avait même pas le droit de tremper l'orteil.

Entre-temps, la ville de l'entreprise avait complètement disparu. Les derniers vestiges avaient été détruits en 1973 pour laisser place à un haut fourneau "L" de près de 90 mètres de haut.

Le revirement de fortune de Sparrows Point eut son équivalent dans la ville voisine. L'exode de Baltimore, qui avait commencé discrètement quelques décennies plus tôt, s'était transformé en ruée. S'il y avait d'abord eu quelque chose d'un peu honteux dans le fait de fuir les nouveaux voisins, cette nouvelle émigration pouvait facilement s'expliquer. Les jours qui avaient suivi l'assassinat de Martin Luther King avaient donné lieu à des émeutes, faisant 6 morts et occasionnant plus de 5 000 arrestations ; il y avait la criminalité et la drogue, la consommation d'héroïne s'enracinant ; et il y avait maintenant, à un niveau jamais vu auparavant, la désindustrialisation. La ville perdit 119 000 habitants au cours des années 1970, ce qui reste sa plus grosse chute de population pour une décennie en termes absolus comme proportionnels. Les départs ne concernaient pratiquement que les résidents blancs. En 1970, la ville était majoritairement blanche. Après une décennie de migration, cette part était tombée bien en dessous de la moitié et s'approchait de moins d'un tiers.

Mais il y avait toujours du travail à Sparrows Point et l'on peut dire sans exagération que Bo aimait ça. Et cela bien que, durant l'essentiel des trois décennies qu'il y passa, il fût resté manœuvre. Lorsqu'il débuta, en 1967, son équipe était essentiellement noire. Avec l'arrivée des réformes, certains de ces travailleurs gravirent les échelons. Bo resta dans les équipes de manœuvres, ballotté d'un poste à l'autre. Cela voulait dire ne jamais dépasser le statut d'assistant, mais également tout faire et tout voir. Il n'y avait pas une partie de l'usine dans laquelle il n'avait pas travaillé.

De manœuvre à l'entretien mécanique il passa à mécanicien pour la réparation des locomotives, remettant en état les trains à voie étroite qui transportaient les lingots d'acier vers les divers laminoirs de finition.

De là, il passa au train à bande, long de 1,70 mètre, qui servait au laminage à chaud, où il s'occupait des rouleaux. Les rouleaux d'acier arrivaient chauffés à blanc sur la chaîne et vous deviez les entourer d'une bande de métal bien serrée, tout en prenant garde à ne pas trop lever la tête pour que la chaleur ne pénètre pas sous la protection en plastique que l'on vous fournissait et ne vous brûle pas le cou au troisième degré avant même que vous en ayez pris conscience. On pouvait changer jusqu'à douze fois de masque dans la même journée.

De là, il passa au transport, où son père travaillait toujours. Quand ils se croisaient, celui-ci se moquait de ses cheveux longs. "C'est ma fille", disait-il aux autres gars. Little Bo conduisait des camions benne, transportant la “poussière de précipitateur” qui sortait des fours Martin-Siemens, une poudre rouge qui lui donna certainement son asthme.

Il nettoyait le laitier du train à bande. Le fourneau était arrêté et l’on y entrait avec des chaussures en bois de 4 centimètres d’épaisseur enfilées par-dessus ses propres chaussures pour se protéger de la chaleur des scories que l’on cassait avec un marteau-piqueur et que d’autres types transportaient dans des brouettes. Il faisait si chaud que l’on devait se relayer – quarante-cinq minutes dedans, quarante-cinq minutes dehors. La chaleur était telle que les semelles en bois se mettaient parfois à fumer.

Il lui arrivait de nettoyer les conduits, des petits tunnels situés une trentaine de mètres sous terre dans les fourneaux n° 3 et n° 4. Les tunnels faisaient environ 1,50 mètre de large sur 2 mètres de haut : on y entrait avec des marteaux-piqueurs et on nettoyait la boue ; des intérimaires qui conduisaient de petits bulldozers – comme des engins en miniature – poussaient les déchets, d’autres les chargeaient sur des charrettes et un type les remontait avec une grue. Si un effondrement avait lieu dans un des tunnels, tant pis pour ceux qui s’y trouvaient.

Il travailla au laminoir de dressage, où il devait s’occuper de ce qu’on appelait des “crashs”, lorsque tout se bloquait et qu’on devait entrer dedans avec des pinces et tirer sur le métal pour que la machine puisse se remettre en marche. Un jour, alors qu’il descendait dans le laminoir sur la passerelle de sécurité, à l’âge de trente-deux ans, un conduit de vapeur de 10 centimètres se rompit, se balança, le frappa à la bouche et le projeta en l’air. Il eut les dents brisées et la mâchoire fracturée en huit endroits. Il en eut pour plus de 30 000 dollars de travaux dentaires et huit opérations, le tout couvert par l’entreprise, et dut faire de la rééducation pendant plusieurs années pour réapprendre à parler correctement.

Il travailla à la briqueterie, entrant dans le four pour casser les briques endommagées et en réduire le volume pour qu’un bulldozer puisse les enlever et que les maçons puissent regarnir le fourneau avant de pulvériser 15 centimètres d’amiante par-dessus les briques après les avoir posées. À force de manipuler des briques brutes qui brûlaient les doigts quand on suait, ceux-ci se couvraient de petites cicatrices. On vous envoyait dans le fourneau avec un tuyau de 10 centimètres de large pour pulvériser l’amiante et un petit masque contre la poussière, et vous y restiez huit heures d’affilée.

La première fois que Bo sortit d'une telle journée de travail, ses vêtements étaient couverts d'amiante ; il ôta son masque, désigna ses habits et demanda à un autre type : "Je fais quoi de ça ?"

Et l'autre type de prendre un tuyau à air comprimé qu'il dirigea vers lui, lui faisant respirer tout ce que le petit masque était censé avoir filtré pendant la journée.

"Il aura été utile, ce masque, dis donc, dit Bo.

— Oh, c'est pas grave", lui répondit le type.

L'asbestose de Bodani fut diagnostiquée dans les années 1990 et il devint l'un des 9 000 plaignants qui bénéficièrent de dommages et intérêts, dans son cas un total d'environ 25 000 dollars au fil des ans.

Il fut aide-soudeur dans le train à bande, y travaillant avec son beau-père. Il travailla dans le four Martin-Siemens n° 4 et dans un des convertisseurs LD (l'entreprise en avait finalement installé quatre en 1965), jetant des sacs de produits chimiques dans les lingotières pour qu'elles n'explosent pas. Il travailla dans les fours d'égalisation, nettoyant les cavités des conduits. Il travailla dans la tôlerie forte, chargeant les remorques des tracteurs. Il fut conducteur de grue.

Il conduisit des transporteurs dans le convertisseur LD, traversant l'allée avec d'énormes cuves à scories pour aller les vider dans une fosse. Il travailla dans le haut fourneau comme ravitailleur – lorsque l'acier fondu coulait, il fallait le faire avancer vers les wagons en ouvrant une vanne pour le guider jusqu'aux cuves à scories, que les wagons transportaient en haut d'une colline jusqu'à une autre fosse, puis refermer la vanne lorsque le métal en fusion sortait pour le guider vers les "torpilles", d'énormes transporteurs qui ressemblaient un peu à des hot-dogs géants.

Une fois, alors qu'il travaillait dans le convertisseur LD, un conducteur de grue pencha un peu trop une cuve d'acier fondu, celle-ci déborda, et le ravitailleur ne put s'écarter à temps. Bo se précipita vers lui avec la lance à incendie et vit son corps se désintégrer à cause de l'impact.

De telles horreurs devenaient de plus en plus courantes tandis que les conditions de travail ne faisaient qu'empirer. Lors d'une seule période de dix-huit mois, en 1978-1979, il y eut douze accidents mortels. Cela rappelait les débuts, quand les ouvriers ne disposaient pas des garanties syndicales. L'entreprise rendait maintenant le syndicat responsable de la vague d'accidents mortels, en disant que les réformes sur l'ancienneté avaient placé trop d'hommes à des postes pour lesquels ils manquaient d'expérience. Peut-être, mais la détérioration de l'équipement et les réductions budgétaires étaient des coupables plus évidents.

Vers le milieu des années 1990, l'entreprise avait tellement rétréci et externalisé tellement de travail chez des sous-traitants non syndiqués que les membres du Local 2610, qui représentait tous les travailleurs des métiers dits "chauds" – ceux qui fabriquaient vraiment l'acier, par opposition à ceux chargés de sa finition –, n'étaient plus que 2 286 alors qu'ils étaient 11 393 quatorze ans plus tôt. Les compressions d'emplois avaient véritablement commencé au début des années 1980, lorsque l'entreprise avait fait fermer le laminoir à tubes, le laminoir à fils machine et la presse à clous et que plus de 3 000 ouvriers s'étaient retrouvés au chômage technique. Le syndicat avait accepté d'importantes concessions sur les salaires en 1983 et 1986, mais la compétition continuait d'être la plus forte : en 1988, la production de U.S. Steel ne représentait plus que 15 % du volume global national.

Des années plus tard, des analyses montreraient comment le syndicat et les travailleurs avaient participé à leur propre chute. Les améliorations de contrats étaient devenues intenables pour l'entreprise – pas seulement les salaires, mais aussi des bénéfices tels que les retraites et la couverture santé, ou les extensions de vacances qui, pour certains travailleurs ayant de l'ancienneté, incluaient treize semaines de pause tous les cinq ans. La défense insistante de la clause des "usages établis" dans les contrats, que le syndicat avait obtenue dans les années 1950 pour protéger ses membres face aux avancées de l'automatisation, empêchait l'entreprise d'assigner efficacement les travailleurs. Le syndicat défendait trop souvent les ouvriers paresseux ou improductifs, ceux qui se cachaient dans une cabine de camion pour faire la sieste.

Il y avait du vrai dans tout ça. Et également dans le fait que la haute direction de Bethlehem n'avait rien à envier au syndicat en termes d'indulgence ou d'irresponsabilité. Les cadres chevronnés avaient droit à sept semaines de vacances en 1980 ; il y avait douze jours chômés pour les employés en col blanc, y compris la journée des Nations unies et un congé flottant. Il y avait des forces de sécurité et des chauffeurs payés par l'entreprise. Les excès de bureaucratie et les luttes d'influence étaient dignes de n'importe quelle organisation gouvernementale : pendant le quart de siècle qui précéda les années 1980, l'entreprise doubla son nombre de vice-présidents et celui d'autres postes plus élevés et, comme l'écrivit John Strohmeyer, "chacun de ces vice-présidents avait besoin de ses propres assistants, adjoints, managers, assistants managers et secrétaires". En 1980, l'entreprise fêta son nouveau président avec une fête à Boca Raton, en Floride, pour tous ses directeurs et leurs femmes, cinq cents personnes au total, puis elle envoya le président sortant, le président entrant et leurs femmes en tournée mondiale dans le jet de l'entreprise avec des escales à Singapour, au Caire et à Londres. Lorsque le nouveau président quitta son poste, six ans plus tard, après avoir présidé à des pertes de 2 milliards de dollars, il se récompensa lui-même par une hausse de salaire de 11 % et approuva des indemnités de départ de 1 million pour les treize anciens présidents. Un vice-président se servit d'un des jets de l'entreprise pour emmener ses enfants à l'université et pour aller passer des vacances dans le nord de l'État de New York.

Les travailleurs de base n'étaient pas aveugles à de tels excès, qu'ils prirent comme modèle. "C'était une culture du n'importe quoi, dit Len Shindel, un ancien délégué syndical, et elle venait d'en haut."

Le déclin avait un effet matériel sur le moral des travailleurs. La consommation de drogue et d'alcool avait toujours été cantonnée aux marges de l'usine ; les travailleurs de nuit avaient l'habitude de terminer leur service par une visite dans des bars de Dundalk comme le Mickey's, et l'herbe était très répandue. Maintenant, de plus en plus de travailleurs passaient à des choses plus dures – en plus de l'héroïne, il y avait le crack, que certains des plus jeunes ouvriers se mirent à vendre aux plus vieux, directement sur le lieu de travail.

Bill Bodani était insensible à une telle entropie. Il préférait le jeu en équipe – et littéralement : il joua plusieurs années dans l'équipe de basket du département des achats. Il était actif dans le syndicat, d'abord comme délégué, puis au sein du comité pour l'indemnisation des travailleurs.

C'est vers la fin, en 1998, qu'il eut son poste préféré. Pour faire face au déclin du nombre d'employés, l'entreprise créa une nouvelle équipe "multitâche" nommée "Main-d'œuvre essentielle". C'était le signe d'une période de vaches maigres, mais, pour Bo, avoir été sélectionné fut une sorte de nirvana, une affirmation de sa polyvalence. S'ils avaient besoin d'un électricien, il était là. S'ils avaient besoin de quelqu'un pour remplacer les lignes dans la coulée continue, il pouvait le faire. Il participa à la construction du nouveau laminoir à froid d'une valeur de 300 millions de dollars, grand comme huit

Walmart, que l'entreprise ouvrit finalement en l'an 2000, alors que les travailleurs le réclamaient depuis des années.

Guère plus d'un an après l'ouverture du laminoir à froid, l'entreprise se déclara en faillite, le 15 octobre 2001.

Environ un an plus tard, Bo était en train de remplacer des rouleaux usés dans la coulée continue lorsque le câble de la grue se cassa sans lui laisser le temps de s'écarter. Ses jambes furent écrasées entre deux énormes rouleaux. Il hurla de douleur. Des travailleurs accoururent de l'autre bout de l'usine. On lui annonça qu'il ne pourrait plus jamais marcher.

Il put remarcher, après deux ans d'opérations, de tiges métalliques et de rééducation. Mais Sparrows Point, c'était fini, il fut mis à la retraite pour invalidité.

On pourrait croire qu'il accueillit favorablement ce répit. Il était au milieu de la cinquantaine. Sparrows Point lui avait coûté ses dents, il avait développé une asbestose et failli perdre ses jambes. Vingt ans après avoir eu la bouche écrasée, il était toujours en rééducation, certains mots étaient encore difficiles à prononcer correctement. Et l'usine n'était pas un endroit très joyeux pendant les négociations liées à la faillite. Les travailleurs ressentaient amèrement les indemnités versées aux cadres, des paiements uniques équivalant à deux fois et demie leurs salaires, et, pour le président qui n'avait été à la tête de l'entreprise que lors des seize mois précédant la faillite, une indemnité de licenciement de 2,5 millions de dollars.

Pourtant, Bo détestait l'idée de partir. "J'y serais resté pour toujours, dirait-il des années plus tard. Je n'ai jamais rêvé de prendre ma retraite, car j'aimais ce boulot. Peu importe s'il était sale, dangereux, ou s'il m'a flingué. Je l'adorais."

Il gagnait 35 dollars de l'heure à la fin de sa carrière, plus des bonus allant jusqu'à 200 dollars par fiche de paie. Pendant quelques années, selon le roulement, il eut au moins sept semaines de vacances. Il était finalement parvenu à ne travailler que de jour, après vingt ans passés à alterner entre des semaines de travail de jour, d'autres le soir et d'autres la nuit entière. Mais ce n'était pas ce qui le retenait. Il aimait le travail lui-même, l'univers que représentait ce travail. Il le trouvait même épanouissant.

"J'aimais les gens, dit-il. Ils le rendaient agréable. Les Noirs, les Blancs. C'était un truc familial. Peu importe si vous ne les connaissiez que depuis cinq minutes, ils vous acceptaient. Ils s'occupaient les uns des autres. Tout le monde savait que c'était dangereux. Peu importe à quel point j'ai été blessé ou à quel point les choses ont mal tourné, il y avait toujours un bon côté. Vous aviez ces types-là avec vous."

La mort de Sparrows Point, comme de nombreuses morts, ne fut ni rapide ni propre, ce fut au contraire une longue série de faux espoirs comme autant d'ajournements de l'inévitable. En 2003, l'International Steel Group, appartenant au banquier de Wall Street Wilbur Ross, racheta l'entreprise en faillite ; la couverture santé des retraités fut supprimée et les pensions que touchaient ces derniers, qui représentaient un peu plus de 4 milliards de dollars, furent refourgués à la Pension Benefit Guaranty Corporation, ce qui donna lieu à de fortes coupes dans les paiements mensuels de Bill Bodani et de milliers d'autres.

Ross vendit son entreprise, Sparrows Point inclus, dix-huit mois plus tard, en faisant un profit de 300 millions, à une société dirigée par le milliardaire indien Lakshmi Mittal. ArcelorMittal vendit Sparrows Point en 2008 à l'entreprise russe Severstal, qui le vendit à son tour en 2011 à Renco Group, un fonds d'investissement new-yorkais, qui l'associa à deux autres aciéries pour former R.G. Steel.

Un an plus tard, en mai 2012, R.G. Steel se déclara en faillite. Sparrows Point fut vendu à un liquidateur. La dernière barre d'acier sortit du train à bande de 1,70 mètre de long à 7 h 21 le 15 juin. Sparrows Point, où ne travaillaient plus que 2 000 ouvriers, fut officiellement fermé, cent vingt-cinq ans après que Frederick Wood avait commencé à l'édifier.

Aussi interminable que fût l'agonie, nombreux étaient ceux qui n'étaient toujours pas préparés à la fin. Les dirigeants allaient sûrement intervenir pour éviter l'arrêt définitif. Quelqu'un allait sûrement voir dans l'usine un atout digne d'une seconde chance. "Le choc ultime, ç'a été que personne ne veuille de cette usine, dit Shindel, le délégué syndical. Le bon sens commun nous disait que l'eau nous protégerait toujours. Car on était au bord de l'eau." Pourtant, l'eau ne se révéla finalement qu'un fardeau supplémentaire : la situation géographique même de Sparrows Point, qui lui avait permis de fournir des marchés lointains, le rendait particulièrement vulnérable à la compétition internationale. Entre-temps, se trouver au bord de l'eau avait eu un coût particulièrement élevé : celui de l'avoir polluée pour des décennies.

Les critiques n'avaient pas cessé de s'accumuler au cours de cette agonie longue d'une décennie, jusqu'à coaguler en un ressentiment palpable à travers tout Patapsco Neck. La péninsule avait viré à droite dans les années 1960, mais ce tournant s'accélérait désormais. La liste des cibles était longue. Les Japonais, les Chinois, les Allemands. La Banque d'import-export des États-Unis, pour avoir financé des usines dans des pays en développement avec l'argent des contribuables américains. Tous les présidents, des deux partis, qui avaient échoué à agir contre des importations rendues avantageuses par les subventions des gouvernements étrangers. Les défenseurs de l'environnement. Les entreprises irresponsables et cupides. "Aujourd'hui, je n'ai qu'une seule envie, haïr, écrivit un ancien ouvrier, Chris MacLarion, dans une élégie dédiée à Sparrows Point. Je veux haïr ceux qui t'ont arraché à moi, à nous, et t'ont condamné à mourir. Je veux haïr ceux qui ne t'ont pas défendu, qui n'ont pas offert leur corps dans un autosacrifice frénétique pour que tu puisses survivre."

Tandis que Sparrows Point rendait l'âme, une bonne partie du reste de l'héritage industriel de la ville baissait aussi le rideau. En 2005, General Motors ferma l'usine de Broening Highway où Bo avait commencé sa carrière en fabriquant des Chevelle dans les années 1960 et où, plus récemment, 2 500 ouvriers continuaient de fabriquer des GMC Safari et des minivans Chevy Astro.

En 2012, la population de Baltimore n'était plus que de 621 000 habitants, situant la ville à la vingt-sixième place du pays, alors qu'elle était encore à la sixième un demi-siècle plus tôt. Elle avait toujours des atouts économiques : son port, qui s'occupait du charbon en partance vers l'Europe et des voitures en provenance d'Allemagne ; l'empire biomédical de Johns Hopkins ; et sa position sur le corridor du Nord-Est, qui lui évitait l'isolement de cousins postindustriels comme Saint Louis, Buffalo, Cleveland et Detroit.

Mais cet emplacement était aussi porteur de quelques contrastes peu flatteurs, particulièrement avec la ville située plus au sud. Jusqu'en 1980, Baltimore comptait toujours 150 000 habitants de plus que Washington, qui n'intégra pas la liste des dix plus grandes villes du pays avant 1950. Au début des années 1990, les deux villes avaient été confrontées à la même horrible violence. En 2010, le taux d'homicide à Washington ne représentait qu'à peine plus de la moitié de celui de Baltimore. Lors des quelques années suivantes, sa population allait passer largement devant celle de Baltimore, dépassant bientôt les 700 000 habitants.

En janvier 2015, quelques mois avant que Baltimore ne soit la proie de manifestations et d'émeutes à la suite de la mort d'un jeune Noir nommé Freddie Gray à cause des blessures infligées lors de sa garde à vue, des démolisseurs disposaient quatre-vingt-quatorze charges explosives dans la plus grande structure encore en place à Sparrows Point : le haut fourneau "L" de trente-deux étages, que l'entreprise avait construit en 1978 pour un coût de 200 millions de dollars. Les détails de l'opération furent gardés secrets afin d'éviter l'afflux d'une foule de locaux mécontents, lesquels ne furent informés que lorsque la déflagration retentit à travers tout Patapsco Neck. "C'était toute une ville sur la colline qui partait en fumée, dit à *The Sun* Bill Barry, un professeur en études sociales à la retraite de l'université du comté de Baltimore. Rien ne pourrait la remplacer."

En septembre de la même année, les principaux élus de la métropole de Baltimore se réunirent sur le site de l'ancienne usine General Motors de Broening Highway. Là, sur les lieux mêmes où des milliers d'hommes et de femmes avaient assemblé des Safari et des Astro, se dressait désormais un énorme entrepôt. Sur plus de 100 000 mètres carrés – l'équivalent de dix-huit terrains de football – s'étendait un bâtiment gris clair en forme de boîte, aux murs vierges, de près d'un kilomètre de long et entouré de 1 900 places de parking. De grandes lettres noires sur le côté du bâtiment disaient :

AMAZON FULFILLMENT

L'association de ces deux mots était saisissante. Il s'agissait, au premier abord, d'un simple terme technique. L'entreprise appelait ses centres de distribution – des bâtiments caverneux où des travailleurs et des robots choisissaient des marchandises sur des étagères afin que d'autres travailleurs les emballent pour l'expédition – des "*fulfillment centers*". C'était là, après tout, que les commandes des clients étaient satisfaites, "*fulfilled*". Il y avait aussi les "centres de tri", à la fois plus petits et moins nombreux, où l'on triait les paquets déjà prêts et étiquetés avant de les livrer dans une zone donnée.

Mais le mot, étalé en grandes lettres noires à côté du nom de l'entreprise, semblait destiné à invoquer quelque chose qui dépassait la simple fonctionnalité du bâtiment. C'était une promesse que l'entreprise adressait à tous les passants, à tous ceux qui désiraient quelque chose – quoi exactement, ils l'ignoraient peut-être encore – et qui savaient maintenant d'où cette chose leur serait livrée. La promesse d'un "*fulfillment*", d'un "accomplissement".

La promesse de ce mot se révélait moins évidente pour ceux qui travaillaient à l'intérieur. Les emplois chez General Motors étaient payés en moyenne 27 dollars de l'heure et s'accompagnaient de généreux bénéfices. Maintenant, une décennie plus tard, les emplois sur ce même site rapportaient entre 12 et 13 dollars de l'heure et s'accompagnaient de bénéfices bien plus maigres. Cela n'avait pas empêché les leaders locaux et de l'État de faire pleuvoir les avantages sur l'entreprise afin qu'elle installe ici son entrepôt, 43 millions de dollars en tout.

Le centre de Broening Highway, le premier de l'entreprise dans la zone de Baltimore, avait ouvert plus tôt dans l'année et faisait déjà travailler 3 000 personnes lorsque les élus locaux se rassemblèrent pour cette grande inauguration. Ils se levèrent un par un, non seulement pour chanter les louanges de l'entreprise et sa venue à Baltimore, mais pour dire aussi combien cela avait amélioré leurs vies.

"Je n'ai plus besoin d'enlever mon pyjama pour avoir du déodorant, désormais", dit Dutch Ruppersberger, député démocrate du comté de Baltimore.

"Grâce à vous, je sais que j'aurai toujours ma crème hydratante à temps", dit la maire de Baltimore, Stephanie Rawlings-Blake.

Dans la grande salle de 100 000 mètres carrés, de petits robots orange, dont la taille et la forme étaient à peu près équivalentes à celles d'une ottomane, bourdonnaient en tous sens dans une grande zone grillagée pour apporter aux travailleurs les alvéoles de rangement à partir desquelles ils assemblaient les commandes des acheteurs : cet entrepôt, comme une douzaine d'autres, avait été conçu pour la circulation de robots collecteurs plutôt que pour les errances à travers les couloirs de personnes pourvues de scanners. Les robots étaient fabriqués par une entreprise des environs de Boston nommée Kiva Systems, qu'Amazon avait achetée en 2012 pour 775 millions de dollars, empêchant ainsi ses concurrents d'employer la même technologie.

Les robots apportaient les étagères et des humains y prenaient les articles. *Compléments amaigrissants, ballons de basket, Listerine, perceuses, jouets...*

Avant les Kiva, les collecteurs du centre de distribution étaient censés travailler au rythme de 100 articles par heure. Les Kiva leur apportant désormais les alvéoles, ils étaient supposés atteindre une vitesse de 300 ou 400 articles. Ils n'avaient plus à subir les interminables allées et venues dans les allées qui avaient forcé certains "Amazombis" à prendre des bains de pieds le soir ou à avaler des cachets d'Advil qu'Amazon fournissait dans des distributeurs automatiques, mais ils devaient maintenant faire face à la monotonie de leur poste stationnaire. L'écran en face d'eux faisait clignoter le prochain article à récupérer et dans quel compartiment des alvéoles ; dans certains entrepôts, le compartiment en question s'éclairait même, privant ainsi le collecteur de la maigre satisfaction de cette quête minimale. Comme le fit remarquer le journaliste du *New York Times* Noam Scheiber, les robots remplaçaient moins les travailleurs qu'ils ne rendaient leur existence plus robotique. L'automation pouvait nous libérer afin d'utiliser notre cerveau d'une façon plus productive ; ou, comme c'était le cas ici, elle pouvait ôter toute pensée de nos actions.

Balais vapeur, moules à gâteaux, coussins orthopédiques, BabyBjörn, miel brut non filtré, produits anti-rongeurs...

Il y avait 14 millions d'articles dans l'entrepôt ; il y avait 22 kilomètres de bande transporteuse, laquelle pouvait parcourir 180 mètres à la minute ; il y avait 40 000 sacs "fourre-tout" en plastique jaune pour transporter les articles sur les tapis roulants pour l'emballage. 100 paquets par minute, 6 000 par heure. Ils dévalaient la bande transporteuse et un petit bouton poussoir – ou "pied", comme certains l'appelaient – donnait un coup depuis le bord du tapis roulant lorsque le paquet avait atteint la zone de tri destinée aux camions qui se dirigeraient vers sa destination finale. Si jamais les paquets qui dévalaient la bande transporteuse n'étaient pas suffisamment bien alignés pour que les scanners prêts à les diriger vers le bon camion puissent les lire, ils étaient éjectés et recommençaient le trajet depuis le début.

Aussi fluide que tout cela pût paraître, l'entreprise n'en continuait pas moins à chercher les moyens d'éliminer les manquements. Ainsi avait-elle obtenu deux brevets pour un bracelet capable de suivre le moindre mouvement des travailleurs et même de les alerter par une vibration en cas de déplacement hors zone de mission.

Les choses se passaient avec beaucoup moins d'efficacité dehors, lors des changements d'équipes, tandis que des centaines de voitures essayaient de rentrer ou de sortir du parking. Baltimore avait été sur le point de construire une nouvelle ligne ferroviaire qui aurait traversé la ville depuis l'ouest jusqu'à moins de 2 kilomètres de l'entrepôt, une faible distance que des navettes auraient pu couvrir, mais le gouverneur, Larry Hogan, avait tué le projet quelques mois après les manifestations autour de la mort de Freddie Gray, en détournant les 900 millions de dollars de fonds fédéraux et de fonds transférés par l'État destinés au projet pour construire des autoroutes en grande banlieue. L'entreprise affrétait des navettes jusqu'au centre-ville, financées à hauteur de 100 000 dollars par l'argent public de la Baltimore Development Corporation.

Bill Bodani Jr. arriva à l'entrepôt de Broening Highway en 2016. Il commença par travailler à la maintenance, mais après quelques mois il passa à la conduite de transpalettes. Cinq décennies après avoir travaillé au même endroit à monter des Chevelle, il déchargeait maintenant des camions remplis à ras bord de marchandises généralement étrangères.

Il y avait d'autres anciens de Beth Steel ici, mais il était de loin le plus vieux d'entre eux. Les travailleurs plus jeunes l'appelaient "Papy" ou "l'Aîné".

Pendant un temps, il travailla dans l'équipe de nuit : de 23 heures à 7 heures. C'était dur pour son organisme, mais cela avait un avantage : "La nuit, on ne les avait pas autant sur le dos que pendant la journée." On pouvait même s'arranger pour avoir un peu plus de temps aux toilettes.

Finalement, il fut assigné à l'équipe de jour lorsque l'entreprise eut besoin de lui pour former les conducteurs. On devait se préoccuper davantage des superviseurs, on devait se préoccuper des caméras, et on devait se préoccuper de l'algorithme. L'entreprise avait un système automatisé de suivi des performances – productivité, temps hors mission – et le système signalait si on était à la traîne. Autrement dit, on pouvait être viré par un algorithme. Environ 300 personnes furent remerciées pour inefficacité dans l'entrepôt de Broening Highway pendant une période de treize mois entre 2017 et 2018. "Le système d'Amazon suit le taux de productivité associé à chaque personne, écrivit un avocat qui représentait l'entreprise dans une lettre où il défendait un renvoi en particulier, et génère automatiquement un avertissement ou un licenciement selon la qualité du travail ou la productivité, sans intervention d'un superviseur."

Bill Bodani commença à 12 dollars de l'heure. Dans l'entreprise, il y avait une agitation croissante autour des salaires et des conditions de travail. Un épisode qui s'était déroulé en 2011 dans un entrepôt près d'Allentown, en Pennsylvanie, fut particulièrement notoire : l'entreprise avait préféré installer une équipe de médecins dehors pour qu'ils prennent en charge les travailleurs qui s'évanouissaient à cause de la chaleur plutôt que de payer une climatisation. Le salaire médian dans l'entreprise ne dépassait pas les 13 dollars de l'heure, 28 000 dollars par an – un chiffre tellement bas que, quand bien même sa main-d'œuvre ne cessait de croître, il faisait baisser le revenu moyen national des travailleurs en entrepôt.

Les économistes suspectaient un "monopsone", un effet consistant à n'avoir qu'un seul acheteur pour une marchandise, en opposition à celui de n'avoir qu'un seul vendeur, un monopole. Dans le cas qui nous occupe, la marchandise était le travail : plus Amazon grossissait, plus il dominait le marché local du travail ; moins il avait de compétition pour trouver des employés, moins il avait besoin de payer pour en embaucher. Sans remonter plus loin, en 2012 l'entreprise n'avait que 88 000 employés au niveau mondial. Mais pendant le reste de la décennie, elle allait croître à une vitesse ahurissante, jusqu'à devenir le deuxième plus gros employeur privé du pays après Walmart, ce qui faisait du monopsone une vraie possibilité. À la fin de l'année 2019, elle avait plus de 750 000 employés à travers le monde et 400 000 rien qu'aux États-Unis, l'écrasante majorité d'entre eux dans leurs plus de 200 centres de distribution, centres de tri et autres lieux de livraison. Rien qu'en 2017, l'entreprise s'agrandit de 130 000 travailleurs ; durant l'été 2019, elle en embaucha 97 000, soit quasiment l'équivalent de toute la main-d'œuvre de Google. Et c'était *avant* la frénésie d'embauches qui allait arriver avec la pandémie du printemps 2020.

Travailler dans les entrepôts et dans la distribution avait toujours été considéré d'une certaine manière comme des emplois mieux qualifiés que d'autres : on pouvait gagner plus de 20 dollars de l'heure et y rester des années. Chez Amazon, c'était une existence plus fugace. Les travailleurs étaient plus jeunes, le taux de renouvellement du personnel était très élevé. Et la main-d'œuvre saisonnière y était littéralement transitoire, sous la forme d'une "CamperForce" : une armée de retraités voyageant en camping-car qu'Amazon déployait dans les périodes de rush.

Une telle fugacité présentait un bénéfice majeur pour l'entreprise : il était plus facile d'éradiquer tout effort syndical d'organisation des travailleurs dans les entrepôts lorsqu'ils s'en allaient avant d'avoir pu développer des liens. Un autre facteur qui décourageait toute solidarité était l'atomisation au sein des entrepôts eux-mêmes, où, comme le remarqua Emily Guendelsberger après y avoir travaillé un temps, l'agencement et les algorithmes semblaient presque avoir été conçus pour isoler les employés les uns des autres. Lorsque les efforts d'organisation parvenaient malgré tout à prendre une certaine ampleur, l'entreprise déployait des techniques de défense éprouvées – engager des cabinets d'avocats spécialisés dans le blocage des syndicats, faire peur en parlant de l'avidité et de la corruption des syndicats, le genre de tactiques qui avaient permis de réduire la représentation syndicale à seulement 6 % de la main-d'œuvre privée dans tout le pays.

Au bout d'à peine deux ans, il devint évident que l'entrepôt de Broening Highway ne pourrait pas assumer toutes les demandes de la région, qui ne comprenait pas seulement la zone de Baltimore mais aussi un marché plus important, la ville de Washington en pleine expansion.

L'entreprise chercha un nouveau site dans les environs, et en trouva un en 2017 : Sparrows Point.

La péninsule avait été reprise en 2014 par un consortium de développeurs et d'investisseurs immobiliers qui étaient en train de la transformer en plateforme logistique. Lors d'une vente aux enchères, ils obtinrent les plus de 1 200 hectares de front de mer, le port et les 160 kilomètres de voies ferrées pour 72 millions de dollars, moins d'un dixième de la somme pour laquelle Sparrows Point avait été vendu la fois précédente, et contre la promesse d'en dépenser 48 millions supplémentaires pour nettoyer ce qui était probablement le plus grand des 47 000 sites pollués répertoriés dans le pays.

Il y avait maintenant un entrepôt FedEx, un autre d'Under Armour, le siège d'une entreprise de livraison de véhicules et des silos de l'entreprise Perdue. Les développeurs allaient recevoir 78 millions de dollars du comté de Baltimore pour construire des routes, un réseau de distribution d'eau et un réseau d'égouts – la plus grosse aide jamais allouée dans le comté –, et encore 20 millions de dollars d'argent fédéral pour moderniser le port.

Un renouvellement de l'image de marque de la péninsule faisait aussi partie de la restructuration. Ce n'était plus Sparrows Point, désormais, c'était Tradepoint Atlantic. Amazon lui-même eut droit à 19 millions de dollars de crédit d'impôts pour son nouvel entrepôt. Il était presque aussi grand que celui de Broening Highway – 80 000 mètres carrés et 17 kilomètres de bande transporteuse.

L'entreprise annonça qu'elle embauchait en août 2018. Elle organisa huit événements dans les environs. Les candidats devaient remplir un formulaire en ligne et passer une évaluation virtuelle de compétences. "Parce que nos clients comptent sur nous, Amazon Associates relève tous ces défis grâce à une formidable éthique de travail et une attitude positive, disait-on aux candidats. Comme l'affirme notre fondateur, Jeff Bezos, notre approche est la suivante : 'Travaillez dur. Amusez-vous. Faites l'histoire.'"

Dans le premier module des "Épreuves virtuelles de sélection" d'Amazon Associates, les candidats devaient empiler des cartons de tailles différentes dans un camion. Dans le deuxième, ils devaient remplir des bons de commande en collectant des marchandises sur des étagères, luttant contre la montre tout en essayant de ne pas mélanger les numéros des étiquettes. Dans le troisième, ils devaient ranger des marchandises fraîchement livrées sur des rayonnages selon des règles strictes stipulant que telle sorte de marchandise devait aller à tel ou tel endroit.

On demandait alors aux candidats de participer à l'un des événements de recrutement. Le dernier vendredi de septembre 2018, plus d'une douzaine de candidats se présentèrent au centre polyvalent de Sollers Point à Dundalk, quelques kilomètres après l'ex-quartier général du syndicat des sidérurgistes, désormais vide. Les candidats étaient accueillis dans le petit gymnase du bâtiment par des représentants du Bureau de développement de la main-d'œuvre du comté et par quelques jeunes femmes en T-shirt Amazon. Elles ne travaillaient pas pour Amazon, mais pour une entreprise de travail temporaire nommée Integrity. Elles dirent aux candidats de s'asseoir sur des chaises pliantes.

Finalement, une des femmes d'Integrity se leva et se dirigea vers les gens assis sur les chaises, un ordinateur portable en main. Elle annonça aux candidats qu'ils iraient bientôt dans une autre pièce pour passer un test de dépistage de drogues et qu'ils le feraient tous ensemble.

"Vous allez passer votre test comme une famille car nous travaillons ensemble comme une famille", dit-elle.

Elle leur demanda de ne rien avoir dans la bouche à partir de ce moment, pas même un chewing-gum, rien.

Puis, après une présentation tardive, elle dit : "Félicitations. Vous faites les premiers pas pour devenir des amazoniens."

Il fallait être capable de soulever jusqu'à 22 kilos pour ce travail, dit-elle.

Ce travail impliquait de collecter et d'emballer tout ce qu'on pouvait imaginer, des bonbons aux kayaks.

Il n'y avait pas de code vestimentaire pour ce travail – on pouvait porter ce qu'on voulait. Mais on ne pouvait pas porter de vêtements avec des slogans frappés d'une interdiction aux mineurs.

Si on n'aimait pas être actif, on n'était peut-être pas fait pour ce travail. Mais une fois qu'on se lançait, le corps s'y habituait.

C'était un travail physique, alors les belles chaussures n'étaient pas recommandées.

Elle lança une vidéo sur son ordinateur et circula dans la file pour que tout le monde puisse en avoir un aperçu. La vidéo montrait les postes qu'ils allaient occuper. On y voyait des collecteurs, des emballeurs, des étiqueteurs et des personnes s'occupant du chargement. "Voici comment les colis arrivent jusque chez vous", dit-elle.

Ils seraient payés 13,75 dollars de l'heure. S'ils arrivaient à l'heure durant les trente premiers jours, ils obtiendraient une augmentation de 1 %. Si leur équipe atteignait certains objectifs, ils auraient une autre augmentation de 1 %. "Ces 2 % sont les bienvenus, particulièrement si vous avez des enfants qui dépensent tout votre argent", dit-elle.

Et c'était tout, la présentation dans sa totalité. Difficile d'imaginer une expérience plus anonyme et provisoire que ça. Il fut un temps où les jeunes qui entraient à Sparrows Point le faisaient à travers un dense réseau de connexions – le bureau de recrutement au lycée, le hall du syndicat, leurs pères ou leurs oncles qui les présentaient à leurs nouveaux collègues. "Les gars, vous connaissez Gary, non ?" Maintenant, sur le mur de la salle, il y avait un bout de papier avec AMAZON griffonné dessus et une flèche qui pointait vers les chaises pliantes et les intérimaires d'Integrity. L'événement ressemblait davantage à une de ces initiatives gouvernementales sous-financées plutôt qu'à l'opportunité d'entrer dans une des plus puissantes entreprises mondiales.

Les candidats attendaient qu'on les fasse venir dans l'autre pièce. L'un d'eux, un homme blanc de quarante-cinq ans avec un bouc, appela sa copine de vingt-huit ans sur FaceTime. Il avait travaillé dans le gardiennage, ce qui ne payait guère plus de 10 dollars de l'heure, et il avait besoin de gagner plus car il venait de s'acheter une nouvelle voiture. Il avait rencontré sa copine dans le supermarché discount Dollar Tree où elle travaillait. Elle était maintenant descendue à Virginia Beach, où elle travaillait dans un Dunkin' Donuts tout en essayant de régler quelques problèmes légaux.

"Je suis à l'entretien d'embauche, lui dit-il.

— Oh, tu l'as eu ! Tu l'as eu ! C'est vraiment super", répondit-elle, audible par tous.

Finalement, les candidats se dirigèrent vers une ancienne salle de classe où ils attendirent qu'on les prenne en photo pour leur badge, puis qu'on vienne les chercher pour le test de dépistage. Pour le test, ils se tinrent debout par groupes de quatre devant une table tandis qu'une autre femme d'Integrity leur tendait de petites spatules en plastique pourvues d'une compresse absorbante qu'elle leur dit de se mettre dans la bouche. Ils restèrent cinq minutes immobiles avec la petite spatule qui dépassait de leur bouche fermée, comme des enfants avec des sucettes, puis ils les jetèrent dans des sachets en plastique qui furent scellés et étiquetés, puis s'en allèrent.

Quelques jours plus tard, ceux qui avaient été testés négatifs reçurent un e-mail : "Félicitations pour votre emploi chez Amazon. com Services, Inc." Avant de pouvoir cliquer pour accepter, ils devaient signer numériquement un accord leur interdisant de dévoiler la moindre information sur le travail à l'entrepôt, et ce définitivement : "Durant la période d'emploi et de façon permanente par la suite, l'Employé gardera pour lui toute information confidentielle et ne cherchera pas à obtenir, utiliser, publier, dévoiler ou communiquer toute information confidentielle, sauf si cela s'avère nécessaire dans le cadre de son travail, sans autorisation écrite préalable d'un représentant agréé d'Amazon."

Les centres de distribution portaient tous des noms d'aéroports. Le premier entrepôt de Baltimore, sur Broening Highway, s'appelait BW12, en référence à l'aéroport de la ville. Celui de Sparrows Point s'appelait DCA1, en référence au Reagan National Airport de Washington, un nom toujours disponible puisque Washington n'avait pas son propre entrepôt. Ce n'était pas son genre.

Bill Bodani Jr. faisait partie de ceux qui inaugurèrent DCA1. L'entreprise offrit aux travailleurs l'opportunité de changer d'entrepôt pour celui de Sparrows Point et il la saisit. On pourrait croire qu'il aurait préféré éviter la souffrance de voir l'endroit transformé jour après jour. Mais ce fut exactement pour cette raison qu'il franchit le pas, pour que cette sensation secoue la torpeur d'un travail répétitif. "Le sentiment d'être chez soi, dit-il. Le simple sentiment d'être là-bas. J'y ai passé la plus grande partie de ma vie. C'est comme être à la maison. C'était d'abord douloureux, puis ça devenait agréable, vous savez."

Il fondait parfois en larmes tandis qu'il franchissait le pont Key pour s'y rendre, qu'il regardait en bas et repensait à tout ce qui avait disparu – le vaste complexe industriel et une ville entière ; la ville dans laquelle lui et son père avaient été élevés, tout ça entièrement rayé de la carte.

Il racontait aux jeunes gars avec qui il travaillait ce qu'il y avait eu avant eux. Ici se trouvait le train à bande de 1,70 mètre, leur disait-il. Et là, c'était l'atelier d'étamage, et là-bas, le laminoir à tubes.

Ce changement de lieu de travail avait un inconvénient : les chefs du nouvel entrepôt étaient encore plus durs que ceux de Broening Highway. En démarrant à Sparrows Point, Bo gagnait désormais à peine plus du tiers de ce qu'il gagnait lors de ses dernières années au même endroit, sans prendre en compte les bonus. Il n'avait pas de représentation syndicale et, de fait, les managers les avaient prévenus, lui et ses collègues, de ne pas s'en chercher s'ils voulaient conserver leur poste.

Un siècle plus tôt, Frederick Wood faisait signer aux travailleurs des "Conditions d'emploi" où figurait "l'agitation" comme motif de renvoi. Pendant les décennies suivantes, les travailleurs s'étaient battus pour le droit de s'organiser eux-mêmes afin d'obtenir de meilleurs salaires et conditions de travail et ils y étaient parvenus. Plusieurs décennies durant, ils avaient joui des bénéfices d'un travail qui payait mieux et était plus sûr que ce qui existait auparavant, ce qui leur avait également apporté la dignité de pouvoir subvenir aux besoins de leurs familles en menant une vie de classe moyenne et de pouvoir négocier les conditions de leur propre emploi sur une sorte de pied d'égalité.

Or les choses revenaient maintenant au point de départ. Le slogan d'Eugene Grace, "Produire toujours plus", aurait très bien pu s'appliquer à l'énorme entrepôt qui occupait désormais la place du train à bande. En 1907, après une visite au pays de l'acier, le journaliste Herbert Casson avait écrit : "Le public ne s'est pas vraiment fait une opinion à propos des dangers d'une usine sidérurgique pour la simple raison que rares sont ceux qui, hormis les gens de la profession, savent quoi que ce soit personnellement des conditions réelles." Les dangers dans l'entrepôt étaient moins grands, mais l'opacité restait la même. Tout y était maintenu secret, ce que le manque de curiosité des consommateurs encourageait.

L'un après l'autre, les camions se garaient. Les caméras et les superviseurs en tenaient le compte.

Sa vessie insistait. Bo avait déjà utilisé son temps de pause autorisé. Il essayait de se retenir et y parvenait.

Mais parfois il ne pouvait pas, il trouvait alors un coin tranquille et garait le transpalette en espérant qu'il lui serve de bouclier.

CHAPITRE 5

Service

Défendre le commerce local

El Paso, Texas

Le père de Teresa Gandara tenait une petite épicerie dans le sud d'El Paso. Se trouvant située près de la frontière, elle était un premier arrêt naturel pour nombre de ceux qui la franchissaient illégalement. Edmundo Rojas installa trois lave-linge et deux sèche-linge dans son magasin, ainsi que trois douches. Pour vingt-cinq *cents*, vous aviez droit à un savon et à une serviette. Si c'était un acte de solidarité, il remontait loin : la famille Rojas avait franchi le fleuve des siècles plus tôt, trop longtemps pour qu'on s'en souvienne. Pour Edmundo, c'était une simple question de décence. "Il croyait que tout le monde méritait une douche, pour se sentir propre", dit sa fille.

Elle avait plusieurs frères et sœurs et il n'y avait pas grand-chose à faire dans les environs, mais ils ne se sentirent pas particulièrement victimes de privations, du moins jusqu'à leur entrée au lycée, lorsqu'ils découvrirent qu'ils ne portaient pas la bonne sorte de jeans. L'éducation supérieure faisait partie des marchandises rationnées par la famille : la grande sœur de Teresa, Rosa, fut jugée apte pour l'université, mais pas elle. Déterminée à démontrer que ses parents se trompaient, elle commença à suivre des cours dans un centre universitaire à Tacoma, État de Washington, où elle était allée vivre quelque temps avec Rosa et son mari capitaine dans l'armée, puis continua à suivre des cours à son retour à El Paso, même si cela l'obligeait à imiter la signature de ses parents sur le formulaire de demande de bourse Pell Grant. “Ma première infraction fédérale”, en rirait-elle ensuite. Elle suivit autant de cours à l’université du Texas d’El Paso que le lui permettaient ses divers emplois : s’occuper de la piscine de l’université, peindre et nettoyer des maisons. Elle obtint finalement son diplôme quelques années plus tard, ainsi qu’un master, alors qu’elle était désormais professeur d’éducation physique et mariée à Carlos Gandara, qui travaillait dans un entrepôt spécialisé dans le domaine des fournitures de bureau.

À l’école, Teresa faisait pratiquer aux enfants des sports auxquels ils n’auraient pas forcément été exposés autrement, comme le tennis et le lacrosse. “Nous ne jouerons pas au basket, leur disait-elle, vous pouvez le faire pendant votre temps libre.” Et elle consacrait une journée par semaine à des cours sur les sports qu’ils pratiquaient – mesurer la surface des terrains, ce genre de choses.

Finalement, elle fut promue assistante principale, mais cela ne l’intéressait pas – on lui fit une fois le reproche d’avoir passé trop de temps à aider un groupe d’élèves à risque au détriment de ses responsabilités administratives. En l’an 2000, Carlos avait quitté l’entrepôt de l’entreprise de fournitures de bureau où il avait commencé par faire le ménage adolescent avant d’y occuper quasiment tous les postes – ventes internes, ventes externes, management. L’entreprise avait été vendue et il avait dû respecter une clause de non-concurrence pendant deux ans. Lorsque celle-ci expira, il se mit en quête d’un nouvel emploi, mais Teresa voyait les choses autrement.

“Ce n’est pas parce qu’on est mexicains qu’on doit toujours se sentir obligés de travailler pour un autre, déclara-t-elle. Personne ne s’occupe des clients comme tu sais le faire. C’est sur nous-mêmes qu’on doit miser.

— On ne connaît rien aux affaires, répondit Carlos.

— Alors, on se plantera, dit-elle. Mais on ne se plante que si on ne tente rien. C’est une opportunité qu’on doit saisir.”

En 2001, ils lancèrent Pencil Cup Office Products. Teresa conserva son poste d’assistante principale en reversant le maximum de son salaire dans l’entreprise et elle y travaillait le week-end. Carlos s’en occupait pendant la semaine. Le propriétaire d’un magasin de machines industrielles leur permis d’utiliser une partie de son entrepôt. Leur fils, Carlos Jr., alors âgé de treize ans, les aidait après l’école.

Ils commencèrent avec trois clients : un comptable, une entreprise de fournitures industrielles et le YWCA. En 2006, Teresa put quitter son travail. En 2010, ils avaient dix-huit employés. Carlos Jr. en faisait partie, lui qui deviendrait un de leurs meilleurs vendeurs et qui pour s'amuser aimait traîner dans la réserve la grosse chaîne de la grue qui servait à hisser les moteurs des bus et des trams entreposés là quand c'était encore un garage de réparation ; et leur fille, Christina, partie au Nouveau-Mexique pour obtenir son diplôme de commerce. Elle avait juré qu'elle ne reviendrait pas, avant de changer d'avis. "Papa, tu as payé mes études, dit-elle, autant qu'elles servent à quelque chose."

Ils faisaient une part croissante de leur chiffre d'affaires, au moins un tiers, auprès des conseils municipaux et des établissements scolaires, qui préféraient acheter à des fournisseurs locaux certifiés et tenus par des femmes et des représentants des minorités, comme c'était le cas de Pencil Cup. Mais de telles certifications ne pouvaient expliquer à elles seules leur succès. Teresa et Carlos l'attribuaient à leur façon presque dogmatique d'envisager le service au client. Leurs articles étaient toujours bien emballés ; avec Pencil Cup, on ne recevait jamais une chaise ou un bureau dans une boîte. Ils faisaient le tour de leur clientèle pour récupérer les cartons et les cartouches d'encre et les emporter au recyclage.

Et ils venaient au secours des clients dans le pétrin. Une fois, un établissement scolaire avait oublié d'inclure 800 surligneurs dans une commande et les appela à 8 heures du matin pour dire qu'ils en avaient besoin le jour même. Les Gandara et leurs employés ratissèrent les grandes surfaces de fournitures de bureau, leurs concurrents, pour acheter tous les surligneurs qu'ils purent trouver, même s'ils coûtaient plus cher qu'auprès de leur grossiste. Une autre fois, une directrice de la Police des frontières les appela pour dire qu'elle avait acheté 5 000 piles AA au lieu des 5 000 AAA prévues. Elle craignait de perdre son travail. Et elle les avait achetées chez quelqu'un d'autre que Pencil Cup. Pas de problème. Ils achetèrent 5 000 piles AAA chez leur grossiste et les échangèrent contre les siennes, même si c'était à perte. "C'est notre cliente, dit Carlos, nous sauvons son emploi."

En 2017, Gandara reçut un appel d'Amazon. Pencil Cup était invité à venir vendre sur leur site, ce qui leur permettrait d'accéder à un marché bien plus large, le monde entier. Elle savait qu'Amazon espérait capitaliser sur le fait que son entreprise était tenue par des représentants des minorités, ce que beaucoup d'acheteurs recherchaient.

Mais elle ne put s'empêcher de se sentir flattée : "Au début, on était vraiment excités : Oh, Amazon ! Puis on a commencé à poser des questions."

Sandy Grodin avait entamé son parcours dans le monde des fournitures de bureau en jean. Pas n'importe lequel, un jean délavé. Dire de Sandy Grodin qu'il est l'un des pères du Levi's 501 délavé serait à peine exagéré. Du moins n'y verrait-il pas d'objection.

Il naquit à Brooklyn et sa famille déménagea à El Paso quand il avait un an. Ses deux parents étaient juifs, mais les chemins qui avaient conduit leurs familles respectives aux États-Unis étaient très différents. Sa famille paternelle avait quitté l'Europe de l'Est au tournant du siècle pour l'Angleterre et finalement Brooklyn, où le travail de colporteur de son grand-père lui rapportait si peu que son père, Irwin, fut envoyé vivre dans une autre famille, ce qui n'était pas rare pendant la Grande Dépression. La famille de sa mère, Dorothy Kaplan, avait fui la Pologne dans les années 1930, mais leur bateau fut détourné d'Ellis Island. Il se dirigea alors vers La Havane, fut encore détourné, et accosta finalement à Veracruz, au Mexique. La famille prit le chemin de Ciudad Juárez avant de franchir discrètement le Río Grande en direction d'El Paso quand Dorothy avait sept ans. Son père ouvrit une boutique de vêtements d'occasion.

Pendant la Seconde Guerre mondiale, Irwin Grodin était en garnison à Fort Bliss, à la limite nord-est d'El Paso. Il rencontra Dorothy avant d'être envoyé dans le Pacifique Sud. Ils se marièrent après la guerre et déménagèrent à Brooklyn, mais décidèrent finalement d'élever leur famille à El Paso. Toute la famille Grodin les accompagna, les grands-parents et même les tantes. Irwin Grodin se mit à travailler dans les assurances ; son père l'aidait.

Sandy, le deuxième de cinq enfants, resta à la maison pour suivre des études de commerce à l'université de la ville, mais une fois son diplôme en poche il prit un emploi chez Levi Strauss, ce qui le mena au siège de l'entreprise, à San Francisco. Un jour, avec d'autres membres de l'équipe de merchandising, il fut convoqué pour rencontrer le responsable en chef des jeans dans l'entreprise, Al Sanguinetti.

Lorsque Grodin entra dans la salle de réunion, il vit plusieurs jeans étendus sur la table. Pas des Levi's, mais ceux de deux marques concurrentes : Sasson et Jordache. Leurs nouveaux modèles délavés devenaient à la mode et menaçaient l'hégémonie de Levi's.

"Comment Levi Strauss va-t-il répondre à ça ?" demanda Sanguinetti.

Un des collègues de Grodin intervint :

"Pourquoi ne pas prélaver les jeans de base ?

— Excellente idée, répondit Sanguinetti, impassible. Et tu comptes faire ça où ?"

Grodin leva la main : "Je connais deux types à El Paso qui possèdent des laveries automatiques."

C'était inespéré, puisqu'une des principales usines de l'entreprise se trouvait là-bas. Sanguinetti dit à Grodin de prendre l'avion.

Grodin contacta le premier des deux propriétaires de laveries qu'il connaissait, M. Goldberg. Hors de question de laisser Sandy mettre des cailloux dans ses machines, lui dit-il en substance. Alors Sandy alla voir l'autre type, M. Goldman. Lequel fut enthousiaste.

Maintenant, la question était de savoir quel genre de cailloux utiliser. Grodin suggéra que Levi's utilise des pierres pas trop dures pour éviter de déchirer le vêtement. Et il pensait à un genre de cailloux en particulier : les pierres de lave utilisées dans l'aménagement paysager. Il connaissait même un type, sur le plateau volcanique du Nouveau-Mexique, dont l'entreprise broyait les pierres des champs de lave. Il en commanda un chargement, fit vider le camion devant la laverie de M. Goldman et se procura des brouettes et des pelles. Ils commencèrent par mélanger deux pelletées à trente jeans, puis tentèrent divers dosages et renvoyèrent le tout à San Francisco pour que leurs chefs jugent du résultat. Il devint vide évident que les jeans ne résisteraient pas aux pierres. Alors l'entreprise se mit à fabriquer des jeans plus solides. M. Goldman en lava de plus en plus, des milliers de jeans par semaine.

Une fois le but atteint, Levi Strauss décida de centraliser la fabrication dans sa grande usine de Knoxville, dans le Tennessee, où elle fit construire sa propre centrale de lavage et mandata son expert interne, Sandy Grodin. Il montait en grade, au point d'être désormais dans le secret des projets de développement de l'entreprise. Il découvrit alors que l'entreprise prévoyait de délocaliser toute la production hors des États-Unis dans les dix années à venir.

Sandy Grodin n'allait pas rester les bras croisés à attendre qu'on n'ait plus besoin de ses services. En 1986, il demanda à être transféré de nouveau à El Paso et se mit à chercher quelque chose d'autre à faire. Il parcourut les zones industrielles en périphérie de la ville en quête d'entreprises à vendre. Un jour, alors qu'il se rapprochait du centre-ville, il vit des fourgons à plaques mexicaines alignés devant une entreprise nommée Sturgis & Co., dans la rue Yandell. Le nom le rendit nostalgique : il achetait ses fournitures scolaires chez Sturgis quand il était gamin.

Grodin se rendit compte, après être repassé devant plusieurs jours d'affilée, que Sturgis était une entreprise énergique, ce qui l'intrigua. Il les appela et demanda qui était le responsable. On lui dit que c'était un certain Harvey Joseph. Il rappela un peu plus tard et demanda à lui parler. Une voix rauque lui répondit.

"Harvey, je m'appelle Sandy Grodin, et je voudrais savoir si vous voudriez…"

Harvey Joseph raccrocha. Grodin rappela.

"Vous êtes un représentant ? demanda Joseph.

— Non, pas du tout, dit Grodin, je voudrais savoir si vous envisagez de vendre votre entreprise."

Joseph prit étonnamment bien la chose. "Je n'y ai pas vraiment pensé, dit-il, laissez-moi y réfléchir. Rappelez-moi demain."

Le lendemain, Joseph lui dit qu'il vendrait Sturgis pour 1 million de dollars : 350 000 tout de suite, le reste plus tard. Il lui raconta que l'entreprise faisait au moins 2 millions de chiffre d'affaires par an. Aucun papier ou presque ne corroborait ce chiffre, mais Grodin avait pu observer le niveau d'activité de l'entreprise. Il entreprit de rassembler les 350 000 dollars. Son père et son frère signèrent chacun un chèque de 25 000 dollars, son grand-père un autre de 50 000, et quelques amis lui prêtèrent 5 000 dollars chacun, à taux préférentiel plus trois points. Lorsqu'une représentante de chez Sturgis se présenta un jour dans son bureau de Levi Strauss, il blagua avec elle : "Je vais acheter ton entreprise, lui dit-il. — C'est ça, oui", lui répondit-elle.

Il mit une pancarte À VENDRE sur sa voiture, une Oldsmobile Cutlass 1976. Il était arrêté à un feu rouge, sur le point de prendre l'I-10, lorsqu'un gars freina à côté de lui et lui demanda combien il en voulait. "Dans les 7 500 dollars", lui répondit-il. Le gars lui fit signe de se garer, lui tendit 7 500 dollars en liquide, et lui dit de lui envoyer la carte grise plus tard. Grodin se retrouva à une station-service, sans voiture. Il appela sa femme, Judy, et lui demanda de venir le chercher. Elle s'étonna de cette vente soudaine, d'autant plus qu'il ne lui avait rien dit de son projet d'acheter Sturgis.

Neuf mois après sa conversation avec Joseph, il l'appela pour lui annoncer qu'il avait l'argent. Ils prirent rendez-vous et il posa sur la table un chèque bancaire de 200 000 dollars.

Joseph le regarda.

"Ce n'est pas assez, dit-il.

— Harvey, c'est tout ce que j'ai pu réunir", répondit Grodin. Puis il lui fit une proposition : "Prenez ce chèque. Si je me plante, vous pourrez le garder et récupérer votre entreprise."

Joseph regarda le chèque, puis Grodin, puis l'un, puis l'autre, pendant ce qui sembla une éternité. Finalement, il dit : "Vous avez intérêt à embaucher un avocat. C'est d'accord."

Maintenant, Grodin allait devoir le dire à Judy. Il le lui annonça pendant le match universitaire annuel du Sun Bowl, où Levi Strauss invitait toujours des centaines d'employés.

"Tu as fait quoi ? dit Judy. Combien ça t'a coûté ?

— Un million de dollars", répondit-il.

Elle réagit si mal qu'il eut peur qu'elle fasse une crise d'hyperventilation.

Quelques jours plus tard, il débarqua chez Sturgis. La représentante était là. "Tu te souviens que j'allais acheter cette entreprise ? dit-il. Eh bien, c'est fait."

Mike Tucker commença avec les machines à sous. Son père dirigeait ou possédait plusieurs restaurants et bars dans le sud de l'État du Maryland – le Chicken House, le Halfway House, le Modern et le Black Steer, le plus grand de tous. Ils attiraient les fêtards de Washington et de Baltimore, et des types de la base aérienne de Patuxent River et des plantations de tabac, toujours florissantes. Il y avait des machines à sous et, régulièrement, des pièces y restaient coincées ; le boulot de Mike, c'était d'arriver avec un gros marteau en caoutchouc et de donner un grand coup dans la machine, ce qui marchait neuf fois sur dix.

Il n'avait pas eu à chercher loin pour ses études, il s'était contenté de grimper la rue jusqu'à l'université du Maryland, où il jouait dans l'équipe de baseball. Il était un étudiant indifférent et le peu de discipline qui lui restait de l'internat militaire s'était évanoui dans l'atmosphère dissolue d'un grand campus universitaire autour de 1970. Il avait à peine la moyenne nécessaire pour rester dans l'équipe et, le dernier trimestre venu, il réalisa qu'il lui manquait encore vingt-trois points pour obtenir sa licence. La perspective d'être mobilisé pour la guerre du Vietnam sans même avoir obtenu son diplôme était suffisamment sinistre pour le motiver à quitter l'équipe lors de la dernière saison et à mettre le paquet. Il obtint son diplôme de commerce, et après avoir tiré un numéro bas à la conscription il se prépara à postuler à l'école d'aviation embarquée pour ne pas finir troufion. Tandis qu'il attendait qu'on décide de son sort, il rattrapa sa saison perdue de baseball en tentant sa chance dans une ligue de petite catégorie de la vallée de Shenandoah. Il n'y resta pas plus de trois semaines, une durée à peu près équivalente à celle de son arrêt suivant, lorsqu'il joua en Floride dans la plus mauvaise équipe des Phillies de Philadelphie. Ça n'allait pas suffire.

Mike Tucker ne sut jamais les vraies raisons de ce qui eut lieu ensuite, pourquoi son classement pour le recrutement passa soudainement de 2S à 1H. C'était peut-être lié au fait que sa grand-mère était une amie du type qui s'occupait du conseil de révision du comté de Saint Mary. Ou, plus innocemment, à la guerre qui toucherait bientôt à son terme. Quoi qu'il en soit, il était difficile de ne pas voir dans le succès que Tucker obtiendrait plus tard une résolution qui avait été absente pendant ses années d'université et qui reflétait un désir de tirer le meilleur parti de ce revirement de fortune.

Il obtint un poste de représentant en produits laitiers chez Carnation, travaillant auprès de grossistes de la région de Baltimore et Washington. Lors d'une prospection à Ocean City, dans le Maryland, il rencontra sa future femme. Peu de temps après, le père d'un de ses amis lui proposa de travailler chez Faber-Castell. Il décida de tenter le coup. Plutôt que du lait, il vendrait des crayons.

Et des stylos. Dans les années 1980, Faber-Castell devint le distributeur national de l'Uni-ball, un modèle populaire fabriqué par la Mitsubishi Pencil Company. Mike Tucker poussa ses patrons à capitaliser sur leur nouvelle ligne de produits en approchant une nouvelle catégorie d'acheteurs : le gouvernement. Il fit entrer l'entreprise sur la liste des fournisseurs de l'Administration des services généraux, qui s'occupe de l'approvisionnement des agences fédérales. Il obtint l'inventaire physique des produits, stockés dans dix entrepôts régionaux. Il se mit à sillonner les bases militaires du pays, et même celles qui se trouvaient en Europe. “Hé, j’ai un contrat fédéral, disait-il, j’ai les stocks qu’il vous faut. Vous voulez acheter des stylos ? — Vous avez fait tout ce chemin pour vendre des stylos ?” lui répondait-on.

Il l’avait fait, oui. Une base militaire de 5 000 hommes achète beaucoup de stylos. Les gains de Faber-Castell liés aux ventes pour le gouvernement passèrent de 0 à 7 millions de dollars. Après quinze ans chez Faber-Castell, il passa à une entreprise basée en Floride nommée All States, qui distribuait la marque Paper Mate. Il refit le même coup, en étendant leurs ventes au gouvernement. Puis All States fut racheté par Office Depot, lequel, avec Staples, était l’avant-garde des grandes surfaces de fournitures de bureau, et Mike Tucker découvrit pour la première fois qu’il n’aimait vraiment pas jouer pour le compte des grosses boîtes. Il voulait jouer contre le poids lourd, pas avec lui.

Il quitta Office Depot et décida qu’il était temps de lancer sa propre société. En 1995, il parvint à acheter la moitié de George W. Allen, une entreprise de fournitures de bureau en difficulté dans la banlieue de Washington. Il fit entrer l’entreprise sur la liste des fournisseurs fédéraux et, dans ce but, s’arrangea pour être le fournisseur des produits Faber-Castell auprès du gouvernement. Le chiffre d’affaires de George W. Allen ne tarda pas à passer de 3,5 à 26 millions. Il unit ses forces avec une autre entreprise locale, qui possédait une base de clients commerciaux. Les deux entreprises associées avaient atteint les 65 millions de dollars de chiffre d’affaires en 2016 lorsqu’ils décidèrent de vendre.

Mike Tucker avait maintenant soixante-six ans. C’était un homme riche, qui possédait une grande maison avec 1,2 hectare de terrain dans le comté de Howard, dans le Maryland, beaucoup de petits-enfants et une maison de plage à Ocean City. Il aurait pu prendre sa retraite.

Pourtant, il préféra participer à un combat qu’il avait vu se développer sur le tard. Les entreprises de la grande distribution avaient été dépassées par un concurrent bien plus puissant, ce qui stimula encore davantage son goût pour les outsiders. Tous les David du pays, les petites entreprises de fournitures de bureau, essayaient de combattre ce Goliath à travers une alliance nommée Independent Office Products and Furniture Dealers Association. L’association cherchait un directeur.

La fourniture de bureau était le genre d'activité qui se déroulait dans les coulisses, n'ayant presque aucune interaction directe avec le consommateur ordinaire. Elle se déployait discrètement dans les zones industrielles ou dans des bâtiments quelconques, loin des piétons dont elle n'avait pas besoin. Le public la connaissait principalement parce qu'elle était devenue le sujet d'une série télévisée très populaire basée sur le principe comique d'un travail fade et anonyme.

Son équivalent, à l'autre bout de la table, c'était le domaine tout aussi obscur de l'approvisionnement : les gens d'autres entreprises ou d'organismes publics qui achetaient ce que les marchands de fournitures de bureau avaient à vendre. Au sein du gouvernement, l'approvisionnement était une bureaucratie dans la bureaucratie. C'était un drôle de mot, “approvisionnement”, si banal et pourtant si abstrait. Le gouvernement achetant le matériel nécessaire au fonctionnement du gouvernement : crayons, stylos, papier, ordinateurs, imprimantes, bureaux, chaises, lampes, canapés, savons, sopalin, papier toilette, et ainsi de suite.

C'est dans un tel domaine qu'Ann Rung s'était fait un nom, si tant est qu'on puisse atteindre la renommée en travaillant aussi loin des yeux du public.

Son père enseignait les mathématiques à l'université d'État de Pennsylvanie ; avec ses cinq frères et sœurs, elle fut élevée par sa mère. Mais une bonne partie de son éducation se déroula loin de State College, en Pennsylvanie, son père partant régulièrement donner des cours à Hawaï, au Canada et à Taiwan. Plus tard, Anne Rung citerait ce temps passé à l'étranger, ainsi que ses années d'études à la London School of Economics, après un premier cycle à l'université de Pennsylvanie, comme une des raisons de son désir de devenir fonctionnaire à Washington.

Elle avait commencé au sein du Democratic Leadership Council, un groupe formé dans les années 1980 pour tirer le Parti démocrate vers le centre et qui permit l'ascension de Bill Clinton, notamment. Elle en fut la directrice des relations auprès du Congrès pendant cinq ans, se construisant un réseau de contacts au Capitole. Mais elle était ensuite retournée en Pennsylvanie, pour travailler au Département des services généraux, sous la direction du gouverneur Ed Rendell. Le DSG était la partie du gouvernement qui administrait le reste du gouvernement, ce que travailler pour le gouvernement pouvait offrir de plus ingrat. On ne faisait les gros titres que si quelque chose se passait mal. Comme le jour où un bourrage papier dans une plieuse-inséreuse provoqua l'envoi de 2 845 lettres de renouvellement d'aide sociale – dont près de la moitié incluaient le numéro de sécurité sociale – aux mauvaises personnes.

Ce genre d'incident ne ralentit pas l'ascension de Rung. En 2006, elle passa de chef de cabinet au DSG à ministre adjointe chargé de l'administration auprès de Rendell. Et en août 2010, elle retourna à Washington pour devenir directrice principale de l'administration au département du Commerce, un travail anonyme au sein d'un des cabinets les plus anonymes. Elle entreprit pourtant de se construire un profil dans un espace aussi terne. En novembre de cette même année, peu de temps après le terrible revers subi par l'administration Obama aux élections de mi-mandat de 2010, elle participa à un panel du Center for American Progress, un important think tank libéral, pour évoquer les moyens de réformer l'approvisionnement fédéral. Elle avait développé des idées fortes sur la question. Elle trouvait absurde qu'un seul acquéreur achète un large éventail d'articles pour un organisme – un jour, des véhicules ; des outils informatiques le lendemain – au lieu d'avoir un acheteur spécialisé dans un type de produit qui ferait des acquisitions de façon plus large pour le gouvernement. Ça la rendait folle à chaque fois qu'un organisme payait plus qu'un autre pour le même article. Des années plus tard, elle se souvenait encore d'un exemple : “Nous avions un hôpital public qui payait 23 dollars pour un carton de ketchup tandis qu'un autre n'en payait que 12 pour exactement le même carton.”

De telles vues faisaient de Rung un excellent fournisseur. Elle fit faire des économies à l'État de Pennsylvanie et au département du Commerce. Ce n'était plus qu'une question de temps avant qu'elle soit appelée à l'Étoile de la mort du marché public : la GSA (Administration des services généraux), une agence de 12 000 personnes qui supervisait l'approvisionnement à hauteur de 60 milliards et gérait des propriétés fédérales d'une valeur cumulée de 500 milliards de dollars. En 2013, Rung fut nommée à la tête de l'Office of Government-wide Policy, une branche de la GSA qui s'occupait du management des agences fédérales et d'autres partenaires publics.

Elle se plongea dans ses nouvelles fonctions et lança des initiatives pour réformer les pratiques d'achats. Peu de temps après avoir pris ses fonctions, elle annonça avec fierté que son bureau avait fait économiser au gouvernement 200 millions de dollars en fournitures de bureau.

Un an plus tard vint le mouvement final, le dernier échelon : la Maison-Blanche. Le président Obama nomma Rung responsable de la politique d'approvisionnement fédéral au sein du Bureau de la gestion et du budget. Elle supervisait désormais tous les achats fédéraux : les 450 milliards que cela représentait, dont se chargeaient quelque 100 000 employés fédéraux dans 3 000 centrales d'achats autour du monde. L'intitulé officiel de sa fonction disait tout : Directrice en chef des acquisitions des États-Unis.

Ce poste nécessitait l'approbation du Sénat. Le 24 juillet 2014, Rung se présenta devant la Commission sénatoriale de la sécurité intérieure et des affaires gouvernementales. Sa famille se déplaça pour l'occasion : son père, sa femme, un cousin et sa mère, alors âgée de quatre-vingt-trois ans, lesquels, ainsi que le frère d'Anne, sa femme et leurs deux enfants, firent pour l'occasion neuf heures de voyage en bus de nuit depuis le Tennessee. "Ma famille élargie, des enseignants, des anciens militaires, des fonctionnaires de carrière et des patrons de petites entreprises. Des gens qui vivent leurs vies avec intégrité, qui s'engagent dans le service au public et qui savent ce que travailler dur signifie, dit-elle aux sénateurs. J'ai toujours essayé de faire la même chose… Je n'ai jamais eu qu'un seul objectif : faire en sorte que le gouvernement travaille mieux pour les gens qu'il sert."

La commission la confirma à son poste et elle se mit au travail. Elle rédigea une note de service qui appelait à un "nouveau paradigme" dans l'approvisionnement. Elle annonça aux journalistes qu'elle allait créer des "équipes d'intervention" pour l'achat, un corps d'élite de vingt spécialistes qui, comme le décrivit un journaliste, "ferait preuve d'une grande connaissance du terrain auprès des décideurs des agences gouvernementales et qu'elle rassemblerait pour six mois de formation avant de les renvoyer dans leurs agences respectives afin de participer à la rédaction de conditions plus simples et plus proches des réalités du marché pour les offres fédérales de marchés publics".

Elle encouragea les responsables des achats à innover, à construire des liens avec les vendeurs, à ne pas se sentir corsetés par les vieilles habitudes. "Ne cassez pas les règles, dit-elle, mais prenez des risques responsables."

Deux ans plus tard, en septembre 2016, elle annonça sa victoire. Le gouvernement avait économisé 2 milliards grâce à ses réformes, écrivit-elle dans une note de service triomphale. Près de la moitié du milliard annuel que le gouvernement dépensait en ordinateurs passait maintenant à travers trois contrats nationaux. La première équipe d'intervention avait été formée, et des spécialistes en achats de matériel informatique répartis dans les diverses agences. "Je suis personnellement fière de ce travail et nous n'allons pas ralentir", écrivit-elle.

La note de service aurait pu laisser croire qu'Anne Rung allait continuer de diriger un tel effort. Pourtant, elle avait annoncé deux semaines plus tôt qu'elle quittait le gouvernement et Washington.

Elle déménageait à Seattle, pour travailler chez Amazon Business, une toute nouvelle branche créée par l'entreprise en 2015 afin de se concentrer sur la vente de marchandises à d'autres entreprises. Elle dirigerait une nouvelle unité : la division "marché public", dont le but serait de vendre au gouvernement.

En d'autres termes, la personne qui supervisait l'intégralité des 450 milliards de dépenses gouvernementales en approvisionnement rejoignait une entreprise déterminée à se tailler la plus grosse part de ce gâteau.

Sandy Grodin ne perdit pas de temps à se demander s'il ne s'était pas fait escroquer. Comme Harvey Joseph n'avait quasiment tenu aucun compte, Grodin l'avait cru sur parole lorsqu'il lui avait dit que le chiffre d'affaires de Sturgis avoisinait les 2 millions de dollars, de quoi justifier le million du prix d'achat. Mais une fois que Grodin eut pris les rênes de l'entreprise, il découvrit que le volume des ventes était certainement moins important que ce qu'on avait voulu lui faire croire. Il ne restait plus qu'à en tirer le meilleur parti. Sa première tâche fut de mettre son nez dans l'inventaire poussiéreux et désorganisé. Quelques types s'occupaient de l'entrepôt chez Sturgis, et Sandy leur annonça un matin qu'ils allaient passer le week-end ensemble, à repasser les stocks.

Ils parcoururent les allées d'un bout à l'autre et Sandy leur demandait à propos de chaque article : "Ça se vend ou pas ?" Ceux qui ne se vendaient pas furent marqués d'un point rouge et partirent à la poubelle. Ceux qui se vendaient eurent droit à un point vert et il nota les références de leurs éléments et des fabricants. Il y avait bien plus de points rouges que de points verts. Puis il appela IBM pour leur dire qu'il avait besoin d'un logiciel pour suivre l'inventaire, la distribution et les finances.

Sturgis and Co. entra dans l'ère numérique et prospéra. En 1994, l'entreprise avait quarante employés et faisait un chiffre d'affaires de 12 millions de dollars. Cela attira l'attention d'une firme nommée U.S. Office Products, laquelle était en plein processus de rachat des petits vendeurs de fournitures de bureau. L'âge de la consolidation des grandes surfaces était en bonne voie et Grodin se figura qu'il ne pourrait pas y résister. Non seulement il vendit Sturgis à U.S. Office Products, mais il se mit à y travailler, faisant la tournée des autres petits marchands pour les convaincre de vendre aussi.

Au bout de cinq ans, il en eut marre. Lui qui démarchait par téléphone des entreprises pour les racheter n'était pas fait pour ce rôle d'émissaire des grosses boîtes. En 1999, Sandy Grodin démissionna et décida de s'essayer à la nouvelle frontière : le numérique. Alors que la bulle Internet approchait de son pic, il se dit que s'il était possible de vendre en ligne des fleurs et des animaux de compagnie, on pouvait aussi vendre des rames de papier et des cartouches d'encre. Il embaucha deux cracks de l'informatique de Dallas pour monter un site Internet, "coolofficesupplies.com", et programmer un logiciel qui lui permettrait, après avoir fait le travail pénible consistant à croiser les références de ses articles avec ceux des grandes surfaces, de chercher ensuite leurs prix et de déterminer le sien, un peu en dessous. Un client pouvait aller sur son site et y voir une liste de centaines d'articles courants, avec les prix qu'en demandaient les gros poissons et juste à côté le rabais proposé par Cool Office Supplies. Les commandes arrivaient directement chez le grossiste de Grodin, S. P. Richards.

Et les commandes affluèrent, depuis les endroits les plus étranges. D'Extrême-Orient, d'Australie, de l'ambassade des États-Unis à Moscou. Les clients réguliers étaient accueillis par l'image d'un bel homme ou d'une belle femme – au choix – qui les saluait par leur nom. Lorsque les clients atteignaient leur cinq centième commande, le système passait à son tour une commande chez 1-800-FLOWERS et faisait envoyer au client un bouquet ou une plante en remerciement. "C'était un site sophistiqué", dit Grodin. L'entreprise atteignit le million de dollars de chiffre d'affaires durant la première année – Grodin rattrapait les marges presque nulles sur les articles vendus au rabais par celles, confortables, qu'il obtenait sur d'autres produits. “L'idée était de donner l'impression que j'étais le vendeur bon marché de fournitures de bureau”, dit-il.

Il cessa de rigoler, non avec l'éclatement de la bulle d'Internet – il n'était pas devenu public, après tout –, mais avec la croissance rapide de Google après son lancement en 1998. En quelques années, l'entreprise avait pris le contrôle des moteurs de recherche. Pour continuer, Grodin devrait accepter leurs conditions de “paiement par clic” en versant à Google une part des gains obtenus de chacun des clients que le moteur de recherche aurait dirigés vers son site. “Ils sont devenus les propriétaires de cet espace et je me suis dit : c'est inutile, je n'ai pas les ressources financières pour leur faire face.”

Il baissa le rideau de “coolofficesupplies.com” en 2001 pour en revenir aux briques et au mortier. Sa clause de non-concurrence avec U.S. Office Products ayant expiré, il pouvait entrer de nouveau dans le jeu. Cet automne-là, deux semaines après le 11 Septembre, il inaugura El Paso Office Products dans un bâtiment quelconque de la zone industrielle à la limite est de la ville.

Cette fois, il partait de zéro. Il contacta d'anciens clients de Sturgis et embaucha plus d'une douzaine d'anciens employés. En 2017, son chiffre d'affaires dépassait les 4 millions de dollars, dont plus de la moitié dans le secteur de l'éducation : les établissements scolaires des environs et son alma mater, l'université du Texas d'El Paso. Il s'acheta une Corvette modèle 2008 jaune canari. Il était de nouveau ce qu'il s'était proposé de devenir bien des années plus tôt : un entrepreneur local à succès.

Un jour, il reçut un appel d'un de ses principaux clients, l'El Paso Independent School District, lequel lui annonçait qu'il comptait changer de fournisseur pour Amazon. Vers la même époque, Amazon lui-même le contacta pour l'inviter à vendre sur Amazon Marketplace, sa plateforme dédiée aux vendeurs tiers. De cette façon, El Paso Independent et d'autres clients importants pourraient toujours acheter chez lui – ils le feraient simplement par le biais d'Amazon. Et il pourrait également vendre à n'importe quel autre client sur le site, tout un univers de nouveaux acheteurs potentiels.

Il y avait un bémol : il devrait s'acquitter d'une commission d'environ 15 % sur chaque vente, y compris celles faites à des clients de longue date comme El Paso Independent.

Amazon programma un rendez-vous téléphonique avec Grodin pour aplanir les termes du contrat. Ils avaient une demi-heure à lui consacrer, lui annoncèrent-ils. Les gens au téléphone avaient l'air très jeunes.

Tandis qu'ils exposaient leurs arguments, Grodin fit signe à son responsable des achats, Heidi Silva, de chercher à quel prix était vendu sur Amazon un de leurs produits de base, les étiquettes d'adresse Avery 5160. Chaque paquet coûtait 15,25 dollars, bien moins que les 18 dollars auxquels Grodin les achetait à son grossiste. Il était abasourdi. Il demanda à Heidi d'appeler Avery pour leur en commander une palette au prix Amazon. Le type de chez Avery ne comprit pas et revint au bout du fil quelques secondes plus tard pour dire à Heidi que le produit vendu sur Amazon était une contrefaçon.

Pendant ce temps, les bonimenteurs d'Amazon demandèrent à Grodin s'il avait des questions. Grodin voulut savoir s'ils pouvaient lui recommander un autre vendeur indépendant ayant rejoint le Marketplace, afin d'avoir une référence.

Ils refusèrent en arguant que l'identité des membres du Marketplace était privée et confidentielle.

La question suivante de Grodin porta sur la contrefaçon sur le site. Ils lui demandèrent ce qu'il voulait dire par là. Il leur répondit : eh bien, cet article par exemple, qu'il avait trouvé par hasard sur le site à un prix bien inférieur au coût habituel. Il dit qu'il avait vérifié auprès du fabricant, lequel avait confirmé qu'il s'agissait d'une contrefaçon.

Embarrassés, ils demandèrent à Grodin de quel article il s'agissait. Il refusa de leur répondre. "C'est privé et confidentiel", dit-il.

Et ce fut tout. Après l'appel, Grodin demanda à Silva de suivre heure par heure pendant une semaine les prix sur Amazon des vingt principaux articles de fournitures de bureau commandés par El Paso Independent et de les rassembler sur une feuille de calcul. Il eut du mal à croire au résultat. Les prix fluctuaient énormément, d'une heure à l'autre.

Il demanda alors un rendez-vous avec l'établissement scolaire. L'entretien, prévu pour durer une heure, en dura plus de quatre. Il leur montra la feuille de calcul. Il leur parla des 15 % de commission. Il leur montra son compte 2016 de pertes et profits, qu'il n'avait quasiment jamais montré à personne. "Voici mes ventes, leur dit-il. Là, ce sont les coûts des ventes, et là les rabais que j'ai obtenus qui réduisent mes coûts de vente. Si vous arrivez à deux points, vous avez de la chance.

Lorsque vous enlevez 15 % du côté des dépenses…" Il laissa l'idée pénétrer. "Les gars, je ne peux pas soutenir mon modèle économique."

Il savait qu'il avait fait valoir son argument du mieux qu'il pouvait, mais il ne s'attendait pas à la réaction qui suivit. Le responsable des achats de l'établissement scolaire se leva derrière son bureau, en fit le tour, lui sera la main et le remercia d'avoir été aussi clair.

"Je comprends, maintenant", dit-il à Grodin. Il recommanderait au directeur d'être prudent avec Amazon et de n'y avoir recours que pour des articles impossibles à acheter localement.

Grodin s'excusa de leur avoir parlé si longtemps.

Ils secouèrent la tête. "Nous en avions besoin", dirent-ils.

Cet élan avait commencé juste après la prise de fonction d'Anne Rung à la direction de la division marché public d'Amazon Business. À l'automne 2016, les Prince William County Public Schools, un district scolaire qui représentait 90 000 élèves en Virginie septentrionale, le deuxième en ordre d'importance dans l'État, publièrent un appel d'offres pour des fournitures de bureau. Mais cet appel ne concernait pas que le comté du Prince William. Le système servait d'agence principale pour un énorme réseau d'achat national représentant 55 000 établissements scolaires, services de police et autres entités gouvernementales locales, géré par une entreprise privée nommée U.S. Communities. Pendant des années, l'entreprise avait négocié des contrats avec les vendeurs qui garantissaient aux membres du réseau des prix de gros et des conditions favorables.

La valeur de l'appel d'offres publié par le comté du Prince William était estimée à 5,5 milliards de dollars sur une période potentielle de onze ans. Pourtant, presque personne n'y répondit, car il fut vite évident qu'il avait été écrit en pensant à une entreprise en particulier. Cet appel était étrangement différent de celui publié six ans plus tôt, dont le contrat avait été remporté par une coopérative de vendeurs indépendants. Celui-ci cherchait des vendeurs capables de fournir non seulement du matériel de bureau mais aussi, plus largement, "un *marketplace* en ligne pour l'achat de produits et de services" qui n'incluait pas uniquement des fournitures de bureau ou scolaires, mais encore des articles pour la maison, de cuisine, d'épicerie, des livres, des instruments de musique, de l'équipement audiovisuel et autres appareils électroniques, du matériel scientifique, des vêtements et même de la nourriture pour animaux et des aliments.

Peu de vendeurs de fournitures de bureau étaient en position d'offrir un tel éventail de marchandises ; la coopérative qui avait assumé le précédent contrat ne prit même pas la peine de répondre à celui-ci.

De manière plus frappante encore, l'appel d'offres ne demandait pas aux fournisseurs d'assurer des coûts fixes estimés pour les produits qu'ils proposaient. Sous la rubrique "Instructions tarifaires", il était seulement demandé aux vendeurs de "fournir des tarifs basés sur leur modèle de *marketplace*". En d'autres termes, les vendeurs n'étaient pas tenus d'offrir un prix de gros pour que les districts scolaires et les agences publiques puissent en faire bénéficier leur réseau.

Il y avait une entreprise dont le modèle économique était entièrement construit sur des prix fluctuants et non pas fixes, qui offrait tous les produits imaginables – des crayons à la nourriture pour chats – et qui qualifiait même son offre de "*marketplace*". Un vendeur potentiel un peu désorienté demanda au comté du Prince William : "Vous cherchez simplement une plateforme capable d'ajouter ensuite toutes ces catégories de marchandises, ou vous cherchez à récompenser une entreprise… comme Amazon ?"

Finalement, seuls cinq vendeurs soumirent des propositions qui répondaient de loin aux critères de l'appel d'offres. Quatre d'entre eux obtinrent des notes allant de 2,5 à 36,7 points, sur une base de 100 points.

La proposition d'Amazon obtint 91,3 points. L'entreprise remporta le contrat en janvier 2017. Et elle parvint à le modifier sur des points clés juste avant de le signer. Les termes révisés obligeaient les districts scolaires et les organismes publics à prévenir Amazon si quelqu'un demandait à avoir accès aux documents officiels liés au contrat, donnant ainsi à l'entreprise la possibilité d'empêcher une divulgation d'information. C'était un écho des demandes de confidentialité de l'entreprise auprès des administrations locales avec lesquelles elle négociait des avantages fiscaux pour ses entrepôts ; un refus explicite de toute transparence en matière de dépense publique.

Contrat en main, Amazon se mit à démarcher les établissements scolaires et les administrations locales afin de les encourager à se prévaloir du contrat pour faire tous leurs achats auprès de l'entreprise. Leur discours allait droit au but : puisque de nombreux employés utilisaient déjà Amazon pour les achats plutôt que le fournisseur local ayant remporté l'appel d'offres, pourquoi ne pas faire d'Amazon le fournisseur officiel ? Ainsi, les responsables des achats cesseraient d'être tracassés par tant de dépenses hors contrat. Si le contrat était signé avec Amazon, alors tout marcherait sur des roulettes.

Et si jamais les responsables montraient quelques réticences à abandonner les entreprises locales, Amazon leur assurait qu'ils pourraient continuer d'acheter chez elles ; ils le feraient simplement *via* Amazon.

La question des 15 % environ de commission qu'Amazon prélevait sur chaque vente réalisée par des fournisseurs locaux sur son Marketplace était passée sous silence. "Avec cette stratégie, expliquait un rapport de l'Institute for Local Self-Reliance, une organisation non gouvernementale qui défendait les populations contre le monopole des grandes entreprises, Amazon pratique la même approche qu'avec les biens de consommation : se positionner non seulement comme le négociant qui vend des articles aux organismes publics, mais aussi comme la plateforme par laquelle doivent passer ses concurrents s'ils veulent atteindre leur clientèle. Cela permet à Amazon, à travers les commissions qu'il fait payer à ses vendeurs, de prélever un impôt privé sur les ventes."

Les offres insistantes que faisait Amazon à Teresa Gandara avaient déclenché un vif débat au sein de sa famille. Sa fille Christina, la diplômée de l'université, se méfia de l'idée de rejoindre leur Marketplace dès qu'elle eut appris l'existence des 15 % de commission. "Entre 12 et 18 % ? C'est notre marge ! dit-elle. On ne peut pas se le permettre. Ce serait comme les payer pour travailler pour eux."

Mais le fils de Teresa, Carlos Jr., fut d'avis de tenter le coup. "Tu préfères avoir 1 % de quelque chose ou 0 % de rien ?" demanda-t-il. De fait, Pencil Cup avait vu ses ventes baisser auprès du secteur public, particulièrement avec la municipalité d'El Paso, une baisse qui les avait forcés à réduire leur nombre d'employés à dix, et il n'était pas incongru de se demander si Amazon n'y était pas pour quelque chose. Si on ne pouvait pas les battre, n'était-il pas temps de les rejoindre ?

L'entreprise continuait de leur envoyer des e-mails et de les appeler. L'idée générale : vous devez le faire. Lorsque Gandara les interrogea sur les 15 % de commission, ils lui dirent : eh bien, oui, c'est ce que les gens paient.

C'est notre marge, leur dit-elle.

Si vous ne voulez pas le faire, personne ne vous y oblige, lui répondirent-ils. Personne ne vous force la main.

La famille continuait de débattre lorsqu'un an plus tard, en 2018, Teresa se rendit à San Antonio pour le salon professionnel annuel organisé par le grossiste S. P. Richard. Une rencontre y était prévue dont l'intitulé l'intrigua : "Amazon, le concurrent invisible : votre entreprise a-t-elle un plan ?" Elle s'y rendit. La salle était pleine.

Et la scène était vide lorsque l'événement commença. Soudain, un homme apparut, qui ne ressemblait pas du tout à l'habituel présentateur de salon professionnel. Son visage était couvert de bandages. Il portait des lunettes de soleil et un borsalino noir. C'était l'homme invisible de H. G. Wells. Et il courait de long en large sur la scène en jetant de faux billets de 100 dollars au public.

C'était Mike Tucker, l'ex-vendeur de stylos.

Il avait fait du chemin depuis sa période d'ancien joueur de baseball converti en représentant de commerce au col boutonné qui démarchait les bases militaires avec ses Uni-ball. Prendre la tête de l'association des vendeurs indépendants de fournitures de bureau l'avait radicalisé, ce qui n'était pas étonnant, vu ce contre quoi les membres de cette organisation devaient se battre.

À la fin de 2017, un an après l'arrivée de Rung chez Amazon, une modification fut apportée au texte de la Loi d'autorisation de la Défense nationale votée annuellement à la Chambre des représentants, qui fit passer les achats courants de produits commerciaux du département de la Défense à des "*marketplaces* en ligne". L'amendement permettait également un usage national desdits "marchés" ; cela représentait plus de 50 milliards d'achats courants.

L'amendement fut accueilli par des protestations de la part de ceux qui risquaient de perdre beaucoup dans l'affaire : pas seulement les vendeurs que représentait Tucker, mais aussi des organismes en faveur des aveugles et des handicapés, à qui l'on avait longtemps garanti une partie des marchés publics. La proposition fut suspendue. Plus tard, il apparut que Rung avait arrangé une réunion avec les hauts fonctionnaires de l'Administration des services généraux en septembre 2017 pour parler de la transition vers les nouveaux portails de commerce en ligne. Cela eut lieu pendant la période de "neutralité" d'un an durant laquelle un ancien fonctionnaire n'a pas le droit de faire pression sur ses anciens collègues autour de projets sur lesquels il a lui-même travaillé au sein du gouvernement.

Tout cela avait poussé Mike Tucker à conclure qu'il était temps de sonner l'alarme en rompant avec la vieille routine des conférences. Il commença par un dessin de presse : un homme est assis dans un fauteuil en train de lire un article de journal à propos du rachat par Amazon de Whole Food lorsque sa femme rentre à la maison avec leur fils, les bras chargés de courses, et lui dit : "Bobby a trouvé une chemise chez Amazonbie and Fitch. J'ai acheté une nuisette chez Amazon's Secret. On a déjeuné au McAmazon's. Ensuite, je suis allée chercher tes médicaments chez Rite Aidazon..."

Tucker montrait ensuite au public un graphique des revenus d'Amazon : une ligne basse, presque horizontale durant les premières années, puis une ascension vertigineuse au cours de la dernière décennie, de moins de 20 millions de dollars en 2007 à 180 milliards en 2017. Il fit une ébauche du fameux "volant d'inertie" de l'entreprise, la recette de son succès : utiliser le service au client et la livraison Prime gratuite pour s'approprier le trafic en ligne, puis utiliser ce trafic incessant pour contraindre les autres entreprises à rejoindre le Marketplace, ce qui élargit le choix d'articles, fait baisser le coût du site et permet de baisser les prix, entraînant ainsi une hausse des ventes qui attire encore davantage d'entreprises. En s'appuyant largement sur des arguments et des chiffres de l'Institute for Local Self-Reliance, il montra comment le système Amazon profitait de l'expertise de ces vendeurs et du flux d'information que leurs transactions généraient pour identifier les produits qui se vendaient bien et proposer aussitôt des copies presque identiques sous sa propre marque : couches, batteries, compléments alimentaires, chewing-gums à la nicotine, chaises rétro, sacs poubelles, semelles confort...

Amazon, expliquait Tucker à son public, fonctionne à la fois comme un fournisseur en ligne et comme un véritable vendeur pour maximiser ainsi son pouvoir sur le marché. Il se réserve les meilleures ventes qu'il met en avant au détriment d'autres produits, forçant ainsi ses concurrents à vendre des articles moins rentables, et tout cela en touchant une commission avantageuse sur les ventes des autres. Les articles imités qu'il propose sous sa propre marque peuvent presser les concurrents comme des citrons même sans gros chiffres de vente : Amazon casse si agressivement les prix que ses rivaux sont obligés de vendre leurs propres produits à des tarifs absurdement bas, ce qui signifie pour Amazon une hausse des ventes – et donc des commissions –, tout en diminuant les marges des vendeurs.

Ceux-ci sont empêchés de construire des liens avec leurs clients et fortement découragés de vendre leurs articles moins cher sur un autre site ; les conditions et les commissions sur le Marketplace peuvent alors changer sans prévenir. Dans le cas de nombreux marchands, Amazon pouvait collecter jusqu'à 30 *cents* par dollar dépensé, une fois ajoutés les commissions, les frais de stockage, la publicité sur le site et les contrats de gestion de compte, certains d'entre eux étant optionnels pour vendre sur le site, mais difficiles à éviter pour qui voulait réussir. (Les revenus liés à la publicité chez Amazon grimpèrent jusqu'à 10 milliards en 2018, faisant soudainement de lui un concurrent de Facebook et de Google, qui régnaient sur ce domaine.) L'entreprise faisait une marge de 20 % sur les ventes réalisées par des tiers et de seulement 5 % sur celles de ses propres produits. En 2013, le nombre de vendeurs qui proposaient leurs produits par l'intermédiaire des entrepôts d'Amazon augmenta de deux tiers en une seule année. En 2017, la part que touchait l'entreprise sur les ventes des tiers atteignait les 32 milliards, ce qui représentait la moitié des objectifs annuels de vente. En 2018, cette part atteignit 42,7 millions, un cinquième de la totalité des revenus d'Amazon, et les ventes des tiers représentaient désormais près de 60 % des marchandises vendues sur le site.

Amazon avait éliminé environ deux fois plus d'emplois chez les détaillants indépendants qu'il n'en avait créé, disait Tucker ; en 2014, elle avait vendu l'équivalent de 2 milliards de dollars de marchandises dans l'Illinois et de 1 milliard dans le Missouri sans employer une seule personne dans aucun de ces deux États. (Pour tout dire, seul un quart de la vente au détail se faisait maintenant dans des magasins indépendants, alors que c'était la moitié dans les années 1980.) En faisant disparaître autant d'entreprises locales, Amazon avait eu un effet dévastateur sur la collecte des impôts fonciers et tout cela avant qu'elle ne commence à toucher des centaines de millions de dollars en réductions d'impôts pour ses entrepôts. Et puis il y avait les conséquences indirectes de sa prise de pouvoir : moins de vie dans les rues, d'engagement civique, de capital social. "Nous ne sommes pas que des consommateurs, disait Mike Tucker à son auditoire captivé, nous sommes des voisins, des travailleurs, des producteurs, des contribuables et des citoyens dont les besoins et les désirs vont au-delà du paiement en un seul clic."

Le problème était, dit-il, que ces coûts n'étaient pas perceptibles par l'Américain moyen. "Les dégâts faits par Amazon sont presque impossibles à détecter par les consommateurs en temps réel. Amazon est d'un abord si pratique qu'on a du mal à le percevoir comme un monopole. La virtualité de cette entreprise contribue à son invisibilité, ce qui la rend difficile à combattre."

L'association faisait de son mieux pour se défendre au niveau national, selon Tucker. Mais c'était aux vendeurs dans la salle qu'il revenait de résister dans leurs propres communes, là où cela comptait le plus. Ils devaient contacter les médias locaux. Ils devaient faire pression sur les élus locaux pour qu'ils refusent le contrat de U.S. Communities, en leur montrant comment ce modèle de prix fluctuants leur coûtait de l'argent, en leur rappelant combien les impôts locaux dépendaient de la prospérité du petit commerce. Ils devaient rendre l'invisible visible.

Puis Tucker passa la parole à un vendeur indépendant pour qu'il raconte comment il avait su résister : Sandy Grodin, d'El Paso, au Texas.

Teresa Gandara sortit de la rencontre l'esprit enflammé. Tous ses doutes à propos de l'offre d'Amazon étaient partis en fumée. Elle se souvint d'une des maximes favorites de son père, le propriétaire de l'épicerie aux lave-linge et aux douches : "Ne permets jamais qu'on profite de toi, disait-il à chacun de ses enfants, car si c'est le cas, tu le mérites."

Elle rentra chez elle décidée à mettre en pratique les instructions de Tucker. Sa première destination serait la mairie. Elle ne réalisait pas que bien des gens avaient fait la même démarche auparavant.

Chaque année, la municipalité d'El Paso organisait un salon dans son palais des congrès pour les vendeurs avec qui elle travaillait. C'était une mesure bienveillante et un outil pour le développement économique ; la plupart des vendeurs étaient des entreprises locales qui pouvaient tirer profit des rencontres et des formations sur la meilleure façon d'attirer de nouveaux clients et d'obtenir de nouveaux contrats.

À l'automne 2017, un an après qu'Anne Rung avait quitté le gouvernement, une autre entreprise manifesta sa volonté de participer au salon. Bruce Collins, le directeur de l'approvisionnement de la ville, envoya un e-mail à ses collègues de la municipalité pour leur annoncer la nouvelle : "La division Small Business Development d'Amazon est d'accord pour prendre la parole lors de notre salon 2017, écrivit-il. Amazon parlera de son travail avec les petites entreprises et donnera des conseils sur la façon de collaborer avec elle et ses partenaires." L'entreprise aurait aussi un stand dans la salle.

"Merci pour l'info, répondit Tommy Gonzalez, l'administrateur municipal. C'est le moment parfait !" El Paso était sur le point de faire d'Amazon un des vendeurs agréés pour les achats de la ville, et la participation de l'entreprise au salon donnerait un vernis flatteur à cette décision controversée – ce ne serait qu'un vendeur de plus parmi les autres.

L'année suivante, 2018, Amazon décida de pousser les choses d'un cran. L'entreprise réclamait une tribune dédiée lors du salon de la ville, un espace rien que pour elle où convaincre les petites entreprises d'El Paso de rejoindre son Marketplace. En juin, Daniel Lee, "conseiller Marketplace en marchés publics" chez Amazon, contacta Collins et d'autres employés municipaux par e-mail, en demandant une liste des chefs d'entreprise qui pourraient participer et en proposant des éléments de langage qui serviraient à vendre l'idée d'une tribune Amazon :

> Le but de cet événement co-organisé par El Paso et Amazon est d'offrir aux entreprises de la ville la possibilité d'apprendre comment vendre avec Amazon Business et aux organismes publics le moyen de découvrir comment orienter leurs dépenses vers ces vendeurs. Cette initiative est l'opportunité d'aiguiller le Marketplace d'Amazon Business vers des achats locaux, d'aider nos entreprises locales à croître et à accéder à davantage de clients.

C'était d'une impudence sans nom : Amazon, qui cherchait à supplanter les liens entre administrations locales et commerces locaux, présentait son événement comme une façon d'encourager l'économie de proximité.

Deux mois plus tard, à la fin août, Amazon tenta de sceller l'accord *via* l'intervention de Mario Marin, le responsable national des ventes publiques d'Amazon Business. Marin avait passé sept ans à la municipalité de Los Angeles. Il avait croisé Bruce Collins lors d'une réunion de l'Institut national de l'approvisionnement gouvernemental à

Nashville et il lui annonçait dans un e-mail qu'il se préparait à lui envoyer le programme de la tribune Amazon à El Paso. "J'ai apprécié notre conversation et je me réjouis du travail que nous allons faire ensemble", lui écrivit-il.

Le programme arriva un peu plus tard ce même jour – un "synopsis" de trois pages qui détaillait la façon dont Amazon envisageait le déroulement de l'événement. Il réclamait "la présence d'un minimum de cent entreprises" auxquelles déballer son argumentaire et voulait que Collins lui fournisse une "liste de cibles". Il réclamait deux heures et demie pour son événement. Il souhaitait pouvoir disposer de "multiples stands dédiés à Amazon Business", afin de prévenir "tout embouteillage sur les stands". Collins, écrivait Marin, aurait droit à dix minutes d'introduction et à dix autres de clôture. "Vous pourrez profiter de ce temps pour réaffirmer votre soutien aux entreprises locales. Notre but est que toutes les personnes présentes apprennent ce qu'il faut faire et ne pas faire pour travailler avec Amazon Business. Nous croyons à la transparence et voulons que nos clients (actuels et à venir) repartent en ayant vécu une expérience positive."

Collins répondit quelques jours plus tard que la ville acceptait toutes les conditions et qu'à la liste des entreprises locales à cibler elle ajouterait celle de la bien plus populeuse ville voisine de Ciudad Juárez, de l'autre côté de la frontière avec le Mexique.

Collins reçut également l'imprimatur de son patron, le directeur municipal adjoint Cary Westin, un colonel à la retraite. Westin envoya un e-mail qui ordonnait à un vaste éventail de fonctionnaires municipaux de se réunir pour mettre au point les détails de l'événement. "C'est une grande opportunité pour nous", écrivit-il.

Tandis que la nouvelle de l'événement se répandait parmi les entrepreneurs d'El Paso, le salon changea complètement de nom en devenant un "Amazon Day".

Teresa Gandara eut vent de tout cela au moment même où elle revenait de San Antonio. Elle demanda un rendez-vous à Collins, avec qui elle avait toujours été en bons termes. Elle se rendit à la mairie et lui montra les informations qu'elle avait obtenues à San Antonio, exposant les effets d'Amazon sur les entreprises locales et sur les impôts.

Il sembla surpris et lui dit qu'il y regarderait de plus près.

Très bien, lui répondit Gandara, mais entre-temps il ferait mieux d'annuler l'Amazon Day.

Ce n'était pas lui qui pouvait prendre la décision, dit-il. C'était son boss, Westin, le colonel à la retraite.

Alors Gandara prit un rendez-vous avec Westin et répéta devant lui ses arguments pour faire annuler l'Amazon Day. Elle n'était pas allée loin dans son exposition quand Westin l'interrompit en lui disant : désolé, la ville d'El Paso n'a pas vocation à protéger les petites entreprises ou, comme il se souviendrait ensuite de l'avoir formulé, "nous n'interdisons pas aux entreprises de venir à notre salon".

Teresa Gandara comprit le message. "Monsieur Westin, lui dit-elle, je n'ai pas été entendue. Vous avez des choses plus importantes à faire et moi aussi."

Elle se leva et partit.

La veille de l'Amazon Day, le palais des congrès d'El Paso était fin prêt. L'événement était suffisamment important pour que KVIA, la filière locale de la chaîne ABC, l'annonce dans son journal de 22 heures. Sauf que le reportage ne parlait pas que du salon.

"Une des tribunes du salon pose problème à une entrepreneure de la ville, celle consacrée à Amazon, dit le présentateur Erik Elken. Elle affirme que le géant du commerce en ligne est une menace pour les entreprises locales. Regardons le reportage de Denise Olivas, d'ABC 7."

Et là, sur l'écran, apparut Teresa Gandara, dans un chemiser en soie à motifs floraux, parcourant la réserve de Pencil Cup avec Olivas. "Une des choses dont nous sommes très fiers, c'est de savoir que nous avons une base forte et indépendante d'entreprises", dit-elle à Olivas. Elle raconta la proposition que lui avait faite Amazon, son excitation initiale avant de réaliser l'énorme commission qu'ils prélèveraient sur ses ventes.

Olivas enchaîna en faisant remarquer qu'Amazon avait récemment augmenté sa commission et en évoquant une étude réalisée par la Harvard Business School, laquelle décrivait comment Amazon identifiait les produits qui se vendaient le plus et offrait alors ses propres produits pour les supplanter.

Gandara revint à l'écran. "Nous parlons des dollars de nos impôts, ceux que notre ville et toute personne qui passe une commande chez Amazon en utilisant les dollars des impôts font sortir de notre économie, dit-elle. Chaque dollar que vous dépensez dans le commerce local y reste et circule encore au moins dix fois dans l'économie."

La réplique fut donnée par Bruce Collins, le directeur de l'approvisionnement de la ville, en costume dans le studio d'ABC 7. "Je crois que c'est un bon partenariat, dit-il. Les fournisseurs dont les stocks stagnent peuvent choisir de les abandonner et de ne pas les vendre. Mais ils ont désormais un nouveau véhicule à leur disposition."

Retour à Teresa : "Lorsque notre ville, en décidant de participer à sa plateforme de marketing, a laissé entrer Amazon, elle a pris à mon humble avis la pire des décisions possibles."

Collins : "La ville ne dit pas aux gens 'vous *devez* rejoindre la plateforme d'Amazon'. Nous disons simplement 'voici un outil supplémentaire'. Pour moi, le défi c'est de voir si cela peut aider à faire croître nos entreprises, à faire croître El Paso, et on pourra toujours réévaluer les choses ensuite."

Gandara eut le dernier mot. Sa voix tremblait : "Je suis une habitante de cette ville jusqu'au bout des ongles. Quand je vois l'argent de nos impôts disparaître, ce qui nous affaiblit, alors même que je sais que quelque chose pourrait être fait à ce sujet qui ne l'est pas, je me dis que quelqu'un doit s'en occuper."

"Bonjour, El Paso !"

C'est avec ces mots que Bruce Collins lança la Cooperative Purchasing Expo 2018 (Convention de l'approvisionnement coopératif 2018). Il n'y avait presque plus un seul siège libre dans la grande salle du palais des congrès. Mais les choses ne démarreraient vraiment qu'après le déjeuner, lorsque l'événement qui avait été planifié à force d'e-mails et de coups de fil, celui qui avait obligé Teresa Gandara à sortir de sa zone de confort pour s'y opposer, commencerait dans une salle de réunion sans fenêtres et avec une seule porte.

Tout le monde ne pouvait pas participer ; seulement ceux qui s'étaient inscrits au préalable. Plusieurs douzaines de personnes entrèrent et, le moment venu, la porte fut refermée derrière eux. Amazon n'avait pas mégoté sur la dépense. L'entreprise avait quatre représentants dans la pièce, dont Mario Marin, l'ancien fonctionnaire de Los Angeles, désormais responsable national des ventes au marché public d'Amazon Business ; Daniel Lee, un commercial plus jeune, également dans la boucle des e-mails, et Daniel Hinz, "responsable en solutions globales pour les administrations locales", qui, six mois plus tôt, était encore directeur de l'approvisionnement du comté de King, État de Washington, dont faisait partie Seattle.

Marin se dirigea vers l'avant de la pièce. Grand et beau, il parlait avec une telle douceur qu'on aurait pu se croire dans un groupe de soutien.

"Vous êtes ici, dit-il, pour en savoir un peu plus sur ce qu'est Amazon et, surtout, pour apprendre comment les entreprises tirent avantage du Marketplace pour vendre sur le site et s'en servir également comme soutien à leur commerce."

Marin savait que pour vendre il fallait une bonne histoire. Il raconta donc celle de la création d'Amazon Business, quelques années plus tôt. "La raison, c'est qu'on voyait plein de consommateurs qui utilisaient leurs adresses e-mail professionnelles, dit-il, et ce n'était pas pour acheter des jouets pour Noël ou des vêtements pour l'école, mais des rames de papier ou des fournitures de bureau, et cela se passait dans tout le pays. C'est là qu'on a réalisé qu'il y avait quelque chose à creuser, quand les entreprises se servent des sites de vente en ligne. Alors pourquoi ne pas proposer une solution qui répondrait à leurs besoins ? Car nous savons que les consommateurs n'achètent pas de la même façon que le gouvernement. Nous savons que General Electric n'achète pas comme le font mes enfants." La séance, dit-il, serait "une conversation ouverte et passionnante" pour aider les entrepreneurs présents "à se faire une meilleure idée de ce que le Marketplace d'Amazon peut faire pour votre boîte".

Puis quelque chose d'étrange eut lieu. Marin présenta Bruce Collins, le directeur de l'approvisionnement de la ville, comme si l'événement était organisé par Amazon, alors que le salon était en réalité l'œuvre de Collins – dans un bâtiment municipal, qui plus est. Collins s'avança et prononça ce qui ressemblait à un avertissement : "Comme Mario l'a indiqué, ce forum est entièrement consacré à la compréhension de la plateforme Amazon. Cette rencontre *n'est pas* une réunion pour discuter de l'histoire d'Amazon ou de tout autre sujet que le Marketplace. Nous allons scrupuleusement nous en tenir aux intentions de cette réunion en particulier."

Les paramètres étant établis, Marin reprit la parole avec sa voix douce : "Ce que nous essayons de faire, c'est aider les institutions à but non lucratif, qu'elles soient fédérales, de l'État ou locales, à profiter au mieux d'Amazon Business pour économiser du temps et de l'argent et pouvoir se concentrer sur ce qui importe aux populations locales. C'est vraiment ce que nous essayons de faire ici."

Les détails furent laissés à son collègue plus jeune, Lee. Il prit la parole, en s'aidant d'un PowerPoint. Il dit que la "compétence centrale" d'Amazon résidait dans le fait d'être "l'entreprise au monde la mieux centrée sur le consommateur". Il dit que "les trois piliers principaux [étaient] le prix, le choix et l'accessibilité". Puis il fit une parenthèse : "Vous êtes des clients Amazon, non, les gars ? Combien de fois vous êtes-vous rendus sur le site en vous disant : incroyable, je ne m'attendais pas à trouver ça ici ?"

Des rires de connivence emplirent la salle.

"À chaque fois, dit une femme.

— C'est ce que nous voulons", dit Lee.

Il leur parla ensuite du "volant d'inertie", expliqua comment l'approche facile et les prix bas attiraient les clients, ce qui générait du trafic, ce qui attirait davantage de vendeurs et de produits, ce qui générait encore davantage de trafic et de ventes. Il fit briller des chiffres sur l'écran : l'année précédente, 140 000 petites et moyennes entreprises avaient fait plus de 100 000 dollars de chiffre d'affaires sur le site. "Plutôt pas mal, une bonne manière d'accroître les ventes, je dirais", observa-t-il sur le ton de l'euphémisme.

En d'autres termes : il faudrait être fou pour refuser une telle opportunité. En à peine trois ans, Amazon Business était passé de 0 à 10 milliards de dollars de chiffre d'affaires annuel. "C'est assez phénoménal d'en faire partie et de voir la chose grandir sous vos yeux", dit Lee. Amazon Business vendait désormais à 85 % des membres du classement des cent personnes les plus riches du magazine *Fortune*. Il vendait à plus de la moitié des plus grands centres hospitaliers et à plus de 40 % des municipalités les plus peuplées. En d'autres termes : tout le monde s'y rendait.

Une main se leva. C'était Julien Grubbs, d'Express Office Products : "Les clients de la municipalité s'étaient habitués à acheter sur mon site, puis nous avons fait la transition vers celui de la ville. Devrons-nous maintenant passer à celui d'Amazon et va-t-il remplacer le site de la ville ?"

Sa question vint perturber le discours flou de Lee. Amazon étant désormais approuvée en tant que filière pour les achats de la municipalité, les employés de la ville feraient-ils directement des acquisitions sur le site ? Le sous-texte évident restait tu : dans un tel cas, qu'est-ce qui les empêcherait d'acheter aux innombrables autres vendeurs du site et pas seulement aux entreprises d'El Paso ?

Bruce Collins se leva d'un bond pour balayer les insinuations de Grubbs. Oui, dit-il, les acheteurs pourraient désormais passer directement par Amazon. Mais, "dans le cadre de la synergie avec la ville, il serait implicite" qu'un vendeur d'El Paso resterait préférable, puisque local.

Daniel Lee se voulut encore plus consolateur. Amazon Business offrait aux vendeurs une fenêtre pour se présenter, où les entreprises d'El Paso pourraient montrer leur enracinement. "Vous pouvez raconter votre histoire", dit-il.

Mais Grubbs n'était pas satisfait. Quelques instants plus tard, il leva de nouveau la main et s'approcha encore plus directement de la question centrale : "Quelle est la contrepartie, selon qu'ils achètent directement chez moi ou en passant par Amazon ?" voulu-t-il savoir.

Lee fit comme s'il n'avait pas compris où Grubbs voulait en venir. "La contrepartie pour vous, monsieur ? demanda-t-il.

— La contrepartie pour moi et pour les clients", dit Grubbs.

Marin s'invita dans la conversation et se lança dans un laïus à propos d'Amazon guidant les acheteurs d'El Paso vers les vendeurs d'El Paso. Grubbs ne mordit pas à l'hameçon et se fit encore plus candide : "Ma question, c'est : je vends une rame de papier à 10 dollars sur le site de la ville. Les gens vont sur le site pour acheter chez moi. En passant par Amazon, ils ajoutent une contrepartie supplémentaire, que ce soit le prix, le service, ou l'aspect pratique. *Quelle est la contrepartie ?*" Il suppliait presque, maintenant.

Mais les trois hommes continuaient de contourner la question.

"La distribution globale, dit Bruce Collins. En allant sur le Marketplace d'Amazon, vous devenez un vendeur global."

"Nous n'essayons pas de remplacer votre entreprise actuelle, dit Daniel Lee. Il ne s'agit pas d'El Paso. C'est aux Stanford et aux General Electric du monde entier que vous vendrez, grâce à une belle offre clé en main."

"Nous assumons la responsabilité des négociations" pour les paiements en retard et autres questions pénibles, dit Mario Marin. "C'est un outil phénoménal, si on y pense un peu."

C'était l'essence de la vision d'Amazon, une idée du commerce dans ce qu'il avait de plus libre et de plus fluide, une petite entreprise de la frontière mexicaine capable de vendre ces produits à n'importe quel acheteur dans le monde, sans même devoir s'inquiéter de l'emballage et de l'envoi : comment ne pas aimer cela ?

Grubbs n'en pouvait plus. Il avait essayé de ne pas être trop brutal. Comment pouvait-on avoir le mauvais goût de s'inquiéter du prix si le vendeur se comportait comme s'il n'était pas en train de dérouler un argumentaire, comme s'il ne s'agissait que d'aider les entreprises d'El Paso à croître ? Ils ne lui avaient pas laissé le choix.

"C'est formidable et ça me paraît formidable, dit Grubbs, mais je ne sais toujours pas combien toute cette commodité va me coûter."

Et, enfin, grâce à cette remarque, près de quarante minutes après le début de l'argumentaire, Lee dit à son auditoire que pour avoir le privilège de vendre sur Amazon ils paieraient 39,99 dollars de frais mensuels. "Et, poursuivit-il, il y a une commission recommandée qui va de 6 à 15 % selon la catégorie de produit."

C'était vague, ce que Grubbs lui fit remarquer :

"Ces catégories vont de 6 à 15 %. Comment puis-je, en tant qu'entrepreneur, identifier la catégorie de mon produit ?

— C'est quelque chose que nous verrons en détail avec vous, dit Lee.

— C'est quelque chose sur lequel nous nous mettrons d'accord avant de nous mettre d'accord ?

— En quelque sorte", dit Lee.

Les vrais termes du contrat enfin sur la table, il n'y avait plus grand-chose à ajouter. Un moment plus tard, Mario Marin conclut, aussi clairement qu'il le put : "Vous avez entendu deux histoires, dit-il. L'une, c'est qu'il y a une carte à jouer du côté de la vente pour les marchands, nous invitons, nous recrutons, nous vous aidons à vendre sur notre Marketplace. Et puis vous avez entendu mon histoire, notre manière de montrer et d'expliquer comment vous pouvez utiliser le site, comment vous pouvez acheter et refléter vos modalités d'approvisionnement de façon à mieux atteindre vos buts socio-économiques. Voilà, c'est tout, dit-il, c'est notre histoire."

Chez Pencil Cup, le même jour, Carlos Gandara Jr. ne pouvait plus s'arrêter de bâiller. C'était peut-être parce qu'il était très occupé. Il travaillait toujours pour l'entreprise familiale, dont il était maintenant l'un des deux principaux vendeurs, mais il s'apprêtait également à lancer deux projets avec quelques amis. L'un concernerait la vente de stores. L'autre, la vente au détail.

Pour tout dire, cela faisait quelque temps déjà que les contraintes de Pencil Cup l'agaçaient. Il avait conscience de son obligation envers l'entreprise familiale ; il était reconnaissant d'y avoir été employé pendant toutes ces années. Mais il avait trente et un ans, maintenant. Il était temps de se lancer dans sa propre aventure.

Pendant quelques années, en réalité, il avait eu sa petite activité parallèle. Il cherchait des articles soldés sur Internet ; des marchandises très diverses qu'il achetait à bas prix et se faisait livrer à Pencil Cup. C'était très éclectique : pendant un temps, ce furent les articles pour bébé – les couffins et les chaises berçantes. Il les prenait en photo, décidait d'un prix, puis les vendait.

Sur Amazon.

Il avait découvert cette possibilité en tombant par hasard sur une vidéo, alors qu'il cherchait le moyen d'augmenter un peu ses revenus. FBA, "Fulfillment by Amazon" : Expédié par Amazon. On leur envoyait la marchandise, ils la stockaient dans leur entrepôt et se chargeaient de la livraison à l'acheteur, du service après-vente, des retours. Contre un pourcentage, naturellement. La facilité d'utilisation et la fluidité de FBA expliquaient à elles seules l'échelle stupéfiante désormais atteinte par l'entreprise : en 2019, elle avait plus de 600 millions d'articles disponibles à tout moment et plus de 3 millions de vendeurs. Cela contribuait aussi à expliquer les problèmes qui commençaient à émerger : Amazon permettait à ses vendeurs tiers (dont une bonne partie était désormais basée en Chine) de vendre d'innombrables contrefaçons, des vêtements fabriqués dans des usines dangereuses du Bangladesh auprès desquelles d'autres vendeurs avaient cessé de se fournir, et des jouets, des matelas de sol pour bébés et d'autres produits considérés à risque selon la réglementation en vigueur.

Son activité sur FBA faisait de Carlos Jr. la cible des reproches familiaux. En même temps, il ne s'était jamais senti aussi dérangé qu'eux par la menace à laquelle ils devaient faire face. Parfois, bien sûr, dans les établissements scolaires où il se rendait pour faire la promotion de Pencil Cup les gens lui répondait qu'ils préféraient acheter chez Amazon. "Je ne vais pas me sentir blessé pour si peu, disait-il. Tout le monde a le droit d'acheter où il veut."

De fait, il lui arrivait aussi de sortir gagnant. Peu de temps auparavant, un établissement scolaire l'avait contacté pour du matériel audiovisuel alors qu'ils avaient déjà reçu un devis d'Amazon et il avait été capable de faire mieux. Il aimait penser qu'il disposait toujours d'un avantage naturel. Il était là, eux non. Il pouvait aller dans les écoles en personne, montrer sa figure jeune, charismatique, qui présentait bien. “Le prix est toujours un facteur, disait-il, mais la présence aussi.”

Ce n’était pas que ça, pourtant. Il ne prenait pas la menace trop au sérieux car il ne pouvait s’empêcher d’admirer l’entreprise et son créateur. “Le plus triste dans tout ça, dirait-il plus tard, c’est que j’admirais Jeff Bezos. Je l’idolâtrais, d’une certaine façon.”

Et il ajoutait : “Parce que c’était l’endroit où je voulais être.”

CHAPITRE 6

Pouvoir

À l'ombre du cloud

Virginie septentrionale – Columbus, Ohio – Washington, D.C.

Nathan Grayson réalisa, au fil des années, l'importance de ce qu'il finirait par appeler son "bronzage". "Peu importe ce que je faisais, j'avais toujours un beau bronzage, disait-il avec un rire grondant où se mêlaient le chagrin et l'hilarité. Peu importe ce que je faisais."

Ce fut peut-être au CP qu'il en prit conscience, lorsque son école primaire en Virginie septentrionale, Antioch-McCrae, fut fermée peu de temps après son arrivée. Selon la rumeur, le propriétaire du terrain sur lequel était bâtie l'école n'appréciait pas la récente politique d'intégration de celle-ci, ce qui avait conduit à sa fermeture. Quoi qu'il en soit, l'école devint finalement un refuge pour les oiseaux, et Nathan Grayson et ses camarades de classe, noirs pour la plupart, furent envoyés à l'école primaire de Gainesville.

Il le remarqua de nouveau lorsqu'il essaya de monter sa propre affaire, des années plus tard, en espérant marcher dans les pas de son père, lequel avait dirigé une entreprise de transport de déchets qui avait prospéré pendant un temps, avec Nate en charge des ventes, jusqu'à se faire mettre sur la touche par deux gros poissons, Waste Management et Browning-Ferris Industries. Nate finit par s'occuper de la maintenance dans un des golfs haut de gamme de Virginie septentrionale. Il était fier de son travail – irriguer les greens jusqu'à la plus verdoyante des perfections, réparer toutes sortes de choses dans le clubhouse – et il était bien traité. Mais il ne pouvait se défaire du désir d'être son propre patron – d'être comme cet homme qu'il avait vu un soir, très tard, en train de nettoyer le parking d'un centre commercial avec un camion balayeur. L'homme lui avait dit avoir récolté plus de 100 000 dollars l'année précédente en ne nettoyant que trois parcelles entre Front Royal et Manassas, ce qui ne lui prenait que quelques heures chaque nuit.

Alors, Nate Grayson s'était rendu à la banque, d'abord pour un prêt de 70 000 dollars afin d'acheter deux grandes tondeuses et une benne à bascule. Il jouissait d'une bonne réputation et remplissait selon les banques les conditions pour un prêt immobilier, ou pour l'achat d'une voiture ou d'une moto. Les tondeuses et la benne, en revanche, allaient servir à monter une société et pour une raison ou une autre Nate n'avait pas droit à un prêt pour les entreprises : "Je suis désolé, monsieur Grayson, lui dit le responsable, mais en raison de certaines complications nous ne serons pas en mesure de faire cela pour vous." Il essaya encore quelques années plus tard, espérant obtenir cette fois 40 000 dollars pour deux camions balayeurs. Non, de nouveau. Il continua de travailler au club de loisirs – réglant les arroseurs, réparant les fontaines, coupant les arbres, remplaçant les sangles cassées, les pneus pourris ou les jointures de direction des voiturettes, réparant les portes du clubhouse dans lesquelles des épaules en colère avaient creusé des trous. "Comment se fait-il que la balance penche toujours du même côté ?" se demanderait-il plus tard en se laissant aller à son penchant pour les questions rhétoriques. Il se répondit lui-même : "Si vous n'ouvrez pas la porte, je ne peux pas entrer."

Mais au moins Nathan Grayson avait-il Carver Road – Carver Road et tout ce qui l'accompagnait. On savait très peu de choses sur les origines de cette enclave particulière, un brouillard dans les archives historiques qui était un des héritages de siècles d'illettrisme forcé. Tout ce qu'on savait avec certitude, c'était que dans les années qui avaient suivi la guerre de Sécession, une partie des plantations de Mount Pleasant avait été désignée pour être éventuellement achetée par les anciens esclaves qui y vivaient. Ils avaient le droit d'acheter des terres, mais seulement ici. Et parmi ceux qui le firent se trouvait une certaine Liviana Blackburn Johnson, laquelle, selon les archives du cadastre, avait payé 30 dollars en 1899 pour acheter 1,2 hectare à Jane C. Tyler, la fille du premier propriétaire du terrain, qui était mort en 1862.

Mme Johnson, qui avait alors la trentaine, acheta ensuite davantage de terrain aux alentours, au point, des décennies plus tard, d'être considérée comme la fondatrice de cette communauté : environ 70 personnes vivant au milieu des grands pins sur une vingtaine d'hectares le long des 1,5 kilomètre d'extension de Carver Road, entre Lee Highway et Old Carolina Road. Les Johnston, les Moore, les Grayson, tous lointainement apparentés, dont les racines remontaient à Liviana et à une poignée d'autres esclaves affranchis qui avaient également acheté du terrain à leurs anciens maîtres. Cette communauté s'appelait, tout simplement, la Colonie.

Pendant des décennies, ils avaient vécu de travaux fermiers ou domestiques dans des propriétés des environs, se rendant à cheval ou en carriole dans certaines des plantations mêmes où leurs ancêtres avaient travaillé sous les coups de fouet. Peu à peu, ils s'étaient diversifiés : Charles Moore avait commencé comme paysagiste et dans le jardinage avant de partir travailler dans le grand magasin Sears & Roebuck à Washington, faisant les 50 kilomètres de trajet dans son pickup Dodge, avec son repas de midi dans un sac derrière lui. Un autre voisin, John Pye, avait travaillé comme majordome et chauffeur à la Maison-Blanche sous Franklin D. Roosevelt.

La vie à la Colonie tournait autour de l'église baptiste de Mount Pleasant, fondée en 1877. Des bals étaient organisés au Shady Inn Dance Hall. Ils faisaient leurs courses chez Phil's Market et chez Gossen's Hardware, lesquels, contrairement au relais routier Orndoff, ne les obligeaient pas à passer par la porte de service.

De telles indignités disparurent avec le temps. Tout comme l'isolement de la Colonie. La ville de Washington s'étendit vers l'est, jusqu'à englober la communauté de Carver Road. Des promoteurs construisirent un lotissement dans les environs, Hopewell's Landing. Le Lee Highway fut élargi à quatre voie, et le trafic vers l'est était si dense le matin qu'après 8 heures on pouvait abandonner l'idée de tourner à gauche.

Et pourtant la Colonie tint bon. Dans les années 1990, Nate Grayson hérita de la maison avec deux chambres et une salle de bains dans laquelle il avait grandi. Elle était entourée de près de 2 hectares de terrain, sur lesquels, petit garçon, il avait chassé les écureuils en compagnie de son père avec un fusil à un coup de chez Sears & Roebuck. Le terrain accueillait maintenant sa passion grandissante, l'élevage de chiens beagles, quatre ou cinq en même temps, qu'il emmenait à des compétitions à travers les États-Unis.

Beaucoup des plus anciens membres de la communauté avaient atteint les soixante-dix, quatre-vingts et même quatre-vingt-dix ans. Leurs enfants étaient partis. Bien qu'il entamât la cinquantaine, Nate faisait partie des plus jeunes, comme le montrait l'arbre généalogique qu'il avait esquissé sur un grand tableau chez lui. Il déneigeait leurs allées, réparait leurs gouttières, tondait leurs pelouses. "J'ai été élevé par le quartier, disait-il, c'est à eux que je dois d'être celui que je suis aujourd'hui. Ils ont pris soin de moi au début. Lorsque j'avais besoin de 20 dollars, M. Moore me les donnait. Ils se sont occupés de moi comme si j'étais l'un d'eux."

Maintenant, ce serait son tour de s'occuper d'eux, alors que Carver Road courait le risque d'être avalé par le *cloud*.

Le *cloud*, le "nuage", un terme si aérien, si éthéré, qui évoquait un ballon décrivant un arc vers l'avant-centre, un dimanche d'été paresseux dans la prairie.

En réalité, le *cloud* était tout ce qu'il y a de plus terrestre et matériel, l'antithèse de la légèreté et de la luminescence. Le *cloud* vivait dans les *data centers* ("centres de données"), ces vastes structures sans fenêtres qui s'étaient mises à proliférer dans certains recoins du paysage américain à la fin du XXe siècle, alors que les communications et la vie commerciale déménageaient en ligne. Les millions de transactions, d'interactions et d'activités qui, il n'y a pas si longtemps, composaient la vie de tous les jours – une lettre envoyée, un billet tendu, un journal lu, un disque écouté, un film projeté – étaient passées d'une existence quotidienne et omniprésente à un domaine presque entièrement caché au regard. Les centres de données hébergeaient les serveurs informatiques géants grâce auxquels tout fonctionnait : les transactions commerciales, les secrets gouvernementaux, les e-mails des amoureux. En 2018, nous produisions 2,5 trillions de bytes de données par jour, une somme qui augmentait de façon tellement exponentielle que 90 % des données mondiales avaient été générées dans les deux années précédentes. À chaque minute, en moyenne, le monde faisait 2,4 millions de recherches sur Google, regardait 4,1 millions de vidéos sur YouTube, et postait 47 000 photos sur Instagram.

Les installations étaient quasiment autosufffisantes – un *data center* de plus de 18 000 mètres carrés avec 400 millions de dollars de serveurs et autres équipements ne demandait pas plus de vingt ingénieurs et techniciens pour fonctionner. Ce dont ils avaient vraiment besoin, c'était d'électricité et d'eau – l'une, pour faire tourner les machines ; l'autre, pour les refroidir.

Et ils avaient besoin de sécurité. Les *data centers* étaient les centres nerveux de la nation et recevaient la protection correspondante. Leurs murs étaient deux fois plus épais que ceux de la plupart des bâtiments, capables de résister à des vents dépassant les 200 km/h. Les dalles en béton de leurs sols pouvaient supporter jusqu'à 160 kilos par mètre carré. Les machines étaient enfermées dans des cages et protégées par des pare-feu. Certains avaient des plafonds en béton pour supporter d'énormes groupes électrogènes de secours. On aurait pu confondre les bâtiments avec des abris antiatomique suffisamment grands pour accueillir toute une ville de paranoïaques.

En théorie, les centres de données pouvaient être situés n'importe où à proximité d'un câble de fibre optique, d'eau en grande quantité et d'électricité pas chère. En réalité, ils étaient rassemblés dans des *hubs*, l'infinité ou presque du commerce et de la communication humaine tassée dans une poignée de bâtiments situés à une poignée d'emplacements. Plus encore que pour d'autres aspects du paysage numérique, le *cloud* pouvait être dominé par quelques lieux et par quelques entreprises, celles disposant de la meilleure capacité d'accueil et du plus grand nombre de connexions.

Le plus gros de ces rassemblements de centres de données, de loin, se trouvait en Virginie septentrionale. Très tôt, la zone avait accueilli une bonne partie des fournisseurs Internet, attirés par la concentration de sociétés militaires privées et d'entreprises de haute technologie. La zone offrait également des terrains à foison – les fermes doucement vallonnées qui s'étendaient à l'est et au sud du Potomac vers le Piedmont, la silhouette des pics du Blue Ridge se découpant au loin – et une électricité pas chère alimentée par le charbon des Appalaches. En 1992, un groupe de fournisseurs Internet se réunit pour un déjeuner à la Tortilla Factory de Herndon, en Virginie, pour prendre une décision qui allait sceller le destin de la zone : ils rassembleraient physiquement leurs réseaux dans un nouvel emplacement, améliorant ainsi fortement leur portée et leur valeur auprès des clients. La plateforme, nommée Metropolitan Area Exchange-East, était hébergée dans une pièce en parpaing à l'intérieur d'un parking souterrain de Tysons Corner, une ville en bordure de l'autoroute inter-États I-495.

Un attrait supplémentaire, c'étaient les réductions d'impôts accordées aux *data centers* par l'État de Virginie et les administrations locales, particulièrement les comtés de Loudoun et du Prince William. Pour ces villes de la grande banlieue de Washington, les centres de données étaient des voisins idéaux : ils généraient de nouveaux impôts qui permettaient de financer les écoles de prestige réclamées par les habitants qui venaient peupler les zones résidentielles, tout en n'ajoutant pas trop de trafic aux routes embouteillées. En ce sens, le nombre dérisoire de postes qu'ils proposaient était, pour le dire dans leur jargon, un avantage plutôt qu'un bug.

Chacun coûtait entre 50 et 70 millions de dollars. Leur profil était anonyme – quiconque passait devant ne pouvait savoir ni à qui ni à quoi ils servaient. "Nous ne faisons aucun commentaire sur aucun projet, réel ou imaginaire", répondit à un journaliste le directeur du développement économique du comté du Prince William en 2000.

L'éclatement de la bulle technologique cette année-là vida de nombreux *data centers*, faisant flotter la menace d'une détérioration permanente de ces énormes coquilles, inadaptées à toute autre utilisation. Mais ce contretemps ne fut que temporaire. L'essor des dispositifs de lutte contre le terrorisme après les attaques du 11 Septembre généra une nouvelle demande en stockage informatique ultrasécurisé – les bâtiments furent bientôt équipés de contrôles d'accès, de sas pourvus de scanneurs biométriques capables de lire les empreintes digitales, les paumes ou les rétines ; il y avait également de fausses entrées, des vitres pare-balles et des murs renforcés au Kevlar. Certains centres de données étaient même délibérément installés derrière des collines, afin de diminuer leur visibilité et d'empêcher les attaques de véhicules béliers chargés d'explosifs ; ceux moins bien protégés topographiquement étaient entourés de poteaux en béton.

Puis vint le *cloud*.

L'origine fonctionnelle du terme – l'idée de faire tourner des applications sur un serveur qui n'est pas le vôtre – germa au début des années 2000 à Seattle. Amazon avait lancé Merchant.com, un site qui offrait des outils technologiques à d'autres entreprises de commerce en ligne, et ne tarda pas à se rendre compte que des usagers externes pourraient facilement avoir accès à la technologie d'Amazon grâce à des interfaces bien conçues. Vers la même époque, l'entreprise découvrit que beaucoup de ses équipes de programmeurs passaient des mois entiers à recréer la même infrastructure logicielle de base pour leurs projets, une fois et une autre encore. Pourquoi, dès lors, ne pas concevoir une plateforme qui rendrait plus efficace le développement des propres logiciels d'Amazon tout en permettant aussi à d'autres entreprises d'y accéder ? Ces entreprises pourraient concevoir des applications à partir de cette infrastructure – pour toutes sortes de fonctions, du calcul au paiement en passant par la messagerie –, économisant ainsi le coût et l'ennui d'avoir à construire leur propre infrastructure et de faire tourner leurs propres serveurs et centres de données.

L'entreprise lança en 2003 Amazon Web Services, une branche dédiée à l'informatique en nuage, et se mit à proposer son premier service de stockage informatique en 2006. En 2017, AWS offrait ses services à, notamment, General Electric, Capital One, News Corp, Verizon, Airbnb, Slack, Coca-Cola, et même à des concurrents directs comme Apple et Netflix, tout en générant plus de 17 milliards de revenus pour l'année – un dixième du total des revenus d'Amazon. "AWS a construit une des plateformes technologiques les mieux équipées et les plus disruptives ayant jamais existé au cours de ma vie", déclara Stephen Orban, le directeur global de la stratégie d'entreprise d'AWS.

Entre sa domination du *cloud* et sa domination des ventes en ligne, Amazon s'était positionné comme un gardien réclamant un droit de passage – ce que les économistes appelaient un "retour" – sur deux des plus gros domaines de l'activité commerciale numérique, le stockage informatique et la vente en ligne. On pouvait presque comparer cela à une taxe, sauf qu'elle était collectée par une entreprise privée et non par un gouvernement légitimement élu. On pouvait aussi comparer cela à un fournisseur d'eau ou d'électricité – Amazon avait pour ainsi dire posé un compteur sur les *data centers* du pays, mais sans se plier à aucune des réglementations auxquelles les fournisseurs d'énergie devaient faire face.

Ou on pouvait comparer cela aux jeux lucratifs des banques et des fonds de pension qui avaient conduit à la crise financière de 2008, lesquels se résumaient à "pile, je gagne, face, tu perds". Peu importe le moyen, Amazon touchait sa commission. "Je vois des parallèles entre le comportement d'Amazon et les pratiques de prêt de certains groupes financiers avant le krach de 2008, écrivit Rana Foroohar, chroniqueuse au *Financial Times*. Ils se servaient des prix évolutifs, sous forme de prêts hypothécaires à risques et à taux variables, et ils exploitaient d'énormes asymétries dans l'accès à l'information dans leur vente de titres garantis par des hypothèques et de complexes contrats de rachat de dettes à des investisseurs imprudents, parmi lesquels des villes comme Detroit. Amazon, pour sa part, disposait de bien plus d'informations sur le marché que les vendeurs et les marchés publics qu'il prévoyait de mettre en relation. Je vois vraiment de plus en plus de parallèles entre le fonctionnement des grands groupes du numérique et celui des grandes institutions financières. Ils se situent tous deux au centre du sablier de l'information et du commerce et touchent une commission sur ce tout ce qui y transite. Comme une grosse banque d'investissement, Amazon peut à la fois créer un marché et y participer."

Cela rappelait aussi les géants du rail à la fin du XIXe siècle, qui contrôlaient à la fois les voies ferrées et l'essentiel de l'huile et du charbon qu'on y transportait, ce qui leur permettait de faire pression sur les petits producteurs.

Tandis que de plus en plus d'entreprises adoptaient le *cloud* et qu'elles étaient de plus en plus nombreuses à suivre le leadership d'Amazon afin de pouvoir offrir davantage de capacité de stockage, les *data centers* se multiplièrent comme jamais. En Virginie septentrionale, ils occupaient près de un million de mètres carrés. Dominion Virginia Power, le principal fournisseur d'énergie de l'État, qui dépendait lourdement du charbon, projetait en 2013 une augmentation de 40 % des demandes énergétiques des centres de données dans les seules quatre prochaines années. Chaque centre avait une consommation plus ou moins équivalente à celle de 5 000 maisons.

Les terrains se remplissaient, particulièrement dans le comté de Loudoun, où il y avait quarante *data centers* en 2013, lesquels occupaient un demi-million de mètres carrés, l'équivalent de vingt-cinq hypermarchés Walmart, et le comté espérait que leur nombre doublerait au cours de la prochaine décennie. En l'espace de deux ans, en 2011-2012, le comté avait ajouté 74 000 mètres carrés d'espace dédié aux centres de données, mais pas un seul mètre carré à des espaces de bureaux traditionnels. Le terrain se vendait à plus de 1 million de dollars le demi-hectare au cœur du "Data Center Alley" du comté.

Le comté se vantait que pas moins de 70 % de tout le trafic Internet passait chaque jour par ses centres de données. Ashburn, une localité de la grande banlieue au-delà de l'aéroport international de Washington-Dulles, qui hébergeait le tout premier rassemblement de *data centers* du pays, était mentionné au même titre que les autres grands *hubs* Internet mondiaux : Tokyo, Londres, Francfort. "Je n'exagère pas beaucoup en disant que Data Center Alley est devenu un élément essentiel du tissu de la culture occidentale", dit Buddy Rizer, le directeur du développement économique du comté de Loudoun. Le comté se vantait également des 200 millions d'impôts que les centres lui rapportaient chaque année. Cela lui permettait, en tant que comté le plus riche du pays, de fournir des services tels que des crèches ouvertes toute la journée, ce que des communautés moins avantagées n'étaient pas en mesure d'offrir.

Amazon disposait déjà de plusieurs centres de données en Virginie septentrionale, gérés par sa filiale Vadata. Mais il avait besoin de davantage d'espace, bien davantage, car il cherchait à s'approprier un nouveau domaine économique. En 2013, il signa un contrat de 600 millions avec la CIA, et certaines branches de l'Armée commençaient à envisager d'adopter aussi le *cloud*.

En 2014, une entreprise non identifiée voulut construire un centre de données de 50 000 mètres carrés près de la ville de Haymarket, dans le comté du Prince William. Le site, situé le long du John Marshall Highway, se trouvait beaucoup plus à l'ouest que les autres rassemblements de *data centers* des environs, offrant ainsi un bien meilleur degré de confidentialité. Il était situé au-delà du Parc national de champ de bataille de Manassas, et près de Rural Crescent, une zone longtemps protégée contre le développement immobilier.

Pourtant, l'entreprise anonyme obtint l'accord du comté – les règles des zones non constructibles du comté du Prince William ne s'appliquaient pas aux centres de données. Y contribua certainement le fait que des employés de l'équipe du développement économique du comté firent deux voyages à Seattle en 2013 pour des réunions au siège de l'entreprise, accompagnés, lors d'un de ces voyages, par des représentants de Dominion, le fournisseur en énergie de Virginie.

Tout ce qu'il restait à faire, c'était de raccorder le nouveau centre de données au réseau électrique.

Arrivé à ce point, Amazon grandissait si rapidement que la Virginie septentrionale ne fut plus suffisante. L'entreprise avait besoin d'un deuxième rassemblement de *data centers* dans l'est des États-Unis. Elle s'installa dans la zone métropolitaine de Columbus, dans l'Ohio.

Columbus n'était pas comme le reste de l'Ohio. Il lui manquait les racines industrielles de Cleveland, Cincinnati, Akron, Toledo, Dayton et Youngstown. Son économie s'était construite autour du gouvernement de l'État, de l'université d'État de l'Ohio, du transport et de la santé. En 1960, avec ses 47 000 habitants, elle était loin derrière Cincinnati et Cleveland. Tout ce que la ville put alors achever en termes de développement dépendait largement des annexions : au milieu des années 1950, elle fit voter une résolution selon laquelle elle n'étendrait son réseau d'égouts et de distribution d'eau qu'aux seuls zones périphériques qui accepteraient d'être annexées, ce qui permit à la ville de s'étaler sur plus de 360 kilomètres carrés, presque trois fois plus que Cleveland et Cincinnati.

Un demi-siècle plus tard, Columbus était la reine. N'ayant jamais eu de base industrielle, elle était moins affectée par le déclin de la production que les autres grandes villes de l'Ohio. (General Motors, autrefois le plus gros employeur de l'État, n'était plus qu'à la soixante-deuxième position.) Grâce à sa politique d'annexion de terrains, l'accélération de l'émigration du centre urbain vers la banlieue lui fit perdre beaucoup moins d'habitants que les autres grandes villes de l'État – une famille pouvait se déplacer d'une vingtaine de kilomètres depuis le centre vers une maison située bien au-delà de l'I-270, le périphérique de la ville, sans avoir quitté Columbus et continuer d'y payer des impôts. Et comme la ville abritait la principale université publique de l'État, elle devint la destination naturelle de nombre de jeunes esprits brillants des agglomérations en difficulté de l'État. Ils venaient à Columbus pour étudier et y restaient.

En 2014, la ville s'était complètement démarquée du destin du reste de l'État. Sa population avait augmenté de 14 % depuis 2000, jusqu'à dépasser les 800 000 habitants, tandis que Cleveland et Cincinnati en avaient perdu 15 % sur la même période. C'était la ville du pays qui connaissait l'expansion la plus rapide, hormis le sud et l'ouest. Son revenu moyen par foyer était supérieur d'environ un tiers à celui des sept autres principales villes de l'État ; le prix moyen du mètre carré dépassait de 70 % celui de villes moyennes comme Dayton, Toledo et Akron ; elle hébergeait environ un tiers des emplois créés dans l'État depuis 2010, dont des avant-postes d'Apple et Tesla, et dominait la croissance des start-up dans le Midwest, tandis que Youngstown, Akron et Toledo étaient en bas du classement national en termes de croissance de l'emploi. Columbus bénéficiait de l'effet "les gagnants raflent la mise", "les riches s'enrichissent", qui profitait aux bastions prospères et mieux réputés des côtes, mais à un niveau régional plutôt que national. Le succès nourrit le succès ; même dans le Midwest, les gains ne se propageaient pas équitablement.

Rien d'étonnant, donc, qu'Amazon, en choisissant l'Ohio pour son deuxième rassemblement de *data centers*, une expansion de plus de 1 milliard de dollars nommée AWS US East, préfère s'installer dans la métropole de Columbus plutôt que dans d'autres parties de l'État où les investissements manquaient cruellement. La main-d'œuvre jeune et éduquée de Columbus convenait parfaitement aux besoins des *centers*. (Orban, d'AWS, exprima sans ambiguïté sa préférence pour des employés fraîchement émoulus de l'université : "J'aime quand ils ne débarquent pas avec une attitude du genre 'moi, je faisais les choses comme-ci ou comme ça'.") Et la zone offrait le type idéal de banlieue résidentielle à cibler : suffisamment riche pour financer de bonnes écoles aux enfants des employés, mais manquant aussi suffisamment de confiance dans ses infrastructures civiles et dans son identité pour être manipulable.

L'entreprise se concentra sur trois villes situées au-delà des limites de l'agglomération fort étendue de Columbus, le long de l'arc nord, le plus riche, de l'I-270 : Hilliard ("De vrais gens, de vraies possibilités"), Dublin ("Où hier rencontre demain") et New Albany ("La meilleure banlieue d'Amérique"), cette dernière ayant été fondée sur d'anciens champs de soja par l'homme d'affaires Les Wexner avec l'aide de son mystérieux *consigliere*, le prédateur sexuel Jeffrey Epstein.

Amazon imposa ses conditions, exactement comme il le faisait avec les entrepôts qu'il cherchait à construire dans l'Ohio et ailleurs. Il demandait de généreux avantages : être exempté pendant quinze ans de taxe foncière, ce qui, pour un *data center* standard, représentait environ 5,4 millions de dollars. "Vadata s'efforce de gérer ses établissements de façon aussi efficace et rentable que possible", déclarait l'entreprise pour justifier ce qu'elle demandait à New Albany. Elle désirait un traitement de faveur à chacune des étapes : des permis de construire délivrés plus rapidement, une exonération des taxes habituelles.

Et elle demandait le secret absolu. Les villes devaient signer des clauses de confidentialité avant de pouvoir entamer les négociations avec l'entreprise. Elles devaient accepter d'employer des noms de code pour parler de l'entreprise ("Projet Granit" à Dublin ; "Projet Marbre" à Hilliard). L'entreprise demandait aux élus de ne discuter du projet que lors de sessions à huis clos, et pas en réunions publiques. Et elle demandait aux villes d'être prévenue en cas de demande d'accès à l'information à propos des centres de données et de faire leur possible pour ne rien divulguer, même des détails aussi basiques que la localisation du projet.

Les trois villes de banlieue se dépêchèrent d'obtempérer. Toutes trois, elles garantirent quinze ans d'exonération d'impôts fonciers, de même qu'elles acceptèrent de rembourser à l'entreprise 10 % des taxes sur les traitements et salaires des employés, lesquels ne seraient pas plus de 25 par *data center*. À cela s'ajoutait une autre exonération fiscale que l'entreprise avait négociée avec le fisc de l'Ohio : une exemption de TVA sur la vente d'équipement d'une valeur de 77 millions de dollars.

Dublin alla même plus loin : il donna à l'entreprise 28 hectares de terres cultivables, évaluées à 6,75 millions de dollars, sur lesquelles construire le *center*. Tant qu'Amazon y construisait au moins 70 000 mètres carrés de centres de données, Dublin s'engageait par écrit à ce que "l'entreprise n'ait pas à payer la moindre portion de terrain". La ville ajouta encore une couche : "Projet Granit ne sera pas obligé d'engager des travailleurs syndiqués pour construire, tant qu'il aura obtenu la propriété du terrain avant que ladite construction ne commence."

Les trois villes promirent d'accélérer l'installation des *centers* en simplifiant leurs processus d'approbation et Hilliard fit un pas supplémentaire : "Toutes les taxes imposées par la ville de Hilliard concernant le zonage, les candidatures, les permis de construire et la connexion au réseau des égouts et de distribution d'eau seront annulées." Et elles promirent toutes les trois de faire tout leur possible pour que le projet ne soit pas connu du public ou de la presse.

Les villes firent remarquer, en s'excusant presque, que le vote pour approuver les réductions d'impôts devrait être public et qu'elles étaient tenues de respecter la loi de l'Ohio sur l'accès public à l'information. Mais elles assuraient à l'entreprise qu'elles feraient tout ce qui était en leur pouvoir pour ne pas divulguer plus d'informations que le strict minimum demandé par la loi. Dublin et Hilliard firent exactement la même promesse à l'entreprise : "La ville refusera de fournir toute information sauf si une décision de justice le lui impose."

Les offres d'emploi furent mises en ligne en décembre 2014. Parmi d'autres postes, Amazon cherchait "un responsable dynamique de *data center*" pour son *hub* de Virginie septentrionale. Le responsable "sera un expert de premier niveau prenant en charge les problèmes de l'établissement, dont il sera les yeux et les oreilles, enregistrant et contrôlant son bien-être général et celui du matériel crucial s'y trouvant". Il n'était pas fréquent qu'on se préoccupe du bien-être d'un bâtiment, mais la valeur qu'on accordait aux centres de données le justifiait. "Nos données sont devenues le miroir de nos identités, l'incarnation physique de nos faits et de nos sentiments, écrivit le journaliste Andrew Blum. Un *data center* est le dépôt de notre âme digitale."

Ces offres d'emploi étaient situées à Haymarket, en Virginie, où l'entreprise non identifiée avait demandé un permis de construire. Les détails rendirent une des habitantes, Elena Schlossberg, d'autant plus incrédule qu'Amazon, Dominion Virginia Power et les fonctionnaires du comté soumis à une clause de confidentialité refusaient toujours, à la fin 2014 et une fois l'année 2015 bien entamée, d'admettre qui se cachait derrière les futurs 50 000 mètres carrés de *data centers* sur le terrain qui longeait le John Marshall Highway.

Schlossberg et d'autres habitants de Haymarket, une bourgade de plusieurs milliers de personnes constituée d'un petit centre historique entouré de maisons et de lotissements, avaient eu vent pour la première fois du centre de données à l'été 2014, lorsque Dominion avait entamé des démarches pour l'installation d'une nouvelle ligne électrique de 230 kilovolts à 10 kilomètres de Gainesville vers une nouvelle sous-station à l'ouest de Haymarket. Schlossberg, mère énergique de deux enfants (aucune relation avec le lobbyiste Ken), était réticente à s'engager – elle souffrait d'une sclérose multiple, s'était déjà battue contre une autre ligne électrique en 2005, et savait combien ce genre de combats étaient épuisants.

Puis elle apprit que cette ligne ne serait pas construite pour n'importe quelle entreprise, mais pour l'une des plus grosses qui soient. La pensée d'une ligne de 30 mètres de haut traversant Haymarket sur une zone non constructible de 35 mètres de large pour un coût de

65 millions, tout ça pour servir Amazon, l'irrita. Cela l'irrita encore plus lorsqu'elle sut que le parcours prévu par Dominion traversait la réserve naturelle de Rural Crescent et sa propriété familiale. (Dominion avait d'abord envisagé de faire passer la ligne le long d'une voie de trains de marchandises ; la proposition fut bloquée par les gens du comté car elle passait trop près d'un projet immobilier de 528 maisons aux abords de la ville.)

Elle se lança dans le combat. Elle cofonda la "Coalition pour la protection du comté du Prince William" sur la table de sa cuisine. Elle distribua des centaines de prospectus. Elle organisa une réunion au lycée Battlefield et fit venir 1 200 personnes. Elle insista pour se battre non seulement contre Dominion, mais aussi contre Amazon, face aux protestations de ceux qui arguaient que c'était une erreur de s'en prendre à une entreprise aussi populaire chez de nombreux consommateurs. "Il ne s'agissait pas de se battre contre une ligne électrique et un centre de données, du moins pas seulement, dira-t-elle plus tard. L'enjeu véritable, c'était qu'en tant que population, nous nous retrouvions à subventionner la richesse de monopoles énergétiques et de corporations comme Amazon. "Oh, mais vous n'allez quand même pas... Tout le monde aime Amazon." Tout le monde l'aime, jusqu'au jour où il détruit votre communauté."

À 4 h 55, un matin de janvier 2015, elle envoya un e-mail à Jeff Bezos :

> Cher Monsieur Bezos,
> Je m'appelle Elena Schlossberg et j'habite à Haymarket, en Virginie. Je voulais vous faire savoir que votre projet de *data center* de 50 000 mètres carrés fait des ravages au sein de notre population. Pourquoi ? Parce que quelqu'un dans vos bureaux a choisi un lieu dépourvu d'infrastructures capables de soutenir un tel usage industriel intensif. Votre centre de données sera construit au bord de Rural Crescent, une réserve naturelle à laquelle nous sommes tous attachés dans le comté du Prince William. L'électricité dont votre établissement a besoin nécessitera la construction d'une sous-station sur votre terrain et l'installation d'une nouvelle ligne de 230 kilovolts. Cette ligne, avec ses pylônes massifs, risque d'endommager nos maisons, nos précieuses ressources culturelles et historiques, et notre paysage rural.

Elle pressait Bezos d'installer plutôt son centre de données dans une zone que le comté avait réservé à cet effet, plus loin à l'est, ou au moins d'installer la ligne électrique le long de l'I-66, un tracé qui permettrait à la ligne d'être partiellement enterrée, serait moins gênant, mais coûterait davantage à Dominion.

Elle ajouta une touche personnelle, en lui racontant qu'elle avait choisi une école Montessori pour ses enfants en partie à cause de ce que Bezos avait dit des bénéfices que lui avait apportés une éducation de ce type. "Vous savez comme moi que Montessori n'inculque pas seulement l'amour de l'apprentissage, mais que son but est aussi de promouvoir l'amour du service à la communauté, le respect de chacun, et de se comporter en gardiens d'un environnement que nous avons le devoir de préserver", écrivit-elle.

Elle concluait sur une note plus dure : "Le combat pour la défense de notre population résonne, monsieur Bezos. Nous sommes un David contre trois Goliath... Dominion Power, Amazon et les "clients" d'Amazon. Je n'ai pas cessé de le répéter, monsieur Bezos, notre population serait enchantée de vous accueillir, mais nous ne le ferons pas au prix du sacrifice de nos maisons et de nos ressources uniques pour votre seul profit."

Elle ne reçut aucune réponse, et pas non plus à une version papier du même courrier et à une deuxième lettre qu'elle envoya. Avec ses camarades activistes, elle se rendit à la législature de Richmond pour défendre une proposition de loi encourageant Dominion à choisir l'option du tracé partiellement enterré. Plusieurs bus remplis d'habitants en T-shirts rouges firent le voyage jusqu'à la capitale pour soutenir la proposition. Mais Dominion s'y opposa et l'entreprise jouissait d'une énorme influence à Richmond – en 2013 et 2014, Dominion avait versé 1,6 million de dollars à des législateurs et à des candidats à des postes officiels, sans compter les 15 millions annuels de dons à des associations caritatives bien en vue. La proposition de loi n'aboutit pas.

Schlossberg continua de se battre dans le comté du Prince William – ralliant des opposants pour participer aux portes ouvertes organisées par Dominion autour du projet et pour écrire des lettres aux élus du comté, grappillant suffisamment d'argent pour obtenir qu'un bon avocat accepte de les représenter à un prix préférentiel devant la commission des services publics de l'État.

L'opposition commença à avoir son effet sur Dominion, qui finit par renoncer au tracé de Rural Crescent. En juin 2017, l'examinateur qui supervisait le dossier pour la commission des services publics décida que la ligne traverserait finalement le quartier afro-américain historique de Carver Road.

Quand il était lycéen, Nate Grayson avait invité chez lui ses camarades de la promotion Stonewall 1985 pour fêter la remise des diplômes. Ils furent plus de 400 à venir. Sa mère avait préparé des montagnes de salade de pâtes, fromage et patates. Il organisa l'arrivée de la reine du bal dans une Corvette Stingray bleue de la fin des années 1960.

Plus de trente ans après, et dans un endroit aussi mobile que la Virginie septentrionale, Nate Grayson était bien connu dans les environs et pouvait toujours rassembler une foule. Ce que Dominion, les régulateurs des services publics de l'État et AWS ignoraient en choisissant de faire passer par Carver Road la ligne qui allait alimenter le nouveau *data center*.

L'inspecteur de l'État qui supervisait le dossier avait donné à Dominion le feu vert pour s'approprier une partie des importants domaines de certains habitants de Carver Road. La propriété de Grayson serait diminuée de moitié. Cela ne fit que confirmer un sentiment qu'il avait développé au fil des années, à savoir qu'il y avait un ordre hiérarchique et que les gens comme lui se trouvaient en bas de la liste. "Il y a une personne de quatre-vingt-dix ans, où voulez-vous qu'elle aille ? se demandait-il. M. Charles Moore n'a aucune raison d'aller nulle part, M. Herbert Moore..."

Après les avoir émancipés, on avait dit à leurs ancêtres que le seul endroit où ils pouvaient acheter du terrain se trouvait dans ce coin du comté, et voici que même cette concession n'était plus valable, maintenant qu'un meilleur usage des lieux avait été trouvé. "Je ne comprends pas comment vous pouvez déléguer et dire 'j'ai besoin de vous et c'est ici que je vous veux, c'est l'endroit où vous allez vous installer. Ça ne vaut pas grand-chose, déblayez le terrain, abattez les arbres, faites-en un lieu habitable, et maintenant vous n'êtes plus assez bien pour cette zone'."

Il était difficile de ne pas penser que c'était précisément la longévité des habitants de Carver Road qui en faisait une cible acceptable, dit-il. "'De toute façon, vous mourrez bientôt', c'est l'impression que ça donnait."

Mais ils n'étaient pas morts et c'était son travail de les protéger. Il fit passer le mot et la réponse fut instantanée : les gens de Carver

Road et les anciens habitants du quartier étaient prêts à le rejoindre. "C'était presque comme un événement familial, dit Grayson, vous le mentionniez à une personne et ça déclenchait une sorte de réaction en chaîne à la Facebook."

Ceux qui s'étaient opposés au tracé précédent, conduits par Elena Schlossberg, auraient pu se reposer sur leurs lauriers, maintenant que leurs maisons et lotissements haut de gamme avaient été épargnés. Mais ils ne le firent pas. Ils poursuivirent le combat sur le front Carver Road, proposant leur expérience et leurs ressources. Ce fut un assortiment multiracial qui vint protester devant le siège régional de Dominion à Herndon, et qui protesta également devant l'entrée du centre de données lui-même, où les vigiles le contemplèrent tandis que des panneaux avertissaient de la présence de chiens méchants sur les lieux. Même les petits vieux de Carver Road avaient fait le déplacement – Alwishias Johnson, qui frôlait les quatre-vingts ans et ne tarderait pas à décider d'arrêter sa dialyse, était là dans sa chaise roulante.

Grâce à tout ça, aux réunions auxquelles Grayson et les autres participaient et aux banderoles qu'ils posaient le long de Carver Road – DÉBRANCHONS LA RALLONGE D'AMAZON –, leur cause gagna en notoriété : "Un *data center* Amazon menace un quartier noir historique", titra un journal.

Entre-temps, Schlossberg et l'avocat de la Coalition continuaient de faire pression en profitant des irrégularités dans la ligne officielle de Dominion et d'Amazon quant aux ambitions de ce dernier pour le site. Elle se préparait à les défier sur un terrain où elle savait que l'entreprise était vulnérable – selon la loi de l'État, une extension pour un usager unique devait être payé par ledit usager.

Les pressions devinrent si fortes que les législateurs du comté annoncèrent à la fin 2017 leur refus d'accorder à Dominion le droit de passage nécessaire à la construction du tracé de Carver Road. L'inspecteur de l'État fut forcé de rouvrir le dossier et Dominion finit par se déclarer prêt à adopter le tracé le plus cher et le moins gênant, celui partiellement enterré qui longeait l'autoroute et que Schlossberg et ses alliés avaient défendu depuis le début.

C'était une victoire pour Carver Road. Néanmoins, ce n'était pas une défaite pour Dominion et Amazon, qui firent simplement une démonstration de leur puissance d'une façon plus discrète et indirecte. Quelques mois seulement après le changement de tracé, la Chambre des représentants de Virginie approuva la proposition de Dominion de financer la ligne avec une taxe mensuelle payée par tous les contribuables et pas seulement par Amazon.

Entre-temps, Amazon avait rempli 68 pages d'une demande adressée aux régulateurs afin d'obtenir un taux réduit pour l'électricité consommée par leurs *centers*. Il était impossible de connaître les conditions exactes de ce rabais : une version de la demande était placée sous scellé chez les régulateurs, tandis que la version publique était largement caviardée.

Apprendre qu'ils paieraient plus d'électricité qu'ils n'en consommaient pour couvrir la ligne d'Amazon ôta un peu d'éclat à la victoire de Carver Road. De même que le fait de passer en voiture devant l'énorme boîte bourdonnante du *data center*. "C'est un peu comme avoir la Maison-Blanche dans le voisinage. On ne peut pas y pénétrer, on ne peut pas obtenir d'informations, rien ! dit Nate Grayson. On a un bâtiment et on ne sait pas qui y vient, qui en sort. On ignore ce qui s'y passe. On ne sait pas si c'est allumé ou éteint. On ne sait rien. On ne voit pas quels bénéfices cela apporte. Ils n'ont rien fait pour mes impôts, ils n'ont rien fait pour les infrastructures routières. Ils l'ont construit et ils gagnent de l'argent."

Amazon gagnait, de fait, tellement d'argent et croissait si rapidement qu'en septembre 2017, tandis que le combat contre la ligne électrique en Virginie septentrionale atteignait un seuil critique, l'entreprise fit part de son intention d'ouvrir un deuxième quartier général quelque part en Amérique du Nord. Elle occupait plus de quarante-cinq bâtiments à Seattle et nécessitait davantage d'espace. Le nouveau quartier général hébergerait 50 000 employés touchant une moyenne annuelle de 150 000 dollars. Il bénéficierait d'un investissement total de 5 millions. Afin de choisir l'heureuse ville élue, Amazon ouvrirait la sélection à tous les prétendants, un grand *reality show* national, un *Bachelor* où les villes se disputeraient l'affection d'une entreprise.

Jamais une entreprise n'avait fait une telle chose pour choisir un lieu, mais de toute façon, aucune entreprise n'était comparable à Amazon. Son chiffre d'affaires avait augmenté d'un tiers en 2017 ; elle étendait son activité à l'industrie du soin ; elle avait dépassé les 500 000 employés dans le monde, une augmentation de 66 % en une seule année ; sa valeur sur le marché avait quintuplé en quatre ans, jusqu'à passer devant Alphabet, la maison mère de Google, et devenir la deuxième entreprise mondiale, derrière Apple. Une croissance aussi démesurée n'était pas seulement le signe du succès de l'entreprise, c'était aussi un élément essentiel à sa survie même, selon son fondateur. "Bezos, écrivit le journaliste Charles Duhigg, refuse catégoriquement de ralentir la croissance de l'entreprise, craignant un effondrement de la culture qu'elle a générée en cas de ralentissement du rythme." Elle avait d'autres bureaux éparpillés dans tout le pays – San Francisco, Washington, New York, Boston, Los Angeles et Austin avaient tous au moins 1 000 employés Amazon – mais sa croissance demandait un véritable deuxième quartier général, pas de simples satellites.

Il ne fallait pas s'étonner qu'Amazon décidât d'en faire un spectacle, étant donné les succès qu'elle avait obtenus dans le domaine du divertissement. Amazon dépenserait 4 milliards de dollars dans des films et des séries télévisées en 2018 et ne tarderait pas à contrôler un tiers du marché du streaming ; l'année précédente, elle était devenue le premier service de vidéo en ligne à être nominée dans la catégorie Meilleur Film aux Academy Awards.

Supposer que votre choix d'un nouveau quartier général intéressait suffisamment pour mettre en place une loterie publique impliquait aussi d'être absolument convaincu de la haute estime dans laquelle était tenue votre entreprise ; une estime capable de dépasser les divisions nationales, à la manière d'un champion olympique ou d'une *pop star* inoffensive. Et Amazon, de fait, avait des raisons de croire qu'il inspirait ce genre de bienveillance générale. Un sondage réalisé en juin et juillet 2018 révéla qu'Amazon était l'institution du pays à laquelle faisaient le plus confiance les démocrates – devant le gouvernement, les universités, les syndicats et la presse – et la troisième plus respectée parmi les républicains, devancée seulement par les militaires et la police. Que l'entreprise dépense beaucoup pour vernir son image n'y était pas pour rien : elle investit 679 millions de dollars dans la publicité en 2018, presque le double de ce qu'elle avait dépensé trois ans plus tôt.

La première motivation pour faire de ce processus une compétition publique devint vite apparente. Pendant des décennies, les villes avaient essayé de se surpasser les unes les autres à coups de réductions d'impôts pour les entreprises – Amazon avait perfectionné ce jeu pour placer ses entrepôts et ses centres de données. Mais cette compétition se déroulait discrètement, dans des échanges d'e-mails truffés d'euphémismes et lors de réunions en mairie. Quelle meilleure façon de pimenter les enchères que d'en faire un spectacle médiatique ? Les Américains adoraient le sport, ils aimaient qu'il y ait un gagnant et leurs élus sentiraient la pression venir d'en bas, le rugissement en provenance des gradins, les forçant à faire entrer leur ville dans la course.

Le rugissement retentit presque immédiatement – *que ce soit nous !* – et les élus locaux répondirent avec un empressement qui frôlait le désespoir servile. Tucson transporta en camion jusqu'à Seattle un cactus saguaro de 6 mètres de haut. Le maire de Kansas City rédigea des évaluations en ligne notées cinq étoiles sur un millier de produits Amazon. Dallas, qui savait qu'on aimait les chiens chez Amazon, proposa d'exonérer les employés des taxes sur l'adoption d'animaux de compagnie. Atlanta proposa d'ajouter un wagon réservé à Amazon à son réseau de métro, afin d'aider "à distribuer des produits dans la ville". Juste à côté, Stonecrest, dans la banlieue d'Atlanta, proposa de changer son nom pour Amazon.

Au milieu d'un tel cirque, certains surent voir quels étaient les véritables enjeux du moment. En se cherchant une deuxième maison, Amazon avait une opportunité en or de rééquilibrer un peu le paysage national, de partager le butin raflé par le capitalisme high-tech avec certains recoins du pays qui avaient été laissés à l'abandon. Comme l'écrivit Ross Douthat en septembre 2017 :

> Que se passerait-il si Amazon traitait sa recherche d'un deuxième quartier général comme un acte de citoyenneté entrepreneurial, à mi-chemin du coup de pub et du vrai geste patriotique ? Plutôt qu'un *hub* prévisible entre Boston et Washington ou dans une ville-champignon de la classe créative, il pourrait choisir de s'implanter dans une ville moyenne d'un État conservateur – Nashville, Indianapolis ou Birmingham. Ou une ville en difficulté de la côte Est en guise d'alternative aux options les plus évidentes – Hartford plutôt que Boston, Baltimore plutôt que Washington, Bridgeport plutôt que New York. Ou il pourrait choisir une grande ville en déclin et faire de sa présence là-bas un moteur pour la revitalisation en construisant Amazon Cleveland ou Amazon Detroit.
>
> Un choix qui, selon ma méthode pas du tout scientifique pour estimer "ce qui est bon pour l'Amérique", pourrait se révéler particulièrement percutant serait Saint Louis : une ancienne grande métropole en déshérence, le principal centre urbain d'une bonne partie du pays de

Trump, le centre géographique du pays et un pont historique entre l'Est et l'Ouest.

L'argument ne manquait pas d'attrait et quatre mois plus tard Amazon fit clairement savoir qu'il n'en tiendrait pas compte. En janvier 2018, il annonça la liste des vingt finalistes, qui pointaient pour la plupart vers les *hubs* entre Boston et Washington et les villes-champignons de la classe créative, le genre d'endroits qui fourmillaient déjà de talents et avaient le plus de chance de recruter des gens venus d'ailleurs. Sur la liste : Boston, Washington, New York et Austin. Pas sur la liste : Detroit, Baltimore, Cleveland et Saint Louis. Les rares villes du centre des États-Unis à se qualifier étaient celles qui s'étaient déjà établies comme des villes gagnantes dans leurs régions, telles que Columbus ou Nashville. Parmi les nombreuses offres à ne pas se qualifier, se trouvait un projet commun de Dayton et Cincinnati. "Je commence à observer une bifurcation des populations et une séparation entre les villes de la côte et le reste du pays, fit remarquer le maire de Dayton, Nan Whaley. Je crains que les gens ne comprennent pas les villes moyennes."

HQ2, comme fut bientôt nommée cette recherche d'un deuxième quartier général, ne serait pas un projet d'encouragement ou un effort pour unir le tissu américain, mais l'entreprise et Jeff Bezos n'avaient de toute façon jamais donné à personne la moindre raison de croire que ce serait le cas. C'était écrit noir sur blanc dans un des "Principes de leadership" de l'entreprise :

"Les leaders ont des convictions et ils sont tenaces. Ils ne font pas de compromis au nom de la cohésion sociale."

Comme l'entreprise le dirait ensuite sans ménagement à un journaliste : "Jamais Amazon n'a prétendu que HQ2 serait un projet conçu pour aider les populations dans le besoin."

Nick Hanauer, un des premiers investisseurs à avoir fait venir Jeff Bezos à Seattle, était depuis devenu critique à l'égard de l'entreprise et n'était pas surpris qu'Amazon dise qu'il ne comptait pas se servir du processus d'HQ2 pour encourager une ville en souffrance : "Redresser un tort social ? Vous blaguez ou quoi ? Jeff Bezos est un pur libertarien. Ces gens-là croient que la seule chose importante au monde c'est le bien-être d'Amazon, à l'exclusion de tout le reste. Ils iront là où cela conviendra le mieux à Amazon. Quel impact cela aura sur l'endroit ? La seule chose qui les intéresse, c'est l'impact qu'aura l'endroit sur Amazon. Ils ne penseront pas au reste. La perspective de Jeff, c'est la perspective néolibérale canonique : le seul but des entreprises, le seul but des actionnaires, c'est de s'enrichir, à l'exclusion de tout le reste. C'est la seule et unique responsabilité. Maximalisez la valeur des actions et cela créera comme par enchantement le bien commun. Puisque la seule putain de chose qui compte, c'est le cours de l'action, à quoi bon faire quoi que ce soit d'autre ?"

"Alexa, voudriez-vous présenter notre intervenant ?

— Avec plaisir", répondit Alexa, dont la voix robotique récemment mise à jour – repensée pour être plus humaine et moins machinique et dévoilée lors d'une publicité pendant le Super Bowl – retentissait dans la gigantesque salle du Palais des congrès de Washington. "Veuillez accueillir sur scène le vice-président de la division marché public global d'Amazon Web Service : Teresa Carlson."

C'était le neuvième sommet annuel d'AWS pour le marché public, un événement qui avait commencé avec 50 personnes réunies dans un hôtel Marriott au bord de la rivière à Arlington et qui en attirait désormais, au printemps 2018, plus de 14 000 au Palais des congrès de Washington. L'expansion sous stéroïdes de ce sommet annuel était une affirmation visible du triomphe d'Amazon sur le *cloud* : à la fin de l'année, ses infrastructures allaient rapporter 15,5 milliards, presque autant que tous ses concurrents réunis.

Sa domination empiétait sur le domaine qui était le sujet du congrès : le gouvernement. Au moment même où l'entreprise manœuvrait pour prendre le contrôle de l'approvisionnement public en fournitures de bureau, elle s'apprêtait également à s'emparer du secteur autrement plus lucratif de la technologie de l'information gouvernementale. Elle avait remporté un contrat de 600 millions pour mettre la CIA sur le *cloud* en 2013 et elle était un des deux principaux candidats pour le plus juteux des contrats : 10 milliards pour faire passer le Pentagone au *cloud*. Que le siège social de la division marché public global d'Amazon Web Service soit à Ballston, un quartier de bureaux à Arlington, en Virginie, situé à moins de 5 kilomètres, ou de six stations de métro, du Pentagone, n'était pas un hasard.

Avant même qu'Amazon n'ait décidé de l'endroit où installer son deuxième quartier général, son affinité pour Washington n'avait cessé de se faire de plus en plus manifeste et sa contribution à la nouvelle prospérité de la ville d'autant plus signifiante. L'entreprise dominait désormais tellement l'univers de la vente de services sur le *cloud* aux gouvernements qu'elle se comportait en organisateur avec toutes les autres entreprises plus petites qui s'efforçaient d'avoir leur part du gâteau. Leurs stands remplissaient le hall, une ribambelle de noms comme Fugue, Xacta, Alfresco, Okta, Snowflake, Enquizit, Veeam, Druva…

Carlson, qui parlait avec le fort accent nasillard du Kentucky, ne pouvait s'empêcher de rappeler aux invités combien son entreprise était en avance sur eux. AWS contrôlait désormais près de la moitié des dépenses publiques pour les services sur le *cloud* ; il employait quelque 20 000 personnes, alors qu'il n'avait que 45 salariés cinq ans plus tôt ; et avec d'énormes marges opérationnelles, cette division était responsable de plus de la moitié du total des bénéfices avant intérêts et impôts d'Amazon. La domination lucrative de l'entreprise sur le domaine de l'informatique en nuage lui permettait de maintenir des prix aussi bas sur son site de vente en ligne en proposant des articles presque à perte et en écartant par conséquent de nombreux concurrents.

Et le potentiel de croissance du *cloud* était sans limites – comme Bezos lui-même l'avait formulé, pour AWS "le marché à cibler" représentait "des milliards de milliards". Carlson fit l'article de l'efficacité liée à la croissance ahurissante de l'entreprise. "Grâce à notre économie d'échelle, AWS a réduit ses prix soixante-six fois depuis notre lancement en 2006, et sans pression, dit-elle. Lorsque nous obtenons des économies d'échelle, nous en faisons profiter nos clients et nos partenaires."

En agitant la main devant une mappemonde couverte d'épingles, projetée sur l'écran derrière elle, elle décrivit combien les avantages de l'entreprise étaient devenus indépassables, comme un garçon de onze ans qui compterait les armées sur ses territoires pendant une partie de Risk. "Nous avons créé des régions à une échelle industrielle, des emplacements physiques autour du globe où nos *data centers* sont rassemblés, dit-elle. Nous avons 18 régions géographiques, 55 zones de disponibilité et 108 emplacements périphériques dans le monde."

"Croyez-moi, dit-elle, nous n'allons pas ralentir."

Plus tard ce même jour, une sélection de participants fut invitée, à moins de 2 kilomètres de là, à la réception VIP des bureaux d'Amazon à Washington, dans un nouveau bâtiment près du Capitole.

Jay Demmler, architecte principal en technologie de l'information chez Raytheon, le géant des systèmes de défense, arrangea sa coiffure devant la porte vitrée avant d'entrer.

Un des lobbyistes d'Amazon demanda à un autre, tandis qu'il approchait : "Tu as passé une bonne journée dans le quartier du Capitole ?"

Et, d'un bon pas, un homme en uniforme fit son entrée, tandis que deux subalternes également en uniforme examinaient minutieusement le parcmètre à côté du SUV dont il venait de sortir.

Un employé d'Amazon attendait à la porte. "Oui, monsieur, je suis là pour vous", dit-il au militaire : l'amiral Karl L. Schultz, titularisé depuis seulement trois semaines en tant que vingt-sixième commandant de la Garde côtière des États-Unis, laquelle était en train d'envisager sa conversion au *cloud*.

Il y avait de nombreux cadres d'Amazon lui-même. L'un d'eux, Jon Petersen, qui travaillait au Développement de partenariats, rappela à certains de ses collègues qu'il avait été demandé à tous les employés d'AWS de s'habiller en blanc pour l'événement, afin que les autres invités puissent les identifier facilement. Dans les faits, personne ne s'en était préoccupé.

"Je travaillais au département du Travail de l'administration Obama, dit un homme à un autre. C'était il y a deux ans et demi."

Firent leur apparition John Hanly, du think tank libéral Center for American Progress ; Manish Parikh, responsable de la technologie chez BAE, entreprise britannique spécialisée dans la défense ; James Armitage, avocat fiscaliste chez Caplin & Drysdale ; Khuloud Odeh, responsable de l'information et vice-présidente de la division technologie et science des données à l'Urban Institute, un think tank de centre-gauche.

La queue s'allongeait devant l'ascenseur du hall. "Eh ben !" s'écria une femme en voyant une telle foule.

Au coin de la rue F, une jeune femme noire dormait sur une grille du trottoir avec une serviette en guise d'oreiller. Quelqu'un lui avait laissé un sandwich.

Odeh prit congé de Hanly avec une accolade alors qu'elle s'apprêtait à rejoindre un autre événement. "Il y a un truc sur le cyber à Reston", lui dit-elle.

La frontière du Midwest d'AWS US East fut construite en moins de deux ans. En octobre 2016, les trois nouveaux centres de données étaient en état de marche le long de l'I-270 qui faisait le tour de Columbus. Les responsables municipaux n'avaient plus besoin d'en taire les emplacements devant les journalistes indiscrets, si jamais il en restait dans les parages. Les bâtiments étaient un fait incontestable, une grande masse grisâtre émergeant au milieu des champs. Et ils n'étaient que les premiers – Amazon annonça son projet d'en construire une douzaine de plus dans le centre de l'Ohio. Dans la seule année 2018, le total des dépenses en investissement d'Amazon, Microsoft, Google et Facebook, principalement en centres de données, avait augmenté de 50 % pour atteindre 77 milliards. Cette frénésie de construction avait engendré toute une économie du recyclage des déchets de *data centers*, les machines n'ayant une durée de vie que de quelques années.

Le centre de données de Hilliard, à 10 heures environ sur le cadran formé par le périphérique de Columbus, était d'un gris pâle si désespérant qu'il finissait par se dissoudre dans le ciel hivernal de l'Ohio, aussi bien camouflé qu'un lièvre à raquettes. Derrière le bâtiment, s'étendait une masse d'un gris différent, plus chargé : la sous-station électrique qui l'alimentait.

Le *center* de Dublin, à 11 heures environ sur le cadran, n'était pas loin d'un centre commercial, plein de Costco, T. J. Maxx, PetSmart, Aldi et autres Wendy's ou Tim Hortons. Le jeune employé de Tim Hortons ne savait pas ce qu'il y avait dans le bâtiment géant en bas de la rue ; en réalité, il ne s'était jamais posé la question.

Le *center* de New Albany, à midi environ, n'était pas seul, abandonné à son sort, mais situé au bout d'une enfilade d'entrepôts et de centres logistiques. Mast Global, Axium Plastics, Exhibitpro, Amcor, KDC/One. Ils étaient là, mêlés aux traces toujours visibles de la pauvreté semi-rurale : une rangée de maisons délabrées et de caravanes qui s'étendait le long de Beech Road juste en face du bâtiment Amazon. JE PORTE UN PISTOLET CAR PORTER UN FLIC C'EST TROP LOURD, disait un panneau sur l'une des portes. DONNEZ UNE OPPORTUNITÉ À LA PAIX. JE VOUS COUVRIRAI AVEC MON ARME SI ÇA NE MARCHE PAS, disait un autre.

Non qu'il y eût un risque d'intrusion de la part des nouveaux voisins : un des résidents dit qu'il n'avait eu aucun contact pendant la construction du *center*. Un an avant, il n'y avait rien ; un an plus tard, il était là.

Un livreur de pizzas s'arrêta devant le portail de sécurité et fut admis à l'intérieur.

En bas de la rue, Dawn Dalton était assise à l'accueil de la Faith Life Church. Lorsque l'église avait été construite, une douzaine d'années plus tôt, il n'y avait rien autour, seulement des maisons et des champs de blé et de soja. Puis vinrent les entrepôts et les *data centers*. Le nouveau centre de données de Facebook à 570 millions de dollars, situé juste après le restaurant franchisé Bob Evans, était encore plus gros que celui d'Amazon – 52 000 mètres carrés sur 145 hectares. Google projetait également d'en construire un à 600 millions de dollars. La chaîne logistique régionale dans les petites villes et les bourgs de ces entreprises se limitait à ça : quelques douzaines d'emplois ici et là pour faire tourner les machines qui contenaient leurs données. Rien à voir avec le dense tissu de vendeurs qui connectait autrefois les petits et les gros *hubs*. Les villes qui comptaient pour Amazon, Facebook, Google et Apple depuis leurs sièges sociaux de Seattle et de la baie de San Francisco n'étaient pas Columbus ou Cincinnati ou Dayton, mais les villes globales avec lesquelles elles se disputaient les talents et le capital, des endroits comme Londres et Tokyo, ou des endroits lointains qui répondaient à leurs besoins industriels, comme Shenzhen en Chine.

Parfois, selon sa direction, le vent transportait par-dessus les champs les odeurs du nouveau centre de distribution de Bath & Body Works. "On est cernés", dit Dawn Dalton.

À travers le pays, les enchères pour le deuxième quartier général se firent plus intenses, maintenant qu'il n'y avait plus que vingt finalistes. Les municipalités, alors que le temps et l'argent manquaient, n'en dépensaient pas moins sans compter les heures et les dollars pour affiner leur offre, elles engageaient des consultants, se bichonnaient dans l'éventualité d'une visite de l'acheteur.

Par-dessus tout, elles ne cessaient d'empiler sur la table des offres de plus en plus avantageuses. Jusqu'à quel point, on l'ignorait dans la plupart des villes, puisque l'acheteur avait ordonné aux candidats de garder les négociations confidentielles s'ils voulaient rester dans la course, un goût du secret d'autant plus frappant que le spectacle était en bonne partie public. Même les membres d'un conseil municipal qui allaient devoir approuver l'ensemble des offres n'avaient pas accès aux détails pour le moment. Indianapolis demanda à 400 de ses employés de signer une clause de confidentialité. Le comté de Montgomery, Maryland, dans la banlieue de Washington, répondit à une demande d'accès à l'information en donnant un document de dix pages entièrement caviardé, chaque ligne recouverte d'une bande noire. Cleveland censura sa page de titre et sa table des matières. Sur 238 offres, 124 étaient tenues secrètes. "Nous ne rendrons public aucun document lié à Amazon HQ2. Nous ne sommes pas tenus par la loi d'accès à l'information", dit le responsable du partenariat public-privé qui se chargeait de l'offre de Miami, se faisant l'écho de comportements similaires à Austin, Atlanta et Indianapolis.

Ici et là, quelques chiffres faisaient surface, révélant l'échelle des enchères en cours. Columbus offrit plus de 2 milliards. Chicago annonça qu'il rembourserait à Amazon le 1,32 milliard d'impôts sur le revenu payé chaque année par les salariés. Le Maryland approuva un pack de 6,5 milliards. Newark – qui, comme on l'apprendrait deux ans plus tard, s'avérait à ce même moment incapable d'assainir son eau potable pleine de plomb – offrit 7 millions.

Les visites de l'entreprise pour inspecter les sites potentiels se passaient également sous le manteau. De vagues détails filtrèrent – certaines villes avaient emmené leurs visiteurs faire des tours en bateau, d'autres à vélo. Tout le monde reconnaissait que la clé résidait dans l'art d'être accommodant sans paraître désespéré, d'éviter les étalages vulgaires et les luxes ostentatoires que tant des perdants du premier tour avaient fait miroiter. On était passé aux choses sérieuses. Les visiteurs voulaient connaître les résultats des tests d'aptitude des bacheliers locaux, un écho de la fameuse obsession de Jeff Bezos qui désirait connaître les résultats de ceux qui passaient un entretien d'embauche chez Amazon. Ils voulaient monter dans les bus et les trams.

Avec un processus aussi caché, les enchérisseurs s'accrochaient au moindre indice qu'ils pouvaient trouver. Alaska Airlines avait ajouté un vol direct Seattle-Columbus ! Le doyen de l'École de science informatique de l'université Carnegie-Mellon à Pittsburgh démissionnait – pour diriger un HQ2 dans la ville, peut-être ?

Et Jeff Bezos fut aperçu à Miami avec un organisateur de soirées répondant au nom de Purple. "C'est pas tous les jours qu'on a l'occasion de se balader avec l'homme le plus riche du monde", frima ce dernier sur Instagram. Le *Miami Herald* se précipita sur l'anecdote : "Serait-ce une bonne nouvelle pour la candidature de Miami ?"

Intermède : PHL6 Redux

Carlisle, Pennsylvanie

Trois jours après le 1er juin 2014, jour de la mort de Jody Rhoads au centre de distribution de Carlisle, en Pennsylvanie, le directeur régional de l'OSHA, l'Office fédéral de prévention des accidents de travail de Harrisburg, Kevin Kilp, envoya une lettre de condoléances à ses enfants. "Nous regrettons profondément la perte de votre mère, écrivit-il, nous tenons à vous faire savoir que l'OSHA enquête sur les circonstances de ce drame."

Les enquêteurs de l'OSHA envoyèrent une citation à comparaître à Amazon, réalisèrent des entretiens à l'entrepôt et observèrent le Crown PC 4500 en action. Ils essayèrent en vain de contacter par téléphone les enfants de Rhoads. Ils visitèrent le concessionnaire Crown, où un directeur de succursale les renvoya aux responsables de l'entreprise. Ils parlèrent avec Diana Williams, la responsable de la sécurité de l'entrepôt, et avec un avocat de Princeton, dans le New Jersey, qui représentait Amazon, John McGahren, lequel demanda que toutes les questions soient mises par écrit et réclama un délai de trente jours.

Le 22 septembre 2014, les fonctionnaires de l'OSHA reçurent une copie de l'examen toxicologique de l'analyse de sang réalisée sur Rhoads. Les résultats montraient les traces d'une douzaine de médicaments et autres substances, parmi lesquelles la nicotine, le bupropion, vendu à la fois comme un antidépresseur et un antinicotinique, le Delta 9-THC, l'agent actif de la marijuana, du Benadryl, de la gabapentine, un médicament antiépileptique servant également à traiter les douleurs nerveuses, de l'hydrocodone, que l'on trouve dans des opioïdes comme le Vicodin et le Zohydro, de la morphine, le plus souvent un dérivé de la codéine ou de l'héroïne, de l'oxazepam, un benzodiazépine prescrit contre l'anxiété, et de l'oxycodone, que l'on trouve dans des opioïdes tels que l'OxyContin. Elle avait aussi un faible niveau de concentration alcoolique, 0,2 milligramme.

Le 14 novembre, Kevin Kilp envoya une lettre à Diana Williams, lui disant que les inspections de l'OSHA dans l'entrepôt de Carlisle avaient révélé des "dangers potentiels" liés à l'emploi des PIT, notamment le risque de chevauchement associé au véhicule. "Notre enquête a révélé que les supports des étagères les plus basses de la plupart des très hauts rayonnages ne dépassaient pas 1,20 mètre au-dessus du sol, écrivit-il. Cette hauteur présente un danger potentiel de chevauchement pour les machines PC 4500, le devant de la machine risquant de rouler sous cette étagère basse et, potentiellement, de coincer l'opérateur entre le support de l'étagère et le dossier de la machine." Il en résultait qu'"aucun procès-verbal ne sera[it] émis pour l'heure".

Deux mois passèrent encore avant que Kilp n'envoie une lettre aux enfants de Rhoads pour leur faire part du résultat. "Bien que l'enquête ait indiqué que l'employeur n'a pas violé les réglementations en vigueur sur la sécurité et la santé, nous savons qu'aucune somme d'argent ou autre compensation ne sera à la hauteur de la perte que vous et vos familles avez subite et que vos vies ont été changées pour toujours à cause de cette tragédie", écrivait-il.

Moins de trois ans plus tard, le 19 septembre 2017, les services d'urgence de Carlisle furent de nouveau appelés à PHL6, comme Amazon nommait l'entrepôt d'Allen Road, lequel se trouvait à proximité immédiate de l'I-81 et de l'autoroute de Pennsylvanie.

Un chauffeur de Revolution Transport, une entreprise locale, se trouvait devant l'entrepôt peu après 17 heures, essayant d'accrocher son camion à une remorque pleine à la porte de la plateforme 29. Il avait du mal à connecter le pivot de la remorque à la sellette du camion, la "cinquième roue".

Devan Shoemaker s'approcha et lui proposa son aide. Il était *yard jockey* – un employé Amazon chargé de gérer le flux des remorques sur les plateformes de chargement après qu'elles étaient amenées par les chauffeurs et avant qu'elles ne repartent. Il occupait ce poste depuis l'ouverture de l'entrepôt en 2010, lorsqu'il avait commencé comme intérimaire, deux ans après sa sortie du lycée rural d'East Juniata, où il faisait partie des Future Farmers of America, un mouvement de jeunesse.

Shoemaker se tint avec le chauffeur à l'arrière du camion et ils discutèrent du problème. Il partit chercher un étai jaune et une clé à pipe pour débloquer le mécanisme de la sellette. Le chauffeur recula de nouveau son camion, mais la sellette ne se connectait toujours pas au pivot.

Le chauffeur refit marche avant et ils continuèrent de réfléchir au problème, en se demandant s'il n'y avait pas trop de graisse sur le plateau de la sellette. Le chauffeur fit avancer un peu plus le camion afin d'avoir davantage d'espace entre celui-ci et la remorque pour s'occuper de la sellette.

Tandis que le camion avançait, Devan Shoemaker se trouvait toujours entre les doubles roues arrière, à côté de la sellette. "Eh !" hurla-t-il.

Mais le chauffeur continua d'avancer et le coinça sous des pneus de 1 mètre de diamètre, de 25 centimètres de large, qui pesaient chacun 50 kilos. Un autre travailleur vit ce qui se passait et cria. Le chauffeur l'entendit et s'arrêta.

Devan Shoemaker était allongé face contre terre dans une mare de sang. Quelqu'un appela les urgences et l'équipe de sécurité d'Amazon arriva, accompagnée d'une ambulance et de la police de l'État.

Le bureau du médecin légiste du comté de Cumberland prononça la mort de Shoemaker sur les lieux mêmes de l'accident, sa tête et son torse étaient écrasés. Il avait vingt-huit ans, était marié et avait un jeune fils. Il était membre de la loge maçonnique n° 619 de Middleburg. Il aimait passer du temps avec ses chiens, Max et Daisy, faire du 4 x 4, jardiner, cuisiner, et l'artisanat.

Une fois de plus, l'Office fédéral de prévention des accidents de travail de Harrisburg envoya une lettre de condoléances à la famille d'un employé de l'entrepôt PHL6 d'Amazon. "Nous tenons à vous faire savoir que l'OSHA enquête sur les circonstances entourant la mort de Devan", écrivit le nouveau directeur, David Olah. Le 2 octobre, il s'entretint avec un membre de la famille et expliqua comment se déroulerait l'enquête. Le membre de la famille lui expliqua que personne chez Amazon n'était venu les voir ou ne les avait appelés le soir de l'accident et que ce n'était qu'après avoir appelé un de ses collègues, en voyant que Devan ne rentrait pas comme d'habitude du travail, que la famille avait appris les faits.

Olah écrivit à Thomas Houtz, le nouveau chef de la sécurité du site, pour lui demander des documents, parmi lesquels des photos de la zone de chargement, les déclarations des témoins, les dossiers de formation, les règlements, et une liste des autres *yard jockeys*. Houtz répondit en lui envoyant quelques documents et une lettre d'accompagnement avec en guise d'en-tête le mot *fulfillment* en large lettres noires au-dessus du logo souriant de l'entreprise.

Mais Amazon ne facilita pas les entretiens avec les employés. En février, Mark Fiore, un avocat du même cabinet de Princeton qui représentait l'entreprise au moment de la mort de Rhoads, écrivit à l'OSHA en leur annonçant qu'il serait présent lors des entretiens. Un des enquêteurs de l'OSHA s'y opposa. Il écrivit à un collègue : "J'ai expliqué le droit à la confidentialité et déclaré que je n'interrogerais pas les employés en sa présence. Il a répondu que la jurisprudence l'autorisait à être là."

Olah, le directeur régional, répondit que c'était un point discutable, puisque l'agence gouvernementale penchait pour une "non-émission de procès-verbal" dans le cas de la mort de Devan Shoemaker.

Dix jours plus tard, l'agence confirma qu'elle n'avait pas trouvé de violation de la loi dans un e-mail envoyé à Harrisburg par Harold Rowland depuis son bureau de Philadelphie. "Dave, écrivit Rowland, celui-là, on peut le classer."

CHAPITRE 7

Refuge

Taxer et donner

Seattle – Washington, D.C.

En 2004, deux jeunes gens montèrent dans un car Greyhound à Binghamton, dans l'État de New York, en quête d'un nouveau lieu de vie. Katie Wilson et Scott Myers s'étaient rencontrés au lycée dans le cadre de Food Not Bombs : une fois par semaine, les participants préparaient grâce à des dons alimentaires des plats végétariens qu'ils servaient dans un parc aux sans-abri et à tous ceux qui se présentaient.

Puis ils avaient suivi des chemins très différents. Katie, fille de professeurs de biologie à l'université de Binghamton, avait étudié à celle d'Oxford, attirée par une double licence en physique et philosophie – un rapprochement inattendu de ses deux matières favorites – et par le système de trimestres à l'anglaise, qui garantissait six semaines de pause entre chaque tranche de huit semaines de cours. Elle s'était montrée sceptique face au parcours conventionnel des universités américaines et cela lui avait semblé une façon de le contourner. Finalement, un scepticisme plus général l'avait emporté et elle avait abandonné les études un mois et demi avant le diplôme. Ses parents universitaires, ayant su reconnaître dans son attitude la rébellion filiale qu'il fallait y voir, n'en furent pas ravis.

Scott s'était, quant à lui, rebellé dès le départ. Il avait quitté l'école à quinze ans, avait décroché son DAEU, travaillé comme bénévole dans une réserve indienne dans le Dakota du Nord, fait la manche avec sa guitare dans les couloirs du métro de la baie de San Francisco et vécu dans un monastère zen des environs.

Puis, en 2004, ils montèrent dans le bus. Pendant deux mois, ils quadrillèrent le continent, cherchant l'endroit qui leur conviendrait, lequel, avaient-ils décidé, n'était sans doute pas Binghamton, "aussi enchanteresse que la ville soit", dirait plus tard Katie avec son humour caractéristique. Le bus les conduisit à Boston, Philadelphie, Toronto, Chicago, La Nouvelle-Orléans, San Francisco, Seattle. Tandis que Jeff et MacKenzie Bezos étaient partis en Chevrolet Blazer avec un *business plan* en quête d'un climat propice aux start-up, Katie et Scott n'avaient que le vague désir de s'impliquer dans quelque chose, de secouer le cocotier, où qu'ils atterrissent.

Et là où Jeff avait été attiré par Seattle en raison des taux d'imposition avantageux, Katie et Scott l'avaient été à cause d'une carte de bibliothèque : une fois en ville, ils apprirent que pour la modique somme de 100 dollars ils pouvaient devenir des "amis" de la bibliothèque de l'université de Washington et jouir d'un accès sans restriction au fonds. Cela représentait un attrait irrésistible pour deux jeunes gens dont les études avortées n'avaient fait qu'amplifier leur détermination à poursuivre leur formation d'une manière plus autodidacte. "On s'est frayé un chemin à travers les classiques du marxisme", blaguait Katie.

Ils ne tardèrent pas à découvrir qu'il était plus facile de trouver une ville qu'une cause. Seattle avait été le témoin des houleuses protestations contre l'Organisation mondiale du commerce en 1999, mais au moment de l'arrivée du couple, cinq ans plus tard, la vie politique locale s'était calmée. Tandis qu'ils cherchaient un combat auquel se raccrocher, ils étaient ballottés d'un travail à l'autre. Katie travailla comme assistante de laboratoire, barista, assistante juridique, dans la restauration d'appartements et comme menuisier. Son travail favori, c'était de peindre le bas des coques de bateaux au lac Union.

Scott travailla dans une épicerie et donna des cours de guitare. Puis, ensemble, ils furent gardiens d'un immeuble en brique dans le quartier de Phinney Ridge. Ils étaient locataires et la vieille dame qui en était la gardienne, Verna, les avait prévenus à propos de la propriétaire encore plus vieille, qui avait quatre-vingt-dix-huit ans et allait vivre jusqu'à cent quatre ans : "Elle est d'une pingrerie sans limites." Quand Verna partit en maison de retraire, ils la remplacèrent pendant cinq ans.

En 2011, les répliques de la crise des subprimes avaient obligé à réduire fortement le service du réseau de bus de Seattle, dont Katie et Scott dépendaient pour se déplacer dans la ville. Katie commença alors à s'intéresser au financement public des transports en commun à Seattle et fut très étonnée de ce qu'elle découvrit. Seattle, une des grandes villes les plus progressistes du pays, avait un des systèmes d'imposition les plus régressifs qui soient. Il n'y avait pas d'impôt sur le revenu dans l'État de Washington. En 2010, une mesure soumise à la consultation populaire, proposant de taxer les habitants les plus riches de l'État afin de récolter 2 milliards de dollars par an pour financer l'éducation et les services sociaux n'avait pas été adoptée malgré le large soutien dont elle avait initialement fait l'objet, à la suite d'une campagne d'opposition financée par certains des citoyens les plus fortunés de l'État.

L'industrie du numérique dans l'État avait appuyé cette opposition. "L'absence d'impôt sur le revenu offre aux entreprises de l'État de Washington une plus grande compétitivité dans leurs efforts pour recruter et retenir les meilleurs et plus brillants esprits de tout le pays", avait dit la Washington Technology Industry Association. Le secteur industriel reconnaissait que Seattle était en train de devenir un aimant pour la haute technologie non seulement à cause du Pudget Sound, du mont Rainier et de l'université de Washington, mais aussi parce que les ingénieurs, les programmeurs et les cadres y étaient moins taxés qu'ailleurs.

Résultat de ce référendum de 2010, la métropole de Seattle, bien qu'elle accueille les deux hommes les plus riches de la planète, continuait de dépendre des impôts régressifs sur la vente et des taxes indirectes pour financer de nombreux services publics, dont les transports. Les foyers les plus pauvres de l'État consacraient jusqu'à 17 % de leurs revenus aux impôts de l'État et aux impôts locaux, tandis que les foyers les plus riches payaient moins de 3 %. Et les revenus de la TVA étaient exposés à des baisses brutales en cas de récession.

Katie avait trouvé son combat. Elle et Scott fondèrent la Transit Riders Union, qui, avec plusieurs centaines de membres s'acquittant de leur cotisation et le soutien de certains syndicats locaux de travailleurs, allait défendre les usagers des transports publics. "L'apprentissage a été semé d'embûches, commenta-t-elle. Tu réalises que tes plans sur la comète demandent du travail pour être mis en pratique." Les années passant, néanmoins, il devint clair que la question centrale ne serait pas vraiment les lignes de bus ou l'expansion des métros légers. Ce seraient les impôts – les impôts et leur inextricable cousine et rivale, la philanthropie. Ce seraient les infrastructures civiles qui les paieraient, mais, en premier lieu, il fallait savoir si ça valait vraiment la peine de les sauvegarder.

L'impôt fédéral sur le revenu fit son apparition en 1913 avec l'adoption du Seizième Amendement (il y en avait déjà eu un pour supporter le coût de la guerre de Sécession, mais il ne dura qu'une décennie). L'impôt était à l'origine de 1 % sur les revenus dépassant 3 000 dollars, avec une surtaxe de 6 % pour les revenus au-delà de 500 000 dollars. Cinq ans plus tard, la surtaxe passa à 77 % pour les revenus de plus de 1 million, pour financer la Première Guerre mondiale. Mais le niveau moyen pour les Américains les plus riches étaient de 15 %.

Il fallut moins de quatre ans après la création de l'impôt pour que le Congrès propose un moyen de le contourner : les dons déductibles. L'argument en faveur de cette déduction était que l'impôt risquait de dissuader les riches de pratiquer la philanthropie, une idée déconcertante dans un pays qui portait la marque de la générosité des industriels véreux : universités, musées, bibliothèques, etc.

En théorie, un gouvernement collectant une masse prévisible d'impôts sur le revenu devait être en mesure de construire et d'entretenir lui-même des universités, des musées et des bibliothèques. Mais les titans de l'industrie insistèrent en argumentant qu'ils savaient mieux comment dépenser les millions du succès capitaliste et personne parmi eux n'était mieux placé pour cela qu'Andrew Carnegie, industriel d'origine écossaise et grand-père spirituel de la philanthropie américaine. Le "devoir de l'homme riche", écrit-il dans *L'Évangile de la richesse* (1889), était de mettre son argent au service de tout ce qui "de son point de vue est le plus à même de produire les résultats les plus bénéfiques pour la communauté". Surtout, Carnegie croyait que son propre jugement dans l'affectation des "revenus excédentaires" était si supérieur qu'il ne voyait pas pourquoi lesdits revenus auraient dû être plus largement répartis sous la forme, disons, d'un meilleur salaire pour les travailleurs. Faire un généreux don caritatif était "une force bien plus puissante pour l'élévation de notre race" que de diviser l'argent en des "sommes insignifiantes" redistribuées sous forme de dons ou de salaires plus élevés, lesquels seraient certainement "gâchés dans l'assouvissement des appétits". Il était persuadé que "même le plus pauvre serait capable de le comprendre".

Carnegie mourut en 1919, mais son éthique allait donner le *la* de la philanthropie durant des décennies : les riches sont plus lucides, et il vaut mieux pour tout le monde que ce soient eux qui décident de la manière de dépenser l'argent, plutôt que le grand public. C'était, fit remarquer l'écrivain Anand Giridharadas, "une interprétation extrême du droit de faire de l'argent de toutes les façons possibles et une interprétation extrême de l'obligation de restitution" qui rejetait la notion que "les pauvres auraient peut-être moins besoin d'aide s'ils étaient mieux payés". Tandis que le niveau des impôts sur les plus hauts revenus baissait à la fin du XXe siècle et au début du XXIe, et que les plus grosses fortunes ne faisaient qu'enfler, la philanthropie n'en acquit que plus de prestige. En 2010, Bill et Melinda Gates et Warren Buffett lancèrent la campagne Giving Pledge, "promesse de don", poussant les plus riches d'entre les plus riches à accepter de donner au moins la moitié de leur fortune. La plupart des dons allaient à des institutions pas vraiment dans le besoin comme Harvard ou Stanford, lesquelles finirent par recevoir chacune plus de 1 milliard de dollars au cours d'une seule année. À mesure qu'augmentaient les dons, augmentait de même le coût pour le gouvernement : en 2013, les contribuables déduisaient plus de 40 milliards de dollars et c'étaient les plus riches qui en bénéficiaient davantage, puisque le revenu qu'ils déduisaient était celui qui aurait dû être le plus taxé.

David Rubenstein, milliardaire et cofondateur du Carlyle Group, faisait partie des signataires de Giving Pledge. Il avait récemment surpassé de nombreux autres philanthropes à grande échelle avec une série d'actions médiatiques à Washington. Il avait dépensé 21,3 millions pour une copie vieille de sept cent dix ans de la *Magna Carta* qu'il avait prêtée aux National Archives, puis il avait financé la construction d'une galerie de 13,5 millions pour héberger le document. Il avait acheté deux copies de la Proclamation d'émancipation, signées par Abraham Lincoln, et en avait prêté une au président Obama pour l'exposer dans le Bureau ovale. Il avait fait de généreux dons à Monticello, au domaine de James Madison à Montpelier, en Virginie, au manoir du général Lee, au Mémorial d'Iwo Jima, et à celui de Lincoln.

Et lorsque le monument à Washington fut fissuré après le tremblement de terre de 2011, Rubenstein annonça qu'il donnerait 7,5 millions de dollars pour sa réparation. Il aimait faire une blague pince-sans-rire à propos des privilèges que cela lui donnait. Après avoir été invité à une visite privée en haut du monument, il déclara : "J'ai pris un stylo et écrit mes initiales tout en haut."

Rubenstein avait même donné un nom spécial aux cadeaux qu'il faisait aux institutions de Washington et à d'autres causes historiques : il les appelait sa "philanthropie patriotique". En 2015, dans un segment de l'émission *60 minutes* consacré à ses dons, il déclara qu'il ne faisait qu'aider à combler des vides laissés par un Trésor public fauché. "Le gouvernement n'a plus les ressources qu'il a pu avoir, dit-il. Nous avons d'énormes déficits budgétaires et une grosse dette. Je crois que les citoyens doivent donner un coup de main."

Ce que ce portrait et de nombreux autres articles grandiloquents consacrés à sa philanthropie se gardaient bien de mentionner, c'était le rôle qu'avait eu Rubenstein dans l'épuisement de ces mêmes ressources gouvernementales. Lui et d'autres gérants de capital-risque avaient bénéficié pendant des années d'un vide juridique grâce auquel les compensations qu'ils touchaient pour gérer les investissements de tiers étaient imposées au taux des revenus de l'investissement, plutôt qu'à celui bien plus élevé des revenus traditionnels. Cette niche fiscale dite du "*carried interest*" leur fit économiser près de 100 millions de dollars chaque année et par personne ; selon une estimation frileuse, cela coûtait au Trésor public 2 milliards par an ; un expert avança que la somme était en réalité bien plus importante. Rubenstein ne s'était pas contenté de profiter énormément de la niche, encore avait-il, à des moments cruciaux au fil des années, contribué à contrer les efforts du Congrès pour la supprimer en faisant jouer ses contacts au Capitole.

Pourtant, sa réputation de généreux donateur public s'étendit. Un jour de 2015, Rubenstein arriva avec plusieurs centaines d'invités dans le bâtiment Stephen A. Schwarzman, une aile de la Bibliothèque publique de New York consacrée aux beaux-arts et rebaptisée ainsi en 2008 en échange d'un don de 100 millions de dollars de Schwarzman, président de la société de capital-investissement Blackstone. Rubenstein et plusieurs autres, dont Paul Allen, le cofondateur de Microsoft, étaient là pour recevoir la médaille Carnegie de philanthropie. Dans son discours de remise du prix, Rubenstein raconta que, tandis qu'il réfléchissait à ce qu'il allait dire, Andrew Carnegie lui avait écrit une lettre depuis l'au-delà. "Les bons philanthropes vivent toujours longtemps, disait la lettre en question, et lorsque arrive la fin, ils sont chaleureusement accueillis dans un endroit spécial du paradis."

La crise du logement à Seattle prenait de l'ampleur depuis plus de cinq ans – depuis qu'Amazon avait lancé la construction de son énorme siège à South Lake Union –, mais la une du *Seattle Times* du 6 avril 2017 n'en restait pas moins choquante :

LE PRIX MOYEN D'UNE MAISON
À SEATTLE ATTEINT UN NOUVEAU RECORD :
700 000 DOLLARS, LE DOUBLE D'IL Y A CINQ ANS.

En fait, la région de Seattle avait connu au cours des cinq mois précédents la plus forte augmentation des prix de l'immobilier aux États-Unis. N'y contribuaient pas seulement l'extrême prospérité de la ville et sa croissance galopante, mais aussi le manque de logements, exacerbé par la prévalence de quartiers réservés aux maisons individuelles, même près du centre. Le marché du logement était, selon un agent immobilier, "complètement dingue".

Et il le devenait de plus en plus. La zone au nord-est du centre, qui comprenait le quartier branché de Capitol Hill, était sur le point de franchir le seuil de 1 million de dollars pour la vente moyenne d'une maison, tandis que le sud-est de la ville, la partie la plus abordable de Seattle, avait connu une augmentation de 31 % au cours de l'année précédente. De l'autre côté du lac Washington, à Bellevue, la modeste maison où Bezos avait lancé Amazon, qui valait alors 135 000 dollars, serait vendue un quart de siècle plus tard 1,53 million de dollars – moins que la moyenne du quartier.

C'était le troisième Seattle que Milo Duke avait connu, et il savait que la ville n'était plus faite pour lui. Avec Wendy, ils vivaient toujours dans le pavillon de Tangletown, pour lequel, aussi étonnant que cela paraisse, ils continuaient de payer le même loyer de 1 000 dollars. Mais il était difficile de ne pas percevoir les autres signes. Comme une tentative de revendiquer l'esprit de camaraderie du groupe des Ingénieurs du dharma, il se réunit avec quelques amis pour louer un studio dans la zone *a priori* abordable de Georgetown, très au sud du centre, pour 1 200 dollars par mois. Mais un an après leur arrivée, le loyer se mit à augmenter très vite. En 2013, ils étaient partis.

Puis vint la débâcle des portes ouvertes. Deux événements du même genre étaient déjà organisés en ville – une fois par mois, des artistes montraient leur travail dans plusieurs lieux de Pioneer Square et Georgetown. Milo et Wendy décidèrent d'en organiser un dans le nord de la ville et trouvèrent l'espace idéal, une succursale de l'Umpqua Bank dans la zone à la mode de Ballard, au nord-est du lac Union. Non seulement la banque avait créé spécialement un ample espace d'exposition pour la déambulation artistique, mais encore leur permettrait-elle d'utiliser aussi son hall d'accueil. Ils inaugurèrent la Ballard Art Walk en 2014 et ce fut un flop total. Les passants ne manquaient pas – des gens qui entraient dans les restaurants de ramen, chez les vendeurs de glaces. Mais presque personne ne s'arrêtait pour voir de l'art. Ils ne faisaient que passer devant. “C'est là, dirait ensuite Milo, que j'ai réalisé que l'emprise du monde du numérique sur la ville était totale, et qu'un genre très différent de personnes y vivait désormais.”

Les ventes des œuvres de Milo et de Wendy baissaient dans la galerie qui les représentait à Bellevue, de l'autre côté du lac Washington. En 2016, il mit beaucoup de lui-même dans la réalisation d'une installation pour une bibliothèque privée nommée Folio, où ses œuvres se mêlaient à une série de meubles qu'il avait construits en collaboration avec un de ses fils, ébéniste. Il espérait qu'un des milliardaires de la ville pourrait acheter les meubles, mais l'installation passa relativement inaperçue.

La même année, lui et Wendy reçurent un appel de leur propriétaire, la femme du cadre de chez Boeing. Elle avait pris sa retraite de son travail dans l'administration des écoles, se concentrait maintenant sur la gestion de ses trois propriétés en ville et avait décidé que louer son pavillon pour seulement 1 000 dollars, même à de sympathiques artistes, était inacceptable. “Vous l'avez fait estimer sur le site de Zillow ? lui demanda Milo. – Oui”, répondit-elle. Elle triplerait le loyer, qui passerait à 3 000 dollars. Pour faire passer la pilule, elle l'augmenterait graduellement, de 200 dollars chaque mois, pendant dix mois. Pour Milo et Wendy, il s'agissait de décider quel serrage de vis ils ne pouvaient plus supporter.

Les prix record dans l'immobilier ne furent pas les seuls excès, d'autres suivirent. Au début de décembre 2017, le *Seattle Times* annonça que le comté de King était désormais en troisième position, derrière New York et Los Angeles, en matière de nombre de SDF : selon un nouveau recensement fédéral, il y avait 11 643 personnes sans logement à Seattle et ses environs immédiats. Parmi celles-ci, 5 485, soit près de la moitié, n'avaient pas de toit sur la tête – elles vivaient dans la rue ou dans des tentes –, une augmentation de 21 % par rapport à l'année précédente. Le nombre de gamins sans-abri dans les écoles de la ville atteignit le chiffre record de 4 280. Et davantage de sans-abri étaient morts dans la rue cette année-là que jamais auparavant – le compte des décès dans le comté dépassa dès septembre celui de l'année précédente et, avec 133 morts, dépassa largement à la fin novembre le plus haut chiffre jamais enregistré.

L'expression *skid row* – employée pour désigner les quartiers malfamés – trouvait son origine à Seattle : la fameuse Skid Road, où les rondins de bois étaient convoyés vers la scierie de Henry Yesler. Mais ce que la ville expérimentait maintenant se passait sur une tout autre échelle et remettait en cause tant son hyperprospérité que la prétendue fibre sociale de sa philosophie politique, dont les prétentions humanitaires et morales paraissaient douteuses. Difficile de ne pas remarquer la dissonance. Elle sautait aux yeux à l'intersection sud-ouest de la Troisième Avenue et de James Street, dans le centre-ville, où la queue de ceux qui attendaient une table au restaurant Il Corvo se superposait à celle de ceux qui espéraient avoir une place dans le centre d'hébergement juste à côté. Elle sautait aux yeux avec tous les campements qui surgissaient comme des verrues au milieu des confortables quartiers de pavillons Arts and Crafts à 800 000 dollars. La dissonance donnait parfois l'impression d'être partout, où que vous vous tourniez. "Je regarde par la vitre du bus et je vois un type baisser son pantalon, puis je descends du bus et je vois un type se shooter dans une ruelle, racontait un employé de boutique au *Seattle Times*. Ce n'est pas le genre de choses que j'ai envie de voir."

Katie Wilson était de ceux qui trouvaient cette disjonction inacceptable. La Transit Riders Union forma une coalition et ne tarda pas à obtenir sa première grande victoire – le conseil municipal vota à l'unanimité un impôt sur le revenu pour les foyers les plus riches de la ville, lequel faisait partie d'une série de mesures progressistes incluant également un salaire horaire minimum fixé à 15 dollars et des congés payés. L'impôt serait un défi, mais c'était un début, le premier du genre dans l'État depuis plus de quatre-vingts ans.

Puis la coalition s'occupa des sans-abri. En septembre 2017, elle organisa le rassemblement Housing for All avec de nouveaux membres – dont un groupe de salariés engagés du monde du numérique qui s'étaient donné le nom de Tech 4 Housing – et appela à la création d'une nouvelle source de revenus pour s'attaquer au problème. Quelques semaines plus tard, les membres les plus à gauche du conseil municipal répondirent en proposant une "taxe sur les heures salariées" – un impôt pour les entreprises dont le revenu brut dépassait les 5 millions, ce qui rapporterait 25 millions aux services des logements sociaux, des centres d'hébergement et d'aide aux sans-abri. "Il n'y a rien de punitif à demander à ceux qui s'en sortent le mieux de payer leur part", dira plus tard une membre du conseil, Teresa Mosqueda.

La taxe sur les heures salariées avait une histoire à Seattle. En 2006, la ville en avait voté une, très faible, de 25 dollars par employé, soit environ un centime de l'heure, pour donner un coup de pouce au budget des transports publics. Aussi modeste qu'elle fût, le lobby local des entrepreneurs avait refusé ce qu'il appelait une "taxe sur le bétail", comme si les employés de Seattle étaient autant de têtes de bétail que l'on trayait, et la ville finit par y renoncer en 2009.

Confronté à une version plus lourde de la même taxe, le lobby des entrepreneurs eut recours au même argument – que cela découragerait l'emploi, que la mesure était mal conçue. Le conseil rejeta la proposition à un vote près. Mais l'idée n'était pas enterrée pour autant – le conseil nomma un groupe de travail pour plancher sur une version plus soigneusement pensée. Au début du mois de mars, ledit groupe de travail, dont Katie Wilson faisait partie, remit un rapport, lequel préconisait une taxe sur les grandes entreprises qui générerait 75 millions de dollars par an, trois fois plus de recettes que ce qui avait été initialement proposé.

Les entrepreneurs dénoncèrent la proposition en s'appuyant sur le fait qu'elle imposait une petite commission d'une centaine de dollars même aux petites entreprises, une façon pour eux de partager les responsabilités. Le 20 avril, quatre membres du conseil municipal présentèrent un texte de loi prévoyant une "taxe progressive sur les entreprises" de 75 millions par an – elle commencerait par une taxe sur les heures salariées de 500 dollars par employé à temps plein, avant d'évoluer en taxe sur les traitements et salaires. Les entreprises aux revenus annuels de moins de 20 millions en seraient exemptées

– seul 3 % des entreprises, les plus rentables, payeraient, soit moins de six cents établissements. Il n'y aurait pas de commission à payer pour les petites entreprises.

Katie Wilson était impressionnée que sa coalition de citoyens ordinaires ait pu aller aussi loin face à la forte opposition du lobby entrepreneurial. En avril, un sondage montra que l'impôt bénéficiait d'un large soutien populaire, et la coalition pouvait compter sur une majorité de cinq conseillers municipaux pour soutenir la proposition. Pourtant, elle ne pouvait s'empêcher de se sentir anxieuse.

Le 23 avril, après la première séance consacrée au projet de loi, elle envoya un texto à l'un de ses partisans au sein du conseil municipal, Lisa Herbold : “Croyez-vous que l'opposition a un atout dans sa manche ou qu'elle va se contenter de faire le même tapage trois semaines de plus ?”

“J'ai un mauvais pressentiment, répondit Herbold, même si je ne saurais dire quoi.”

Pendant des années, Amazon était resté remarquablement à l'écart des questions politiques et citoyennes de Seattle, un silence d'autant plus étrange à mesure que l'entreprise grandissait. C'était le reflet des opinions libertariennes de son fondateur : le gouvernement n'était pas seulement un obstacle, il était inopérant. Mike McGinn, maire de 2010 à 2013, n'avait jamais rencontré Bezos durant son mandat.

Ce manque d'engagement était à l'opposé de Microsoft, qui s'était longtemps investi dans les écoles locales, poussant même ses ingénieurs à donner des cours d'informatique. L'approche d'Amazon rappelait la mentalité de Bethlehem Steel à ses débuts, lorsque l'entreprise dissuadait ses cadres de s'engager civilement afin de ne pas être distraits de leur mission au sein de la firme.

Cette déconnexion s'étendait à la philanthropie : Bezos n'avait, c'était notable, donné que très peu de sa fortune, localement ou pas. Il avait fait des cadeaux à son alma mater, Princeton, au centre local de recherche contre le cancer et au Musée de l'industrie et pas grand-chose de plus. Pour tout dire, lui et sa famille avaient donné quelque 100 millions – un dixième de sa fortune. En avril 2018, il ferait la une des journaux en proclamant qu'il considérait son entreprise d'exploration spatiale, Blue Origin, comme plus valable que tout ce qu'il pourrait faire d'autre avec son argent. “La seule façon envisageable pour moi de déployer une telle puissance financière, c'est d'investir les bénéfices d'Amazon dans l'exploration spatiale. Et c'est à peu près tout", dit-il.

Il n'y avait eu que de rares exceptions à cet éloignement de la politique. L'année précédente, alors que les efforts pour lutter contre le problème des sans-abri commençaient à se mettre en place, l'entreprise avait donné 350 000 dollars pour la campagne de la future maire, Jenny Durkan, une démocrate centriste qui était aussi largement soutenue par la chambre de commerce locale. En 2012, Bezos avait donné 2,5 millions pour soutenir le mariage entre personnes de même sexe à Washington. Deux ans plus tôt, il avait donné 100 000 dollars à ceux qui luttaient contre le référendum pour un nouvel impôt sur le revenu pour les plus grosses fortunes de l'État, ce qui l'avait fait s'opposer au père de Bill Gates, lequel avait soutenu l'impôt.

C'était le souvenir de cette dernière intervention qui donnait aux partisans de cette nouvelle taxe sur les grandes entreprises des raisons de s'inquiéter. S'il y avait un fil conducteur aux engagements intermittents de l'entreprise au fil des années, c'était bien sa forte aversion à l'idée de payer des impôts – une "obsession excessive chez les grandes entreprises", comme le formula le journaliste Franklin Foer.

De nombreuses autres grandes entreprises avaient cherché à minimiser leurs impôts. Là où Amazon se différenciait, c'était dans la multiplicité des moyens employés pour y parvenir, et dans l'influence que cela avait sur son comportement et ses décisions à tous les niveaux. La tactique de l'entreprise pour éviter les impôts était un véritable couteau suisse avec un outil toujours prêt à l'emploi contre toute éventuelle décision gouvernementale. Cela avait commencé avec la décision de s'installer à Seattle pour éviter les taxes sur les ventes prélevées par de grands États comme la Californie. Puis il y avait eu la décision de s'abstenir le plus longtemps possible d'ouvrir des entrepôts dans de nombreux grands États afin d'éviter une fois de plus ces mêmes taxes. Les employés d'Amazon éparpillés dans tout le pays avaient souvent des cartes de visite trompeuses, de sorte que l'entreprise ne puisse être accusée d'opérer dans un État donné et donc forcée d'y payer des impôts. En 2010, l'entreprise alla jusqu'à fermer son unique entrepôt au Texas et à abandonner ses futurs projets de centres de distribution lorsque les élus de l'État la poussèrent à payer 270 millions de dollars d'arriérés, ce qui obligea le Texas à renoncer à réclamer cet impôt. En 2017, l'entreprise avait même créé une mission interne secrète consistant à obtenir 1 milliard par an de réductions d'impôts.

C'était une course incessante aux exemptions et aux crédits d'impôts auprès des villes et des États en échange de la construction d'entrepôts et de *data centers* – un total de 2,7 milliards en 2019, selon l'association Good Job First.

Sans oublier leur contournement de l'impôt sur les revenus des entreprises. Pendant des années, l'entreprise s'était débrouillée pour ne presque rien payer en déclarant ne faire que très peu de bénéfices – sa préoccupation principale était de faire croître sa clientèle et de condamner les concurrents à la disparition en pratiquant des prix extrêmement bas. Mais même maintenant, alors qu'elle engrangeait des bénéfices, elle n'en reversait presque rien à l'État. En les faisant passer par son bureau au Luxembourg, Amazon évitait de payer 1,5 milliard au gouvernement américain, selon le fisc. En 2018, elle ne payerait pour la deuxième année consécutive aucun impôt sur les revenus des entreprises, bien qu'elle ait doublé ses bénéfices, lesquels atteignaient maintenant 11 milliards. En fait, elle parviendrait à tourner le Code des impôts à son avantage au point d'obtenir un dégrèvement de 219 millions. Dans l'ensemble, de 2009 à 2018, l'entreprise paya un taux d'impôts effectif de 3 % sur des profits s'élevant à 26,5 milliards (elle fit remarquer pour sa défense qu'en 2019 elle avait payé plus de 1 milliard d'impôts fédéraux sur les revenus des entreprises et qu'elle commençait à en payer davantage sur les ventes au nom des vendeurs tiers, après une décision prise en 2018 par la Cour suprême qui facilitait pour les États la collecte de la TVA sur la vente en ligne). Un tel succès dans le contournement des impôts rendait d'autant plus remarquable, si l'on peut dire, le fait que l'entreprise gagnait autant d'argent grâce aux marchés publics – des agences fédérales aux militaires en passant par les établissements scolaires.

Malgré tout, pendant les premiers mois de l'affrontement autour de la taxe de Seattle au début 2018, il n'avait pas déplu à l'entreprise d'être un visage identifiable parmi la foule de ceux qui défendaient des intérêts économiques. Elle se joignit à une initiative régionale lancée par la maire Jenny Durkan – une tentative transparente de trouver un ensemble de solutions plus limitées que tout ce qui pourrait sortir du groupe de travail du conseil municipal, auquel Amazon et d'autres entreprises avaient refusé de se joindre. L'entreprise s'en remettait aux lobbyistes – la chambre de commerce, la Downtown Seattle Association, la Washington Technology Industry Association.

C'est l'une des militantes en faveur d'une taxe sur les grosses entreprises pour lutter contre le problème des sans-abri qui désigna la première Amazon dans la mêlée. Kshama Sawant était un drôle d'oiseau dans la politique américaine : une représentante élue qui se réclamait avec fierté du socialisme. Elle était venue à Seattle depuis l'Inde avec son mari, un ingénieur de Microsoft, avait divorcé et s'était remariée avec un de ses collègues activistes au sein de Socialist Alternative, une organisation trotskyste. Elle avait été élue en 2013 pour représenter le troisième district de la ville, lequel incluait le district central. Elle défendait une taxation plus importante des grandes entreprises que ce que proposait l'aile gauche du conseil municipal – 150 millions, au moins. Elle croyait au fait de donner à la cible de la taxe un visage clair. Et elle n'hésitait pas à en donner également un aux partisans de la mesure : le sien.

À la fin mars, Sawant et d'autres membres de Socialist Alternative organisèrent l'événement Tax Amazon Town Hall, une réunion publique organisée à Seattle pour contester les avantages fiscaux accordés à Amazon. Peu de temps après, avec d'autres partisans, elle organisa une manifestation devant les grands globes flambant neufs qu'Amazon venait d'installer au pied de son quartier général. "TAXEZ BEZOS", proclamaient les pancartes. "La taxe que nous demandons, dit Sawant, c'est de la menue monnaie pour des entreprises comme Amazon… Une bagatelle pour de tels milliardaires."

Leurs demandes furent un électrochoc pour cette métropole empêtrée dans une apathie mêlée de ressentiment envers Amazon. Comme le formula un ingénieur informatique observant la manifestation : "Je ne suis pas d'accord avec le fait qu'ils ne paient pas d'impôts, mais ils peuvent faire à peu près ce qu'ils veulent." Et une confrontation aussi explicite avait de quoi consterner Katie Wilson et d'autres conseillers municipaux partisans de la taxe à 75 000 dollars. Les défenseurs, y compris l'organisation syndicale du King County Labor Council, avaient envisagé de mettre davantage Amazon à contribution – l'expansion rapide d'une des plus grandes entreprises mondiales avait alimenté une crise de l'accès au logement et la firme en question se devait donc d'aider la municipalité à y faire face.

Mais c'était une tout autre affaire de voir cette confrontation réduite à l'affrontement caricatural entre Amazon d'un côté et une conseillère municipale aux notoires sympathies socialistes de l'autre, une caricature allègrement reprise par les médias locaux. Wilson craignait que cela fasse oublier les vrais enjeux – le logement et un impôt juste – et convertisse la lutte en affrontement tribal. "On aurait pu trouver un moyen productif d'impliquer Amazon, dira-t-elle ensuite, mais ce qui s'est passé avec Kshama a fragilisé cette stratégie. Ça l'a convertie en spectacle, en truc symbolique, au lieu de dire simplement qu'"Amazon a un grand impact sur notre ville et il nous faut l'atténuer'."

Amazon eut conscience de l'opportunité offerte par l'action de Sawant. Le 26 avril, l'entreprise annonça avoir dépassé le milliard de bénéfices pour le deuxième trimestre consécutif. Une semaine plus tard, et neuf jours après que Katie Wilson et Lisa Herbold avaient échangé des textos à propos de leurs pressentiments partagés, la firme fit exploser sa bombe. Elle annonça que son opposition à la taxe de 75 millions était telle qu'elle mettait en pause la construction de sa nouvelle grande tour, un immeuble de dix-sept étages prévu pour accueillir entre 7 000 et 8 000 nouveaux emplois, et qu'elle remettait en cause la location prévue de 65 000 mètres carrés dans une autre tour, ce qui représentait 5 000 emplois supplémentaires.

Les implications étaient claires : l'entreprise était bien avancée dans sa recherche d'un deuxième quartier général, et si Seattle continuait de se montrer aussi ingrate, rien n'assurait qu'Amazon y traîne encore longtemps ses guêtres.

Comme Amazon l'avait très certainement anticipé, ses menaces d'annuler son expansion à Seattle poussèrent sa détractrice favorite à montrer encore davantage les crocs. Le lendemain, Kshama Sawant, drapée d'une longue étole rouge, retourna aux globes Amazon accompagnée de partisans pour protester contre la stratégie de l'entreprise, qui s'apparentait à du "chantage". DES IMPÔTS POUR AMAZON = DES FONDS POUR LE LOGEMENT ET LES SERVICES PUBLICS, lisait-on sur leurs pancartes rouge vif.

Cette fois, des manifestants s'étaient mobilisés pour défendre le camp adverse. Des dizaines d'ouvriers métallurgistes de Local 86 étaient venus défendre leur gagne-pain. "Pas de taxe sur le bétail ! Pas de taxe sur le bétail !" scandaient-ils, couvrant les revendications de Sawant et de ses sympathisants, dominés en nombre.

Dans aucune autre ville américaine, on ne voyait autant de grues dressées contre le ciel, mais cela leur passait au-dessus de la tête. Le chantier qu'Amazon menaçait de faire avorter n'était encore qu'au stade embryonnaire, mais cela aussi leur passait au-dessus. Les images de cette contre-manifestation n'auraient pas pu mieux servir les intérêts d'Amazon. D'un côté, un ramassis de radicaux emmenés par une gauchiste dont l'accent trahissait les origines indiennes – du Maharashtra, plus précisément. Face à eux, d'honnêtes travailleurs américains, des bosseurs arborant casques et vestes de sécurité, capables de soulever des poutres d'acier : vestiges vivants d'une ville de cols bleus que Seattle n'était plus, même si elle aimait à croire qu'elle en avait conservé quelques bribes… douce illusion, quand tout attestait du contraire.

Pour Amazon, la défection des syndicats du bâtiment serait bien plus qu'une victoire médiatique d'un jour ; elle aurait des retombées positives à long terme. La menace proférée par l'entreprise (une simple déclaration laconique recueillie par un chroniqueur du *Seattle Times*, et le tour était joué !) avait suffi à fracturer le mouvement syndical qui procurait aux partisans du nouvel impôt le peu de soutien institutionnel qu'ils étaient en mesure de revendiquer.

Ils poursuivirent tout de même leurs efforts, envers et contre tout, portés par la force pure d'un besoin irréfutable. Une semaine plus tard, un rapport sur la crise du logement et le nombre de sans-abri aux États-Unis commandité à McKinsey par la chambre de commerce et occulté pendant des mois, car ses résultats dérangeaient, finit par être divulgué. Même cette société de conseil sollicitée par un groupe de pression épaulant activement les détracteurs du nouvel impôt alertait quant à l'ampleur colossale de la crise. Autant dire que cela ne passa pas inaperçu. Selon le rapport, il faudrait au comté de King 400 millions de dollars par an de revenus supplémentaires pour enrayer le problème.

Le week-end suivant, Durkan, la maire, réunit les membres de son conseil favorables à cette loi, des représentants d'Amazon et quelques autres acteurs, pour rédiger un "compromis de la fête des Mères" : réduite d'un bon tiers, la taxe ne s'élèverait plus qu'à 275 dollars par salarié, et ne rapporterait que 47 millions de dollars par an. La part d'Amazon serait d'environ 12 millions de dollars, alors qu'à l'époque ses bénéfices dépassaient les 230 milliards. Et pourtant, l'entreprise ne cacha pas son mécontentement : "Nous nourrissons toujours quelques appréhensions concernant l'avenir que laissent présager l'approche et la rhétorique hostiles du conseil envers les grandes entreprises ; cette réticence nous oblige à remettre en cause nos possibilités de croissance ici", déclara Drew Herdener, un des vice-présidents. Cependant, une conseillère municipale, Teresa Mosqueda, exprimerait, par la suite, le soulagement que lui procurait ce consensus : "On n'avait pas vraiment besoin qu'ils nous graissent la patte... Mais pour nous, c'était important de poser au moins une sorte de point de départ, d'amorcer le processus."

Ce compromis sous la main, le conseil vota à l'unanimité, le 14 mai, en faveur de la nouvelle taxe. Huit mois seulement après leur effort commun pour lancer un plan d'action, Katie Wilson et ses alliés de Housing for All ("accès au logement pour tous") venaient de mettre en œuvre des moyens concrets, quoique pas tout à fait adéquats, pour réduire le nombre très préoccupant de sans-abri, mesures mises en place par des biais démocratiques, financées par une taxe d'ordre progressiste prélevée chez ceux dont le succès démesuré avait à la base engendré le problème. Herbold, la membre du conseil, adressa un nouveau texto à Wilson, allant au-delà du simple pressentiment, cette fois : "C'est vraiment un événement, UN ÉNORME DOSSIER, et j'avoue que j'ai du mal à me projeter à tous les niveaux de ce compromis, mais le conseil n'avait pas pris de décision de cette envergure depuis vingt ans ; cette mesure promet de profondes transformations sur le plan structurel."

Les réjouissances durèrent deux jours, en tout et pour tout. Le vote eut lieu le lundi. Le mercredi, Durkan ratifia la proposition, l'érigeant donc au statut de loi. Le lendemain, des opposants annoncèrent leur intention de récolter des signatures en vue de rejeter les résultats de ce scrutin *via* un référendum. Cette initiative du mouvement No Tax on Jobs (Pas d'impôt sur nos boulots) bénéficierait d'un soutien financier massif de la part de plusieurs grands groupes dont Vulcan (l'entreprise d'urbanisme de Paul Allen), Starbucks et... Amazon.

Teresa Mosqueda fut estomaquée. "Ils ont dit oui le jour de la fête des Mères. On a voté le lundi. Le mardi, ils finançaient l'opposition. On retourne sa veste en quarante-huit heures chrono, c'est ça ?" Des mois plus tard, elle interrogerait des représentants de l'entreprise sur leur volonté de dynamiter un compromis deux jours après en avoir accepté toutes les conditions au terme de discussions en leur présence. "Certes, nous avons convenu avec vous que 275 dollars étaient un montant raisonnable, concédèrent-ils, selon ses dires à elle. À aucun moment, vous ne nous avez demandé si nous comptions financer l'opposition." (Propos qui seraient démentis par Amazon.) C'était d'une indécence éhontée. "Quand vous vous trouvez dans un bâtiment représentant le pouvoir législatif, si vous donnez votre parole, la moindre des choses c'est de tenir vos engagements, parce qu'ils sont pris pour argent comptant", assena Mosqueda.

Si Amazon venait de prouver, une fois de plus, qu'on ne pouvait pas *compter* sur elle, de l'*argent*, elle en avait à profusion, alors peu lui importait de ternir sa réputation. Les défenseurs de la proposition de loi furent submergés par l'opposition, qui débourserait près d'un demi-million de dollars en à peine un mois, dont la majeure partie, 350 000 dollars, serait allouée à une agence conservatrice ayant contribué à la campagne de Trump, dans le but de rassembler les 17 632 signatures requises pour valider la pétition. (En parallèle, le mouvement No Tax on Jobs engagea comme directrice de campagne l'une des principales organisatrices de la Womxn's March – la Marche des femmes – de Seattle[1].) Sur certaines vidéos, des individus en quête de signatures servent des contrevérités aux passants qu'ils alpaguent, prétendant, par exemple, que l'argent de la taxe viendrait tout droit de la poche des travailleurs, ou qu'elle avait déjà conduit plusieurs magasins d'alimentation à la faillite. L'angle d'attaque dominant dans cette histoire était simple et se résumait ainsi : pourquoi faire confiance à la municipalité quand elle envisageait de consacrer des millions supplémentaires au problème des sans-abri alors qu'en dépit des sommes considérables déjà engagées en ce sens, tant de milliers de personnes étaient toujours à la rue ? Herdener, un cadre d'Amazon, analyserait la situation en ces termes : "Ce n'est pas un problème de revenus dont souffre cette ville… Le problème, c'est plutôt la répartition peu judicieuse des dépenses. Nous sommes tout sauf certains que le positionnement *anti-entrepreneurial* du conseil municipal ou sa gestion inefficace du budget évolueront en mieux."

Les partisans de cette loi n'avaient quasiment aucun moyen d'intensifier leur riposte. De répliquer qu'une grande partie des dépenses sur la sellette bénéficiaient à des familles privées de toit, et que le programme portait ses fruits. Qu'il y avait besoin de fonds supplémentaires pour prendre en charge une catégorie de population plus coriace, à savoir les sans-abri chroniques, des adultes souffrant pour la plupart de maladies mentales, de toxicomanie ou d'alcoolisme, et nécessitant ce qu'on appelait des "logements avec services de soutien".

Ces considérations pertinentes ne faisaient pas le poids face au ressentiment très frontal suscité par la prolifération des campements. Les opposants avaient mis en lumière une forme de conservatisme au sein de l'électorat de gauche à Seattle, le sentiment que les autorités municipales étaient en miettes, dilapidaient les ressources et ne méritaient que le mépris. Le lobby des grands entrepreneurs fit alliance avec un florilège de groupes dont la devise aurait pu être : "Pas de ça dans mon quartier", comme Speak Out Seattle (Seattle haut et fort), Safe Seattle (Seattle en toute sécurité), la Neighborhood Safety Alliance (Alliance pour la sécurité des quartiers). Sur les pelouses, les pancartes "NON AUX NOUVEAUX PROJETS IMMOBILIERS !" et "DES FOYERS, OUI ! MAIS PAS DANS L'EASTSIDE !" pullulaient juste à côté d'écriteaux "ICI, ON ACCEPTE TOUTES LES RACES". "J'ai le sentiment que la mairie ne comprend pas comment fonctionne l'argent du contribuable, qu'elle ne le respecte pas, et qu'elle ne s'en porte pas garante", déplora un habitant lors d'une réunion publique houleuse, début mai. "Vos choix politiques et ce qu'on on est en train de faire de cette ville ont semé le chaos et le crime, et qui est-ce qui trinque ? Les honnêtes gens, ceux qui respectent la loi." Les vivats les plus forts s'élevèrent lorsque des citoyens exigèrent l'évacuation *manu militari* des campements de SDF. Un des employés municipaux présents à cette réunion en ressortit ahuri : "On ne se serait vraiment pas cru à Seattle."

Début juin, le Service Employees International Union (Syndicat international des employés de service), l'un des principaux – et rares – soutiens à cette taxe, fit réaliser à ses frais un sondage. Le "non" l'emporta largement. Une douche froide pour le conseil municipal, qui s'arma alors d'un pragmatisme cinglant : si ce raz-de-marée conservateur poursuivait sur sa lancée, il risquait d'emporter bien plus encore sur son passage, à l'automne, y compris un impôt foncier destiné à financer les établissements scolaires, et des candidats démocrates aux élections législatives.

Le 12 juin, moins d'un mois après avoir approuvé à l'unanimité l'application de cette taxe, le conseil tint une audience pour soumettre au vote sa révocation. Des manifestants pro-taxe s'agglutinèrent dans l'hôtel de ville, bien trop nombreux pour pouvoir tous tenir dans l'auditorium du conseil municipal.

Ceux qui n'avaient pas pu accéder à la réunion erraient dans le vaste vestibule et scandaient des slogans ; l'un d'entre eux ajoutait à l'agitation en faisant retentir un énorme gong.

Debout dans la foule, incapable d'atteindre la salle d'audience où elle n'aurait, de toute façon, rien pu faire pour enrayer le processus, se trouvait Katie Wilson.

Il y avait un moment qu'elle s'efforçait de décrypter le basculement à l'œuvre à Seattle, de comprendre comment une ville nourrissant une telle ambivalence à l'égard du géant qui croissait en son sein pouvait tout à coup se montrer si protectrice envers ce même Léviathan ; comment une ville pâtissant des effets secondaires de l'hyperprospérité pouvait, dans le même temps, être si fébrile et apeurée à l'idée de perdre sa poule aux œufs d'or ; comment une population ayant voté à 92 % contre Donald Trump pouvait s'en prendre ainsi à ses habitants les plus démunis. "La campagne de propagande, grassement financée, menée ces neuf derniers mois a remporté un vif succès, on peut le dire, commenta-t-elle. Les tendances qu'on observe aux informations et dans les mentalités locales viennent de prendre un tournant vraiment abject."

Autre acteur cherchant à décrypter la situation : Nick Hanauer, l'investisseur de la première heure qui avait contribué à attirer Amazon vers Seattle. "On est dans la métropole qui enregistre la croissance la plus rapide de tout le pays, et les gens sont en train de perdre la raison, déplora-t-il la semaine où se tint l'audience du conseil municipal. Cette 'taxe sur le bétail' a plongé la ville dans une sorte de guerre civile insensée, on l'a tous remarqué. On a tous des copains d'ordinaire bienveillants, rationnels, progressistes, qui sortent de leurs gonds à cause de cette affaire. Tous mes amis sont remontés contre ci ou ça. Remontés, oui. Toutes les femmes de footballeurs de ma connaissance, qui n'ont pas besoin de travailler et n'ont rien d'autre à faire que le taxi pour leurs enfants, pestent contre la circulation, contre les pistes cyclables. Mes amis à la tête d'entreprises gigantesques et dynamiques râlent contre les immeubles qui se construisent dans leurs quartiers. Dans mon entourage, les massothérapeutes, dont l'activité n'a jamais été aussi florissante, cassent du sucre sur le dos des Amazoniens. Les gens n'arrivent pas à relier les points. Leurs cerveaux ne disposent pas des bons branchements pour pallier la dissonance cognitive. Ils ont du mal à faire le lien entre les bénéfices qu'ils retirent de telle ou telle situation et le tort qu'elle cause à d'autres, alors un rien les horripile. Tout le monde ici a profité allègrement de la conjoncture, mais personne n'est assez perspicace pour se rendre compte que ses actes sont à l'origine des problèmes qu'il exècre. L'incapacité à effectuer cette gymnastique mentale a viré à l'implosion au moment de la 'taxe sur le bétail'. On a intimidé les gens. Tout le monde gueule à propos des bouchons, personne n'a les moyens de se loger… Et pourtant, ça vient se lamenter : 'Amazon va s'en aller, oh non, pitié, c'est pas possible, mais qu'est-ce qu'on va devenir ?' C'est facile d'intimider les gens."

L'audience se solda par l'abrogation de la taxe, à sept voix contre deux. Les seuls membres du conseil à s'y opposer furent Kshama Sawant et Teresa Mosqueda. Un mois plus tard, le prix médian d'un logement à Seattle grimperait jusqu'à 805 000 dollars. À la fin de l'année, de toutes les métropoles américaines, c'est Seattle qui enregistrerait la plus importante hausse du nombre de sans-abri. En parallèle, quelques semaines après le vote, Amazon atteindrait les 2 milliards de dollars de bénéfices trimestriels ; cette même année, le Prime Day, jour de folie dépensière estivale, supplanterait même le Cyber Monday et le Black Friday en termes de ventes. La capitalisation boursière du géant de l'e-commerce franchirait la barre du milliard de dollars quelques semaines plus tard, le 4 septembre. Il annoncerait que, la fameuse taxe pourtant déjouée, il n'investirait pas, en fin ce compte, les locaux loués dans la tour flambant neuve – une de celles dont il avait, par le passé, menacé d'interrompre la construction si on ne le laissait pas imposer sa volonté.

Le lendemain du vote, Michael Schutzler, directeur de la Washington Technology Industry Association (organisme représentant l'industrie du numérique à Issaquah dans l'État de Washington), savourait dans son bureau la victoire remportée par son camp. Il n'était pas sur place lors du vote en faveur de l'abrogation, car il participait à une course de *paddle* de plus de 100 kilomètres, entre Tacoma et Port Townsend. Mais sa présence n'était pas indispensable. "Par la nature même de ce que nous faisons, nous avons de très solides connexions avec ceux qui tirent les ficelles dans cette histoire, et nous connaissions donc dès la veille l'issue du scrutin", expliqua-t-il.

Schutzler peinait à refréner la délectation que lui avait valu le spectacle des conseillers municipaux torturés par le dilemme suivant : valait-il mieux se rétracter moins d'un mois après avoir voté en faveur de cette taxe, quitte à subir l'opprobre ? "Est-ce que je joue la carte du revirement de bord en tentant de justifier mon choix ? ricana-t-il. Ou est-ce que je vote contre ce virage à 180 degrés sachant toutes les répercussions politiques qu'il va falloir assumer derrière ?"

Le plus drôle, d'après lui, c'était d'observer les membres du conseil faire comme si leurs réticences quant à cette loi n'étaient pas que pur calcul politicien. "Tout ce jeu de postures… Ils essaient de faire croire qu'ils ont des principes, commenta-t-il. Mais ils n'en ont aucun. Cette mesure était juste vraiment stupide à la base. Et à présent, sur le plan politique, il est plus opportun de décider que cette proposition géniale en laquelle vous croyiez dur comme fer, il y a quelques semaines encore, est, d'un coup d'un seul, devenue caduque. Faut pas se moquer du monde."

Schutzler lâcha un nouveau gloussement. "De toute façon, cette ville ne sait pas se gérer, elle a les deux pieds dans le même sabot, et ça ne date pas d'hier, poursuivit-il. Ça a toujours été une petite ville de province."

Trois mois plus tard, les convives commençaient à picorer leurs crudités dans la salle de bal du Hilton lors du grand banquet organisé par le Club économique de Washington en l'honneur de Jeff Bezos. Pendant le repas, le président du club, David Rubenstein, énuméra les sponsors de ce dîner, dont Boeing, JPMorgan Chase et Amazon Web Services. "Tout le monde ici présent est forcément quelqu'un d'illustre", affirma-t-il, sur fond de rires satisfaits. Toutefois, il prendrait le temps de citer certains des plus illustres d'entre tous. Il nomma donc les dix-sept ambassadeurs qui s'étaient déplacés pour l'occasion : "Singapour… Indonésie… Afrique du Sud… Royaume-Uni… Australie… Irlande…" Il nomma le ministre des Postes, ainsi que le responsable de la General Services Administration, le gouverneur du Maryland, Larry Hogan, et Stephen Moret, qui chapeautait l'offre de la Virginie septentrionale pour l'implantation du deuxième quartier général d'Amazon sur son territoire, et la maire de Washington, Muriel Bowser, ainsi que trois de ses prédécesseurs également de la partie, puis le directeur du métro de Washington.

"Combien d'entre vous sont venus en métro ?" s'enquit Rubenstein. Très peu de mains se levèrent. "C'est vrai que dans cette assemblée, on n'a pas trop l'air du genre à prendre les transports", rebondit-il, pince-sans-rire.

Suivirent quelques mots de bienvenue supplémentaires de la part du PDG du sponsor principal de la soirée, l'importante agence immobilière locale JBG Smith Properties. La présentation formelle de l'invité d'honneur revint à Warren Buffett, qui s'exprima par visioconférence. Buffett compara Bezos à Babe Ruth, le légendaire joueur de baseball. "Jeff Bezos, c'est un sacré battant, déclara-t-il. C'est le type qui a renversé, révolutionné deux des secteurs industriels les plus importants au monde : la vente au détail et le numérique. Il a changé, en mieux, la vie de centaines de millions de gens. Et à ses heures perdues, le week-end, il conçoit des vaisseaux spatiaux pour aller sur la Lune." Buffett marqua une pause. "J'imagine que les tout premiers passagers de ce vol pour la Lune seront, à tous les coups, une poignée de détaillants en quête d'un environnement moins vicié."

Sa boutade conquit l'assemblée, qui ne tarda pas à finir son repas. Puis, ce fut au tour de Bezos de monter sur scène en compagnie de Rubenstein. Bezos, costume sombre égayé d'une pochette blanche, évoluait avec une aisance impériale. Pas une fois son interlocuteur ne chercha à le déstabiliser. Rubenstein commença la rencontre en signalant la hausse de 70 % de l'action Amazon par rapport à l'année précédente, et la nouvelle distinction dont Bezos pouvait, par conséquent, s'enorgueillir.

"Vous êtes désormais l'homme le plus riche du monde, s'enthousiasma Rubenstein. Est-ce un titre que vous désiriez décrocher un jour ?

— Je ne l'ai jamais cherché, ce titre, je peux vous l'assurer, répondit Bezos. Moi, ça m'allait bien d'être la deuxième plus grosse fortune du monde. Ça me convenait tout à fait."

La salle explosa de rire.

"Je possède 16 % d'Amazon, qui, à l'heure actuelle, pèse grosso modo 1 000 milliards de dollars, poursuivit Bezos. Nous avons généré 840 milliards de dollars qui ont profité à des tiers. Voilà ce que nous avons accompli d'un point de vue financier. C'est génial, franchement. C'est ça qu'il faut faire. Je crois dur comme fer au pouvoir du capitalisme entrepreneurial et des marchés libres, en leur capacité à résoudre une bonne partie des affres de ce monde."

Rubenstein, qui avait lui-même investi très tôt dans la marque Amazon par le biais du Carlyle Group, semblait faire une fixation sur les plus grandes fortunes et leur classement au niveau mondial. "Vous habitez dans l'État de Washington, aux abords de Seattle, rappela-t-il. L'homme qui a détenu la plus grosse fortune du monde pendant une vingtaine d'années s'appelle Bill Gates. Quelle était la probabilité que les deux types les plus riches du monde, non contents de vivre dans le même pays, dans le même État, dans la même ville, habitent carrément le même quartier ? On nous a caché un truc à propos de ce quartier ? Il reste des maisons à vendre là-bas ?"

À nouveau, l'assemblée fut ravie. Toutefois, on était vite à court de bons mots et de plaisanteries sur l'extrême richesse de deux milliardaires, et, l'instant d'après, Rubenstein fit une pirouette pour en venir à un sujet qu'il maîtrisait sur le bout des doigts, l'argument qu'il brandissait depuis belle lurette pour atténuer la grogne quant à sa propre fortune. Ce même jour – la date n'ayant sans doute pas été choisie au hasard –, Bezos avait annoncé qu'il se lançait enfin dans la philanthropie à grande échelle. Il allait financer à hauteur de 2 milliards de dollars des logements pour familles sans domicile fixe et des écoles maternelles Montessori. Un geste portant le total de ses activités caritatives à moins de 2 % de sa valeur nette.

Rubenstein lui demanda comment il avait procédé pour décider à qui attribuer "le don philanthropique le plus important qu'il avait jamais fait", question qui souleva un tonnerre d'applaudissements. Bezos répondit qu'il avait lancé un appel à idées pour consulter le public, et récolté 47 000 suggestions. Ensuite, il avait suivi son instinct. "Mes meilleures décisions, ça a toujours été des choix de cœur. Je les ai toutes prises avec mes tripes, en suivant mon intuition, pas l'analyse", confia-t-il.

Il n'y eut pas la moindre allusion à la taxe au profit des sans-abri ni à la bataille qui avait fait rage à Seattle trois mois plus tôt. Pas la moindre allusion non plus au débat sur les avantages fiscaux érigés en loi par le président, ce qui avait réduit drastiquement les taux d'imposition pour les grands groupes et les plus riches tout en laissant intacte la niche des intéressements différés. En fait, ni Bezos ni Rubenstein ne prononcèrent, ne serait-ce qu'une fois, les mots "taxe" ou "impôts" dans quelque contexte que ce soit, au cours des soixante-dix minutes d'interview.

Au lieu de cela, Rubenstein orienta la discussion vers le sujet que tant de convives attendaient avec impatience. "Et quand vous faites appel à votre intuition pour prendre des décisions, où est-ce qu'elle vous guide, cette intuition, pour implanter votre deuxième quartier général ?" Sa réplique déclencha une véritable ovation, ponctuée de sifflements.

"La réponse est très simple, dit Bezos. Nous annoncerons notre décision avant la fin de l'année." Sur ce point précis, Rubenstein était résolu à insister un peu plus : "Vous avez déjà une affaire dans l'État de Washington. Pourquoi pas réitérer dans la *ville* de Washington ?"

Le film – si tant est qu'on puisse le décrire ainsi – s'ouvrait sur les images d'un campement de SDF (tentes, détritus) à l'est de l'autoroute inter-États I-5, de l'autre côté de la route par rapport aux stades. La caméra dé-zoomait puis levait l'objectif vers le ciel pour révéler, au loin, la silhouette de la ville. Transition sur le plan suivant, un homme blanc, assis, le cou bandé, dans une brume opiacée. "Et si Seattle était en train de mourir à petit feu à notre insu ? débuta la voix off. C'est l'histoire d'une colère longtemps larvée qui arrive à ébullition et vire à l'indignation. C'est l'histoire d'un peuple qui s'est armé de compassion, oui, mais qui ne se sent plus en sécurité, qui ne se sent plus écouté, qui ne se sent plus protégé. C'est l'histoire d'âmes en déshérence qui errent dans nos rues, sans aucune attache, ni à une maison, ni à une famille, ni même à la réalité, vaguant à la poursuite d'une drogue qui finit à son tour par les poursuivre. C'est l'histoire des dégâts qu'elles s'infligent à elles-mêmes, bien sûr, mais aussi des dégradations dans le tissu même de notre lieu de vie. C'est l'histoire d'un sublime joyau qui a été violé, d'une crise de conscience au sein d'une génération qui n'a plus ni la foi, ni le moindre amour pour sa ville."

Tandis que le narrateur poursuivait son triste constat, les images défilaient : le clochard prostré sous l'emprise de l'héroïne, le clochard vautré à même le trottoir, le clochard peinant à remettre son pantalon. C'était l'ouverture de *Seattle Is Dying* (Seattle se meurt), un documentaire d'une soixantaine de minutes sur la crise suscitée par la hausse du nombre de sans-abri, diffusé en mars 2019 sur KOMO, filiale locale d'ABC détenue par le Sinclair Broadcast Group, un réseau national de chaînes télévisées à forte tendance conservatrice.

Après ce montage d'introduction, la vidéo nous emmenait, à travers une série d'entretiens, à la rencontre de ces "gens qui ne se [sentaient] plus protégés" : des patrons de petits commerces perdant leurs marchandises à cause des vols à l'étalage et leurs clients à cause des relents d'urine, un riverain affligé à la vue de clochards profanant un cimetière, un policier endurci désabusé au point de rendre son insigne, son impuissance face à ce problème lui étant devenue insupportable. "Je n'y arrivais plus", confiait-il.

Il y avait aussi des chiffres : des statistiques montrant que Seattle occupait désormais la deuxième position au niveau national en termes d'atteintes à la propriété, juste derrière une San Francisco semblant nager en pleine dystopie, où 5 000 personnes vivaient dans la rue (et où, en juin 2019, un homme ferait sensation avec une vidéo devenue virale où on le voyait déverser un seau d'eau froide sur une SDF). Ces chiffres disaient aussi le peu de délits réellement sanctionnés (on s'appesantissait sur un consommateur de crystal meth arrêté trente-quatre fois depuis 2014 et filmé en plein refus de s'extraire d'une benne à ordures) et renseignaient sur les dépenses des collectivités pour traiter le problème des sans-abri : 1 milliard de dollars par an. "Ils vivent dans la crasse et le désarroi, tels des animaux, et nous, on les laisse faire", déplorait la voix off.

Mais il existait une solution ! Le narrateur nous embarquait ensuite jusque dans le Rhode Island, où, s'enthousiasmait-il, on réhabilitait avec grand succès les zonards toxicomanes : derrière les barreaux. Puis la scène suivante nous ramenait dans l'État de Washington, avec une vue aérienne d'un ensemble de bâtiments sur une charmante île, à Puget Sound : on aurait dit une résidence de vacances, mais il s'agissait en réalité d'une prison d'État, en grande partie vide, n'attendant plus que les SDF de Seattle, à qui la municipalité rendrait un grand service en les y écrouant.

"Une ville, c'est un organisme vivant, avec son propre rythme, son propre pouls, et une sorte d'âme. C'est un ensemble d'idées que nous protégeons et défendons, anciennes comme nouvelles, concluait la voix off. Mais derrière la beauté et les idées [...], derrière les stades de baseball et tous les jolis immeubles, reste ce combat qu'on appelle le sale boulot. Les rêves et les villes de grande envergure ne peuvent survivre si l'on ne les défend pas bec et ongles. Seattle se meurt. Peut-être nous sommes-nous trop félicités de l'afflux de richesses et de la croissance fulgurante, trop laissé absorber par cette vie trépidante, au point d'en occulter les aspects moins réjouissants. Peut-être les bons citoyens, ceux qui travaillent tous les jours, ont une famille à charge et paient leurs impôts, ceux qui ont bâti la ville et cru en ce rêve, l'ont-ils oublié, ce sale boulot. Peut-être avons-nous oublié le combat."

On aurait pu s'attendre à ce qu'une métropole n'ayant accordé à Donald Trump que 8 % de ses suffrages en 2016 frémisse de dégoût devant ce qui n'était, ni plus ni moins, qu'un film de propagande conservateur. Au contraire, la ville fut captivée. Moins d'un an plus tard, *Seattle Is Dying* comptabilisait près de cinq millions de vues sur YouTube.

Cet engouement ne surprit guère Katie Wilson. Même avant la diffusion du documentaire, elle avait senti une amertume se propager dans l'air. Au lieu de simplement remettre à plus tard le débat sur le problème des sans-abri afin de calmer le jeu et laisser décanter, le conseil municipal, en abrogeant la taxe, avait apporté de l'eau au moulin des forces à l'origine de ce rejet. Après cette volte-face, le conseil, déjà raillé pour son manque de discernement, passait en plus pour irresponsable. Les membres ayant voté pour l'abrogation par calcul, pensant ainsi assurer leurs arrières, furent taxés de naïveté. Soutenus par ce même socle d'entreprises qui avait financé l'effort pour obtenir un référendum, les opposants à la taxe visaient désormais un renversement intégral du conseil : le travail de sape ne se cantonnait plus à celles qui s'étaient prononcées contre l'abrogation mais s'étendait à tous ceux ayant voté en faveur de la loi au départ.

Qui plus est, ce changement qui s'esquissait était loin de ne concerner que l'élection du conseil municipal en 2019. Il s'agissait aussi d'une ville prétendument progressiste face à l'inquiétant constat que, selon les sondages réalisés avant l'abrogation, aux yeux d'une écrasante majorité de ses habitants, les autorités municipales étaient trop dysfonctionnelles pour prendre à bras-le-corps un problème qu'elles avaient pourtant été élues pour traiter. Vue de l'extérieur, cette défiance à l'égard de la mairie semblait particulièrement incongrue sachant à quel point Seattle était bien gérée par comparaison avec tant d'autres : son réseau de bus très étendu jouissait d'une forte affluence, son hôtel de ville était spacieux et rutilant, la corruption y était quasiment inexistante. Et pourtant, sans qu'on sache l'expliquer, l'une des métropoles les plus tolérantes des États-Unis avait vrillé au point de s'apparenter à une antenne locale du Tea Party, gangrenée par la rancœur envers l'Autre, celui qui me dépossède, et – c'était là le nœud du problème – elle n'avait pas l'intention de s'en repentir.

Après avoir consacré de longs mois à tâcher de comprendre ce qui s'était passé, Katie Wilson composa un texte de dix pages sur son échec. Le passage crucial était le suivant :

> Après tout, la crise générée par la hausse du nombre de sans-abri n'est autre que la convergence d'une multitude de tendances à l'œuvre de nos jours, comme autant de témoins d'un ordre social en péril : flambée des prix de l'immobilier et stagnation des salaires ; des décennies de coupes budgétaires dans les mesures de protection sociale ; épidémie de dépressions, de désocialisation et de pathologies mentales ; automédication et prescriptions excessives d'opiacés ; délitement des réseaux d'entraide au sein des familles et des communautés ; incarcérations en masse et racisme systémique. La tente plantée au beau milieu d'un espace vert, la toxicomane qui se fait son fix à même le trottoir ne sont que la partie émergée d'un iceberg incontournable : la débâcle sociale occupe désormais l'espace public de manière si intrusive qu'on ne peut guère plus l'ignorer.
>
> Les *millenials*, ces jeunes nés au tournant du millénaire, ne sont en général pas déboussolés par une telle réalité, car pour eux, elle explique la nature même de nos vies. Quand vous avez grandi avec la menace d'une catastrophe environnementale pour épée de Damoclès, quand votre entrée dans l'âge adulte ne vous a offert que des perspectives d'emploi précaire, et que, par conséquent, vos attentes en termes de stabilité ou de sécurité sont nulles, l'idée d'une restructuration sociétale à l'œuvre en profondeur ne paraît pas si radicale, en fin de compte. Vu sous cet angle, savoir certains citoyens privés de toit vous fend peut-être le cœur, mais cela ne vous déstabilise pas sur le plan cognitif [...].
>
> En revanche, beaucoup d'entre nous n'ont pas ce recul, et pour eux, qui ont cru dur comme fer au Rêve américain, sentir le tissu social se désintégrer comme c'est le cas en ce moment, ce doit être à la fois déroutant et terrifiant. La ville où ils se sont bâti une vie ou s'échinent à le faire évolue à vue d'œil, au point de devenir méconnaissable et hostile ; ils se sentent assiégés, menacés. Comment, alors, comprendre les changements de l'ordre du séisme qui s'opèrent à échelle planétaire ? La figure du SDF, c'est l'irruption de cette interrogation sur le pas de leur porte, et cela les ébranle jusque dans leurs tripes, cela suscite en eux une frustration et une rage viscérales. La croyance que tous ces maux se résument à une mauvaise gouvernance locale, à des manquements à échelle individuelle et à un certain laxisme dans l'application des lois doit procurer un certain réconfort en agissant comme antidote au désespoir.

Un des soutiens à Katie Wilson dans la lutte contre le problème des sans-logis, Sara Rankin, titulaire d'une chaire de droit à l'université de

Seattle, formula ce propos de façon plus frontale : "À Seattle, beaucoup de gens se perçoivent comme progressistes tout en étant immergés dans une bulle de richesse incroyable. Au bout d'un moment, ils finissent par se dire qu'eux aussi, ils devraient y avoir droit." Sur ce point, la ville avait beaucoup en commun avec les autres métropoles côtières et quelques avant-postes en plein essor dans les terres, où le Parti démocrate s'était peu à peu constitué son électorat. Le camp qui, depuis toujours, se targuait de défendre les opprimés était désormais (tout en conservant dans son giron des millions d'électeurs noirs et hispaniques issus du milieu ouvrier) dominé par des travailleurs ultraqualifiés domiciliés dans les villes les plus prospères du pays, sur qui il pouvait compter pour verser les dons les plus généreux et lui octroyer les écarts de points les plus spectaculaires. À Seattle, par exemple, cette opulence avait remodelé la conscience politique de plus d'un démocrate progressiste et fier de l'être. Un nombre incalculable de citoyens ayant vu leur maison tout à fait ordinaire prendre énormément de valeur au cours des dernières années s'étaient pris au jeu de défendre farouchement ce patrimoine contre ce qu'ils percevaient comme des menaces, que ce soit un campement de SDF ou la construction d'un lotissement abordable au bout de leur rue.

Seattle était devenue la preuve vivante qu'à l'échelle régionale, les inégalités de revenus extrêmes se révélaient néfastes à la fois pour les localités déjà perdantes au sein d'une économie ou le gagnant rafle la mise, et pour les vainqueurs, même dotés d'une large avance. Non contente de distiller des effets secondaires tels que l'inaccessibilité au logement, les embouteillages et la hausse du nombre de sans-abri, sur le plan politique, l'hyperprospérité injectait également un véritable poison dans les veines des villes gagnantes.

Les grues n'en finissaient pas de se dresser : en avril 2019, elles n'étaient pas moins de trente-neuf à hérisser l'horizon de Seattle, plus que partout ailleurs aux États-Unis. Les travaux reprirent au niveau de la tour dont Amazon avait menacé d'annuler la construction. En parallèle, l'entreprise fit part de sa volonté d'endiguer la crise du logement dont elle était en partie responsable – sous l'angle de la philanthropie, bien sûr. Elle ferait don de 5 millions de dollars à un promoteur immobilier spécialisé dans le logement à prix abordable et mettrait à disposition huit étages dans un de ses bâtiments flambant neufs pour loger des famille de sans-abri dans un foyer d'une capacité d'accueil de deux cents lits, avec clinique dédiée. On était loin des

500 millions de dollars que Microsoft comptait investir dans le logement au niveau local, mais c'était déjà mieux que rien.

Ce nouvel élan caritatif laissa Katie Wilson de marbre. Elle plaçait de plus grands espoirs dans une décision de la cour d'appel de l'État qui semblait de bon augure pour l'impôt sur le revenu des résidents les plus riches, mesure en suspens depuis son adoption en 2017, mais que la Cour suprême s'apprêtait peut-être à confirmer. Qui sait ? Peut-être Seattle allait-elle enfin pouvoir taxer ses contribuables les plus prospères et utiliser à bon escient les sommes ainsi récoltées, pour améliorer la ville. "En principe, il existe un processus démocratique pour déterminer comment employer cet argent, commenta-t-elle. Il y a de la transparence, des comptes à rendre. En gros, c'est à ça que servent les autorités municipales. Dans le cadre de l'action philanthropique, on n'a plus rien de tout ça. On dépend du bon vouloir de nos grands patrons, qui décident de ce qui est bon pour nous."

En 2019, par un après-midi d'été ensoleillé, en pleine semaine, à deux pas de la concession Ferrari sur la Douzième Avenue, une jeune femme transgenre gisait sur le trottoir derrière un panneau vantant les mérites d'un spa tout proche, devant un bar où un grand écriteau en vitrine disait : ICI, QUELS QUE SOIENT VOTRE RACE, VOTRE RELIGION, VOTRE PAYS D'ORIGINE, VOTRE ORIENTATION SEXUELLE, VOTRE GENRE, VOUS ÊTES LE/LA BIENVENU(E). NOUS SOMMES AVEC VOUS. VOUS ÊTES EN SÉCURITÉ CHEZ NOUS. Plus bas, au coin de cette même rue, juste après l'espèce de supermarché du tatouage, un SDF barbu affublé d'une couverture bleue scrutait l'intérieur d'un bar à rhum récemment ouvert, quand une Porsche Carrera passa près de lui. Il était à genoux, prostré comme en pleine supplique, devant la vitrine, bien qu'à cette heure-ci, au milieu de la journée, il n'y eût personne de l'autre côté de la vitre.

À South Lake Union, sur les énormes pancartes rouges devant le supermarché bio et diététique Whole Foods, on affirmait haut et fort : WE ♥ LOCAL.

Au Flatstick Pub, dans la rue abritant le restaurant pour chiens et la concession Tesla, un groupe assez nombreux d'Amazoniens originaires d'Asie du Sud-Est jouaient au minigolf d'intérieur. Au bord du lac Union, parmi les concessionnaires de yachts, le nez d'une Mercedes dépassait derrière une Jaguar sur le parking d'une société baptisée ADHD Solutions.

Ce vendredi soir-là, à seulement quatre jours des primaires pour le conseil municipal, plusieurs dizaines de partisans de Katie Wilson se réunirent dans un appartement en duplex avec vue imprenable sur l'horizon jalonné d'immeubles et sur Elliott Bay à l'occasion d'une collecte de fonds pour un social-démocrate briguant un siège vacant. La dissonance entre le message adressé et le décor (l'appartement s'était vendu 1,5 million de dollars cinq ans plus tôt) se serait aisément prêté à la raillerie, mais le candidat, Shaun Scott, ne laissait pas le faste le dévier de sa mission : faire reculer l'infamie en progression dans cette ville.

Après quelques mots d'introduction par l'hôtesse (où elle fit un aveu : l'appartement se trouvait "en territoire occupé", sur des terres ayant jadis appartenu au peuple Duwamish), Scott prit la parole. Il était grand, jeune et noir, un des rares non-Blancs dans la pièce. Et l'une des premières questions qu'on lui posa concernait la dureté du climat politique local, ces derniers temps : "Comment améliorer le récit municipal sur le problème des sans-abri ?"

Scott répondit avec hargne. "Nous devons expliquer clairement à ceux épargnés par la crise du logement et l'exclusion qu'en définitive ces problématiques reviennent ni plus ni moins à choisir, et de façon très explicite, entre compassion et cruauté, martela-t-il. Nous devons tâcher de comprendre la rhétorique morale derrière cette indignation à l'idée que des gens dorment dehors dans une ville richissime comme Seattle ; nous ne pouvons pas laisser ce point devenir l'apanage des personnes à notre droite sur l'échiquier. Ils se sont approprié avec brio le discours consistant à dire : 'Vous ne trouvez pas ça dingue, vous, qu'on ait, dans cette ville, un complexe industriel qui dilapide tant de fric au profit de gens qui ne sont que des parasites.' Ils sont très, très à cran sur ce sujet, et leur colère influe sur le débat politique et nous entraîne vers une autre direction, plus impitoyable. Il faut parvenir à susciter le même degré de passion pour nos propres idées, car elles marchent, nos solutions."

Trois mois plus tard, Shaun Scott perdrait avec quatre points d'écart son duel pour l'obtention d'un siège au conseil, contre le candidat soutenu par la chambre de commerce et par un comité d'action politique bénéficiant du soutien financier d'Amazon. Ce comité consacra 1,5 million de dollars aux scrutins municipaux : jamais Amazon n'était intervenu à une telle échelle dans le cadre d'élections locales. Pourtant, sur les sept candidats en lice arrosés par Amazon, seuls deux l'emportèrent, dont l'adversaire de Shaun Scott. Parmi les démocrates ayant résisté à l'assaut, il y eut Lisa Herbold, celle qui avait exprimé sa joie par texto après l'adoption initiale de la taxe au profit des SDF, ainsi que Kshama Sawant, adversaire n° 1 d'Amazon, avec sa ligne politique très à gauche. Amazon avait investi pas moins de 440 000 dollars pour la contrer, plus que pour n'importe quel autre concurrent, mais elle avait survécu de justesse à l'offensive.

Son rival, Egan Orion, alla jusqu'à mettre sa défaite sur le compte du soutien d'Amazon. "Finalement, le scrutin ne s'articulait plus autour des dossiers douteux et des choix politiques de mon adversaire mais davantage autour d'Amazon et de ses dépenses aussi faramineuses que superflues", déplora-t-il.

Sawant était aux anges. "On dirait bien que notre mouvement, Socialist Alternative, a gagné et conservé son siège au conseil municipal, pour défendre les intérêts des travailleurs contre l'homme le plus riche du monde", exulta-t-elle.

D'ordinaire, le défilé de l'Umoja Fest, qui célèbre le patrimoine culturel noir, débutait au coin de la Vingt-Troisième Avenue et de Union Street, un des principaux carrefours du Central District. Mais en 2019, le départ avait été déplacé à quelques encablures plus au sud, au croisement de la Vingt-Troisième Avenue et de Cherry Street. Selon le responsable logistique de la manifestation, Wyking Garrett, cette modification s'imposait à cause des travaux en cours au niveau de la Vingt-Troisième Avenue et de Union Street. Or, en réalité, le chantier n'avait pas vraiment démarré. La raison la plus plausible de cette déviation était plutôt que le spectacle de cette zone dans son état actuel serait trop déprimant pour nombre des participants à ces festivités en l'honneur de la communauté noire du Central District.

Peu importe comment on définissait cet entre-deux où s'était inscrit le quartier de Pat Wright quelques décennies plus tôt (compromis lui permettant de préserver son identité tout en cessant d'être confiné à ses propres limites géographiques), il y avait longtemps qu'il n'était plus d'actualité. Quand l'incroyable vague de nouveaux arrivants, charriant moult richesses, avait déferlé du centre-ville et de South Lake Union, le Central District – l'ancien Central District, le quartier historique – n'avait vraiment rien pu faire pour endiguer le raz-de-marée. C'était un quartier coquet et homogène où des maisons à ossature en bois jouxtaient des pavillons rescapés de l'âge d'or de l'architecture résidentielle à l'américaine, à quinze minutes du centre-ville en voiture, et pas beaucoup plus en bus ou à vélo. Ces atouts ne dataient pas d'hier, mais le Central District avait longtemps été estampillé "zone interdite", compte tenu des restrictions alors en vigueur. Avec la levée de ces restrictions, le quartier se retrouvait à la portée de quiconque saurait s'en saisir, ses qualités intrinsèques désormais accessibles à tous. Ou plutôt à tous ceux qui en avaient les moyens. En 2018, le prix médian d'un bien immobilier dans le Central District et la zone limitrophe avait flambé, passant de 370 000 dollars à plus de 830 000 dollars en l'espace de six ans.

Lorsque Wright s'était installée dans ce secteur, la population y était noire à plus de 70 %. En 2016, ce taux avait chuté à moins de 20 %, et les prévisions démographiques annonçaient une baisse sous la barre des 10 % au cours des dix prochaines années. Sur l'ensemble de la ville de Seattle, on était passé de 10 % d'habitants noirs en 1980 à 7 % : la ville qui avait vu grandir Quincy Jones et Jimi Hendrix comptait désormais à peine plus d'habitants afro-américains qu'Anchorage (en Alaska) ou Tucson (en Arizona). Une tendance en partie instillée par l'entreprise servant de socle à la croissance locale : le personnel administratif chez Amazon à Seattle, et dans ses autres bureaux disséminés à travers le pays, ne comportait que 5 % d'Afro-Américains, avec un fossé colossal entre ces chiffres et ceux observés dans les entrepôts, où les travailleurs noirs représentaient plus d'un quart de la main-d'œuvre. 2020 arriva, mais il n'y avait toujours pas un seul Afro-Américain au sein de la "S-Team", les vingt-deux cadres constituant le premier cercle autour de Bezos. (Pour pallier ce flagrant manque de diversité, l'entreprise s'était mise à verser des bourses à des stagiaires en formation informatique ou à des étudiants dans des centaines de quartiers défavorisés un peu partout aux États-Unis.)

Et ces disparités se creusaient. Alors que Seattle ne cessait de s'enrichir – en 2019, le revenu annuel médian des ménages y dépassait le seuil des 100 000 dollars, avec une hausse de presque 10 % en un an seulement – les conditions économiques des foyers noirs ne cessaient de se dégrader. Seattle avait beau faire partie des villes américaines les plus prospères, parmi les cinquante plus importantes métropoles du pays, elle n'occupait que la quarante et unième position en termes de revenu médian des ménages noirs, avec un taux environ un tiers en deçà du revenu médian national pour cette catégorie de population, et inférieur à ce qu'il avait été dans cette ville en 2000, sans même tenir compte de l'inflation. Par ailleurs, le nombre d'Afro-Américains à accéder à la propriété avait quasiment baissé de moitié depuis 2000 – seul un cinquième des ménages noirs de Seattle étaient propriétaires.

Ces chiffres reflétaient une dynamique mise en lumière, une décennie plus tôt, par deux économistes spécialistes des questions relatives au logement : dans les villes hyperprospères, la marée montante soulevait certains bateaux mais en laissait d'autres sur le carreau. "Dans un marché de l'immobilier très serré, plus les riches s'enrichissent, moins les pauvres s'en sortent." Ces chiffres faisaient aussi écho à ce qu'avaient démontré deux chercheurs britanniques en 2019 : la croissance de l'emploi dans les nouvelles technologies favorisait bel et bien la création d'emplois dans d'autres secteurs, mais ceux-ci étaient en grande majorité peu rémunérateurs et peu qualifiés. C'était la matérialisation même d'un travers contre lequel Quintard Taylor, illustre chroniqueur de la Seattle noire, nous avait mis en garde dans son ouvrage sur l'histoire de cette communauté paru en 1994 : "La tolérance raciale n'a strictement aucun sens si certaines populations se voient exclure du centre des affaires, organe vital de la ville, et reléguer aux marges de l'économie urbaine."

Ce phénomène de gentrification et de déplacement de populations était loin de ne concerner que Seattle ; dans de nombreuses villes régies par le principe selon lequel "le gagnant rafle la mise", des habitants de longue date étaient délogés de leurs quartiers ; le phénomène touchait l'ensemble du pays, d'Austin à Boston en passant par Brooklyn. Toutefois, dans le Central District, comme nulle part ailleurs, à part peut-être à San Francisco, la transformation avait été si radicale que le mot "gentrification" était trop faible pour en saisir l'ampleur. Dans les zones en voie de gentrification des autres villes, on observait des frictions entre neuf et ancien, entre nouveaux arrivants et riverains de la première heure, entre classes et origines ethniques différentes. Mais dans le cas du Central District, on frôlait l'oblitération en bloc : un nouveau venu peinait à croire qu'il se trouvait là où battait jadis le cœur d'une communauté noire, tant il ne subsistait rien ou presque de ce passé.

"*The Hood Ain't the Same*" ("Il a bien changé, le quartier") scandait le rappeur Draze, originaire du Central District :

We didn't have much but were thankful for all we was given
It was our hood until weed and seed crept in...
Mark my words, it's gonna be white boys all on the team
I don't reminisce when I drive through this hood, I feel pain
I'm not proud of these new developments, I feel shame...
My man called me from the joint, I said this thing is changing
He said homey what you mean, I said I can't explain it, these folks
Moving us around just like an experiment...
Used to own our homes, now we're all renters
Got folks moving south like birds for the winter
They ask momma to sell her home, she said no, but
Then we had to shake when them property taxes rose...
Don't try to paint me as the Black man who's angry
When you gut my community, it's hard to build a legacy

On n'avait pas grand-chose mais de la gratitude, y en avait à revendre
Reconnaissants pour tout ce qui nous était donné
Il était à nous le quartier jusqu'à ce que Weed and Seed[2] s'immisce...
Dans l'équipe, maintenant, y aura plus que des Blancs,
et crois-moi, j'pèse mes mots
Quand je passe en caisse dans ce tier-quar
c'est pas des réminiscences qui m'assaillent,
c'est plutôt la douleur qui me tenaille
Ces nouveaux plans d'urbanisme, j'en retire aucune fierté,
ils me foutent la honte, ils me font mal tripper...
Mon pote m'a appelé depuis la zonzon, j'lui ai dit ça change grave
dans le quartier.
Il m'a fait, wesh frère, j'vois pas de quoi tu veux parler
J'ai dit, c'est trop chaud à expliquer,
Ces types qui nous baladent à droite à gauche,
comme des pauvres cobayes...
Avant, nos chez-nous étaient à nous, maintenant on les loue
Y a ces gens qui migrent dans l'sud l'hiver comme les oiseaux
Z'ont demandé à ma daronne si elle vendait sa maison, elle a dit non,
Mais après on a dû tracer quand la taxe foncière a flambé...
Essaie pas de me faire passer pour le Noir vénère de service
Quand toi tu éviscères ma communauté /
tu crois que c'est facile de faire perdurer /
ce que les ancêtres auraient dû nous léguer ?

L'endroit où cette disparition secouait le plus, c'était à l'intersection de l'East Union Street et de la Vingt-Troisième Avenue, ancien carrefour central de la Seattle noire.

Le vaste centre commercial connu sous le nom de Midtown Center, qui abritait autrefois le salon de coiffure pour hommes Earl's Cuts & Styles, une boutique de vins et de spiritueux, un Coffee Hut, une laverie automatique et bien plus encore, avait été rayé de la carte, vendu 23,3 millions de dollars à des promoteurs. Tout ce qu'il subsistait de cette parcelle d'un peu plus de 1 hectare, c'était un grillage orné de grands panneaux illustrant ce qui s'apprêtait à sortir de terre. Sur la quasi-totalité du terrain se dresserait bientôt un immeuble colossal de 429 lots, dont la plupart seraient mis en vente aux prix (exorbitants) du marché, et donc inaccessibles aux revenus les plus modestes.

Ce carrefour consisterait donc désormais en une série d'immeubles quelconques de cinq étages flambant neufs ou presque, avec toutefois une exception : Uncle Ike's, un vaste débit de cannabis thérapeutique attenant au Mount Calvary Christian Center, et en face du point accueil jeunes chapeauté par l'église. Certains détracteurs avaient critiqué vertement l'implantation d'Uncle Ike's à proximité du lieu de culte et de son espace dédié aux adolescents, mais le débat était désormais stérile : la paroisse avait mis le point accueil jeunes en vente à 2,8 millions de dollars, avant d'en faire de même pour son bâtiment principal, annoncé à 4,5 millions de dollars.

La Liberty Bank, l'établissement où Pat Wright travaillait jadis pour des patrons noirs propriétaires des lieux, avait été rasée et remplacée par un immeuble de 115 lots. On avait décoré la façade de cette nouvelle construction avec des bandes rouges, vertes et noires ainsi qu'un poing levé ; au niveau de la rue, le bâtiment était tapissé de plaques commémoratives attestant de la valeur historique du site :

Central District – Notre communauté du "CD"
Pionniers et entrepreneurs depuis 1860
Nous avons migré ici
vers le nord, le sud, l'est, l'ouest
Mêlant foi, famille, amour, spiritualité, âme
Quadrillant Union Street, Cherry Street, Jefferson Street,
Yesler Street, Jackson Street, Rainier Street,
Embrassant Martin Luther King, Jr. Way

Ici, nous nous sommes épanouis au sein d'églises,
de métiers, de commerces
En prenant toujours soin les uns des autres ;
nous avons atteint les 80 %.

"Bienvenue en ces lieux que nous appelons désormais 'terre sacrée'", lança Wyking Garrett lors d'une réunion de quartier qui se tint fin mai 2019 dans un des nouveaux espaces commerciaux. Garrett, petit-fils d'un des membres fondateurs de la Liberty Bank, avait créé une association baptisée Africatown œuvrant à la conservation du patrimoine afro-américain du Central District. En plus d'organiser chaque année l'Umoja Fest, la structure prenait part aux projets d'urbanisme qui métamorphosaient ce carrefour historique, collaboration lui permettant de bénéficier d'une participation au capital de deux des bâtiments, de bureaux mis à disposition pour l'association et d'une subvention de plus de 1 million de dollars allouée par la municipalité.

Garrett s'évertuait à présenter la transformation de ce carrefour sous un jour positif. On réserverait, dans les anciens locaux de la Liberty Bank, une place pour Earl's (le salon de coiffure) et un restaurant tenu par des Noirs. Il se félicitait que près de 90 % des appartements à louer dans ce nouvel immeuble aient été attribués à des citoyens ayant des "attaches historiques" avec le Central District. Même chose avec le bâtiment qui remplacerait l'ancienne esplanade commerciale, dans lequel Africatown avait aussi des parts : on aurait également recours à ce qu'on appelait du "marketing affirmatif" pour veiller à ce que la plupart de ses futurs résidents aient des racines locales. "En fait, notre action comble un vide au niveau de l'urbanisme orchestré de l'intérieur, par les membres de la communauté, expliquait-il. Une somme d'entités distinctes œuvrent ensemble à concrétiser une vision commune : Africatown, une communauté florissante où les Afro-Américains auront la possibilité d'évoluer, de s'épanouir et de prospérer sur place."

Difficile de ne pas lire entre les lignes et de ne pas percevoir dans ce genre de déclarations le biais promotionnel d'un homme devenu un allié indispensable au bon déroulement de cette transformation. Pour ce faire, il lui avait suffi de donner sa bénédiction aux gros promoteurs à qui profitait la refonte du quartier, dont son association et lui-même bénéficiaient aussi, dans le même temps. À y regarder de ses propres yeux, on devinait pour ce carrefour mythique un avenir tout à fait différent de celui dépeint sur les panneaux accrochés à la clôture. En réalité, la quasi-totalité des habitants que l'on y croisait – la famille avec poussette, les clients du snack de tacos et du restaurant de hamburgers plutôt huppé où l'on servait aussi des brunches, les couples qui flânaient pour aller acheter des cookies à la boulangerie Lowrider Baking – étaient blancs, de purs stéréotypes tout droit sortis du rêve enfiévré d'un adepte de la gentrification.

"Je ne mets plus les pieds au croisement de Union et la Vingt-Troisième. C'est trop douloureux, nous confia Ronica Hairston, une Noire venue assister, avec sa fille, au défilé puis au festival qui se tenait dans la foulée à Judkins Park, où, entre deux concerts, on pouvait se restaurer aux stands servant des sandwiches *po'boys* et des en-cas frits au beurre de cacahuète et à la confiture. Ils ont mis plein de vert, de noir et de rouge… Mais en fin de compte c'est rien qu'une façade."

Le défilé partit de Cherry Street puis emprunta la Vingt-Troisième Avenue vers le sud. Y prenaient part une bande de motards, les *Buffalo Soldiers Black Cowboys*[3], le Old Rides Car Club (club d'amateurs de voitures de collection), l'équipe de pom-pom girls des Central District Panthers ainsi que plusieurs troupes de majorettes, la confrérie Kappa Alpha Psi, les francs-maçons et l'Amalgamated Transit Union (le syndicat des transports publics). Il passa devant la caserne de pompiers n° 6, devant la bibliothèque municipale Douglass-Truth, devant le fast-food Ezell's Famous Chicken, une véritable institution locale (où, depuis le changement de propriétaire, "ça n'avait plus le même goût", disait-on), devant le lycée Garfield et la piscine Medgar Evers, le centre culturel Quincy Jones (dédié aux arts du spectacle), l'église méthodiste Curry Temple CME Church, où, comme à l'accoutumée, on vendait des hot-dogs et des bouteilles d'eau sur le parvis ("On dirait bien que c'était plus petit, cette année"). Sur son itinéraire, il dépassa une "maison de ville, style Craftsman, magnifiquement réagencée" mise en vente 845 000 dollars ("idéal travailleur avec trajet domicile/entreprise, proche centre-ville, Amazon") et une autre annoncée à 664 990 dollars ("dans un des quartiers les plus tendance de Seattle", promettait-on, sans toutefois le nommer).

Puis il passa devant James Edward Jones, qui contemplait le spectacle de sa véranda. Originaire d'Oklahoma, Jones était arrivé dans le Central District à l'âge de vingt-sept ans, en 1968, quatre ans après

Patrinell Staten. Comme elle, il avait emboîté le pas à deux de ses frères et sœurs. "Je ne suis pas venu ici par plaisir, confia-t-il, mais plutôt pour fuir l'Oklahoma." Et comme Pat Wright, il s'était inscrit dans le tissu du quartier et de la ville par le biais de la musique. Et plus précisément des Almighty Warriors, un quartette de gospel qu'il avait intégré peu après son arrivée. Il s'y illustra comme premier ténor, puis finit par apprendre à jouer de la basse, ce qui ne fut pas chose facile avec ses doigts raidis par son travail d'agent d'entretien chez Sears et d'ouvrier chez Boeing. Leurs tournées les avaient menés jusqu'à Chicago en 1971 et en Alabama deux ans plus tard. Ils s'étaient produits lors de deux Expositions universelles : Expo 74 à Spokane, dans l'État de Washington, et Expo 86 à Vancouver. Ils ouvraient les concerts avec leur thème principal, "Doing All the Good I Can" des Dixie Hummingbirds, puis enchaînaient sur "I'm So Thankful", "Jesus, Keep Me Near the Cross" et tant d'autres. Parfois, ils prenaient le bac pour aller jouer quelque part. Parfois, ils se produisaient au côté de Pat Wright et son Total Experience Gospel Choir. "La musique, c'est toute ma vie, résumait Jones. C'est et ça a été toute ma vie."

À présent, il fumait des Marlboro 100S, assis sur sa véranda à écouter des compilations de morceaux diffusés sur les ondes, qu'il avait enregistrés au fil des années, son radio-cassette branché à un ampli. Il était las de repousser les assauts des agents qui venaient l'inciter à vendre un de ses biens immobiliers ou les deux. Il avait acheté le premier environ 20 000 dollars en 1975 et le deuxième environ 50 000 dollars en 1987. Désormais, ils étaient estimés 500 000 et 900 000 dollars respectivement. Son épouse et lui auraient pu vendre, bien sûr, mais pour aller où ensuite ? Même chose pour la tante de sa femme, qui habitait la deuxième maison.

"Je l'ai pas achetée pour la vendre. Je l'ai achetée pour y vivre."

Le défilé approchait de Jackson Street, autre carrefour où l'activité commerciale était intense du temps de l'ancien Central District. De nouveaux immeubles surplombaient, menaçants, l'extrémité nord-ouest du quartier. Les façades du rez-de-chaussée étaient émaillées de silhouettes de musiciens de jazz. Des résidents blancs regardaient le défilé passer en contrebas de leurs balcons. À l'extrémité sud-est du secteur, un autre grand ensemble imposant se dressait à la place de Red Apple, la supérette de quartier qui faisait jadis partie du paysage et où l'on pouvait se procurer des pieds de porc et des tripes. Sur la clôture grillagée, le long du trottoir, le promoteur avait fixé des banderoles réalisées par les écoliers du quartier : on y voyait des enfants, des maisons et des arbres, et puis, flottant çà et là, des nuées de mots griffonnés au crayon de couleur :

PAIX. CHEZ-SOI. HÉRITAGE. CULTURE. ESPOIR. GRANDIR. SAGESSE.

Et un peu partout :

COMMUNAUTÉ. COMMUNAUTÉ. COMMUNAUTÉ.

Pat Wright n'avait plus qu'un seul voisin afro-américain dans toute sa rue ; dans celle d'après, il n'en subsistait que deux. Un à un, les gens s'en allaient. Certains étaient morts puis leurs héritiers avaient préféré se séparer de la maison et se partager les recettes plutôt que d'avoir à assumer la taxe foncière. D'autres étaient tout simplement partis s'installer dans la banlieue sud ou plus loin encore, à l'instar du pasteur de l'église baptiste de Mount Zion, où le Total Experience Choir, la chorale de Pat, avait fait ses débuts des décennies plus tôt. Durant des années, il avait exhorté ses paroissiens à rester, les dissuadant de vendre, de déménager. Et puis son épouse avait fini par le convaincre de quitter le quartier pour Lakeridge. "Quand il a annoncé son départ imminent, j'ai eu envie de le tuer de mes propres mains", confia Pat Wright. Peu après leur emménagement, la femme du pasteur avait glissé sur sa robe de chambre et fait une chute fatale. Les agents immobiliers revenaient sans cesse à la charge. "Vous envisagez de vendre ? demandaient-ils à Wright.

— Je suis en pyjama, répondait-elle. J'ai une tête à envisager de vendre, vous trouvez ?

— Oh, pardon, madame."

Un jour où elle était d'humeur irrévérencieuse, elle répondit qu'elle n'avait aucune intention de vendre "sauf si vous êtes en mesure de me faire une offre que je ne pourrai pas refuser". Pendu à ses lèvres, l'agent s'empressa de lui demander :

"Et vous pensiez à quoi, comme offre, exactement ?

— Un million et demi de dollars, lança-t-elle. Avec une offre comme ça, j'aurais tellement le feu aux fesses, que je décamperais fissa en laissant mes culottes sales dans le panier à linge."

Elle n'avait plus jamais entendu parler de lui.

Son parcours de musicienne était vraiment exceptionnel. La chorale avait chanté pour Bill Clinton et Barack Obama, pour l'évêque Desmond Tutu et le dalaï-lama. À la fin des années 1990, Pat avait ouvert son propre lieu de culte, le Oneness Christian Center, dans un ancien local commercial. La petite choriste recueillie par les Wright enseignait désormais à l'université d'État de Géorgie. Mais fin 2018, Pat Wright dissoudrait officiellement la formation, avec un concert gratuit pour marquer le coup, quarante-cinq ans après ses débuts. Elle allait toujours à la messe mais y retrouvait de moins en moins d'amis. "C'est pareil dans toutes les églises du Central District, maintenant : si vous y croisez vingt-cinq pelés en tout, je vous paie un verre", disait-elle.

Et pour ce qui était de faire connaissance avec les nouveaux voisins, dont certains travaillaient pour la grande entreprise implantée à South Lake Union, ses tentatives n'avaient pas été très concluantes. Postée devant la maison quand ils passaient avec leur chien et leurs deux enfants – apparemment, ils avaient tous un chien et deux enfants, elle lançait un : "Bonjour !" Ils se retournaient, la dévisageaient et hâtaient le pas ou répondaient du bout des lèvres, au terme d'un effort qui paraissait surhumain.

Une jour, elle salua une inconnue. La femme leva les yeux, abasourdie, comme si elle venait d'apercevoir un fantôme, là, sur le perron. "Oh, fit-elle. Vous habitez toujours ici."

Milo Duke n'habitait plus le quartier, lui. En 2017, après avoir vu leur loyer grimper jusque dans les 3 000 dollars, Wendy et lui étaient passés à l'action : retour à sa ville natale à elle, Saint Louis. En un sens, c'était un déménagement tout à fait improbable. Saint Louis, à cette époque, était devenue l'exemple suprême de la ville laissée pour compte. Après un pic à plus de 850 000 en 1950, sa population avait chuté à tout juste 300 000 habitants, un déclin d'aussi grande ampleur, proportionnellement, que celui de Detroit. Pour aborder le problème sous un autre angle : en 1970, Saint Louis comptait près de 100 000 habitants de plus que Seattle. Un demi-siècle plus tard, on n'y recensait plus qu'à peine la moitié de la population de Seattle.

Ils débarquèrent dans ce qui leur parut un autre pays. Ils quittaient les embouteillages permanents le long du Puget Sound pour une ville n'ayant rien à offrir si ce n'est de l'espace à ne plus savoir qu'en faire :

les vastes étendues quasi à l'abandon, au nord de Saint Louis, où une kyrielle de maisons en brique subtilement ouvragées ne demandaient qu'à trouver preneurs, une rue à demi démolie après l'autre, laissaient bouche bée, le cœur serré ; vague à l'âme et vacuité d'un centre-ville jadis monumental, où un rebond amorcé dix ans plus tôt avait été stoppé net par la récession de 2008 puis la régression au lendemain de la mobilisation contre une bavure policière mortelle survenue en 2014 dans la ville voisine de Ferguson.

Plus le temps passait, plus on peinait à imaginer par quel chemin la ville pourrait retrouver la prospérité. Saint Louis offrait un véritable cas d'école : l'exemple type de la métropole jadis orgueilleuse reléguée au rang de ville de seconde zone, ses banques, ses agences publicitaires et son constructeur aéronautique (McDonnell Douglas) absorbés par d'autres entreprises de plus grande envergure, aux sièges sociaux situés ailleurs. Le trafic aérien local avait si fortement ralenti ces dernières années, qu'un des terminaux de l'aéroport de Saint Louis était totalement désaffecté.

Mais Milo et Wendy étaient ravis. Ils avaient acheté un loft dans un immeuble du Central West End conçu par l'arrière-grand-père de Wendy, qui avait été architecte. Ses 500 mètres carrés très hauts de plafond comprenaient une baignoire profonde, une piscine extérieure avec son cabanon au fond du jardin. Le tout leur coûta 269 000 dollars.

De plus, ils n'avaient pas tardé à recréer le petit cercle d'amateurs d'art qu'ils avaient perdu en quittant Seattle. Ils avaient fait la connaissance d'un entrepreneur versé dans la culture qui avait converti en salle de concerts sa maison datant de 1892 mais entièrement rénovée et chapeautait un quartier des arts qui venait de voir le jour sur Grand Boulevard, dans le secteur très central de Midtown. Ils étaient conviés à des réunions avec la direction du musée d'Art contemporain de Saint Louis et de l'antenne locale de la Fondation Pulitzer pour les arts, le genre de faveur dont ils n'avaient jamais joui à Seattle. Et puis, ils avaient dégotté un espace d'exposition pour ouvrir leur galerie au sein du tout nouveau Grand Center Arts District, où, le premier vendredi de chaque mois, ils organisaient des portes ouvertes, comme à l'Umpqua Bank de Seattle, à l'époque. Sauf qu'ici, dans cette ville où circulait pourtant beaucoup moins d'argent, les gens prenaient le temps de découvrir et même d'acheter les œuvres exposées. Au cours des trois premiers mois d'existence de la galerie, les artistes affiliés avaient vendu quarante-cinq de leurs créations. Quand Milo en fit part à ses amis de Seattle, ils n'en revinrent pas.

Le loyer de la galerie était de 100 dollars par mois. Selon un accord tacite, ils savaient que si le propriétaire trouvait un autre locataire, ils devraient quitter les lieux. Mais vu l'état sinistré de la ville, cela ne semblait pas près d'arriver.

CHAPITRE 8

Enclavement

L'Amérique des petites villes en crise

Nelsonville, Ohio – York, Pennsylvanie – Columbus, Ohio

Ces villes, ils les appelaient les "petites cités aux diamants noirs", formule merveilleusement douce à l'oreille, mais mensongère à plus d'un titre. Tout d'abord, les diamants noirs avaient quasiment déserté cette partie du sud-est de l'Ohio (selon les prévisions, la plus vaste mine de charbon toujours en activité, à la sortie de la ville de Glouster, ne tarderait pas à se tarir). Quant aux localités concernées, rares étaient celles qu'on aurait toujours pu qualifier de "cités", même aux jours les plus glorieux. Des villages, voilà ce qu'elles étaient. Certaines avaient presque été rayées de la carte. Sur place, on n'y trouvait plus qu'un agrégat de bâtiments en brique abandonnés signalés par une ou deux plaques commémoratives. Elles ne méritaient pas moins le statut de "ville fantôme" que ces légendaires bourgades minières de l'Arizona ou du Nevada, où jadis on extrayait l'argent, et où virevoltent désormais des boules d'amarante séchée, comme dans les westerns.

De cette dizaine de "diamants noirs", le seul qui pouvait toujours prétendre à l'appellation de "cité" (selon les critères en vigueur dans l'Ohio, du moins), c'était Nelsonville. Fondée en 1814, elle avait prospéré en fournissant du charbon mais aussi du bois de construction, matériaux qu'on put, dans un premier temps, acheminer par le canal de Hocking, puis, plus tard, par voie ferroviaire. Le boom du charbon prit fin dans les années 1920, du fait, notamment, de la concurrence de mines plus vastes, mécanisées depuis peu, en

Virginie-Occidentale et dans le Kentucky. Le déclin du transport de passagers par ces chemins de fer qui avaient naguère relié entre eux et au reste du pays tant de villes et villages d'Ohio avait accéléré le processus d'enclavement.

Toutefois, dans les années 1930, au plus fort de la Grande Dépression, Nelsonville s'était dotée d'un nouveau secteur d'activité industrielle : la confection de chaussures, avec le lancement de la William Brooks Shoe Company. Et la ville, nichée dans son écrin pittoresque au pied des Appalaches, était demeurée un point de convergence commercial régional, célèbre pour sa belle place centrale agrémentée d'un hôtel de luxe, d'un opéra et de rangées d'échoppes sur trois de ses côtés, mais aussi pour la brique qui y recouvrait rues et trottoirs. En 1904, la brique "Nelsonville Block", produit des riches dépôts argileux de la région, avait remporté le premier prix lors de l'Exposition universelle de Saint Louis, grâce à ses motifs du type "fleur avec étoile à huit branches", "flocon avec croix celtique" ou encore "cible avec cercle-cube".

Ces dernières décennies, l'attractivité de la ville, jadis un véritable aimant à petits commerces, s'était émoussée. Vinrent tout d'abord deux Walmart, à Athens et Logan, localités plus imposantes situées à une vingtaine de kilomètres de part et d'autre de Nelsonville, le long de la Route 33. L'implantation de ces grandes enseignes avait agi sur leurs concurrents locaux de moindre taille comme le tristement célèbre rouleau compresseur qu'elles étaient. C'est à cette époque que Nelsonville avait vu disparaître certains piliers comme LS, une quincaillerie bon marché où l'on trouvait un large choix de produits autres. Son départ laissa une sensation de vide dans la ville, où ne subsistaient plus qu'une poignée de boutiques de cadeaux sur la place principale, un supermarché Kroger et une pharmacie familiale, qui tâchaient bon an, mal an, de compenser cette perte en proposant des articles normalement vendus en grande surface. Très vite, ces enseignes furent menacées à leur tour par les chaînes de bazars à prix unique devenues emblématiques de l'Amérique rurale. Nelsonville accueillit à la fois un Family Dollar et un Dollar General, à quelques encablures l'un de l'autre, sur Canal Street.

La ville possédait toujours son fabricant de chaussures. En 1958, Bill Brooks avait vendu son affaire à un concurrent de Lancaster, une ville plus importante située à quelques kilomètres par la Route 33. Son neveu, John, lui avait fait part de ses vues sur l'entreprise, mais

Bill, pessimiste quant aux perspectives d'avenir, avait refusé de lui infliger le marasme qu'il pressentait. Dix-sept ans plus tard, John Brooks tenta enfin sa chance, en rachetant l'affaire familiale. Avec une telle conjoncture, la reprise fut poussive, mais John Brooks, déjà patron d'une affaire, était dans son élément : il dirigeait la briqueterie à deux étages sur Canal Street, négociait des contrats avec Local 146, la puissante confrérie de chaudronniers, avec le Union of Needletrades, Industrial and Textile Employees (Syndicat du vêtement, textile et autres industries), siégeait au conseil municipal, roulait en Oldsmobile et habitait à deux pas de l'usine.

Le fils de John, Mike, était, lui aussi, entré dans l'arène de la fabrication de chaussures, mais avec un nouvel angle d'attaque. Après des études à la célèbre école de commerce milanaise Ars Sutoria, il était revenu travailler aux États-Unis pour la U.S. Shoe Corporation (fusion de deux fabricants de chaussures de l'Ohio) et pour deux tanneries. Lorsque son père avait racheté Brooks, Mike avait rallié Nelsonville en renfort. Et pendant les années 1980, père et fils donnèrent un second souffle à l'entreprise. Ils creusèrent des marchés de niche : des chaussures "professionnelles" destinées aux facteurs et aux agents de police, qui préféraient, voire exigeaient, qu'on privilégie le label "Made in USA" ; des bottines de randonnée ou de chasse imperméabilisées grâce à la technologie Gore-Tex, dont le fabricant était un ami de Mike Brooks. Pour rendre plus lisible cette nouvelle spécialisation, ils rebaptisèrent l'enseigne avec un nom évocateur de la robustesse et de la dimension "plein air" des nouveaux modèles : Rocky Shoes & Boots.

La hausse de la demande était si spectaculaire que la petite usine installée sur Canal Street peinait à tenir la cadence. À la fin des années 1980, plutôt que d'agrandir le site, Mike Brooks décida de déployer des moyens supplémentaires sous d'autres latitudes : en République dominicaine et à Porto Rico, lieux d'exploitation respectant la condition *sine qua non* du "Made in USA". Opposé à cette délocalisation *offshore*, son père tira sa révérence, se désengageant définitivement de l'entreprise en 1991, à l'âge de soixante-dix ans. Deux ans plus tard, estimant que sa société avait besoin de capitaux supplémentaires, Mike Brooks la fit entrer en Bourse en émettant un paquet d'actions qui permirent de lever pas loin de 14 millions de dollars.

John Hutchison rejoignit l'usine au milieu des années 1990. Il avait grandi sur les hauteurs de Nelsonville, auprès d'une mère célibataire. Il marchait à peine quand son père – employé à l'usine d'enrichissement de l'uranium de Piketon, à 120 kilomètres de là – était parti, laissant sa mère dans une telle détresse qu'elle confia leur troisième enfant, une fille née depuis peu, aux services d'adoption. Elle finit par se remarier à un professeur en filière professionnelle. Leur domicile étant situé au-delà de la frontière avec le comté de Hocking, John était contraint de faire quotidiennement le long trajet jusqu'au lycée de Logan, à une heure de car.

Après le lycée, il prit la mauvaise pente, pendant un temps. Puis, il se mit avec Bridget, rencontrée sur les bancs de l'école. Elle était déjà mère de deux tout-petits, puis ils eurent leur bébé à eux, un garçon. John dut alors trouver un emploi stable pour subvenir aux besoins de la famille. Il fit donc comme des centaines de gens autour de lui : il se mit à fabriquer des chaussures. En qualité de "monteur", dans son cas précis.

À ce moment-là, les étapes de fabrication nécessitant une main-d'œuvre abondante – comme la découpe du cuir et l'assemblage des divers morceaux, dans le service "piquage" – avaient déjà été délocalisées. Parmi les rares tâches toujours réalisées à Nelsonville, il y avait le pilotage de la machine à monter. La "tige" (ensemble souple de la chaussure) qui deviendrait par la suite une botte ou une bottine était mise "sur forme" grâce à cette imposante machine de montage, équipée d'une grande pédale centrale. L'opérateur présentait la tige et, grâce à une première pression sur la pédale, les pinces de la machine se fermaient. Simultanément, une montée-pression sur la forme (moule-support représentant le pied) tendait le cuir puis un second appui sur la pédale déclenchait l'arrivée de la colle thermo-fusible et les plaques de la machine rabattaient le cuir qui serait soudé instantanément. La pièce était alors éjectée de la machine : la botte ou la bottine avait désormais un bout.

Tout cela ne prenait que quelques secondes, et il fallait bien veiller à ne pas se coincer les doigts dans la machine ; il n'y avait aucun dispositif de sécurité, car la seule façon d'introduire le matériau, c'était d'y mettre les mains pour le guider, et jamais elles ne passeraient dedans avec des gants épais. Certains y avaient laissé des doigts ; John Hutchison n'y perdit qu'un bon morceau de son pouce gauche.

On confectionnait jusqu'à cinq cents à six cents paires de bottes et bottines en un service de huit heures. John travaillait de nuit ; la journée, il avait un autre emploi, chez Advance Auto Parts, en ville. Rocky Shoes le payait 13 dollars de l'heure et, à Nelsonville à la fin des années 1990, il aurait été bien en peine de trouver mieux. Notons aussi qu'il était rémunéré le double de ses homologues à Porto Rico, et dix fois plus que leurs confrères en République dominicaine.

Au tournant du siècle, cet écart béant devint insoutenable pour Mike Brooks et les actionnaires à qui il devait rendre des comptes. En mars 2000, l'entreprise annonça la suppression de la moitié de ses 112 emplois ouvriers restants et le transfert des activités concernées vers les Caraïbes. Un an et demi plus tard, une semaine après les attentats du 11 Septembre, Brooks convoqua une réunion pour informer ses équipes de la fermeture totale et définitive de l'usine, et du licenciement des 67 personnes toujours en poste.

Rocky Shoes & Boots demeurerait à Nelsonville. Mais les bottes et les bottines n'y seraient plus fabriquées. Les produits seraient confectionnés à Porto Rico, en République dominicaine, puis, à terme, en Chine, en Jordanie et au Vietnam. L'annonce suscita des sentiments mitigés qui laisseraient planer sur la ville un nuage d'ambivalence pendant de longues années : la tristesse de voir disparaître tous ces emplois ouvriers atténuée par le maintien sur place du siège social ; et qu'importe si la plupart des employés occupant ces postes rescapés ne daignaient pas vivre à Nelsonville mais préféraient faire quotidiennement le trajet depuis Athens, Lancaster ou plus loin encore. Subsisteraient aussi le magasin d'usine et un entrepôt implanté à Logan : environ cent soixante emplois au total.

Les sentiments de John Hutchison n'étaient pas mitigés : "C'est de la cupidité. De la cupidité d'entreprise. Il n'y a pas d'autres mots, commenta-t-il des années plus tard. Ils auraient très bien pu les conserver, ces postes à l'usine, mais c'est sûr qu'ils n'auraient pas été aussi rentables."

La dernière paire de chaussures quitta la chaîne de montage à 14 heures le 21 novembre. Les membres de l'équipe de jour firent la queue pour pointer pour la dernière fois, tandis que leurs contremaîtres, en passe de perdre leur emploi, eux aussi, allaient et venaient autour des postes de travail, distribuant poignées de main et accolades. Mike Brooks ne quitta pas son bureau.

Ainsi disparut l'ultime usine de fabrication de chaussures de l'Ohio, un État qui comptait autrefois plus d'emplois dans ce secteur que n'importe quel autre. En 1960, plus de 95 % des chaussures vendues en Amérique étaient fabriquées en Amérique ; en 2002, c'était l'inverse : plus de 95 % des chaussures vendues en Amérique étaient fabriquées ailleurs, en Chine, principalement.

Trois mois après la fermeture, fin février 2002, Mike Brooks se félicita de la hausse des bénéfices nets de l'entreprise lors d'une téléconférence où il présenta les résultats trimestriels à des analystes de marché : "La réduction importante de nos coûts de production, l'année dernière, nous a permis d'améliorer nos résultats malgré le contexte difficile pour le secteur de la vente au détail, déclara-t-il. Il y a fort à parier que la récente réorganisation de nos activités de fabrication aura un impact favorable sur notre performance au cours de l'année 2002, lorsque commenceront à se concrétiser toutes les retombées positives de cette décision stratégique."

John et Bridget s'étaient mariés en 1998. Mais ils s'étaient séparés avant la fermeture de Rocky Shoes. John décida de partir en quête d'un emploi correct. Et pour ce faire, dans l'Ohio, pendant la première décennie du XXIe siècle, il fallait se rendre à Columbus.

Bien sûr, il y avait toujours eu des poches de pauvreté rurale aux États-Unis. Néanmoins, à l'amorce des années 2010, l'Amérique des petites villes connaissait un déclin généralisé. Un phénomène inégalé depuis que des descendants de paysans avaient fui en masse vers les villes, un siècle plus tôt. Entre 2010 et 2018, alors que les États-Unis avaient connu une croissance démographique de 6 %, quelque 1 653 comtés avaient vu leur population baisser, un chiffre supérieur à celui des 1 489 comtés où elle avait augmenté. Les zones rurales et les villes de moins de 50 000 habitants avaient subi une baisse du marché de l'emploi entre 2008 et 2017, période où l'on avait enregistré une hausse du nombre d'emplois de 9 % dans les plus grandes villes du pays. On ne manquait pas d'explications toutes prêtes, dont l'essoufflement de l'industrie des matières premières, comme le charbon dans les Appalaches, ou la délocalisation de la production naguère assurée dans les localités plus petites, comme la fabrication de chaussures.

Toutefois, on oubliait souvent de prendre en compte une tendance transversale à l'œuvre dans tous les secteurs industriels, de l'agriculture à la vente au détail : la concentration. Pour comprendre l'impact de la concentration des marchés dans les petites et moyennes villes, il faut savoir à quel point ces territoires ont, par le passé, bénéficié de la dynamique inverse – la dispersion – en termes de croissance. Pendant des décennies, l'activité commerciale et les richesses s'étaient déployées à travers le pays grâce aux innombrables initiatives d'entrepreneurs qui se risquaient à lancer une affaire dans leur ville ou sur leur territoire. Même quand leur succès les érigeait en puissances régionales, ces sociétés ne reniaient pas leurs origines et continuaient à investir au niveau local. L'histoire de l'entreprise le Bon-Ton illustre bien l'ampleur de ce phénomène de dispersion et de régionalisme.

Fin 1897, Max Grumbacher envoya à son père, Samuel, une lettre depuis York, en Pennsylvanie : "Je crois que nous allons monter une affaire qui marche ici, écrivit-il. Tout le monde semble s'accorder à dire qu'il y a une brèche où introduire une entreprise [...] Sois certain que je vais activer le processus pour ouvrir le plus tôt possible."

Samuel Grumbacher avait quatre ans lorsque sa famille avait émigré d'Allemagne en 1847, à l'avant-garde du grand exode qui verrait des millions de personnes quitter l'Europe centrale, ses récoltes calamiteuses et ses révolutions matées. Un demi-siècle plus tard, établi en tant que commerçant à Trenton, dans le New Jersey, il avait envoyé ses deux fils et ses deux gendres conquérir de nouveaux territoires, tel un monarque de conte de fées. Ils avaient pour objectif les petites villes de Pennsylvanie orientale en pleine expansion. L'un d'entre eux fut envoyé à Hazleton, un autre à Lebanon, et le dernier à Lancaster. Max dut se rendre à York, entre Harrisburg et Baltimore, zone abritant des centaines de manufactures, dont une ferronnerie et l'entreprise York Motor Car, à qui l'on devait l'automobile Pullman, et dont la population passa du simple à plus du double, pour atteindre les 34 000 habitants, entre 1880 et 1900.

La famille s'était spécialisée dans le textile et la bonneterie. Le prêt-à-porter n'était pas encore très répandu à l'époque ; les Grumbacher vendaient du tissu au mètre, mettant à la disposition de leur clientèle plusieurs employés pour aider à couper et mesurer les pièces, ainsi qu'un livreur pour porter à domicile, en chariot, les commandes volumineuses. Toutefois, c'est grâce aux chapeaux que la boutique de Max Grumbacher se démarqua. À chaque début de saison, il faisait venir de New York deux chapeliers chargés de créer des modèles inspirés du dernier cri, qui seraient ensuite repris par les modistes du magasin. Et, comme il veillait bien à le préciser sur toutes ses publicités, la maison effectuait les retouches gratis.

La boutique de York, tout comme les trois autres, fut baptisée le Bon-Ton. Un nom assez usuel pour une boutique de textile et bonneterie. Les magasins d'articles à bas prix étaient souvent nommés Bon Marché, tandis que leurs cousins plus raffinés portaient plutôt l'enseigne Bon-Ton – en référence à la nature élégante et soignée des produits. Nageant dans l'opulence, York accueillit avec enthousiasme cette ambitieuse attraction, et Max Grumbacher ne tarda pas à se trouver à l'étroit dans sa petite boutique sur Market Street. En 1912, le magasin investit un nouveau bâtiment resplendissant à l'intersection de Market Street et Beaver Street, une folie de trois étages en terre cuite comportant vingt-sept rayons déployés sur plus de 11 000 mètres carrés (literie et arts de la table, papeterie, manteaux et vestes, corsets, etc.), équipée d'ascenseurs à strapontins manœuvrés par des hôtesses tirées à quatre épingles, et, pour s'assurer que personne ne confonde ce Bon-Ton-ci avec ses homologues, le nom Grumbacher figurait en lettrages sombres juste sous la ligne de toiture.

C'était l'âge d'or des grands magasins de centre-ville : Lord & Taylor et Bloomingdale's à New York, Marshall Field à Chicago, Wanamaker's à Philadelphie, Hochschild, Kohn & Co. et Hutzler's à Baltimore, F&R Lazarus à Columbus, où, un jour, un client avait téléphoné au domicile de Robert Lazarus pour lui faire savoir que son épouse et lui avaient acheté un service à thé très élégant mais n'étaient pas au fait du cérémonial régissant son utilisation. Ces établissements étaient de véritables lieux de vie, où l'on ne se rendait pas que pour consommer, mais aussi pour jouir d'un moment privilégié : à la fin du XIXe siècle, on y passait en moyenne deux heures par visite. Le message plein d'audace véhiculé par l'existence même du Bon-Ton, c'était qu'une ville de taille modeste comme York méritait de s'accorder ce genre de plaisirs. MAGASIN D'UTILITÉ PUBLIQUE – AU SERVICE DES HABITANTS, déclarait le panneau géant annonçant son ouverture en grande pompe le 20 mars 1912.

L'"utilité publique" dont se targuait cette enseigne n'était pas une simple hyperbole de publicitaire : le Bon-Ton eut tôt fait d'endosser un rôle social en devenant un véritable lieu de rencontre, très central, qui plus est. Hommes d'affaires et dames du monde affluaient au salon de thé situé en mezzanine surplombant le niveau principal ; les places les plus convoitées étant celles proches de la balustrade. En

1923, année où la société convia tous ses employés à un dîner pour son fêter son vingt-cinquième anniversaire, le Bon-Ton s'offrait les services d'un orchestre local pour divertir ses hôtes les vendredis et samedis après-midi. De même, chaque année, au moment de Noël, on faisait venir de New York des vitrines très élaborées, puis le magasin accueillait un défilé dont l'apothéose était l'apparition spectaculaire du Père Noël, hissé au-dessus de la foule sur une échelle de pompiers.

Max Grumbacher, sa nouvelle épouse, Daisy Altshul, originaire de Baltimore, et leur famille qui ne cessait de s'agrandir, déménagèrent pour une propriété de 16 hectares en dehors de York, mais n'en demeurèrent pas moins investis dans les affaires de la ville : lui devint cofondateur d'une synagogue et de la chambre de commerce locale. En été, on invitait les employés à des pique-niques au domaine des Grumbacher ; Max et Daisy réquisitionnaient leurs enfants au magasin, à leur côté, les affectant en premier lieu au rayon confiseries.

Ainsi, lorsque leur père succomba à une crise cardiaque, ils étaient parés pour reprendre le flambeau. Tom, le fils de Max, sauta la case “études” pour prendre la tête des opérations et maintenir le Bon-Ton à flot pendant la Grande Dépression. Les ventes chutèrent de plus de moitié entre 1929 et 1932, mais la société parvint tout de même à verser 2 100 dollars de primes en 1930. Ensuite, Tom dut aussi négocier les remous causés par la Seconde Guerre Mondiale : le magasin trouva des solutions pour restreindre en quantité les marchandises rationnées (comme les bas, les collants et les articles de bonneterie) sans trop nuire à la clientèle, et vendit, depuis ses vitrines, des obligations pour financer l'effort de guerre.

Le Bon-Ton ne se contenta pas de résister à tous ces chambardements, il en ressortit la tête haute, en mesure d'élargir son offre lors du boom de l'après-guerre. En 1946, l'enseigne ouvrit un magasin à Hanover, à une trentaine de kilomètres au sud-ouest de York. Deux ans plus tard, elle racheta le grand magasin Eyerly's de Hagerstown, dans le Maryland.

Tom Grumbacher avait flairé la même opportunité que son grand-père un demi-siècle plus tôt : être au service des petites villes un peu à l'écart, pour montrer que là aussi, les gens avaient du goût, que le raffinement existait en dehors des métropoles.

Taylor Sappington avait pris son service depuis quelques heures au restaurant-gril Texas Roadhouse d'Athens, à une vingtaine de kilomètres de Nelsonville, quand il fut témoin de “l'incident de la fourchette”. Un homme était entré avec sa femme et son fils, qui devait avoir environ treize ans. Visiblement pressés, ils avaient opté pour une table côté bar ; peut-être pour être servis plus vite ? Mais le temps que leurs commandes soient prêtes, père et mère étaient déjà partis, embarqués loin, très loin, par leur défonce aux opioïdes. Une situation pas si exceptionnelle dans le sud-est de l'Ohio, même lors d'une sortie en famille au restaurant.

La suite, par contre, fut plus insolite : le père s'affala sur son assiette, le front calé contre la fourchette, qu'il tenait à la verticale en la serrant fort dans sa main. Le dos de l'ustensile soutenait sa tête à la manière d'un piquet de tente. C'était drôle et horrible à la fois.

Ce qui avait vraiment marqué Taylor Sappington, c'était le môme. Ses deux parents vautrés à table sans connaissance, le garçon avait pris la situation en main, comme s'il en avait vu d'autres. Il avait discuté avec le policier détaché sur les lieux. Demandé une barquette pour récupérer les restes laissés par ses parents. Puis sorti le portefeuille de la poche de son père pour régler la note.

Aux yeux de Taylor Sappington, qui avait à peine dix ans de plus que ce gamin, ce n'était rien qu'un petit désastre parmi tant d'autres ici, au fil des années, dans ce coin où il avait grandi et où, contre toute attente, il avait décidé de revenir. Il avait quitté Nelsonville pour aller étudier à la capitale. À l'évidence, un jeune homme élevé par une mère célibataire dans une maison préfabriquée au beau milieu d'une clairière, à deux pas de chez ses grands-parents, ne voudrait plus jamais remettre les pieds dans sa ville natale après avoir déniché une trappe de secours aussi précieuse que dorée : une bourse d'études pour l'université George-Washington, un des établissements d'enseignement supérieur les plus chers de tout le pays.

Pourtant, Taylor Sappington était revenu, deux ans plus tard, trop en décalage avec tout ce qu'il avait trouvé à Washington. Ses camarades faisant allusion, l'air de rien, au poste décisionnel de leur père au sein de telle ou telle grande multinationale. La nonchalance de ces mêmes camarades, persuadés qu'il avait les moyens de débourser 50 dollars pour entrer dans un club. Et surtout, le regard vitreux de tous ces costards-cravates arpentant d'un pas pressé les trottoirs bondés, cramponnés à leur smartphone ou à une barquette de salade achetée dans une de ces chaînes de restauration rapide omniprésentes.

Il tenta de décrire aux gens de chez lui ce regard et ce qu'il avait de glaçant, mais en vain. “Tout le monde tire la tronche, disait-il. Personne ne se parle. Mais c'est *quoi*, cette *ville* ?” Tu es trop sensible, lui répondait-on. “Mais non, insistait-il. Tu ne piges pas. Faut le vivre pour comprendre.”

Il revint après sa deuxième année et termina son cursus à l'université de l'Ohio, à Athens. Il se réinstalla chez sa mère, conseillère en addictologie. Il contribua très activement à la campagne pour la réélection de Barack Obama dans l'Ohio. Il tomba amoureux d'un homme, Jared, ancien étudiant en physique à l'université de l'Ohio, qui, bien que passionné par cette matière au point de noircir des cahiers entiers avec ses théories scientifiques, n'avait pas réussi à obtenir son diplôme. Taylor emménagea avec son frère, Spencer, agent de l'administration pénitentiaire, et Jared dans une maison en location sur Poplar Street, à Nelsonville, où ce dernier occupait son temps libre à étudier en autodidacte la fabrication de meubles et la lutherie.

Puis Taylor décida qu'en plus de rester dans cet endroit, il ferait corps avec lui. En décembre 2014, un mois après un nouveau revers cuisant pour les démocrates lors des élections à mi-mandat, il annonça sa candidature au conseil municipal de Nelsonville. Jared découpa l'article paru dans l'*Athens Messenger* à ce sujet et l'accrocha sur un mur de la maison, agrémenté d'un mot : “Bonne chance. Tu vas t'en tirer comme un chef.”

Taylor s'investit à fond dans sa campagne, faisant tout son possible pour quadriller la ville et frapper à chaque porte. Parfois, tandis qu'il s'aventurait sur la véranda d'une maison victorienne délabrée à la cour jonchée de détritus et au perron branlant, un coup d'œil à sa liste d'électeurs lui indiquait le nom de famille d'un camarade de lycée. Il n'en revenait pas que ces lycéens de Nelsonville-York, qui lui semblaient appartenir à l'éventail standard d'individus de classe moyenne d'une ville de province, avaient de la famille vivant dans une pauvreté aussi abjecte. Il n'aurait pourtant pas dû tomber des nues : l'existence de ce genre de logements n'avait jamais été un secret pour lui, et il paraissait donc normal qu'il connaisse de nom certains de leurs habitants. Et pourtant, il était choqué. “Les noms m'étaient familiers, dirait-il plus tard, pas les maisons.”

Toutefois, le porte-à-porte l'avait également stimulé, en lui rappelant pourquoi il avait choisi, comme entrée dans le monde du travail, une tâche aussi aventureuse et hors du commun. Taylor Sappington croyait toujours dans le gouvernement, dans les autorités locales, dans leur pouvoir d'améliorer la vie des citoyens. Il ne savait pas trop d'où il tenait ses convictions : dans sa jeunesse, tout le monde, ou presque, au sein de sa famille élargie passait son temps à casser du sucre sur le dos des gens de gauche.

Peut-être était-ce sa mère qui l'avait incité à s'engager sur une autre voie. Elle avait beau avoir voté pour Reagan et même, une fois, pour George W. Bush, une part d'elle avait toujours été animée d'une certaine indépendance, d'une fougue, et, très jeune déjà, elle s'était forgé une réputation d'agitatrice dans son rôle d'arbitre au sein du syndicat des fonctionnaires de l'Ohio. À l'époque, elle était connue pour ses entrées fracassantes lors des réunions syndicales, arrivant en retard et en bottes hautes puis gagnant sa place à grandes enjambées, comme pour signifier à l'assemblée à 100 % masculine le peu de déférence qu'elle lui vouait.

Peut-être le déclic s'était-il plutôt produit dans la nuit du 19 mars 2003, quand sa mère l'avait autorisé à veiller pour suivre l'opération "Liberté pour l'Irak" à la télévision, et que, au lieu de s'extasier sur l'étalage de forces et de moyens, du haut de ses onze ans, il avait été atterré, affligé de voir un quartier de Bagdad après l'autre partir en fumée.

Peut-être était-ce le livre sur Bobby Kennedy qu'il avait lu à l'âge de seize ans, dans lequel il était question de la campagne de 1968. *Si nous partageons cette croyance que nous, en tant qu'Américains, nous sommes liés par un souci mutuel pour l'autre, alors une priorité nationale pressante nous incombe. Nous devons mettre un terme à l'infamie qu'est cette autre Amérique.* Il avait dévoré ce livre, y avait consacré la dissertation qu'il avait dû rédiger en première, et l'avait relu intégralement. *Toutefois, lors même que nous œuvrons à éradiquer la pauvreté matérielle, une autre tâche d'envergure nous incombe. Il s'agit de prendre à bras-le-corps la pénurie de satisfaction – la perte de notre raison d'être et de notre dignité – qu'elle nous inflige à tous. Il y a trop longtemps que nous sacrifions, à trop grande échelle, l'excellence et les valeurs collectives au profit de la simple accumulation de biens matériels.*

Peu importe ce qui avait suscité sa vocation, la première fois qu'il s'était présenté à une élection, Taylor avait déjà découvert sa filiation avec les démocrates du New Deal et sa volonté de perpétuer leur action ; une identité politique qui, dans un autre contexte, aurait pu sembler bien pompeuse de la part d'un candidat de son âge, mais qui paraissait moins incongrue s'agissant d'un jeune homme de Nelsonville, un endroit ayant connu son apogée à une époque pas si lointaine de celle où la Works Progress Administration de Franklin Roosevelt (l'agence fédérale instituée dans le cadre du New Deal pour superviser les grands travaux) avait équipé la ville d'un réseau de canalisations.

Au moment où Taylor était retourné à Nelsonville, plus de un tiers de la population y vivait sous le seuil de pauvreté, un des taux les plus élevés de tout l'Ohio. Les briques subsistaient encore, une attraction pour tout voyageur qui passait par là (ce qui se produisait de moins en moins depuis l'ouverture de la déviation, en 2013). Taylor affectionnait tout particulièrement ces briques incrustées çà et là portant l'inscription "progrès". Il s'était pris en photo debout sur quelques-unes d'entre elles, ses baskets encadrant le mot. S'il avait eu les moyens de se payer des affiches électorales, il aurait pu en faire son visuel.

L'élection eut lieu le 3 novembre 2015. Sur les cinq candidats en lice, les trois récoltant le plus de voix pourraient siéger au conseil. C'était une année doublement morte en termes de scrutins : non seulement il n'y avait pas de présidentielle, mais il n'y avait pas non plus d'élection à mi-mandat. Pourtant, la campagne municipale avait tellement mobilisé les citoyens que pour la première fois de toute l'histoire de la ville, le taux de participation aux municipales avait été plus élevé que celui, abyssal, pour le scrutin des législatives, l'année précédente, où le gouverneur, certains membres du Congrès figuraient sur les listes.

Taylor avait organisé une soirée électorale à The Mine, un bar qui donnait sur la place centrale depuis les années 1840, pour suivre avec ses partisans l'annonce des résultats. En réalité, il n'y avait pas beaucoup de suspense : pour obtenir le décompte, il suffisait de se rendre aux deux bureaux de vote : la bibliothèque et l'église Wesleyan. Jared et lui s'en étaient chargés, avant de regagner The Mine la mine sombre.

"Alors ? s'enquit sa mère, Amy.

— J'ai perdu", lâcha-t-il.

Il nota son désarroi, mais ne tint pas plus longtemps :

"Non, je rigole.

— Combien de voix ? demanda Amy.

— Première place."

Petit à petit, le Bon-Ton élargit son champ d'action aux petites villes de Pennsylvanie et des États limitrophes : Lewistown (Pennsylvanie) en 1957 ; Martinsburg (Virginie-Occidentale) et Chambersburg (Pennsylvanie) en 1961. Toutefois, le développement le plus retentissant de cette période se produisit à York même. Intrigué par le commerce de détail à marge réduite, Tom Grumbacher décida de s'y essayer en s'associant avec Stanley Mailman, vendeur local de ce qu'on appelait des "produits durables" : appareils électroménagers, peintures, téléviseurs, outils. En 1962, leur partenariat donna naissance au tout premier magasin Mailman's, proposant à la fois des vêtements et des "produits durables" à prix réduit. Ils n'implantèrent pas la boutique dans le centre de York mais dans le nouveau centre commercial Queensgate, en périphérie.

L'affaire fut un franc succès, ce qui conforta Grumbacher dans son intention d'élargir l'offre en articles bon marché (quand son fils Tim revint de l'armée en 1964, Max l'affecta à la direction de Mailman's), mais également d'axer ses nouvelles activités sur les zones suburbaines. On était au milieu des années 1960, l'étalement urbain et la fuite des Blancs vers les banlieues étaient à leur paroxysme, même dans de petites villes comme York, et, malgré l'attachement de l'entreprise à son établissement phare en terre cuite, situé à l'intersection de Market Street et Beaver Street, Grumbacher ne voyait vraiment pas comment endiguer la marée montante.

En 1969, l'entreprise ouvrit un magasin dans le tout nouveau centre commercial North Mall, au nord de la ville ; en 1975, elle compléta son offre avec une succursale dans le centre commercial York Mall dans la banlieue est ; et, en 1981, la fréquentation baissant de plus en plus dans l'hypercentre, l'enseigne ferma son magasin historique : même le salon de thé ne fut pas épargné. "Les gens ne venaient plus en ville, expliqua Tim Grumbacher des années plus tard. L'essor des zones commerciales a causé la perte des centres-villes."

Les concessions de l'entreprise à ce transfert vers la périphérie ne l'avaient pas distraite de sa mission fondamentale : être au service des petites villes américaines. "Les petites villes veulent les mêmes choses que tout le monde, déclara un cadre appartenant au groupe Grumbacher mais pas à la famille du même nom. La différence, c'est que maintenant, ils n'ont plus à se coltiner une heure et demie de trajet en voiture pour se les procurer."

L'expansion de l'enseigne se poursuivit sans faiblir tout au long des années 1980, au rythme d'environ un nouveau point de vente par an, pour atteindre un total de vingt-cinq en 1987. À ce stade, Tom avait remis les rênes de l'entreprise à Tim, moins frileux que son père marqué par la Grande Dépression. Pour Tim, le seul moyen de ne pas se faire manger tout cru par les titans comme l'entreprise May, c'était de devenir plus gros.

En 1987, le Bon-Ton racheta l'enseigne Pomeroy's, basée à Harrisburg, et ses treize magasins, faisant ainsi passer son volume de ventes de 150 à 250 millions de dollars. L'ampleur de la dette à assumer plongea Tom dans une telle colère qu'il n'adressa plus la parole à Tim pendant deux ans. En 1991, toujours dans l'optique de favoriser la politique d'expansion, ce dernier ouvrit le capital de l'entreprise. Les retombées très positives de l'introduction en Bourse apaisèrent Tom.

"Papa s'est remis à me parler", commenta Tim.

C'est alors que débuta l'expansion, la vraie. Le Bon-Ton avait jeté son dévolu sur Hess's, une chaîne de trente magasins basée à Allentown, en Pennsylvanie, ainsi que sur des enseignes familiales (les grands magasins AM&A's à Buffalo, McCurdy's à Rochester et Chappell's à Syracuse, des villes plus grandes que celles où il s'était risqué jusqu'alors). Cette évolution stratégique plaçait l'entreprise en concurrence directe avec le colosse May, ayant des vues sur les mêmes boutiques, qu'il souhaitait fort probablement racheter afin de les fermer et de limiter par là même la concurrence pour ses points de vente locaux. May réalisait 11 milliards de dollars de chiffres de vente dans ses 302 grands magasins et ses 4 000 boutiques de chaussures, soit plus de trente fois plus que le Bon-Ton, une des dernières chaînes indépendantes de grands magasins des États-Unis.

Toutefois, le Bon-Ton ne se laissa pas intimider et alla même jusqu'à poursuivre May en justice dans le cadre des lois antitrust, procédure qui lui permit d'obtenir une injonction contre le mastodonte, alors contraint de cesser, séance tenante, ses rachats abusifs. Fin 1994, le Bon-Ton avait pris possession de la plupart des magasins qu'il désirait annexer, doublant ainsi le nombre de ses succursales, qui s'élevait désormais à soixante-neuf. On était au beau milieu de ces années où les enseignes de vente au détail construiraient à l'excès, suivant une tendance qu'avec le recul, on qualifierait de surconstruction : centres commerciaux, esplanades commerciales et grandes surfaces de tous types se propagèrent telles des métastases à travers le pays, alimentés par des lois fiscales favorables à l'étalement urbain.

Avec ce changement d'échelle, certains types de contacts se perdirent. Plus question pour Tim de passer en revue l'évaluation annuelle de chaque salarié, comme il l'avait fait jusqu'en 1988. Plus question non plus pour l'entreprise de fermer ses boutiques pour offrir des pique-niques à ses employés. Toutefois, la direction faisait tout son possible pour conserver son esprit d'antan : les retouches de chapellerie gratuites, le paternalisme bienveillant envers les employés, l'entretien minutieux des racines locales. D'une grande indulgence, la politique de retours pratiquée par Bon-Ton était de notoriété publique. Dans les années 1990, époque où la concurrence se faisait rude du côté des produits à marge réduite, elle offrit des séminaires de mode dans l'optique de se forger une image plus distinguée. On débouchait le champagne lors des réceptions pour célébrer la création de nouvelles gammes. Le personnel de vente suivait des formations intensives : l'une d'elles, à Ithaca, dans l'État de New York, devint une vraie légende au sein de l'entreprise après avoir habillé une femme de pied en cap pour un mariage où elle devait se rendre deux heures plus tard.

On faisait bien comprendre aux gérants des magasins nouvellement acquis par le groupe qu'ils étaient tenus de se montrer respectueux envers leurs collaborateurs, d'écouter ce qu'ils avaient à dire, sinon, gare à eux. Il s'agissait là, comme l'avoua par la suite Tim Grumbacher, d'une politique tout à fait intéressée : un vendeur bien traité traitait mieux ses clients. Par ailleurs, l'entreprise s'ingéniait à reproduire l'engagement citoyen dont elle faisait preuve à York dans les villes où elle venait d'arriver : en amont de chaque ouverture de magasin se tenait une "Journée de bienfaisance", où des associations locales pouvaient vendre des billets pour des ventes privées, et la fondation de l'entreprise consultait les directeurs de chaque succursale au sujet des structures à but non lucratif qu'elle pourrait financer. "Non, c'est sûr, ce n'est pas évident de faire des dons quand vos concurrents principaux, eux, s'abstiennent de partager leurs ressources, concéda Tim à la fin des années 1990. Mais plutôt me retirer des affaires que d'avoir à m'aligner sur les pratiques de ces autres enseignes."

Des années plus tard, c'est précisément ce genre d'initiatives vertueuses par des entreprises comme le Bon-Ton que Nick

Hanauer, un des premiers à investir dans Amazon, décrirait comme un atout largement sous-estimé. “Du temps des grands magasins régionaux, TOUT fonctionnait encore à l'échelle régionale, pas vrai ? observa-t-il. Parmi les types à la tête de ces boîtes-là, il y avait aussi des connards qui ne pensaient qu'au fric. Mais au moins, l'argent restait à Cincinnati, mettons, et au moins, ces types faisaient des dons aux écoles locales. Au moins, ces endroits-là possédaient leur propre pilier économique, source de prospérité. Maintenant, à l'inverse, tout est concentré à Seattle, San Francisco, Los Angeles ou Chicago, et tout ce qui avait trait à l'action locale s'est fait happer, par la même occasion.”

En 1998, année de son centenaire, le Bon-Ton émit à nouveau des actions en vue de lever des capitaux pour poursuivre sa croissance. Selon les spéculations de certains dirigeants du groupe, les chiffres de vente pourraient très vite atteindre 1 milliard de dollars. C'est en 2003 que se produisit la plus spectaculaire opération jamais réalisée par le groupe dans son effort d'expansion : le Bon-Ton gagna, au terme d'une lutte acharnée, les enchères pour le rachat d'Elder-Beerman, enseigne originaire de Dayton, dans l'Ohio.

Parti de son grand magasin dans la tour érigée en 1896 à l'intersection de Main Street et de la 4e Rue, à Dayton, l'empire Elder-Beerman s'était développé jusqu'à compter 6 100 employés et 68 points de vente, pas loin derrière le Bon-Ton et ses 8 700 employés sur 72 sites. L'enseigne Elder-Beerman était implantée dans l'Ohio, le Michigan, l'Indiana, l'Illinois, le Kentucky, la Pennsylvanie, la Virginie-Occidentale, et le Wisconsin.

Dans l'Ohio, il y avait un magasin dans le comté d'Athens, dans la galerie marchande sur State Street, le centre commercial où Taylor Sappington serait engagé chez Texas Roadhouse une décennie plus tard.

D'un certain côté, la vie de Taylor n'avait pas vraiment changé après sa victoire aux élections pour le conseil municipal. Comme ce n'était pas une activité rémunérée (mis à part son traitement mensuel de 100 dollars), il continua de travailler cinq à six jours par semaine au Roadhouse. On y trimait dur mais c'était pas mal payé, et les postes bien rémunérés, ça ne courait pas les rues, dans le coin ; le week-end, il lui arrivait d'empocher près de 200 dollars les bons soirs, et l'expérience acquise à ce poste n'était pas si éloignée de la vocation qu'il commençait à se découvrir.

Dans le fond, aborder une maison inconnue, en plein démarchage électoral, c'était un peu comme aborder une tablée de cinq gars venus clore un week-end de chasse, l'air contrarié de ne pas être servis par une des jeunes et jolies filles qui constituaient la majorité du personnel chez Roadhouse. Taylor n'était pas peu fier de sa capacité à les amadouer au point d'en tirer des rires gras et sonores, doublés d'un pourboire généreux, et il savait que cette compétence pourrait être mise à profit dans son nouveau secteur d'activité.

Mais sa tolérance au travail pénible et aux horaires contraignants n'était pas qu'une question d'opportunisme. Il aimait la camaraderie au Texas Roadhouse : sa patronne, Deedra, qui le surnommait Tay-Sap ; Joan, la soixantaine, qui avait dû reprendre le boulot après le décès de son mari ; les jeunes femmes pleines d'allant originaires d'autres régions de l'État venues étudier à Nelsonville.

Le samedi soir, après la fermeture, ils étaient nombreux à se réunir à l'autre bout du centre commercial de State Street, chez Applebee's, une chaîne de bars-restaurants ouverts jusqu'à 1 heure du matin. Jared travaillait chez Ruby Tuesday – hors de question qu'il se prête aux séances de madison, country et autres danses en formation auxquels s'adonnaient les serveurs du Roadhouse ou que, comme eux, il se déguise en superhéros lors des soirées enfants ; il refusait même de laisser Taylor le regarder jouer du violon sur l'instrument fabriqué de ses propres mains. Mais parfois, il les rejoignait chez Applebee's.

Taylor était de relâche le lundi soir, créneau où se tenaient les réunions du conseil municipal, les deuxième et quatrième semaines du mois. Les comités se réunissaient ponctuellement, selon les besoins spécifiques à leur domaine d'intervention (il présidait celui en charge de la gestion et de l'entretien des rues). En outre, le rôle de conseiller lui prenait beaucoup de temps en dehors de ses fonctions, car cette première année de mandat s'annonçait mouvementée. Le conseil avait recruté un nouveau directeur municipal et remercié son préfet de police. Il y avait un gouffre au niveau du budget, en raison des réductions considérables de l'aide allouée aux municipalités par le gouvernement de l'Ohio et de l'érosion d'une assiette fiscale dont la baisse retraçait point par point le déclin démographique de la ville.

Taylor, cadet du conseil avec deux décennies d'écart, suscita d'emblée des frictions. Lors de sa toute première réunion, en présence de sa mère et de son frère, venus assister à sa prestation de serment, il avait tapé dans la fourmilière en exigeant de savoir pourquoi on leur demandait, à lui et à son homologue, Ed Mash, tout juste élu lui aussi, de voter une proposition budgétaire dont ils n'avaient jamais entendu parler. Quelques mois plus tard, il irrita ses collègues plus chevronnés avec sa proposition d'obliger par décret la municipalité à rééquilibrer son budget, afin de limiter la casse en cessant de puiser dans les réserves qui s'amenuisaient ; un des membres du conseil trouva la proposition si présomptueuse qu'il se précipita sur Taylor depuis l'autre bout de la table, lors d'une session à huis clos, prêt à le frapper.

Par la suite, Taylor soumit une idée encore plus controversée : réinstaurer un scrutin pour élire un maire plutôt que de désigner un directeur municipal, afin de garantir une plus grande responsabilité des autorités locales vis-à-vis des citoyens. Une proposition jugée d'autant plus subversive que le directeur municipal, Gary Edwards, était issu de la deuxième plus influente famille de la ville et allié avec la plus puissante, les Brooks, propriétaires de Rocky Shoes & Boots, désormais rebaptisée Rocky Brands. Bien que la plupart de sa main-d'œuvre fût désormais délocalisée en Asie et dans les Caraïbes, Rocky demeurait le plus grand employeur de la ville. On devait donc à Mike Brooks la déférence requise, d'après lui, par cet état de fait.

Aux conflits qui opposeraient Taylor et ses pairs pendant la première année de son mandat se superposerait son inquiétude quant à ce qui se tramait autour de lui, à l'approche des élections présidentielles.

Depuis l'époque de Franklin Delano Roosevelt, le sud-est de l'Ohio avait toujours été une terre démocrate. Même lorsque le reste des Appalaches avait basculé dans le camp républicain au cours des vingt dernières années, cette région-ci avait freiné des quatre fers et résisté au changement. En 2008, le comté d'Athens avait donné près de deux tiers de ses voix à Barack Obama. En 2012, alors que sa marge d'avance au niveau fédéral et au niveau de l'État s'était rétrécie, et qu'il avait perdu le reste des Appalaches avec un écart plus large encore que la première fois, la proportion de votes en faveur d'Obama dans le comté d'Athens restait identique.

Et puis, dans ce secteur, il ne tirait pas sa force que de l'électorat progressiste d'une ville universitaire comme Athens. En 2012, Obama avait également remporté Nelsonville avec quarante points d'avance. Dans cette ville quasi exclusivement blanche, peuplée d'une classe ouvrière que les démocrates voyaient, disait-on, leur échapper, les électeurs avaient jugé Barack Hussein Obama plus à même de défendre leurs intérêts que Willard Mitt Romney. Une dynamique observée par Taylor lors de sa mission dans le cadre de la campagne d'Obama, cette année-là, qui l'avait conduit dans le secteur de Canton, pour y coordonner les supporters à Alliance et à Minerva. Mais en 2016, ce n'était plus la même donne. Taylor nota un manque d'enthousiasme flagrant pour la candidate désignée à la succession d'Obama, Hillary Clinton. Lors des primaires, il remarqua que certains démocrates déplaçaient le curseur vers Bernie Sanders. Et, plus le temps passait, plus il voyait d'électeurs d'Obama se laisser emporter sur une voie paraissant pourtant inconcevable : celle de Donald Trump.

Atterré par cette dérive, Taylor Sappington en comprenait néanmoins les causes. Certes, il savait le terreau pestilentiel dans lequel Trump faisait germer ses idées. Mais il percevait aussi une autre manne où Trump puisait allègrement : le sentiment d'avoir été laissée sur le carreau, loin derrière les îlots de dynamisme et de prospérité, qu'éprouvait cette partie du pays. Depuis le début de la crise financière, des métropoles comme San Francisco, Boston et New York, avec leurs agglomérations dépassant le million d'habitants, ne cessaient de s'enrichir et avaient généré près des trois quarts de la croissance de l'emploi au niveau national sur cette période. Entre 2010 et 2014, à eux seuls, vingt comtés englobaient la moitié de l'activité économique créée sur l'ensemble du territoire américain, tous secteurs confondus. Plus de 44 % de tous les emplois liés au numérique étaient concentrés dans seulement dix agglomérations.

Selon un calcul, seul 1 % de la croissance du pays au niveau de l'emploi et au niveau démographique depuis 2008 s'était produit dans ces comtés dépourvus d'une métropole d'au moins 50 000 habitants, catégorie dont faisait partie celui où vivait Taylor. En parallèle, la proportion d'actifs diplômés de l'université était désormais 15 % plus élevée en ville qu'en zone rurale, un fossé d'un tiers plus large qu'en 2000. Et aucun signe ne laissait présager un ralentissement ou un renversement de cette tendance dans un avenir proche. Un rapport publié par le McKinsey Global Institute ne tarderait pas à annoncer des prédictions encore plus sombres : selon cette étude, 25 grandes villes et zones de convergence à forte croissance généreraient 60 % de la croissance totale de l'emploi d'ici à 2030, tandis que 54 des villes et zones rurales à la traîne mais abritant un quart des Américains connaîtraient une croissance nulle.

Si l'accumulation de richesses à New York et Washington, ou dans la baie de San Francisco était multifactorielle, toutes ces métropoles avaient un point commun : plus elles nageaient dans l'abondance, plus elles viraient démocrates. Le Parti démocrate avait fini par devenir le mouvement de la classe moyenne supérieure urbaine et florissante. Dans ce contexte, nul ne s'indigna quand, lors de la Convention nationale démocrate de 2016, on se félicita des progrès accomplis au sein de l'Amérique cosmopolite en faisant quasi-abstraction d'endroits comme Nelsonville. Dès lors, pas étonnant que les citoyens de ces territoires, qui ne se reconnurent guère dans les réjouissances démocrates, ont été attirés vers une figure dont le message, par contraste, s'adressait directement à eux et faisait état du sombre tableau qu'ils voyaient autour d'eux.

Le jour du scrutin, Donald Trump remporta 46 % des voix à Nelsonville, un point de plus que les 45 % obtenus par Hillary Clinton. Ce fut donc davantage une victoire en demi-teinte qu'un plébiscite pour le candidat républicain (il avait récolté 30 % de votes en moins qu'Obama quatre ans plus tôt). Le nombre de voix attribuées à Clinton représentait une baisse ahurissante de 22 % par rapport au score local du Parti démocrate en 2012 – une des dégringolades les plus spectaculaires de tout le pays. À l'échelle nationale, Trump s'octroya 18 des 20 États les plus pauvres du pays (classement basé sur le revenu médian par ménage), alors que 9 des 10 États les plus riches revinrent à Clinton. Trump conquit 61 % de l'électorat rural, ainsi qu'une majorité d'électeurs vivant dans des agglomérations de moins de 250 000 habitants.

Taylor Sappington regarda les résultats arriver au compte-gouttes avec Jared et un autre ami. Si ses observations dans les environs de Nelsonville avaient soufflé à Taylor que Trump avait toutes les chances de l'emporter dans l'Ohio, il n'était pas prêt à affronter cette nuit désastreuse. Au milieu de ces heures d'angoisse grandissante, quelque part entre la défaite en Floride et dans le Wisconsin, il avait publié un tweet sous son pseudo @IdealsWin. Son billet disait : "Le 8 novembre : pensez à reculer vos montres de soixante ans, cette nuit."

Jared et lui étaient finalement rentrés à Nelsonville par la Route 33, vers 3 heures du matin. Dans la voiture, l'ambiance était à la déprime mais aussi à la dispute. Jared n'avait pas une conscience politique aussi affûtée que Taylor, et bien que dépité, lui aussi, il peinait à comprendre son accablement ; de toute évidence, la sombre humeur de son compagnon l'irritait.

Dans d'autres circonstances, Taylor aurait pu s'interroger plus en profondeur sur l'attitude distante de Jared, mais à cet instant précis et au cours des jours à venir, il fut incapable d'analyser les tenants et les aboutissants de ce qui venait de se produire. Il ressortait clairement que le choc et l'indignation provoqués dans les métropoles côtières, ces points de convergence économiques de la nation, par l'élection de Trump suscitaient dans de nombreux quartiers une répulsion immédiate envers ces territoires qui l'avaient sacré président. Au lieu de reconnaître que leur mise à distance des régions laissées pour compte avait pu peser dans la balance de ce scrutin, et de chercher à rectifier le tir, beaucoup d'électeurs de gauche, à l'abri dans leurs havres de prospérité, prenaient la direction diamétralement opposée.

Il était temps, affirmaient-ils, de débrancher l'appareil d'assistance qui maintenait en vie ces localités en état de mort cérébrale, sur les plans économique et politique. Elles avaient raté le coche de la modernité, leur raison d'être originelle (que ce soit une veine de charbon, un canal ou une voie de chemin de fer) avait disparu depuis belle lurette, et si les gens de là-bas n'étaient pas capables de regarder la réalité en face et de migrer vers des lieux plus attractifs, alors on ne pouvait pas grand-chose pour eux. Et leur choix lors des élections de 2016 était la preuve que tout effort supplémentaire fourni par le Parti démocrate – le parti des lumières – pour s'attirer leurs faveurs serait une pure perte de temps et d'énergie. "Peut-être, écrivit Frank Rich dans le *New York Magazine*, continueront-ils à voter contre leurs propres intérêts jusqu'à ce que les poisons distillés par une industrie que leurs politiciens préférés refusent de réguler finissent par tous les achever, un à un. Quoi qu'il en soit, la meilleure voie à suivre pour les démocrates serait de respecter leur droit de choisir."

Sentant s'élever cet âpre ressentiment, Taylor comprit qu'il lui incombait de l'endiguer à tout prix. Il ferait tout son possible pour dissuader cette autre Amérique – celle où il avait vécu pendant deux ans, à Washington – de laisser tomber son Amérique à lui. Il s'agirait de prouver que son fief possédait toujours le potentiel pour voir émerger un certain type de prospérité, et une certaine respectabilité progressiste. Ce faisant, il serait peut-être de ceux qui s'emploieraient à reconstruire son parti de la façon qui semblait désormais s'imposer : en partant de la base.

Tandis que Taylor continuait à faire mûrir ces idées, la distance mise entre eux par Jared le soir des élections persista. Deux jours après la victoire de Trump, Jared découcha. Idem la nuit suivante. Quand enfin Taylor réussit à le joindre, Jared lui dit qu'il traînait avec des copains. La situation dura des semaines.

Taylor avait mis un bon moment à comprendre que ce qui était en train de se produire n'avait pas grand-chose à voir avec leur histoire, car c'était plutôt celle de son petit ami. Pendant les trois ans et demi que leur couple avait tenu, Jared avait subi plusieurs épisodes dépressifs ; ce qui expliquait sans doute, du moins en partie, pourquoi il n'avait jamais obtenu son diplôme à l'université de l'Ohio. Mais cette fois, la crise était d'une tout autre ampleur.

Décembre arriva et Jared essayait de recoller les morceaux. Une semaine avant Noël, il envoya un texto à minuit passé à Taylor, installé devant des rediffusions de *The Office*. Il lui demanda s'il pouvait venir : l'échange se termina de façon peu concluante à 2 h 23 du matin.

À son réveil le lendemain matin, Taylor appela sa mère et lui demanda si elle acceptait d'inviter Jared à passer le réveillon avec eux, et si elle voulait bien lui préparer une chambre pour l'occasion. Puis, il partit à sa recherche. Quelque chose dans leur échange, la nuit précédente, lui avait soufflé que Jared ne logeait pas très loin.

Il faisait un froid glacial. Taylor avait parcouru environ un pâté de maisons jusqu'à Walnut Street, lorsqu'il aperçut la voiture de Deedra, sa patronne du Texas Roadhouse. Le véhicule s'arrêta. S'y trouvaient Deedra et Joan, la serveuse sympa un peu plus âgée. Elles baissèrent leurs vitres. Joan ouvrit la bouche mais ne put articuler le moindre son. Deedra se lança.

"Qu'est-ce que tu fais là ? demanda-t-elle à Taylor.

— Je cherche Jared, répondit-il.

— Il s'est tué la nuit dernière", lui annonça Deedra.

On l'avait trouvé derrière le Ruby Tuesday à 6 heures du matin. Il avait vingt-cinq ans.

Taylor Sappington vacilla et s'effondra sur le trottoir.

Parfois, les habitants de petites villes sur le déclin qui avaient perdu leur gagne-pain réussissaient à rebondir en partant pour des métropoles dynamiques. Mais la transition n'était jamais aussi simple que les économistes voudraient nous le faire croire.

À Columbus, John Hutchison avait décroché un emploi sur la plateforme de chargement chez Roadway, et en parallèle il apprenait, en autodidacte, à conduire un camion, afin de ne pas être cantonné à la manutention pour toujours. Il réussit l'examen et obtint son permis poids lourd, venant ainsi grossir les rangs des chauffeurs routiers américains, au nombre de 1,67 million. Mais en 2003, Yellow Corporation racheta Roadway. Les deux enseignes fusionnèrent leurs listes d'ancienneté, et par conséquent tout employé n'ayant pas travaillé au moins vingt-cinq ans dans l'une des deux fut licencié. John fut embauché par UPS pour conduire un semi-remorque, mais seulement à temps partiel.

Pendant ses années à Columbus, John fit la connaissance d'une femme sur un site de rencontres. Ils se marièrent et eurent une fille.

En 2011, John parvint finalement à se faire embaucher chez Holland, la société de fret fondée dans la ville éponyme, dans l'ouest du Michigan, qui comportait désormais pas moins de 7 500 employés, répartis sur 53 terminaux et 6 500 semi-remorques, et qui, en 2005, avait rejoint la même holding que Yellow Transportation et Roadway : YRC Worldwide.

Une décennie après la fermeture de Rocky Shoes & Boots, John avait enfin trouvé un emploi pérenne. Holland ne payait pas aussi bien que les autres entreprises de transport routier de la ville, à peine plus de 20 dollars de l'heure, mais au moins y avait-il un syndicat (l'International Brotherhood of Teamsters, la confrérie internationale des conducteurs, aussi appelée "Teamsters" tout court) et l'on pouvait donc y bénéficier de certaines protections en termes d'ancienneté et d'emploi du temps.

Le problème principal, ce n'était plus le boulot. C'était Columbus. John n'aimait pas les embouteillages, ni l'anonymat. Les collines lui manquaient. Il venait à peine de commencer chez Holland, quand il se sépara de sa seconde épouse et retourna à Nelsonville. Quelques années plus tard, il se remit avec Bridget. Ayant contracté une maladie pulmonaire obstructive chronique après des années de tabagisme, elle n'était plus en état de travailler, ou seulement très peu. Ils se remarièrent le soir du Nouvel An 2015.

Avec son retour à Nelsonville, John Hutchison contribuait à une tendance nationale qui avait de quoi interpeller : malgré le fossé qui ne cessait de se creuser entre certaines régions en termes de revenus, on quittait de moins en moins les zones en difficulté pour les zones plus prospères. En 2018, le taux de mobilité avait atteint le niveau le plus bas jamais enregistré : moins de 10 % des Américains avaient déménagé cette année-là, soit la moitié des chiffres observés dans les années 1950. Le déclin des foyers biparentaux traditionnels jouait un rôle non négligeable dans cette dynamique : il était plus rationnel pour la famille Joad de John Steinbeck de fuir le *Dust Bowl* en direction de la Californie que pour une mère seule, dépendant de sa propre mère, ou de sa sœur, qui s'occupait des enfants, de plier bagage et de s'installer avec sa progéniture dans une ville au niveau de vie élevé, où, certes, elle pourrait trouver un meilleur emploi, mais où elle n'aurait aucun soutien pour la garde. Notons aussi que la situation des travailleurs non titulaires d'un diplôme universitaire s'améliorait nettement moins que par le passé lorsqu'ils migraient vers les grandes villes très onéreuses ; tandis que les travailleurs hautement qualifiés pouvaient espérer gagner deux à trois fois plus dans les grandes conurbations, les travailleurs les moins rémunérés y gagnaient à peine plus que ce qu'ils toucheraient dans d'autres régions, alors qu'ils payaient beaucoup plus pour se loger.

D'autres, comme John, réussissaient de justesse à vivre dans un monde tout en travaillant dans l'autre. Le matin, il quittait son domicile après l'heure de pointe et remontait la Route 33, laissant derrière lui toutes les villes sinistrées du sud-est de l'Ohio – patienter au milieu des embouteillages quand il était payé pour, cela passait encore, mais pas question de se coltiner les bouchons pendant son temps libre. Il parcourait les 100 kilomètres en voiture avant de prendre son service au terminal de Holland, de l'autre côté de Columbus, à l'extrémité ouest de la ville, au-delà de l'autoroute inter-États I-270, la rocade, à environ 11 heures. Son camion, un semi-remorque à cabine courte International Day-cab datant de 2005, était chargé quai n° 95, et John se mettait en route avec la marchandise à destination de son secteur, la grande banlieue et les bourgades au sud de Columbus. L'ensemble des articles à livrer était éclectique au plus haut point. Le même après-midi, il pouvait être amené à déposer des fournitures équestres chez un client, des ventilateurs à grains et des pièces détachées pour réparer des systèmes d'aération, de ventilation et de climatisation automobiles. Aucune différence à ses yeux : ce n'étaient que des cartons. Contrairement aux camionneurs comme Todd Swallows père, qui transportaient jadis des marchandises fabriquées localement, suivant la progression verticale de la chaîne de distribution à travers le Midwest, où chaque étape du processus ajoutait de la valeur, John et ses confrères n'intervenaient, la plupart du temps, que sur la distribution finale de biens fabriqués ailleurs.

Il lui arrivait de livrer la prison d'État de Chillicothe, celle que Spencer, le frère de Taylor Sappington, mettait chaque jour une heure à rejoindre par la route pour y accomplir son travail d'agent de l'administration pénitentiaire. La première fois qu'il s'y rendit, John gara le camion dans la cour puis attendit que les détenus quittent les lieux pour le laisser s'acquitter de sa mission.

“Faut klaxonner un coup et vous avancer, fit le surveillant.

— Vous êtes sérieux ? s'étonna John.

— Oui, ils vont bouger, vous verrez.”

Quand il eut atteint le quai de déchargement, des détenus se mirent en rang, sans y avoir été invités, pour réceptionner les palettes et les transporter dans le bâtiment.

Les jours de chance, il revenait à Columbus après l'heure de pointe, pour repartir avec un nouveau chargement, à destination, en règle générale, d'une grande surface où d'entrepôts dédiés au commerce en ligne implantés le long de l'I-270. Une journée type de travail durait entre dix et douze heures. Il terminait parfois sa journée à 23 heures et reprenait ensuite la route avec son véhicule personnel pour parcourir les 110 kilomètres le séparant de Nelsonville. Il ajoutait plus de 55 000 kilomètres par an à son compteur de voiture. Souvent, il n'arrivait pas chez lui avant 0 h 45. Une petite bière pour les nerfs, et hop, au lit à 2 heures du matin, pour se lever à 9 heures, et rebelote.

Les autres conducteurs le charriaient à propos de sa routine de fou. Alors, de temps à autre, il sortait son téléphone de sa poche et leur montrait une photo : la vue sur la colline qui se dressait juste derrière leur maison, à Bridget et lui : “Tiens, ça, c'est mon jardin”, disait-il.

Début 2015, John reçut un message privé *via* Facebook. “Excusez-moi monsieur, lut-il. Auriez-vous une petite heure à m'accorder ?” Le mot provenait d'un jeune homme dont le nom ne disait rien à John. Il l'ignora donc.

Le jeune homme ne se découragea pas pour autant. Le jour de la fête des Pères, il envoya un mot à Bridget, également. Bridget fit venir John.

"Qu'est-ce que tu en penses ? lui demanda-t-elle.

— Je ne vois pas du tout qui c'est."

Mais il appela tout de même le jeune homme, un dénommé Braden. Il était, disait-il, en possession de la chevalière universitaire de John. Plus John posait de questions, plus Braden semblait être au courant. Pourtant, le nom de la femme dont lui parla Braden n'évoqua rien à John. "Je ne la connais pas, objecta John. Je ne sais pas qui est votre mère, aucune idée."

Alors Braden lui envoya une photo.

"Je connais votre mère", répondit cette fois John.

Il reconstitua le puzzle. C'était juste après le lycée, avant Rocky Shoes & Boots. Elle était étudiante à l'université de l'Ohio. Elle ne lui avait rien dit.

Peu après, il rencontra Braden, avant que celui-ci parte s'installer en Alabama.

Le courant passa bien. Ils n'allaient pas devenir proches, mais ils s'enverraient des vœux pour leurs anniversaires ou pour Noël. Comme de bons amis.

Un an plus tard, en 2016, la mère et le beau-père de John offrirent des kits de tests ADN à toute la famille pour Noël. L'entreprise qui commercialisait les kits ne tarda pas à alerter John : il avait un "lien de fraternité avec un autre individu".

C'était la jeune sœur que sa mère avait dû confier aux services d'adoption. Elle vivait à une heure de route de chez lui et travaillait dans une station-service. Ils se rencontrèrent, et ce fut un très beau moment. En l'espace de moins de deux ans, il avait retrouvé un fils dont il ignorait tout et une sœur dont il connaissait l'existence.

Quand les premiers entrepôts logistiques Amazon Fulfillment ouvrirent dans l'Ohio à la fin de l'été 2016, une particularité à propos de leur implantation frappa d'emblée Taylor Sappington. Ils se trouvaient dans la région de Columbus, à l'instar des *data centers*, mais dans un secteur différent : non pas dans les grandes banlieues cossues au nord de la ville, mais dans les zones périphériques plus modestes, au sud et à l'est. Les sites, à Obetz et Etna, étaient à proximité de l'I-270 – la rocade – mais aussi de l'I-70, ce qui facilitait l'accès à l'ouest et à l'est de la ville. Ces emplacements offraient un autre avantage : ils restaient à distance raisonnable des villes sinistrées du sud et de l'est de l'Ohio, si bien que le long trajet quotidien semblait encore faisable à ces travailleurs assez désespérés pour l'entreprendre. D'une certaine manière, le mastodonte avait segmenté sa main-d'œuvre en classes qu'il avait réparties un peu partout sur la carte : il y avait les villes réservées aux ingénieurs et aux développeurs informatiques, les villes à *data centers*, et les villes à entrepôts.

Aussitôt, les organismes de premiers secours voisins commencèrent à recevoir des appels. Au début, West Licking Fire Station 3, la caserne de pompiers située à 5 kilomètres de l'entrepôt d'Etna, baptisé CMH1, traitait environ un appel d'urgence par jour, puis plusieurs quand la saison des fêtes de fin d'année contraignait le personnel à mettre les bouchées doubles, à travailler jusqu'à soixante heures par semaine pour honorer les livraisons. Ces appels couvraient tout un spectre de maux : souffle court, douleurs à la poitrine et un large éventail d'entailles, coupures et fractures. Certaines blessures étaient plus graves. Un ouvrier rata trois semaines de travail, car un article tombé d'une palette lui avait broyé le pied ; un autre se cassa la jambe après s'être coincé le pied entre un chariot élévateur et une rambarde.

Puis il y eut l'accident du 7 avril 2017 causé par un transpalette à l'entrepôt d'Obetz, CMH2. Il n'y eut aucune blessure grave, mais, quelques semaines plus tard, un ouvrier alerta l'inspection du travail sur le fait que le transpalette était actionné par une personne reconnue comme malvoyante par la loi. Par conséquent, écrivit l'ouvrier, "beaucoup d'employés sont très inquiets au sujet de leur sécurité". L'inspection du travail mena son enquête, et il s'avéra qu'Amazon avait, en effet, confié la conduite de transpalettes à un candidat qui avait échoué à l'examen ophtalmologique dans le cadre du permis de conduire délivré par l'État de l'Ohio ; une autre recrue, en formation pour apprendre à piloter les transpalettes, était également malvoyante selon les critères légaux.

Les urgences et les pompiers locaux parvenaient tout à fait à gérer cet afflux. En revanche, ce qui leur posait problème, c'était de fournir leurs services gracieusement. Le marché qu'Amazon avait négocié auprès de l'État l'exemptait de la taxe foncière – qui servait justement à financer les actions des autorités locales, des écoles à la police en passant par les pompiers – pendant quinze ans. Les entrepôts se trouvaient dans les comtés de Licking et de Franklin, mais ils n'en faisaient pas vraiment partie, d'un point de vue administratif. Chaque jour, ils encombraient les routes locales avec des centaines de véhicules, et les lignes téléphoniques d'urgence. Et pourtant, Amazon ne payait ni pour les chasse-neige, ni pour les ambulances. Le contrat social élémentaire s'appliquait à tout un chacun sauf à elle : en 2017, on exigerait des électeurs du secteur couvert par la caserne West Licking Fire Station 3 qu'ils approuvent une augmentation de la taxe foncière (6,5 millions de dollars supplémentaires seraient prélevés) pour que les pompiers puissent continuer à accomplir leurs missions. Les citoyens allaient devoir compenser ce que le géant refusait de verser.

D'ailleurs, ce n'était pas la seule façon dont le contribuable devrait compenser les manquements de l'entreprise. En 2018, il fut révélé qu'un employé Amazon sur dix dans l'Ohio gagnait tellement peu qu'il était éligible à des bons alimentaires. À l'échelle fédérale, dans au moins cinq États, l'entreprise figurait parmi celles qui embauchaient le plus de bénéficiaires de bons alimentaires. Qu'à cela ne tienne, les bonnes affaires ne cessaient de lui tomber dans le bec. Un an après avoir approuvé l'arrangement fiscal sur les secteurs d'Etna et d'Obetz, l'État de l'Ohio octroya un crédit d'impôts de 270 000 dollars à Amazon pour qu'elle convertisse l'ancienne usine Chrysler de Twinsburg, dans le nord-est de l'Ohio, en un centre de tri qui ne créerait, en tout et pour tout, que dix emplois à plein temps, et bien sûr, tout un tas de missions d'intérim à temps partiel au moment des fêtes de fin d'année. À cela, Twinsburg ajouta une exonération de 50 % pendant sept ans sur la taxe foncière, ce qui lui coûterait 600 000 dollars, dont la majeure partie aurait servi à financer ses écoles. Puis, en 2017, l'annonce des subsides allouées au nouvel entrepôt en passe d'ouvrir à Monroe, non loin de Dayton, fut couplée avec celle de l'octroi de subventions encore plus importantes pour un autre centre de distribution, à North Randall, au sud-est de Cleveland. Dans ce cas précis, Amazon percevrait quelque 7,8 millions de dollars issus des caisses de l'État.

L'entrepôt de North Randall serait bâti sur le site du North Randall Mall, le vaste centre commercial qui avait fermé en 2009 et où, cinq ans plus tard, les travaux de démolition avaient débuté. Trois mois après cette annonce, Amazon révéla qu'elle était en train de construire un autre entrepôt dans la région de Cleveland, également sur le site d'un ancien centre commercial, le Euclid Square Mall, qui avait périclité l'année précédente. Et deux ans plus tard, elle érigerait un entrepôt sur les cendres d'un autre centre commercial dans l'Ohio : à Akron. En sus des subventions habituelles accordées par l'État, la municipalité gratifierait la firme d'un dégrèvement d'une durée de trente ans, un cadeau fiscal qui rembourserait à Amazon les 17 millions, au bas mot, qu'elle avait dépensés pour l'achat du terrain, ainsi que d'autres frais liés à l'acquisition et à la démolition.

Le choix de ces lieux d'implantation était tout sauf fortuit. Le commerce de détail en points de vente physiques battait de l'aile en cette fin 2017. Près de 7 000 magasins avaient mis la clé sous la porte, soit plus de deux fois plus que l'année précédente. Toys "R" Us déposa le bilan, causant la perte de 33 000 emplois au total, une mort à petit feu causée par la révolution du commerce en ligne et la mauvaise gestion par des investisseurs qui s'arrangèrent pour tirer des bénéfices des ultimes années d'activité de l'enseigne. Fin 2018, les fermetures de centres commerciaux atteindraient un niveau inégalé depuis la crise financière de 2008. À lui seul, Macy's avait licencié plus de 50 000 employés depuis 2008. Selon les prédictions de Wall Street, le pire était à venir : début 2018, la valeur en Bourse d'Amazon était plus importante que celles de Walmart, Costco, T. J. Maxx, Target, Ross, Best Buy, ULTA Beauty, Kohl's, Nordstrom, Macy's, Bed Bath & Beyond, Saks/Lord & Taylor, Dillard's, JCPenney et Sears réunies.

Cette vague de faillites frappa de plein fouet les régions déjà en difficulté. Certains centres commerciaux haut de gamme tenaient le choc, dans les banlieues du New Jersey et de Virginie, par exemple. Il existait un millier de *malls* aux États-Unis, mais près de la moitié de la valeur totale de ces structures était détenue par seulement cent propriétaires. Selon un calcul réalisé par des acteurs industriels, au cours de la décennie passée, il y eut plus de grands centres commerciaux qui périclitèrent dans l'Ohio que dans n'importe quel autre État américain. "Ce ne sont pas les magasins qui se meurent, écrivit le professeur de sciences économiques Scott Galloway, c'est la classe moyenne, et de fait, les commerces au service de ce segment de population autrefois très nombreux et les quartiers où il réside."

Nombreux, ils ne l'étaient pas à pleurer la perte de parkings aux dimensions pharaoniques et d'espaces restauration sans fenêtres. Seulement, cette extinction ne touchait pas que les esplanades et centres commerciaux : elle se propageait également aux boutiques implantées en centre-ville dans des configurations homogènes, même jusque dans les arrondissements huppés de grandes métropoles telles que New York. Et la tendance s'autoalimentait : moins on avait d'opportunités de satisfaire ses besoins dans un espace physique, en achetant des marchandises à un autre être humain en chair et en os, plus on avait de chances de s'en remettre à l'autre option : faire ses achats, seul le plus souvent, de chez soi. Même avant qu'une pandémie les contraigne à s'approvisionner ainsi, les Américains avaient déjà de plus en plus de raisons de prendre le pli : l'achat en ligne avait de quoi séduire, car il était plus pratique que la solution concurrente. Et il gagna en commodité, par comparaison, à mesure que la solution alternative disparaissait, ne laissant plus d'autre choix au consommateur à proximité de son domicile.

La mort de Jared sidéra Taylor et le submergea de culpabilité. Pourquoi n'avait-il pas décelé dans la fuite subite de son petit ami l'épisode dépressif qui se profilait, au lieu de n'y voir que les retombées d'une dispute aux accents de mélodrame ? Son esprit ressassait sans cesse ces ultimes semaines, et surtout cette fois, une dizaine de jours avant l'incident fatidique, où Jared était venu au Roadhouse. Taylor avait aperçu sa voiture tandis qu'il regagnait la sienne, son service terminé ; quand Jared était sorti de son véhicule et s'était approché de lui, Taylor avait d'emblée remarqué sa démarche changée, comme s'il avait oublié comment mettre un pied devant l'autre. Ce spectacle lui avait glacé le sang, mais il en avait occulté la portée et n'avait pas su l'interpréter : Jared était en proie à une telle tourmente qu'il n'était plus lui-même, le mal était viscéral.

Jared lui avait demandé s'ils pouvaient se remettre ensemble. Taylor avait dit qu'il ne savait pas trop pour l'instant.

"Tu veux aller voir *La Belle et la Bête* avec moi ?" avait proposé Jared. Le film n'allait pas tarder à sortir.

"Ouais, accepta Taylor. On peut se faire un ciné. Ça me ferait plaisir."

Taylor se souvenait du lampadaire sous lequel ils s'étaient parlé. Plus jamais il ne se garerait à cette place-là.

Taylor, particulièrement sévère avec lui-même, s'en voulut de ne pas avoir compris ce qui se tramait, car le calvaire de Jared ne lui était pas inconnu, loin de là. Le suicide régnait sur le monde de Taylor – le taux de passages à l'acte avait augmenté de 30 % à échelle nationale depuis 2000, les hausses les plus spectaculaires touchant surtout les jeunes et les Blancs vivant en zone rurale.

Le suicide était un élément clé de cette vague décrite par deux économistes comme celle des "morts par désespoir" : la hausse stupéfiante du nombre de décès parmi les Blancs sans diplômes universitaires imputables au suicide, à l'alcoolisme et la toxicomanie, une tendance très majoritairement localisée dans l'Ohio et les États limitrophes (Pennsylvanie, Kentucky et Indiana). En cinq ans seulement, entre 2012 et 2017, le taux de mortalité chez les Blancs âgés de vingt-cinq à quarante ans avait grimpé en flèche, augmentant d'un cinquième.

Taylor, lui, n'avait pas attendu les experts en sciences sociales pour identifier cette tendance. Son ami de lycée tombé dans les opiacés à son retour d'Afghanistan, où il avait servi au sein de l'armée, s'était fait arrêter pour avoir cherché à mettre en gage le fusil de son grand-père, véritable bijou de famille, afin d'acheter des cachets. Il y avait aussi toutes ces personnes à qui sa mère tâchait de venir en aide, jour après jour, dans le cadre professionnel. Après avoir œuvré pendant plus de dix ans dans le plus grand centre de désintoxication de la région, elle travaillait désormais pour une compagnie d'assurances en tant que conseillère téléphonique auprès de jeunes ayant tenté de mettre fin à leurs jours. Dans le monde où Taylor évoluait, l'entrée dans l'âge adulte était une période semée de dangers, où les tables de mortalité standards, un lointain concept, ne s'appliquaient que sous d'autres latitudes, à d'autres attitudes.

C'est peut-être parce que ce genre de drames faisaient partie intégrante du paysage que Taylor parvint à encaisser ce traumatisme avec une telle facilité. À moins que ce n'ait été un mécanisme de défense, car il avait conscience que le seul moyen de ne pas se laisser dévorer par cette terrible épreuve – de ne pas laisser la mort de Jared le plonger *lui* dans le désespoir – serait de s'engager plus avant dans la mission qu'il avait entreprise, de tenter de tirer vers le haut l'endroit où tous ces facteurs de réduction de l'espérance de vie se propageaient de façon galopante. Une semaine après la mort de Jared, le lendemain de Noël, il reparut au conseil municipal, où il se leva durant la séance pour évoquer cette tragédie et le besoin d'améliorer le dispositif de soins médico-psychologiques dans les zones rurales du sud-est de l'Ohio.

"Il s'agit bel et bien d'une épidémie, que je vis de près depuis ces sept derniers jours, s'ouvrit-il. Lundi dernier, j'ai connu le jour le plus douloureux de ma vie. Un drame que nous voyons si souvent se réitérer sur tout le territoire national et au sein de nos communautés. Tout en pleurant la mort de Jared, j'ai souvent songé à notre impuissance face à la gravité de la situation, et au cauchemar sans issue qu'elle représente, car nous sommes sans moyen aucun de l'améliorer."

"Ce n'est pas un hasard, poursuivit-il, si des villes comme les nôtres sont accablées par des taux élevés de dépressions, de suicides, d'addictions, entre autres problèmes, pile au moment où l'offre en traitements médico-psychologiques est au plus bas. On dit qu'il faut un village pour élever un enfant ; nous allons donc avoir besoin de mobiliser de nombreux acteurs."

Quand, au cours des jours suivants, il se remémorerait cette séance, un détail l'interpellerait : la façon dont un membre nouvellement élu de la Chambre des représentants, Jay Edwards, s'était levé au beau milieu de son intervention à propos de Jared et du manque d'accompagnement médico-psychologique pour quitter la salle. Il y avait tout un passif. Jay, un rejeton de la dynastie Edwards, la deuxième plus puissante famille de la ville, était le neveu de Gary Edwards, ce directeur municipal dont Taylor cherchait depuis un moment à supprimer la fonction. Jay avait fréquenté le même lycée que Taylor, avec quelques années d'avance. C'était le quart-arrière vedette de l'équipe de football américain, quand Taylor, défenseur de première ligne au sein de l'équipe réserve, passait le plus clair de son temps sur la touche. Jay avait poursuivi son ascension pour intégrer l'équipe de l'université de l'Ohio au poste de secondeur, avant de se lancer, côté républicain, dans la campagne de 2016 pour la Chambre des représentants locale, dirigée depuis huit ans par un démocrate très populaire mais contraint de tirer sa révérence car il avait atteint la durée maximale autorisée. Jay l'avait emporté avec seize points d'avance, propulsé par le raz-de-marée trumpiste.

Aux yeux de Taylor, la perte de ce siège par les démocrates illustrait de façon particulièrement tangible le basculement politique qu'il visait à endiguer pour inverser la tendance. Et le fait qu'il pourrait très bien chercher à compenser cette perte de manière directe et incarnée lui avait sans doute déjà traversé l'esprit. Mais la réminiscence de cet instant précis à la séance du conseil en avait fait une affaire personnelle, et avait instillé en lui une idée qui bouillonnerait pendant toute l'année à venir.

Cette entreprise intimidante demanderait une certaine témérité. Sur le plan financier, il ne ferait pas du tout le poids par rapport à Jay, qui avait récolté des sommes astronomiques lors de sa première campagne et s'employait déjà à lever encore davantage de fonds pour la prochaine. Toutefois, Taylor partait du principe qu'il pouvait compter sur les alliés traditionnels des démocrates au sein des groupes syndicaux et des mouvements progressistes nationaux aspirant à reconquérir les territoires perdus.

Il n'aurait pas énormément de temps à consacrer à cet effort. Il travaillait toujours au Roadhouse, où il ne comptait plus ses heures, et pourtant il peinait à joindre les deux bouts : là-bas, comme dans de nombreuses grandes chaînes de restaurants, on incitait le personnel de service à faire, en plus, des travaux ne leur rapportant aucun pourboire (ménage, coup de main en cuisine) et on leur en faisait effectuer davantage que le maximum légal. Et puis son volume horaire au restaurant était imprévisible au possible, comme c'était désormais le cas pour beaucoup de travailleurs peu qualifiés un peu partout dans le pays. Alors Taylor prit un autre emploi en supplément : il réparait des écrans de smartphones en partenariat avec son frère, l'agent de l'administration pénitentiaire.

Il serait, par ailleurs, toujours embourbé dans les conflits et intrigues à l'œuvre au sein du conseil municipal, ce qui lui donnait de la visibilité mais lui valait aussi des ennemis. À la demande expresse de Taylor, la ville réussirait à gratter çà et là pour amasser 200 000 dollars ensuite alloués à la remise en état de plus d'une dizaine de rues en décrépitude. Il serait aussi associé à la conception des plans pour la rénovation de la place historique afin de la rendre plus attractive aux yeux des acheteurs et des visiteurs grâce à une enveloppe de 2,1 millions de dollars.

Un jour d'août, huit mois après la mort de Jared, le grand-père de Taylor retourna dans sa maison des bois, accolée à la clairière où se trouvait jadis le logement préfabriqué de la mère de Taylor. C'était la maison que Taylor et son frère avaient aidé à agrandir avec une extension où leur mère et eux pourraient s'installer quand ils seraient en âge d'aller au lycée.

Pénétrant dans le salon, le grand-père de Taylor découvrit le corps d'un de ses petits-fils, le cousin de Taylor, qui habitait là. Lui aussi s'était ôté la vie. Il avait dix-neuf ans. Taylor porta de nouveau le deuil. Un mois plus tard, il informa les élus du Parti démocrate à

Columbus qu'il entrait en lice contre Jay Edwards pour l'obtention du quatre-vingt-quatorzième arrondissement de l'Ohio.

Pendant un certain temps, l'expansion s'était poursuivie chez le Bon-Ton. L'achat le plus important eut lieu en 2006 : une transaction de 1,1 milliard de dollars pour acquérir 142 établissements appartenant à ce qui s'appelait alors Saks, un florilège de magasins naguère familiaux affublés de noms comme Carson Pirie Scott, Younkers et Herberger's, déployés sur tout le Midwest et les Grandes Plaines. Grâce à ce marché, le groupe étendit son territoire vers l'ouest, jusque dans l'Idaho. Le raisonnement étant que le seul moyen de se préserver du déclin ou de l'absorption, c'était de croître sans relâche.

Mais l'expansion occasionna des dettes et des intérêts à rembourser, qui laissèrent une moindre marge de manœuvre lorsque la crise de 2008 frappa. Si l'entreprise avait traversé des marasmes par le passé, celle-ci se révéla particulièrement dévastatrice pour le socle du groupe Bon-Ton, les petites et moyennes villes du Nord-Est ou du Midwest.

En outre, quand ces endroits réussirent enfin à sortir la tête de l'eau pour entamer un semblant de guérison, l'entreprise fut confrontée à un dilemme plus existentiel. Le commerce de détail était en voie de disparaître, inéluctablement, à cause d'un phénomène catalyseur très concret : l'ouverture des entrepôts subventionnés par l'État à Etna et Obetz. En 2016, une enquête annuelle commanditée par UPS, réalisée sur un échantillon de 5 000 consommateurs, montra que ces acheteurs avaient, pour la première fois, effectué plus de la moitié de leurs achats en ligne. Au cours des deux premières décennies du siècle, les chiffres des ventes en ligne passeraient de 5 milliards de dollars à près de 155 milliards par trimestre ; en d'autres termes, elles seraient multipliées par plus de trente.

Cette nouvelle tendance n'avait pas échappé au Bon-Ton, qui s'était efforcé de mettre sur pied sa propre activité d'e-commerce. Hélas, ses intérêts à rembourser représentaient un manque à investir sur ce front. Selon les analystes, pour survivre dans ce nouveau monde, une chaîne de grands magasins devait atteindre un volume de ventes en ligne représentant environ un quart du total de ses ventes. Le Bon-Ton peinait à réaliser la moitié de cet objectif. Rien qu'en matière de coûts de livraison, il peinait à égaler son plus gros concurrent dans le domaine de l'e-commerce : difficile de rivaliser avec les tarifs dégressifs très avantageux dont Amazon bénéficiait grâce aux services postaux, notamment. Le Bon-Ton s'était même essayé à la vente sur Amazon, malgré toutes les contraintes sur la nature et le tarif des articles commercialisés par ce biais. À certains endroits, le groupe se lançait également dans l'immobilier, faisant ce qu'il pouvait pour aider les centres commerciaux en difficulté où il élisait domicile à s'adapter et survivre.

Tandis que la décennie post-récession s'éternisait, le Bon-Ton vit les pertes s'accumuler chez des rivaux de plus grande envergure : à la fin de l'année 2017, plus de la moitié des 3 800 Sears et Kmarts en activité une décennie plus tôt avaient disparu. Il arrivait que des employés licenciés lors de la fermeture d'un magasin Sears, JCPenney ou Kohl's trouvent un emploi chez le Bon-Ton. Alors, il constatait inlassablement les conditions et l'ambiance de travail bien plus agréables au sein de cette firme que dans les chaînes de plus grande envergure dont ils étaient issus.

À ce stade, hélas, la convivialité ne pesait plus très lourd dans la balance. Début 2018, cent vingt années après que Max Grumbacher avait ouvert son premier magasin, sur Market Street, le Bon-Ton, incapable d'honorer son dernier versement d'intérêts à bonne date, déposa le bilan en vertu du chapitre 11.

Cette même année, en avril, le Bon-Ton fut mis en liquidation judiciaire. Tout dut disparaître : les vêtements, les articles d'art de la maison, les caisses enregistreuses. La fin fut fulgurante. Les points de vente, 262 au total, qui, il n'y avait pas si longtemps encore, généraient 3 milliards de dollars de chiffres de ventes, fermèrent en août. Fait surprenant, nombre d'employés s'accrochèrent jusqu'au bout – la société sollicitée pour gérer la liquidation ne cessait de répéter à quel point tous étaient coopératifs, à quel point leur attitude rendait la collaboration plus facile qu'avec les autres enseignes avec qui elle avait traité auparavant.

Huit mois plus tard, Tim Grumbacher, désormais âgé de soixante-dix-neuf ans, était attablé dans une boulangerie de la chaîne Panera, à York, en compagnie de sa seconde épouse, Debbie Simon, qui, des années plus tôt, avait commencé sa carrière au rayon "petit électroménager" d'un des points de vente de l'entreprise, et qui lui succéderait à la présidence après son départ en retraite.

"Ce qui était vraiment super avec le commerce de détail, c'était le face-à-face. Pas seulement avec les clients. Entre les gérants et leurs collaborateurs, aussi, se souvint-il.

— Parmi les salariés, certains arpentaient les rayons depuis un demi-siècle. C'était une vraie communauté, intervint-elle.

— Les magasins en eux-mêmes étaient des communautés, abonda-t-il. Tous ces gens qui avaient un emploi chez nous, il me semble qu'ils ont trouvé vers qui se tourner, poursuivit-il.

— La plupart sont retombés sur leurs pieds, confirma-t-elle. On n'a pas eu d'échos de ceux qui n'auraient pas rebondi.

— On continue à recevoir des courriers, ajouta-t-il.

— Je fais partie d'un groupe Facebook, renchérit-elle. La famille Bon-Ton, ça s'appelle."

À York, on organisait, chaque mois, un déjeuner du personnel au buffet Old Country.

"C'était une communauté, insista-t-il. Une communauté à part entière."

Le Bon-Ton du West Manchester Mall, qui avait supplanté le North Mall voisin, avait fermé dès 2011. West Manchester avait été "dé-*mall*-i" puis converti en centre commercial linéaire couplé à un centre commercial à ciel ouvert qualifié de *life center* ("centre de vie").

Il y avait belle lurette que l'ancien magasin-phare en terre cuite dans le centre-ville de York avait trouvé un nouvel usage, totalement différent : il abritait désormais un ensemble de services médico-sociaux, entre autres structures gérées par le comté : l'encadrement des adultes en liberté surveillée, la commission alcoolisme et toxicomanie, et la gestion des dossiers de suivi psychologique et psychiatrique. On avait retiré le nom Grumbacher de la façade. Les visiteurs étaient tenus de passer à travers un portique de détection surveillé par un adjoint au shérif qui se revoyait aller et venir dans le magasin, à reluquer les femmes au rayon cosmétiques, et entendait encore, comme si c'était hier, le conseil prodigué en cas de doute sur sa pointure pour les chaussettes : serrer le poing en guise de gabarit approximatif. Le premier étage, où se trouvait jadis le salon de thé qui surplombait les lieux, servait désormais de locaux à l'Office of Children, Youth and Families (services à l'enfance, aux jeunes et aux familles).

Puis vint le tour du magasin situé à la Galleria, le centre commercial plus chic ouvert en 1989 à la périphérie de la ville. Les seuls piliers subsistant étaient un Marshalls et un Boscov's, la petite chaîne basée à Reading, en Pennsylvanie, une des dernières survivantes de l'espèce menacée dont faisait partie le Bon-Ton.

"Et puis Penney's, ajouta Tim Grumbacher.

— Penney's a disparu, souligna Debbie Simon.

— Kohl's. Qui est à l'autre bout, maintenant ? s'interrogea-t-il.

— Rien. C'est vide", répondit-elle.

C'est porté par de grands espoirs que Taylor Sappington se mit en route, le 6 novembre 2018 : jour de scrutin. Sa confrontation avec Jay Edwards s'était révélée encore plus âpre que prévu. La plupart des grands alliés institutionnels sur qui il comptait avaient décidé de soutenir le camp adverse. À son grand étonnement, presque tous des syndicats s'étaient ralliés à Edwards ; pas seulement les syndicats du bâtiment, souvent gagnés à la cause des républicains : ceux de l'enseignement et de la fonction publique, dont sa mère était membre, en avaient fait de même. Il appartenait à la classe ouvrière mal rémunérée, et pourtant, au lieu de le soutenir, les syndicats s'étaient rangés derrière un prince de l'élite locale. Dans l'Ohio, la mainmise des républicains sur le pouvoir législatif était si écrasante qu'ils en avaient déduit, par pur calcul politicien, que mieux valait entretenir leur amitié (ou leur non-inimitié, du moins) avec certains décideurs républicains plutôt que d'aider concrètement les démocrates à reprendre la main.

En parallèle, le Parti démocrate local concentrait ses efforts sur les banlieues de Columbus, et, à échelle nationale, la plupart des formations progressistes décidèrent de garder leurs distances avec son combat, ayant abouti précisément à la conclusion que Sappington s'était juré de démentir, à savoir que plus rien ne servait de batailler dans des territoires comme l'Ohio des Appalaches, où c'était perdu d'avance. Un groupe de sympathisants démocrates lui avait envoyé un paquet d'abricots secs en guise de soutien moral.

Il avait, envers et contre tout, réussi à mettre sur pied une campagne tout à fait crédible. Aidé par des étudiants en cinéma à l'université de l'Ohio, il avait réalisé une vidéo poignante émaillée des vues aériennes de Nelsonville fort évocatrices, filmées par drone. "Comment se fait-il que tant d'entre nous soyons contraints de grandir sans parents à cause de cette crise des stupéfiants ? Comment se fait-il que nos jeunes diplômés peinent à décrocher des emplois bien payés ? s'interrogeait-il dans ce spot. La plupart de ces problèmes ne se voient pas depuis Columbus." Avec son régiment de bénévoles, ils avaient été à la rencontre de 31 000 foyers. Il avait levé 80 000 dollars ; ce qui était peu par rapport aux 430 000 dollars d'Edwards, mais suffisant pour se présenter aux législatives. Et puis, en août, survint un coup de pouce phénoménal : le soutien officiel de Barack Obama, qui avait inclus Taylor dans une liste nationale de quatre-vingt-un candidats ayant sa bénédiction.

Sans oublier que ce scrutin s'annonçait plutôt favorable aux démocrates. Quand Taylor partit, ce matin-là, en compagnie de Jordan Kelley et Zach Reizes, deux étudiants bénévoles, faire la tournée des bureaux de vote pour prendre la température et s'enquérir des taux de participation, l'impression d'être porté par un vent favorable sembla se confirmer. Difficile, en tout cas, de ne pas s'emballer, sachant que le taux de participation dans l'agglomération très majoritairement démocrate d'Athens – ville universitaire de gauche et plus important foyer de peuplement de toute la circonscription – était largement supérieur à ceux des années précédentes.

Cependant, l'ivresse se dissipa lorsque le trio s'aventura dans les zones plus excentrées de la circonscription. Taylor nourrissait une certaine tendresse pour ces lieux : ils lui rappelaient les abords de Nelsonville, où il avait grandi, et puis il avait consacré énormément de temps à y faire campagne. Lors de la crue de l'Ohio à Pomeroy, dans le comté de Meigs, il était venu prêter main-forte aux habitants du coin, il avait passé des heures à déplacer les pièces de la collection de la société historique locale pour les mettre en lieu sûr, hors d'atteinte des eaux. Cela n'avait pas empêché le directeur de cette structure de financer Jay Edwards.

"J'aime Meigs, commenta Taylor. Ça me serre le cœur de savoir qu'ici, ils vont voter si massivement contre moi."

Ici aussi, le taux de participation était élevé ; pas exceptionnel, mais le camp républicain ne montrait aucun signe d'abattement. "Bon, on n'a plus qu'à repartir vers Athens pour y découvrir une mobilisation nettement supérieure", commenta un des étudiants bénévoles, Reizes.

Ce soir-là, Taylor, sa famille et une poignée d'amis se retrouvèrent dans une cabane qu'il avait louée, en plein bois, pour suivre en direct l'annonce des résultats. Sa mère avait préparé du chili. En consultant Internet sur son ordinateur portable, Taylor se réjouit des chiffres excellents à Athens, avant de prendre une douche froide à la vue des résultats partout ailleurs, ou presque. Le score final serait de 58-42, pratiquement le même que lors de la précédente victoire de Jay Edwards, deux ans plus tôt.

Taylor sortit de la cabane pour appeler Edwards et lui concéder la victoire.

"Bonsoir, Jay", dit-il. Le réseau laissait à désirer, dans ce lieu reculé, et il y avait beaucoup de bruit là où Edwards se trouvait.

"C'est Taylor.

— Taylor ? Taylor comment ?"

En un sens, cette défaite n'avait pas changé grand-chose. Taylor avait travaillé sans relâche au Texas Roadhouse du début à la fin de sa campagne ; le soir de la veille du scrutin, alors qu'il aurait dû éplucher son répertoire téléphonique pour inciter, dans un ultime effort, ses partisans à se rendre aux urnes, il avait assisté à une réunion obligatoire pour les salariés du restaurant. Et il y travaillait encore et toujours, plus qu'auparavant, d'ailleurs, car il avait augmenté son volume horaire afin de régler la montagne de factures accumulées pendant la campagne.

Un soir, en regagnant une des tables qui lui étaient attribuées, il vit Jay Edwards, son père et quelques autres convives. S'ils se montrèrent tout à fait cordiaux, la situation n'en demeura pas moins gênante. À plus forte raison quand quelqu'un en cuisine laissa choir par mégarde le steak de Jay. Taylor en fut mortifié.

"Pourquoi tu te mets dans cet état pour un bout de viande ? s'étonna un des cuistots.

— Parce que je vais devoir leur expliquer ce qui s'est passé, et ils vont me prendre pour un mytho."

Après sa fermeture, au même moment que tous les autres points de vente du groupe Bon-Ton, le grand magasin Elder-Beerman implanté derrière le Texas Roadhouse était resté vacant. C'était l'ultime établissement de ce genre à Athens. Un soir, l'équipe du Roadhouse l'investit pour célébrer une double occasion : l'arbre de Noël et les cinq ans de l'établissement. Ils avaient installé des paravents pour condamner une partie de l'immense espace très sonore et tenter de recréer un cadre festif. Mais, au-delà de ces cloisons régnait une étendue lugubre, et Taylor lui trouvait un aspect quasi post-apocalyptique.

À Columbus, en janvier 2019, l'Ohio Tax Credit Authority se réunit, comme chaque mois, pour donner son aval à une nouvelle série de réductions fiscales. L'un des points à l'ordre du jour était l'éventualité de "recouvrer" les avantages alloués à certains employeurs qui n'avaient pas tenu leurs promesses de créations d'emplois. Parmi les entreprises dans le collimateur, il y avait le groupe Bon-Ton, désormais en faillite, qui avait bénéficié d'avantages financiers pour ouvrir une plateforme de distribution à Obetz – la ville où Amazon avait implanté un de ses entrepôts.

Un employé de JobsOhio énuméra par le menu les différents volets du crédit d'impôts initial.

La présidente de la commission, Lydia Mihalik, haussa les épaules : "Les temps sont durs pour le commerce de détail… Tout le monde le sait", commenta-t-elle. La commission vota à l'unanimité le recouvrement des sommes versées.

Les temps étaient durs, en effet. Sears avait fini par déposer le bilan quelques mois plus tôt, puis inauguré l'année avec la fermeture de 80 autres magasins. Un mois plus tard, Payless annoncerait la cessation d'activité de ses 2 100 points de vente sur tout le territoire national, soit 13 000 licenciements. En à peine quatre mois, l'année 2019 avait vu 6 105 détaillants mettre la clé sous la porte depuis le 1er janvier, chiffre déjà supérieur au nombre total de faillites sur toute l'année 2018. Depuis 2012, le nombre de détaillants subissait une chute vertigineuse qu'aucune autre activité ne connaîtrait dans les mêmes proportions ; Scott Galloway, le professeur d'économie, situait le nombre d'emplois dans la vente au détail détruits par Amazon à environ 76 000 par an. L'entreprise répliquait qu'en contrepartie, elle recrutait en masse pour compenser certains de ces postes devenus obsolètes. Et que, contrairement à ses rivaux, les géants Facebook et Google, elle, au moins, fournissait du travail à des milliers d'Américains aux quatre coins du pays, loin des grandes capitales clinquantes de la tech. Rien que dans l'Ohio, elle comptait pas moins de 8 500 employés dans ses centres de distribution et ses centres de données. Certes, en règle générale, ces emplois étaient plus pénibles et désocialisants que ceux supplantés dans la vente au détail. Mais c'étaient tout de même des emplois.

En août 2019, le monde du commerce traditionnel, en dur, atteindrait un seuil symbolique : environ la moitié de tous les détaillants à avoir ouvert au cours des six mois précédents étaient soit des bazars à prix unique, soit des supérettes discount. C'était, en quelque sorte, l'inverse de la philosophie prônée par Henry Ford, qui tenait à ce que la rémunération de ses salariés leur permette de se payer un Model T : de nos jours, les employés gagnaient si peu qu'ils ne pouvaient plus se payer que les choses les moins chères.

Ailleurs dans le monde du commerce de détail, l'activité était, plus que jamais, en ébullition. Amazon avait clôturé l'année 2018 sur des bénéfices dépassant de plus de 3 milliards de dollars ses propres projections à Wall Street. Fort logiquement, la demande de camions de fret avait explosé tout au long de l'année précédente : certains mois, elle avait atteint le double de sa valeur un an plus tôt, à la même date. Il n'était pas rare qu'un service de livraison de marchandises en ligne chargé d'attribuer des cargaisons à des véhicules disponibles voie passer plus de 500 000 chargements par jour, soit deux fois la norme. Les transporteurs de fret peinaient à trouver des chauffeurs puis à les garder : le taux annuel de renouvellement du personnel y avoisinait les 100 %. Le nombre impressionnant de candidats contrôlés positifs au dépistage antidrogue, la baisse considérable de la rémunération des routiers, au fil des années, et le classement de cette activité parmi les plus risquées du pays (un camionneur ayant huit fois plus de risques qu'un policier d'être tué dans l'exercice de ses fonctions) n'arrangeaient pas le tableau.

Un après-midi de ce mois d'avril, John Hutchison récupéra un chargement pour Amazon. Le matin même, il avait quadrillé son secteur habituel afin de livrer du matériel médical à McKesson, le géant de la distribution dans ce domaine, et du matériel de peinture à un point de vente de l'enseigne Sherwin-Williams. La veille, il avait, une fois n'est pas coutume, fait une incursion au nord de Columbus pour y livrer, notamment, trois palettes d'arbres à une pépinière.

"C'est quoi comme variété ?" lui avait demandé l'homme venu réceptionner la marchandise.

John avait botté en touche :

"J'en sais franchement rien. Des meloniers ? Des citrouillers, peut-être ? Moi, je ne fais que les livrer."

Et voilà qu'il quittait une fois de plus le dépôt de Holland, lesté d'une nouvelle cargaison, en direction du centre de distribution situé à Obetz. L'entrepôt en question était identique aux bâtiments alentour, mais en plus vaste. La première fois qu'il l'avait vu ce temple du Système Amazon, il n'en croyait tellement pas ses yeux qu'il avait appelé sa femme, restée à Nelsonville, *via* FaceTime, pour tenter de lui donner un aperçu du gigantisme de la structure.

Il y avait des mâts coiffés de trois drapeaux : la bannière étoilée, les couleurs de l'Ohio et celles d'Amazon. Une des zones du parking était bondée de fourgonnettes bleu foncé dédiées aux livraisons Prime, et de camions de location U-Haul et Penske. Un flux ininterrompu de semi-remorques pénétraient par l'entrée réservée aux transporteurs : DHL, EFL, UPS, USF…

Puis ce fut le tour de John Hutchison. Il s'avança jusqu'au point de contrôle et remit ses papiers pour qu'on les examine. Il continua jusqu'à l'aire de livraison, se gara à l'emplacement attribué par le service de sécurité puis détacha sa remorque.

Voici ce qu'il apportait à Amazon, ce jour-là :

- deux palettes en provenance de Liberty Hardware, à Winston-Salem (Caroline du Nord) ;
- deux palettes en provenance du magasin de décoration d'intérieur River of Goods, à Saint Paul (Minnesota) ;
- neuf palettes de pièces détachées pour cycles en provenance du magasin de skate Dj's Boardshop, à Saint Paul ;
- cinq palettes de chariots utilitaires en plastique en provenance de Montpelier (Ohio) ;
- trois palettes de matériel pour aquariums en provenance de Spectrum Brands, à Noblesville (Indiana).

Il traversa le vaste parking pour se diriger vers le bâtiment où les chauffeurs étaient tenus de déposer leurs documents. La porte ouvrait sur une petite zone clôturée par un treillis métallique d'environ 3 mètres par 3. Il était défendu de sortir son téléphone à l'intérieur de la cage. S'il ne voyait personne alentour, il griffonnait le numéro de son emplacement sur la paperasse, qu'il accrochait ensuite au grillage. Ce jour-là, deux employés Amazon étaient assis de l'autre côté de la cage, alors il la leur tendit à travers les barreaux.

Il regagna son camion. S'il y avait une remorque vide laissée là par un autre chauffeur-livreur Holland passé avant lui, il la fixait à sa cabine et la rapportait au dépôt, histoire de faciliter la tâche aux filles qui géraient la répartition des véhicules. Pas de remorque vide cette fois-ci. Il ressortit son camion de l'aire de livraison, franchit à nouveau le poste de contrôle et reprit la route vers son prochain chargement : une remorque de tondeuses et autres engins électriques d'extérieur, à récupérer dans un entrepôt à quelques kilomètres de là. Sur son trajet, alors qu'il venait de dépasser un parc de mobile homes et une église esseulée, il aperçut, à son grand étonnement, des panneaux annonçant la construction prochaine d'un entrepôt Amazon. L'espace d'un instant, il fut déboussolé : il venait pourtant de quitter une plateforme Amazon, non ? En réalité, il s'agissait d'un tout autre site, localisé au 3558 Tradeport Court. Il serait baptisé CMH6.

"Les profits d'Amazon ont plus que doublé", révélaient, ce jour-là, les gros titres du *Wall Street Journal*. L'entreprise affichait un chiffre record de 3,56 milliards de dollars de bénéfices trimestriels. Ses activités logistiques étaient en pleine expansion pour honorer sa nouvelle promesse de réaliser les livraisons Prime en vingt-quatre heures maximum. John Hutchison poursuivit sa route vers le sud. Il avait encore de longues heures de route devant lui, avant de bifurquer sur la Route 33 et de retrouver les collines, puis Nelsonville.

CHAPITRE 9

Livraison

Soixante kilomètres et tout un monde

Baltimore, Maryland – Washington, D.C.

Max Pollock n'avait jamais mis les pieds à Nelsonville, dans l'Ohio, mais il connaissait la ville de nom pour ses célèbres briques, dont il avait d'ailleurs commandé quelques spécimens par Internet afin de compléter sa collection qui commençait à s'étoffer. Il avait grandi à Takoma Park, une banlieue de Washington située dans le Maryland. Son père travaillait au département d'État et dans un think tank ; sa mère avait créé son agence de graphisme. Après avoir fréquenté l'université du Michigan, il se hissa d'un cran sur l'échelle de la méritocratie en commençant des études de droit, à l'université de Pennsylvanie.

Toutefois, ce cursus n'étant pas du tout à son goût, il décrocha au bout d'un mois et demi seulement, et se fit embaucher par un promoteur-constructeur de Philadelphie qui l'envoyait rénover des maisons, souvent à l'aide de matériaux de récupération. Il conserva ce travail deux ans, puis traversa l'Atlantique pour suivre un master en urbanisme et sciences sociales à la London School of Economics, après quoi il reprit son emploi dans le bâtiment à Philadelphie le temps que se présente l'opportunité de rentrer au pays, à Washington, dans le cadre de recherches sur la politique du logement au sein d'un think tank, le Urban Institute.

Hélas, il dut se rendre à l'évidence : il n'aimait pas beaucoup Washington. L'énorme afflux de richesses plongeait la ville dans une atmosphère aseptisée, collet monté. Alors, quand sa petite amie trouva un emploi à Baltimore, il la suivit, rejoignant ainsi les cohortes de travailleurs effectuant chaque jour le trajet d'une heure pour se rendre à Washington. Au bout de six mois, cette routine suscitait déjà en lui une certaine lassitude. C'est alors qu'un ami attira son attention sur un article au sujet des briques de Baltimore.

Son obsession pour les briques était presque inscrite dans ses gènes. Le nom de jeune fille de sa mère, Kirpich, signifiait "brique" en russe. Son père s'amusait à ramasser les briques trouvées sur son chemin en rentrant du travail et à les glisser dans son attaché-case. Max finit par adopter ce passe-temps, s'efforçant d'être à l'affût de belles trouvailles. Il s'aperçut que certains spécimens étaient marqués du nom du fabricant ou de la localité d'origine. Il apprit quels étaient les hauts lieux de la briqueterie : des endroits comme Nelsonville ou Haverstraw, dans la vallée du fleuve Hudson, aux environs de New York. Parfois, il faisait l'école buissonnière, délaissant momentanément ses recherches commanditées par le Urban Institute pour partir en quête de briques, au volant de sa voiture. Au début, il se cantonna aux abords de Washington, puis il élargit son terrain de chasse jusqu'à Philadelphie ou la vallée de l'Hudson.

Et puis, il prit connaissance de l'article, paru dans le *Baltimore Sun*, sur la quantité de briques à récupérer dans cette ville et le marché potentiel que représentait une telle opération. Bâtie de façon tout à fait fortuite sur un bassin argileux d'excellente qualité, Baltimore s'était forgé une réputation de pourvoyeuse de briques de premier choix lors du boom économique à la fin du XIXe et au début du XXe siècle. La présence de silice et d'oxyde de fer dans cette argile feuilletée dotait les briques locales d'une teinte orangée, évoquant presque la flamboyance d'un coucher de soleil. En sus de sa nature géologique, l'industrie de la brique à Baltimore avait aussi bénéficié de sa situation géographique : la métropole pouvait expédier par bateau ses briques vers d'autres villes côtières, mais, étant la plus à l'ouest de toutes les grandes cités portuaires, elle jouissait d'une position stratégique pour acheminer des briques vers l'intérieur des terres, par transport ferroviaire. À la fin de la première décennie du XXe siècle, la Baltimore Brick Company, née de la fusion d'une kyrielle de petites briqueteries, produisait désormais 150 millions de briques par an, de quoi construire quelque 10 000 maisons ; des chiffres époustouflants.

Un siècle plus tard, les briques de Baltimore se distinguaient toujours, mais pour une tout autre raison : elles étaient désormais à saisir, et à très grande échelle. Selon les estimations, en 2014, la ville comportait 16 000 logements vacants, des maisons mitoyennes en brique pour la plupart, et les efforts des élus municipaux pour démolir les quartiers les plus déliquescents demeuraient sporadiques. L'incurie des autorités locales ouvrait la voie à un marché de la récupération, centré sur ces briques de premier choix, mais aussi sur les planchers en cœur de pin très prisés qui prédominaient dans les habitations à Baltimore, conséquence d'un autre fait géographique insolite : la plus méridionale des grandes métropoles industrielles du Nord, Baltimore, était plus près des grandes forêts de conifères du sud des États-Unis que ses homologues septentrionales, et donc beaucoup mieux pourvue en planchers en cœur de pin, ce matériau si convoité.

Chaque année, les démolitions généraient des centaines de milliers de briques et de stères de bois. La municipalité ne savait qu'en faire. L'article paru en avril 2014 dans le *Baltimore Sun* évoquait un contrat récemment signé entre la mairie et Humanim, un organisme non lucratif local de perfectionnement de la main-d'œuvre et de réinsertion par le travail, ou plutôt son volet "bâtiment", Details, chargé de démanteler des dizaines de maisons par an et de vendre les matériaux récupérés : au minimum 3 000 briques et 3 stères de bois par logement. Max Pollock y vit une opportunité à saisir pour aider la ville qui était désormais la sienne, et briser pour de bon les chaînes qui le retenaient à Washington. "Je le sentais bien. Je me suis dit : 'C'est ça que je vais faire', se souviendrait-il par la suite. Ça paraissait plus qu'évident."

Il se rapprocha d'Humanim, à qui il proposa ses services pour imaginer comment réemployer ces matériaux. Il quitta le Urban Institute et intégra Details. Le groupe débuta par un contrat pour trente-cinq maisons dans les numéros 2400 d'East Eager Street, le long de la voie ferrée Amtrak, au nord de l'hôpital Johns Hopkins. Ils commencèrent à recruter, en majorité des hommes habitant les secteurs où avaient lieu les démolitions en question.

Au début, ce ne fut pas une mince affaire. Les avals des bureaucrates, indispensables pour lancer les travaux, se réduisirent comme peau de chagrin. La municipalité ne prenait pas en charge l'enveloppe intégrale pour ce genre de déconstruction méticuleuse, qui revenait à plusieurs milliers de dollars supplémentaires par maison qu'une démolition classique. Il devenait donc d'autant plus crucial de trouver des acheteurs prêts à s'acquitter d'une belle somme pour obtenir ces matériaux. Pollock s'occupait du démarchage en solo, depuis un entrepôt jouxtant la brasserie d'East Baltimore où Humanim avait élu domicile. Le bâtiment n'était pas raccordé à l'électricité et sa toiture fuyait ; par temps de pluie, il prenait l'eau. Details n'avait même pas les moyens de se payer un transpalette ; les gars chargeaient les pick-up à la main.

L'association finit par trouver ses marques et un semblant de stabilité, grâce à une injection de fonds : six mois après avoir tué dans l'œuf la construction d'une nouvelle ligne de chemin de fer pour desservir les quartiers ouest de Baltimore, le gouverneur Hogan annonça qu'il était prêt à financer la démolition de logements vacants supplémentaires. Pollock monta une entité indépendante au sein d'Humanim pour assurer la commercialisation des matériaux : Brick + Board. À elles deux, Details et Brick + Board atteignirent un effectif d'une trentaine de salariés. En 2018, ils avaient démantelé près de trois cents maisons et récupéré plus de 700 mètres carrés de bois et un million de briques.

Max entretenait un rapport ambivalent à ses activités. Lui qui se considérait comme un défenseur du patrimoine était peiné de voir réduites à néant des maisons qui avaient tenu debout plus de un siècle, et abrité plusieurs générations de familles. Mais il avait bien conscience que, dans ces secteurs, la rénovation n'avait aucun intérêt économique, car la dynamique de la plus-value ne s'y appliquait pas : qui investissait 100 000 dollars pouvait s'estimer heureux d'en récupérer la moitié. Il savait aussi que la majorité des habitants de ces quartiers se réjouissaient de voir disparaître les maisons abandonnées : elles attiraient la vermine et les squatteurs, dont certains s'enracinaient et ne se laissaient déloger que quand commençaient les travaux de démolition. Et puis, ces bâtiments vermoulus pouvaient tuer : en 2016, un homme de soixante-neuf ans, assis dans sa Cadillac à écouter Otis Redding, avait péri sous les éboulis d'une maison vacante emportée par les grands vents.

"Quand ils nous voient, les passants nous disent tous la même chose, tous sans exception : 'Ah, super, ça fait des années qu'ils auraient dû la détruire, cette saloperie. Ils devraient en faire de même de l'autre coté de la rue, la prochaine fois', relatait Pollock. Les défenseurs du patrimoine, eux, ils sont là : 'Mais regardez ces moulures sur la corniche !'" Mais bon, quand vous habitez en face et que vos enfants se farcissent cette vue sinistre tous les jours, les moulures, vous vous en foutez royalement. Ça me coûte de dire que je suis pour la démolition, mais s'il faut de toute façon les détruire, ces bâtiments, nous, au moins, on crée de l'emploi en le faisant."

Il éprouvait une ambivalence plus forte au sujet de l'autre extrémité du processus, la livraison des briques et des lattes de plancher. Il les vendait à un large éventail d'acheteurs du coin, du bâtiment Exelon implanté sur le port au type souhaitant réparer son parquet. Il avait aussi des acheteurs non locaux disséminés le long de la côte Est, et quelques-uns dans le Midwest.

Toutefois, son principal vivier de clients hors Baltimore se situait juste au bout de la route : à Washington.

Soixante kilomètres. C'est tout ce qu'il y avait entre ces deux villes ; deux métropoles si proches qu'elles partageaient une voie rapide et un aéroport, qu'une seule équipe de baseball avait longtemps suffi à les représenter toutes deux, et que, chaque jour, soixante-dix-sept trains de banlieue les reliaient l'une à l'autre. Elles avaient toujours été très différentes, dès l'origine – l'une était un mastodonte industriel doublé d'une ville portuaire, avec tout le sel et la superbe qui allaient avec ; l'autre, le siège d'un gouvernement, émergée des marais salants du Tidewater spécialement à cet effet, une cité à l'air plus circonspect, plus élitiste, une ville de bureaux et d'agences, une ville de béton plus que de brique. Mais elles avaient en commun le même style architectural, avec ses rangées de maisons mitoyennes, une baie – la baie de Chesapeake – et la forte présence culturelle afro-américaine, et depuis des décennies elles demeuraient à la même échelle : contrepoids, entités complémentaires, deux faces de la pièce américaine.

Pourtant, on avait de plus en plus de mal à croire qu'elles évoluaient au sein du même univers et, à plus forte raison, de la même région. Nulle part ailleurs il n'existait de divergence si extrême. Jamais on n'avait vu deux métropoles américaines majeures si proches géographiquement lancées sur des trajectoires si diamétralement opposées.

À Baltimore, le décès de Freddie Gray, en avril 2015, et les émeutes qui s'ensuivirent provoquèrent une incroyable flambée de la violence qui, cinq ans plus tard, ne semblait pas près de retomber. Le taux d'homicides, qui n'avait cessé de chuter au cours des années précédant la mort de Gray, explosa, augmentant de plus de moitié, pour atteindre des niveaux inégalés depuis le début des années 1990 : pendant cinq années consécutives, plus de 300 personnes furent tuées à Baltimore, ce qui lui valut, et de loin, le titre de métropole la plus dangereuse des États-Unis. Davantage de gens se faisaient assassiner à Baltimore qu'à New York, ville pourtant plus de quatorze fois plus vaste.

Ces décès se propagèrent à travers la ville comme une onde de choc, sorte de rumeur traumatique omniprésente, jusque dans les entrepôts Amazon. En avril 2016, un salarié d'Amazon âgé de vingt-sept ans, Rondell Street, fut abattu par balle devant un bar à chicha dans l'arrondissement d'East Baltimore. En juin 2018, une autre employée, Jasmine Pierce-Morris, vingt ans, mourut poignardée et étranglée par son ancien petit ami, sur des gradins, dans l'enceinte d'un lycée. La peur se répandait jusque dans les moindres recoins de la ville, au point d'en devenir une opportunité commerciale pour Amazon : une coalition de figures d'autorités religieuses consacrèrent 15 000 dollars, puisés dans les recettes d'un casino, à bâtir un réseau de caméras de surveillance reliées aux services de police grâce aux sonnettes Vidéo Ring développées par Amazon. Il y avait tant de colis Amazon à se faire dérober sur les vérandas ou les perrons des clients qu'une femme lança une entreprise dédiée au sauvetage de paquets : Package Rescue.

La régression post-2015 ne se limitait pas au taux d'homicides. Après une timide augmentation pendant quelques années, le nombre d'habitants s'était remis à chuter, jusqu'à tomber sous la barre des 600 000 pour la première fois depuis un siècle. On y recensait le nombre d'overdoses le plus élevé de tout le pays : plus de huit cents en 2018. Depuis 2012, pas une seule des cinq cents entreprises américaines les plus riches selon le magazine *Fortune* n'y avait installé son siège social. L'un des rares commerces de détail dans l'arrondissement de West Baltimore, le Target de Mondawmin Mall, mit la clé sous la porte en 2018. Les services de police étaient mouillés dans un scandale de corruption de proportions colossales. Les autorités municipales étaient un vrai bateau ivre : maire de 2010 à 2016, Stéphanie Rawlings-Blake, aux commandes à l'époque où Gray avait trouvé la mort – celle-là même qui avait chanté les louanges d'Amazon pour la promptitude avec laquelle on lui livrait sa crème hydratante – décida de ne pas se représenter. Catherine Pugh, qui lui succéda, avait au préalable écarté de justesse, lors de la primaire démocrate, Sheila Dixon, ancienne maire de 2007 à 2010, contrainte de quitter ses fonctions pour des affaires de malversations mineures et de céder sa place à Stéphanie Rawlings-Blake en 2010. Point d'orgue de ce jeu de quilles, Catherine Pugh finit par être incarcérée pour corruption. Et ce n'était pas la seule institution à battre de l'aile : l'orchestre symphonique aussi était en pleine crise financière ; l'équipe du *Baltimore Sun* tournait en effectif réduit et délaissa sa rédaction implantée en centre-ville pour le bâtiment industriel situé au-delà de l'autoroute inter-États 95, où se trouvait son imprimerie.

Ce délitement était dû à tout un ensemble de facteurs, notamment la crise de confiance entre des services de police dysfonctionnels et des habitants de moins en moins enclins à leur fournir des informations ou à témoigner au nom de l'État. Difficile, toutefois, de ne pas déceler, dans le calvaire qu'endurait Baltimore, l'impact non négligeable de la conjoncture économique, de sa régression au statut de ville de seconde zone, exclue des bénéfices faramineux affluant vers ses homologues qui raflaient la mise, soit plus au nord, soit plus au sud, le long du littoral.

En réponse à l'appel d'offres d'Amazon pour l'implantation de son deuxième quartier général, Baltimore avait proposé de mettre à disposition un terrain de premier choix sur le front de mer. "HQ2 révolutionnera la vie des Baltimoriens d'aujourd'hui, tout en insufflant un nouvel espoir aux générations futures ; ainsi, Amazon sera pour toujours associée à la renaissance d'une des plus grandes métropoles d'Amérique", s'enthousiasmait l'argumentaire. Mais Baltimore n'avait même pas été sélectionnée parmi les vingt finalistes : de toutes les villes influentes situées entre Boston et Washington, elle fut la seule à *ne pas* être retenue pour cette étape.

À Washington, la vague de prospérité suscitée par la croissance de l'industrie du lobbying à la fin du siècle précédent, puis amplifiée par la création du dispositif de sécurité intérieure lors de la première décennie du siècle en cours, avait métamorphosé la métropole au point de la rendre méconnaissable. En 2017, les revenus médians avaient subi une hausse de près de 10 % en une seule année, pour atteindre plus de 82 000 dollars ; soit 76 % de plus que le revenu médian à Baltimore. En moyenne, l'agglomération voyait émerger 34 000 nouveaux emplois par an. Avec un des taux de croissance les plus rapides des États-Unis, elle avait atteint les 700 000 habitants pour la première fois en quatre décennies, et, selon certaines prévisions, l'agglomération s'étofferait de 1 million de résidents supplémentaires d'ici à 2045. Une écrasante majorité des nouveaux arrivants étaient des jeunes gens qualifiés venus d'autres États : en 2005, un habitant sur sept à Washington était un diplômé de l'université âgé de vingt-cinq à trente-quatre ans. En 2017, pas moins d'un habitant sur cinq appartenait à cette catégorie de population. Sur l'autre rive du Potomac, à Arlington, en Virginie, ce ratio était encore plus élevé : plus d'un habitant sur quatre, un des taux les plus forts du pays.

La croissance sans relâche avait des répercussions prévisibles sur le marché local de l'immobilier. Fin 2018, le prix médian d'une maison ou d'un appartement dans le District avait franchi le seuil des 600 000 dollars : soit cinq fois le prix médian d'un bien à Baltimore. Les maisons individuelles avaient quasiment quadruplé de valeur depuis le début des années 1990. En 2016, un agent avait réalisé, dans le District, cinq transactions immobilières à plus de 3,7 millions de dollars chacune, beaucoup plus que n'importe quel logement jamais vendu à Baltimore. (Les affaires marchaient tellement bien pour un de ses confères qu'il s'était constitué une collection de petites voitures Hot Wheels d'une valeur de 1,5 million de dollars.) Le prix médian des logements dans le quartier de Washington appelé Chevy Chase et abritant le bar lounge de prédilection de Brett Kavanaugh, dépassa le seuil du million de dollars.

Les *millenials* qui accédaient à la propriété dans le District empruntaient à hauteur de 450 985 dollars, en moyenne, soit plus du double de la moyenne nationale. Dans une ancienne église convertie en logements résidentiels, à la lisière de Capitol Hill, certains lots partaient au prix de 2,8 millions de dollars ; un autre bien, dans l'enceinte d'une ancienne usine de fabrication d'hélicoptères à proximité de l'université Howard, fut cédé 2,3 millions de dollars. Les écoles du comté de Montgomery, la banlieue chic de Washington située dans le Maryland, étaient tellement bondées que les élus locaux imposèrent un moratoire sur les constructions dans plusieurs circonscriptions scolaires ; poussés par la recherche de logements plus abordables, 44 % des fonctionnaires travaillant pour l'administration du comté n'y résidaient pas. Certaines familles désespérant de trouver un toit dans le comté déboursaient 1 million de dollars pour des appartements dans d'anciens parcs d'affaires en zone périurbaine reconvertis en immeubles.

Au sein du District of Columbia, la croissance métamorphosait certains quartiers, comme ceux attenants aux chantiers navals de Washington, où un supermarché bio et diététique Whole Foods flambant neuf proposait du vin en libre-service et des *avocado toasts* à faire soi-même, et où de jeunes sympathisants républicains se donnaient rendez-vous au restaurant mexicain pour savourer ensemble le discours de Donald Trump sur l'état de l'Union. Le hors-série annuel spécial luxe du *Washington Post Magazine* comportait des articles sur des montres à 18 300 dollars, des manteaux en zibeline à 50 000 dollars et des Rolls-Royce, ainsi que des publicités pour des actes de chirurgie esthétique et des compagnies de jets privés. Les tarifs des restaurants grimpaient à des hauteurs faramineuses : le menu dégustation chez Pineapple & Pearls monta en flèche jusqu'à 325 dollars ; chez Plume, la coupe de champagne recommandée par le sommelier coûtait 75 dollars. Ces stigmates de richesse démesurée laissaient pantois même Ken Schlossberg, qui avait mené la danse dans l'industrie du lobbying, des années plus tôt. "C'est vraiment devenu New York bis, sa réplique plus au sud, là où l'argent a le dernier mot et l'emporte sur tout le reste, déplora-t-il. Voilà à quoi ressemble cette ville, maintenant."

Paradoxalement, cette croissance avait de plus en plus tendance à figer la ville. Elle possédait depuis longtemps l'un des pires taux d'embouteillages du pays – après Los Angeles et la baie de San Francisco, c'était la troisième ville la plus embouteillée, et les actifs ayant de la route à faire pour se rendre au travail passaient, en moyenne, plus de cent heures par an dans les bouchons. "D'un point de vue purement fonctionnel, aucun incident majeur n'est survenu sur la route ce matin, déclara une porte-parole du Virginia Department of Transportation (l'agence publique en charge des transports en Virginie) après une matinée particulièrement infernale. C'est un problème de volume, voilà tout." Pour tenter d'endiguer cet afflux phénoménal, la Virginie avait appliqué sur certaines autoroutes des tarifs prohibitifs aux heures de pointe : certains péages prélevaient jusqu'à 50 dollars pour un tronçon de 16 kilomètres.

Cette explosion de prospérité exacerbait également les inégalités déjà extrêmes au sein de la ville. En 2017, le revenu médian des ménages blancs – y compris tous ces jeunes gens frais émoulus de l'université – était monté en flèche pour culminer à 120 000 dollars, soit trois fois plus que celui des ménages noirs. L'écart en valeur nette patrimoniale moyenne était encore plus béant : 284 000 dollars contre 3 500 dollars, ce qui en faisait une des ville américaines où les inégalités raciales étaient les plus criantes. La quasi-totalité des habitants blancs – 92 %

– étaient titulaires d'un diplôme universitaire, contre seulement un quart de la population noire. Le taux de chômage parmi les habitants noirs était six fois supérieur à celui parmi les habitants blancs. Difficile de passer à côté de ces contrastes saisissants : sur la portion nord-ouest de la 14e Rue, un club de boxe prisé des adolescents noirs depuis quatre décennies avait fini par céder le terrain aux promoteurs ; et, à quelques kilomètres plus au nord-est, un incendie avait coûté la vie à un des migrants éthiopiens entassés, en colocation, dans des pièces à peine assez grandes pour contenir un matelas deux places ; et dans les tensions palpables à l'université Howard, de nouveaux voisins blancs promenaient tranquillement leurs chiens dans l'enceinte de ce campus historique, sorte de Mecque pour la communauté noire estudiantine.

L'existence de ces fossés si vastes en termes de revenus et de richesses, combinée à la pression exercée par la croissance démographique constante, entraîna des déplacements de population à grande échelle. Une étude publiée en 2019, qui minimisait grandement les effets de la gentrification sur le territoire américain, présentait Washington comme la ville où ce travers avait fait le plus de ravages : selon les estimations de cette enquête, 20 000 Afro-Américains avaient été délogés. Pas franchement révolutionnaire, l'étude ne faisait que confirmer ce que les chiffres du recensement avaient déjà montré quelques années plus tôt : "Chocolate City", qui était à plus de 70 % afro-américaine en 1970, n'était désormais plus majoritairement noire.

Washington avait mué en ce que l'ancien maire de New York, Mike Bloomberg, rêvait de voir devenir son propre fief, à l'époque : une "ville du luxe", où, à condition d'avoir de quoi payer l'entrée, on pouvait dîner dans des restaurants bien meilleurs qu'ailleurs, longer le Potomac à vélo sur de tout nouveaux sentiers en admirant les monuments, sans se soucier à aucun moment du taux de criminalité. Les résidus de criminalité se concentraient dans les arrondissements noirs en voie de dépeuplement ; comme cette zone à l'est de la rivière Anacostia, où, en 2018, les restaurants Amazon, qui avaient périclité entre-temps, ne daignaient pas livrer.

Toutefois, on devinait sans mal les limites d'un tel faste. Une fois éteinte la classe ouvrière de la ville, qui conduirait les taxis Uber ? Qui ferait les chambres à 400 dollars la nuit et le ménage dans les maisons à 3 millions de dollars ? Qui débarrasserait les tables après les dîners aux chandelles à 1 000 dollars ?

Le 18 octobre 2018, un fourgon de livraison blanc tourna pour pénétrer dans un vaste lotissement à Essex, à une vingtaine de minutes en voiture des deux entrepôts Amazon de Baltimore, sur la rive est de la Back River, ce bras de mer qui se jetait dans la baie de Chesapeake. Tout comme une dizaine d'autres lotissements de l'agglomération, Harbor Point Estates appartenait au groupe immobilier de Jared Kushner, le gendre du président. Une entreprise familiale fondée par son père, Charles Kushner. À l'instant où le fourgon prenait le virage, une fillette de sept ans, Natasha Newman, tout juste rentrée d'une sortie scolaire au zoo de Baltimore, traversa la petite rue comme une fusée pour rejoindre ses frères sur le trottoir d'en face. Le fourgon la percuta, la blessant mortellement. Le conducteur resta sur place et ne fut pas tenu responsable de l'accident.

Le *Baltimore Sun* et les chaînes d'information télévisées se contentèrent d'évoquer un "fourgon de fonction" ou un "fourgon de livraison". Aucun témoin n'aurait pu deviner que le van anonyme livrait, en réalité, des colis pour le compte d'Amazon.

Cette ultime étape de livraison – le dernier kilomètre, comme on disait dans le jargon amazonien – était de moins en moins fréquemment prise en charge par UPS, FedEx ou les services postaux, mais par Amazon elle-même. Le nombre de paquets à expédier par l'entreprise sur le territoire américain ayant explosé jusqu'à plus de 6 milliards en 2019, c'était une bonne option que de tisser son propre réseau afin de prendre en charge ce "dernier kilomètre", autant que faire se pouvait, du moins. Avec plus de cent dix centres de distribution aux quatre coins du pays, l'entreprise possédait à présent des entrepôts à moins de 40 kilomètres d'environ la moitié de la population américaine, dans presque tous les États, et elle livrait par ses propres moyens environ la moitié de ses commandes. Elle louait soixante avions, avait signé avec des compagnies de fret aérien pour en mobiliser bien d'autres encore et prévoyait de bâtir un *hub* avec une flotte de cent appareils à l'aéroport de Cincinnati. En revanche, les pilotes se plaignaient d'être contraints de travailler dix-huit heures par jour, et, en février 2019, un avion sous contrat avec Amazon s'écrasa non loin de Houston, tuant les trois personnes à bord. La société s'essayait à la livraison par drone et faisait pression sur les législateurs fédéraux pour qu'ils lui laissent le champ libre à ce sujet. Elle avait même carrément commencé à gérer certaines de ses expéditions depuis la Chine : rien qu'en 2018, elle avait livré plus de 4,7 millions de cartons de produits de grande consommation transportés dans 5 300 conteneurs. Elle s'employait à implanter près de deux cents agences de livraison à travers le pays, en plus des plateformes logistiques, dans l'optique d'acheminer les colis plus près encore de chez les clients. Après avoir acquis une flotte de 20 000 fourgons et 7 500 camions-remorques diesel, elle s'apprêtait à commander environ 100 000 fourgons électriques pour ses chauffeurs.

Sauf que, techniquement, ce n'étaient pas des chauffeurs Amazon : ils travaillaient pour des sous-traitants qui, s'ils livraient en exclusivité pour Amazon, demeuraient des entités bien distinctes. Ainsi, les conducteurs se voyaient refuser les quelques avantages qu'Amazon offrait à ses employés. De même, Amazon pouvait décliner toute responsabilité si ces chauffeurs se retrouvaient mêlés à des accidents, ce qui était de plus en plus fréquent depuis le passage à la livraison en vingt-quatre heures. Les chauffeurs effectuaient pas moins de cent cinquante arrêts par service et manipulaient mille paquets par semaine. Tandis qu'UPS formait ses chauffeurs dans des locaux high-tech en les soumettant à des courses d'obstacles en réalité virtuelle pour leur apprendre à esquiver les dangers, de nombreux livreurs Amazon ne recevaient en guise de formation que des vidéos d'instructions sur leurs téléphones.

Par la suite, la mère de Natasha déclara qu'elle ne tenait pas l'entreprise pour responsable.

“Ce n'est pas la faute d'Amazon, déclara-t-elle. C'est celle de l'homme au volant qui a mal géré.” Interrogée au sujet d'une éventuelle indemnité financière qu'aurait perçue la famille, elle éluda la question : “Je n'ai pas le droit de m'exprimer à ce sujet.”

Deux semaines après l'accident, le 2 novembre, à 21 h 42, une tornade toucha terre à Baltimore. Elle emporta un semi-remorque sur l'autoroute inter-États 95, au nord du tunnel Fort McHenry, et renversa une clôture sur South Newkirk Street. Puis elle poursuivit sa progression vers l'est et s'engouffra dans Holabird Avenue, où elle causa le plus de dégâts. Une infrastructure de grande taille se révéla particulièrement mal conçue pour encaisser les rafales à 170 km/h : le centre de tri Amazon au 5501 Holabird Avenue.

Ce bâtiment de 105 000 mètres carrés se situait au nord du centre de distribution, plus vaste, en bordure de Broening Highway, sur le site de l'ancienne usine General Motors, où Bill Bodani avait fait ses débuts chez Amazon. Le centre de tri réceptionnait des colis déjà emballés et étiquetés ; un genre de centre d'échanges d'informations où l'on rassemblait tous les paquets juste avant leur livraison finale.

Parmi les livreurs de Holabird Avenue, il y avait Israel Espana Argote. Cet immigrant bolivien habitait à Bristow, en Virginie, à 130 kilomètres de là, près du *data center* Amazon de Haymarket, avec sa femme, Fatima Parada Espana, et leurs trois fils. Ils venaient d'emménager dans leur nouvelle maison. Malgré les heures gâchées dans le bourbier géant qu'était le trafic sur l'axe Baltimore-Washington, Israel trouvait tout de même le temps d'entraîner l'équipe de football de son benjamin et de jouer, lui aussi, une ou deux fois par semaine. Adepte du karaoké, il avait une prédilection pour les grillades de type *churrasco*, populaires en Bolivie. Ce 2 novembre, il était parti au travail plus tôt afin d'être à la maison à temps pour emmener son fils à son match de football, le lendemain.

Les centres de tri recrutaient bien moins que les centres de distribution, et parmi ceux qui y travaillaient beaucoup n'étaient pas salariés par Amazon. Ce pouvait être, par exemple, des techniciens manutentionnaires employés par des prestataires de services spécialisés dans l'immobilier commercial, de grands groupes comme Jones Lang LaSalle (JLL). Ou bien les agents de maintenance en charge de l'entrepôt : ils réparaient les pannes au niveau des courroies de distribution, des systèmes électriques et de tout autre équipement nécessaire au bon fonctionnement d'un entrepôt logistique : "cellules photoélectriques, démarreurs, relais électriques, interrupteurs de fin de course, détecteurs de proximité, temporisateurs, solénoïdes, servomoteurs, convertisseurs de fréquence, entraînements linéaires, tachymètres et codeurs", comme énumérés dans une des offres d'emploi JLL pour le secteur de Baltimore. Par ailleurs, ces tâches pouvaient être éprouvantes : les manutentionnaires devaient "soulever et déplacer des articles pouvant peser jusqu'à 25 kilos", "tirer et pousser des chariots lestés de produits pouvant peser jusqu'à 50 kilos chacun", "grimper sur des échelles et des passerelles avec précaution et sans restriction" et "être debout/ marcher pendant dix à douze heures d'affilée".

En plus d'être exigeant, le labeur effectué au centre de tri comportait des risques. En août 2018, deux mois avant la tornade, un employé avait porté plainte auprès des autorités de l'État et dressé une série de manquements à l'obligation de sécurité qu'il avait constatés dans le bâtiment : l'habitude qu'avait l'entreprise de renvoyer les employés à leur poste bien plus rapidement que stipulé après les grèves éclair ; la violation fréquente de panneaux "zone interdite" aux abords des axes périphériques ; le ramassage de matériaux inflammables le long de ces mêmes routes ; l'empilement de palettes à proximité des bornes d'incendie, les rendant, de ce fait, inopérantes ; l'obstruction de voies de sortie avec des palettes et du matériel ; les couches épaisses de poussière de carton qui s'accumulaient sur la trieuse automatique ; l'annulation d'exercices d'évacuation incendie pour ne pas ralentir la production. "C'est la loi du silence qui s'impose ici, parmi les dirigeants, écrivit le salarié. Toutes les précautions sont prises pour s'assurer qu'aucun rapport préjudiciable à l'entreprise ne sorte de ses murs."

Quand on les prévenait de la visite d'inspecteurs, poursuivait l'employé, les managers transformaient les lieux en entrepôt Potemkine. "Notre bâtiment était nettoyé et mis aux normes pour l'occasion mais retombait dans la négligence dès que les inspecteurs avaient passé la porte. Les jours d'inspection, on donnait aux *associates* (collaborateurs) des consignes du type : 'Bon, on va être inspectés aujourd'hui, alors si quelqu'un vous pose une question sur un ton neutre, vous répondez sur un ton neutre, OK ?'" Les inspecteurs se présentant sans avis préalable "sont éconduits, sauf s'ils peuvent produire un mandat". "Je ne me sens plus en sécurité ici et ma confiance en notre équipe s'est érodée, je ne pense pas qu'elle soit en mesure de représenter les intérêts du personnel et de le protéger, concluait-il. À l'aide."

Parmi les manutentionnaires qui travaillaient dans ce bâtiment comme prestataires de services sous contrat avec JLL, il y avait Andrew Lindsey. Il avait toujours vécu à Oklahoma City, dont deux ans dans un parc de mobile homes à Choctaw. En 2017, il avait décroché le travail pour JLL et déménagé dans la région de Baltimore, où il partageait avec son chien un appartement qu'il louait 800 dollars par mois dans une modeste résidence sur Four Seasons Court, à Dundalk, en face de Sparrows Point, sur les berges de la rivière Bear Creek. Quand il avait croisé une de ses nouvelles voisines, Lorraine, dans le couloir, il lui avait confié que ce logement à deux pas de l'entrepôt était une "bénédiction".

Lindsey travaillait de nuit le 2 novembre quand la tornade avait dévalé Holabird Avenue. Elle avait frôlé l'usine d'emballages plastique où Lorraine travaillait. Elle aspira d'énormes portes de garage de part et d'autre d'une agence de location de châssis porte-conteneurs FlexiVan. Lorsqu'elle atteignit le centre de tri, elle en arracha le toit, chevrons métalliques compris, du côté ouest du bâtiment, au niveau des quais de chargement. Ainsi privés de toit, les panneaux de béton de la façade ouest s'effondrèrent à l'intérieur du bâtiment, laissant un tronçon de 15 mètres de long à l'air libre. Lorraine et ses collègues à l'usine de plastique entendirent un énorme fracas : un peu comme quand ils claquaient les portes de la boulangerie industrielle non loin de là, mais en plus fort. Le vent renversa une dizaine de remorques garées sur les quais de chargement d'Amazon, des poteaux de soutènement peu lestés et des panneaux de signalisation. Des fragments de décombres brisèrent des vitres de voitures. La tornade reprit de la hauteur à mesure qu'elle avançait vers l'est, puis toucha de nouveau terre pour emporter le toit d'un immeuble à Dundalk, avant de disparaître.

C'est Andrew Lindsey, cinquante-quatre ans, qui fut trouvé en premier. Lorraine l'apprit de la bouche de leur propriétaire à la résidence Four Seasons Court. Elle eut un peu de mal à suivre, car aux informations on présentait Lindsey comme "prestataire de services" auprès d'Amazon et non comme employé. "Je ne savais pas qu'il était prestataire, déclara-t-elle. Je croyais qu'il travaillait *vraiment* là-bas."

L'équipe de sauvetage ignorait qu'une autre personne était prise dans les décombres jusqu'à l'arrivée de Fatima Parada Espana, dont le mari restait, leur apprit-elle, introuvable. Un ami, livreur pour Amazon, lui aussi, était venu frapper à sa porte au milieu de la nuit pour la prévenir de la tornade. Elle avait pris sa voiture et parcouru les 130 kilomètres entre son domicile, en Virginie, et le site sinistré. À son arrivée, elle avait vu le trou béant dans le bâtiment puis le camion de son mari.

Elle avait prévenu l'équipe de premiers secours occupée à déblayer que son conjoint avait disparu. Ils s'étaient attelés à leur besogne sans imaginer qu'il puisse y avoir quelqu'un d'autre sous les gravats. Ils interrompirent leur tâche et attendirent l'arrivée d'une nouvelle machine apte à dégager un large pan de mur. Fatima leur demanda quelle était la probabilité qu'il soit toujours en vie s'il se trouvait sous cette paroi. "On va dire qu'il n'y est pas, hein, lui répondit-on. On va rester positifs." Ils trouvèrent Israel Espana Argote, trente-sept ans, quelques heures plus tard.

"Je veux qu'on sache que c'était un super papa, déclara Fatima aux journalistes.

"Je n'arrive toujours pas à réaliser que mon frère est parti", confia Angel Lindsey à ses amis, dans l'Oklahoma.

"En raison des dégâts provoqués par les violentes intempéries survenues vendredi dernier, les livraisons attribuées à ce centre de tri subissent actuellement quelques retards, annonça une porte-parole Amazon le lendemain, un dimanche. Nous prions notre aimable clientèle de nous excuser pour la gêne occasionnée et faisons tout notre possible pour rétablir au plus vite la situation."

Bill Bodani Jr. continuait à retrouver chaque mois les autres gars du Retirees United Local 9477, le comité des retraités de l'antenne locale des United Steelworkers, principal syndicat de la sidérurgie en Amérique du Nord. Ils se réunissaient au Battle Grove Democratic Club de Dundalk, un choix hautement ironique étant donné les tendances électorales dans les quartiers est du comté de Baltimore, qui avaient plébiscité Donald Trump. Il s'agissait d'une réunion professionnelle en bonne et due forme, avec des présidents de séance assis à une table tout devant, et le procès-verbal de la séance précédente, les affaires en cours, les nouveaux dossiers. Suivait une énumération des membres morts au cours du mois passé. Puis un rappel aux participants concernant leur cotisation annuelle de 30 dollars ; plus l'effectif s'amenuisait, plus il devenait difficile de maintenir les activités du groupe, dont, par exemple, le frugal déjeuner servi après la séance, principale motivation des hommes présents ce jour-là : un repas, un peu de compagnie, une occasion de quitter son canapé et même sa maison.

Lors de la réunion de novembre 2018, Steve Kotula, après avoir lu le procès-verbal d'octobre, attira l'attention des membres sur la cérémonie qui se tiendrait à Sparrows Point le mois suivant : l'illumination de l'emblématique Étoile de Bethlehem, venue embellir le haut fourneau "L" après sa construction en 1978, et trônant donc à 97 mètres au-dessus du sol, au faîte de l'imposante installation. Il porta aussi à leur connaissance des offres d'emploi à Sparrows Point.

"Amazon recrute, annonça-t-il. Quatre jours par semaine, pour des services de douze heures. Possibilité de faire des heures supplémentaires, et de toucher 20 dollars de prime. Suffit d'avoir le cœur qui bat encore à peu près comme il faut pour décrocher un poste."

Les attaches que Bill Bodani avait entretenues avec le syndicat et sa camaraderie, qui perdurait longtemps après son départ de Beth Steel, expliquaient en partie son passage à l'acte dans le cadre de son nouvel emploi à Sparrows Point, quelques semaines après l'effondrement du mur de l'autre entrepôt. Un jour, il fit halte au bureau local de United Steelworkers dans le huitième arrondissement pour y récupérer de la documentation. Des fascicules de base sur le droit de se syndiquer, rédigés dans une langue assez généraliste pour pouvoir s'appliquer aussi bien à un entrepôt logistique qu'à une aciérie.

Il se présenta à DCA1 pour son service suivant muni de ces documents et les remit à un des jeunes qu'il formait au maniement des transpalettes, et qui lui semblait particulièrement remonté par le fonctionnement de la plateforme : la pression permanente pour sans cesse monter d'un cran les objectifs, l'impression d'être sous surveillance totale, le manque d'espace d'expression et de représentation des salariés.

“Il faut que vous montiez un syndicat, ici”, dit Bo à son jeune collègue.

Il ajouta que lui-même n'était pas le mieux placé pour faire circuler de la documentation revendicative : la direction l'avait déjà dans le collimateur pour ses activités de syndicaliste de longue date. Mais il encouragea le jeune homme à faire comme bon lui semblait. Après tout, il avait plus d'années devant lui au sein de l'entrepôt et davantage à y gagner si les conditions de travail s'amélioraient. Le jeune collègue le remercia et repartit avec les fascicules.

À en croire l'entreprise, jamais le besoin de se syndiquer ne s'était moins fait ressentir dans ses entrepôts. En octobre, elle avait annoncé avec tambour et trompette le passage à 15 dollars du salaire minimum sur tous les sites de l'enseigne, pour les 100 000 saisonniers et les 250 000 travailleurs manuels en poste plus ou moins pérenne dans ses entrepôts américains. Cette nouvelle mesure ne s'appliquait pas à ses nombreux prestataires de services, comme les deux hommes qui perdraient la vie quelques semaines plus tard lors de l'effondrement du centre de tri. Même avec cette pseudo-revalorisation, les salariés demeuraient de très loin en deçà de ce dont leurs homologues avaient bénéficié à une époque révolue : comme l'observait l'ancien secrétaire d'État au Travail américain Robert Reich, si les employés d'Amazon possédaient une part du capital de leur employeur équivalente à celle dont jouissaient ceux de Sears dans les années 1950 – soit un quart de la valeur nette de l'entreprise –, chacun d'entre eux serait en possession d'actions d'une valeur de près de 400 000 dollars en 2020. (L'entreprise lui opposa que quand elle avait proposé à ses salariés d'acheter du capital, ceux-ci avaient exprimé leur préférence pour une augmentation des salaires.) En outre, ce salaire revalorisé annoncé en grande pompe, le colosse le pratiquait déjà dans nombre de ses sites à travers le pays, où il peinait à recruter dans un marché de l'emploi tendu. “C'est tout l'effet que ça vous fait ? Allez, on tape dans ses mains, un peu, là !” lança un directeur des ressources humaines voyant le peu d'enthousiasme que suscitait cette mesure chez la main-d'œuvre d'un des nombreux entrepôts de la vallée de San Bernardino. En réaction, les salariés applaudirent mollement.

Seulement, cet effet d'annonce sapait les efforts menés notamment par Bernie Sanders pour forcer l'entreprise à augmenter ses salaires conformément à la législation en vigueur, et cela revenait à souffler aux clients qu'ils pouvaient continuer à acheter des articles en ligne pour trois fois rien en toute bonne conscience. De même, quand l'entreprise, qui offrait déjà une aide financière à ses collaborateurs désireux d'obtenir des diplômes professionnalisants type BTS en complément de leur activité salariée, s'engageait désormais à fournir à 100 000 employés des formations de perfectionnement d'ici à 2025 pour leur permettre d'accéder à des postes plus qualifiés et plus élevés au sein de l'organigramme.

Une initiative qui se révélerait un coup de maître sur le plan politique : en un tournemain, elle faisait passer l'entreprise pour une structure où l'on se souciait sincèrement de l'évolution de carrière de ses employés, tel un *community college* à la pointe de l'innovation, tout en parant deux des revendications les plus virulentes à son encontre.

Les tâches étaient rébarbatives dans les centres de distribution ? Soit, mais en contrepartie l'entreprise traçait pour vous la voie vers un niveau de qualification supérieur.

L'entreprise réfléchissait-elle à des moyens de supplanter un nombre considérable d'emplois grâce à des robots, dont elle déployait déjà 200 000 spécimens à travers le monde ? Mais oui, tout à fait. Prenez la différence entre les plateformes logistiques les plus récentes, où les fameux Kiva orange apportaient la marchandise aux collecteurs, et les entrepôts plus anciens dans lesquels les collecteurs sillonnaient toujours les allées, c'était flagrant. Déjà, l'entreprise avait réussi à faire face au coup de feu de Noël avec 20 000 intérimaires de moins que l'année précédente. Toutefois, grâce à son annonce de formation continue pour ses employés, Amazon avait trouvé la parade parfaite pour toute critique sur ce point : "Il n'y a aucun souci à se faire : si un robot vous pique votre boulot, vous pourrez toujours devenir réparateur de robots."

L'opération de communication, ou plutôt l'offensive, s'intensifia. Le grand groupe se mit à proposer des visites guidées de ses entrepôts logistiques, jusqu'ici strictement interdits d'accès. Les visiteurs, parmi lesquels des centaines d'élus, étaient accueillis par des "ambassadeurs" débordant d'enthousiasme pour l'entreprise. Ces animateurs survoltés les accompagnaient sur un circuit passant devant les courroies de distribution ; les stockeurs, les collecteurs et les emballeurs répondaient à certaines de leurs questions mais avec un droit de réserve (parmi les questions jugées hors cadre, on peut relever les suivantes : celles sur le nombre de robots en activité sur le site ou sur la méthode préconisée par l'entreprise pour emballer plusieurs articles dans un même paquet, ce qui relevait du secret industriel).

Au même moment, un petit bataillon d'employés se mit à diffuser des tweets pour vanter les joies du travail en entrepôt. "Dans le bâtiment où je suis affecté, je n'ai pas l'impression que les conditions soient si mauvaises", déclarait Nicholas. "Ma sécurité/mon bien-être sont des vraies priorités pour mes managers, témoignait Hannah. À un moment, j'ai envisagé de démissionner. Mais je me suis rendu compte que les problèmes auxquels j'étais confrontée, ils venaient de moi, pas d'Amazon. C'était ma faute et pas celle de l'entreprise. Je suis autorisée à discuter avec les autres, mais des fois, c'est moi qui n'en avais pas envie. Maintenant, j'ai des collègues en or et les nuits passent vite." La société se targuait également d'égayer les journées de ses salariés en transformant certaines de leurs tâches en concours de jeux vidéo que l'on pouvait suivre sur de petits écrans près des postes de travail. Tout en cravachant pour atteindre leurs objectifs, ils pouvaient se mesurer à d'autres en participant à des jeux intitulés *MissionRacer*, *PicksInSpace* ou encore *Dragon Duel*. Les gagnants remportaient des "Swag Bucks", une monnaie amazonienne leur permettant de s'acheter des autocollants, des vêtements et d'autres articles marqués du sourire logo.

Toutefois, ces "opérations motivation" ne suffirent pas à étouffer les problèmes du personnel et, sous le vernis ludique et décontracté, le mécontentement persistait dans les entrepôts et se voyait de temps à autre exposé au grand jour. Dans le Kentucky, un employé en poste dans un centre d'appels Amazon réclama des temps de pause plus flexibles adaptés aux crises inflammatoires de l'intestin tout à fait imprévisibles que lui valait sa maladie de Crohn, mais au lieu d'obtenir des horaires aménagés, il fut licencié pour avoir volé du temps de travail, comme il le déclara devant la cour ("Les *associates* sont autorisés à se rendre aux sanitaires autant qu'ils en ont besoin", démentira par la suite Amazon.) Dans le Minnesota, un groupe de travailleurs somaliens-américains contraignit l'entreprise à engager des pourparlers sur la pression productiviste qui conduisait les employés à l'épuisement et à la déshydratation. Devant l'inertie des négociations, ils annoncèrent qu'ils feraient grève lors des prochains Amazon Prime Days, au mois de juillet suivant. "NOUS SOMMES DES HUMAINS PAS DES ROBOTS", pouvait-on lire sur leurs banderoles pendant les quelques jours où des manifestations un peu partout dans le pays n'empêchèrent pas le titan de battre un record en vendant plus de 175 millions de produits ; le premier jour de cette opération annuelle de promotion, sur le seul site de Broening Highway, à Baltimore, on expédia plus de un million d'articles.

Et, de temps à autre, certains accidents survenus dans les entrepôts s'ébruitaient hors les murs. Un employé d'un entrepôt à Minneapolis lança une campagne de financement participatif GoFundMe pour couvrir le coût de l'opération des fractures des vertèbres et de la déchirure du labrum (de l'épaule) occasionnées par l'effondrement d'un mur de nourriture pour chien et chat, qui avait bien failli le broyer. L'assurance maladie collective d'Amazon avait refusé de prendre en charge cet accident. Dans un entrepôt du New Jersey, un robot avait perforé une bombe aérosol de répulsif anti-ours. Résultat : une vingtaine de travailleurs hospitalisés. Au total, dans une étude menée sur vingt-trois entrepôts Amazon, le Center for Investigative Reporting observa que le taux de blessures graves y était plus de deux fois supérieur à la moyenne nationale dans le secteur du stockage et du traitement de marchandises, résultats corroborés par un autre rapport en profondeur divulgué à peu près au même moment par un collectif de militants pour les droits du travail.

À ces accusations, Amazon opposa qu'elle était tout simplement plus consciencieuse que ses pairs pour ce qui était de déclarer les accidents du travail. Elle attira l'attention sur ses investissements accrus en matière de sécurité : un million d'heures de formation et 36 millions de dollars en amélioration des locaux et équipements en 2018, à quoi s'ajoutaient encore 57 millions de dollars supplémentaires que l'entreprise s'engageait à allouer à des améliorations futures, dont 16 millions seraient consacrés à perfectionner ses chariots de manutention automoteurs, le véhicule ayant causé la mort de Jody Rhoads à Carlisle, en Pennsylvanie.

Pourtant – et l'échelle démesurée de la masse salariale dans ces entrepôts est à elle seule une bonne partie du problème – on a, depuis, déploré d'autres décès dans les entrepôts Amazon : au moins six depuis 2013. Un homme de cinquante-sept ans a succombé à une crise cardiaque à Joliet, dans l'Illinois, en 2017, faute d'une intervention médicale dans les temps. Par la suite, son épouse attaqua l'entreprise en justice, rappelant que les supérieurs hiérarchiques de son mari avaient attendu vingt-cinq minutes avant de composer le numéro d'urgence, puis contraint les secouristes à traverser de part en part l'immense bâtiment au lieu de les faire entrer par le quai de chargement tout proche où gisait l'homme en détresse. Les socles pour défibrillateurs DEA disséminés dans l'entrepôt étaient vides, selon les pièces du procès.

Un an et demi plus tard, un travailleur âgé de soixante et un an mourut d'une crise cardiaque à Murfreesboro, dans le Tennessee, après l'utilisation par ses collègues d'émetteurs-récepteurs défectueux pour tenter de prévenir AmCare, le service d'intervention spécialisé dans les maladies cardiovasculaires.

En 2017, un autre employé, Phillip Lee Terry, cinquante-neuf ans, mourut écrasé par un transpalette sous lequel il était en poste, dans la zone de maintenance, à Plainfield, dans l'Indiana. Il resta deux heures dans une flaque de sang avant que quelqu'un le remarque. Tout d'abord, l'État condamna Amazon à verser une amende de 28 000 dollars pour quatre infractions majeures à la sécurité, dont l'absence de formation dispensée à Terry pour lui apprendre à élever le véhicule correctement. Cependant, le directeur de l'inspection du travail de l'Indiana proposa ses conseils aux cadres dirigeants de l'entreprise pour les aider à négocier un allègement des sanctions financières et pour faire porter à Terry la responsabilité de l'accident, lors d'un appel téléphonique enregistré par l'agent de l'inspection du travail en charge du dossier, John Stallone. Après sa conversation avec les représentants d'Amazon, le directeur de l'inspection du travail lui souffla ces mots : "Nous allons devoir remanier un peu votre procès-verbal. J'espère que vous ne le prendrez pas pour vous."

Dans un rapport, Stallone lança l'alerte, déclarant qu'Eric Holcomb, le commissaire à l'emploi et à l'engagement des entreprises, également gouverneur de l'Indiana, l'avait ensuite convoqué pour l'intimider en arguant que l'affaire risquait de nuire à la candidature d'Indianapolis pour l'accueil de HQ2, le deuxième quartier général d'Amazon, propos que les deux interlocuteurs démentiront par la suite. Le jour où Stallone rédigea son rapport, Amazon envoya à Holcomb une contribution de 1 000 dollars à sa campagne. Par ailleurs, un an après la mort de Terry, dans un accord signé avec Amazon, l'État s'engagea à annuler les amendes et à détruire les procès-verbaux.

Dix jours après l'incident fatal à l'entrepôt de Baltimore, Amazon se démenait toujours pour combler le retard au niveau du flux de livraison. Des rumeurs se mirent à circuler au sujet de chauffeurs non titulaires d'un permis de conduire commercial embauchés dans les centres de distribution locaux pour transporter de la marchandise vers un site temporaire établi dans le comté d'Anne Arundel, au sud de Baltimore ; faits démentis par l'entreprise, qui assura que ses conducteurs étaient en possession de "tous les documents nécessaires et requis".

À Washington, l'entreprise se démenait sur un front tout à fait différent. Le 13 novembre 2018, elle annonça que la ville – ou, plus précisément, une banlieue située en Virginie septentrionale, sur l'autre rive du Potomac – avait remporté la compétition pour devenir son deuxième quartier général.

On crut tout d'abord que la région de Washington – et plus particulièrement Arlington, cette proche banlieue située en Virginie – partagerait son prix avec une autre municipalité, et que le deuxième quartier général serait réparti sur deux sites. Après avoir fait tout un cinéma pour trouver une métropole digne de bénéficier de 50 000 créations d'emplois et de 5 milliards de dollars d'investissement, l'entreprise avait décidé de diviser le butin par deux, ayant tiré la conclusion qu'on trouverait plus facilement l'espace et la main-d'œuvre nécessaires en mobilisant deux villes plutôt qu'une. Ce revirement donna aux participants à cette espèce de tirage au sort géant l'impression qu'on leur avait menti sur la marchandise : en définitive, le prix n'était pas aussi mirobolant qu'on le leur avait fait miroiter.

Toutefois, ce qui suscita encore davantage le courroux des localités en lice, ce fut l'identité des deux gagnants. Après toute l'énergie et tout le battage médiatique consacrés à des recherches au niveau national, après avoir ratissé le moindre recoin du pays pour trouver un deuxième point d'ancrage et incité des municipalités sur tout le territoire américain à passer un temps fou à peaufiner leurs offres, l'entreprise avait fini par choisir les deux candidats les plus évidents : les deux métropoles les plus riches et les plus puissantes de la côte Est. (Nashville recevrait un lot de consolation : une nouvelle antenne, un site offrant 5 000 emplois.) Difficile de ne pas en déduire que tous les autres avaient fait les frais d'une ruse démesurée. Ils avaient mené des campagnes de communication gratuites pour l'entreprise, divulgué des kilomètres d'informations écrites sur leur ville (données utiles à l'entreprise pour poursuivre, par la suite, son expansion) et fait monter les enchères, de sorte que le commanditaire puisse extorquer encore plus d'argent aux villes où il savait, depuis le départ, qu'il allait s'implanter : le siège du gouvernement fédéral et le centre névralgique de la finance mondiale.

Cependant, en jetant son dévolu sur les deux grandes ambassadrices de la côte Est, de cette économie à deux vitesses où le gagnant raflait la mise, l'entreprise avait commis une erreur stratégique. L'une des deux métropoles avait atteint un tel niveau d'hyperprospérité, qu'y avait émergé une minorité professant qu'un phénomène positif amplifié à outrance pouvait devenir néfaste, et très revendicative en ce sens. Des tours dont la taille et la silhouette élancée dégageaient une certaine agressivité surplombaient Midtown, le quartier des affaires, à l'instar de celle, donnant sur Central Park, où le gestionnaire de fonds de placement Kenneth Griffin avait acquis un appartement de 2 230 mètres carrés pour la somme de 238 millions de dollars. Il y avait dans cette ville des personnes assez fortunées pour réunir 11 millions de dollars en vue d'empêcher la construction d'un bâtiment, à deux pas de chez eux, qui menaçait de leur boucher la vue. Il y avait de nouveaux voisins versés dans l'ostentation, comme l'ancien PDG d'Uber, Travis Kalanick, qui lâcha 36 millions de dollars pour un appartement-terrasse, à SoHo, agrémenté d'une piscine extérieure de 6 mètres de long dans un immeuble conçu par l'architecte Renzo Piano.

Certaines rues étaient si embouteillées que le nombre de décès de cyclistes montait en flèche ; ce qui n'empêcha pas le syndicat de copropriété de l'immeuble où Jeff Bezos résidait à Central Park West, dont l'un des lots fut mis en vente près de 10 millions de dollars, d'aller en justice en vue de supprimer une piste cyclable. (En 2019, Bezos opterait pour un pied-à-terre plus luxueux encore : 1 579 mètres carrés déployés sur plusieurs numéros de la Cinquième Avenue, douze chambres, le tout acquis pour environ 80 millions de dollars.) Ces encombrements étaient en grande partie imputables au nombre croissant de camions et de fourgons de livraison qui venaient déposer des paquets dans les halls d'immeuble, où l'afflux d'articles commandés en ligne était si considérable que les propriétaires firent installer des casiers pour pouvoir les stocker ; parfois, on empilait les colis sur des couvertures posées à même le trottoir. On comptait désormais neuf centres de distribution Amazon dans le New Jersey, contre zéro en 2012, et ces sites, combinés à l'entrepôt colossal de Staten Island, expédiaient tellement de colis aux quatre coins de New York City que le nombre total de livraisons à domicile avait triplé depuis 2009 pour se hisser à plus de un million d'articles par jour. Amazon s'était forgé un certain cachet qui emportait l'adhésion des consommateurs citadins actifs et que nombre de ses rivaux dans la vente au détail – Walmart offrant l'exemple le plus célèbre – n'avaient jamais possédé. D'autres suivaient désormais la voie tracée par Amazon et ses promesses de livraison sans accroc, notamment l'application de livraison de repas Seamless (Sans heurt) : “Plus de 8 millions de personnes à New York, mais grâce à nous, vous les évitez toutes”, se félicitait une de leurs publicités. “Rien de tel que les autres New-Yorkais pour gâcher un bon repas”, disait une autre.

Ceux qui en avaient les moyens fuyaient, de plus en plus fréquemment, tous ces embouteillages en se rendant au travail en hélicoptère (un trajet pour l'aéroport JFK coûtait 200 dollars). À Manhattan, le prix médian d'un appartement avait franchi la barre du million de dollars quelques années plus tôt ; à Brooklyn, le loyer moyen était en passe de dépasser le seuil des 3 000 dollars, et les parents faisaient la queue toute la nuit à même le trottoir, dans des sacs de couchage, pour s'assurer que leur enfant aurait bien une place en maternelle. Tous les indicateurs laissaient présager que la tendance ne ferait que s'intensifier : Google débarquait en ville à son tour, avec la construction d'un site d'une valeur de 1 milliard de dollars qui lui permettrait de multiplier par deux sa main-d'œuvre et d'atteindre les 14 000 employés. Après une hausse spectaculaire de 80 % au cours de la décennie précédente, le nombre d'emplois dans le domaine du numérique s'élevait désormais à plus de 140 000.

La ville muait en une parodie de la métropole ploutocratique par excellence, le genre d'endroits où une famille pouvait quitter sa maison bourgeoise à quatre étages dans l'Upper East Side pour le week-end sans se rendre compte que la femme de ménage était restée coincée trois jours dans l'ascenseur privé, comme cela était arrivé début 2019. Ainsi, quand le bruit se mit à circuler au sujet des nouvelles tours vouées à se dresser pour héberger la société dirigée par le suprême ploutocrate – subventionnée sur le dos du contribuable par près de 3 milliards de dollars d'avantages fiscaux –, une minorité qui venait de trouver un nouveau souffle, portée par des tribuns comme la jeune élue locale nouvellement investie Alexandria Ocasio-Cortez, vingt-neuf ans, se souleva et opposa son veto. "ARNAQUAZON", clamait le graffiti tracé sur la façade d'un restaurant abandonné, non loin du site désigné, à Long Island City, où un appartement-terrasse vit son prix flamber jusqu'à 250 000 dollars après l'annonce de l'arrivée prochaine d'Amazon.

Sidérée par tant d'ingratitude et d'effronterie, l'entreprise, piquée au vif, se mit à consigner dans une sorte de cahier secret, à la manière d'un collégien, sous la forme d'un document Word intitulé "Commentaires négatifs NY", toutes les médisances exprimées à son sujet par les New-Yorkais. Elle plaida ensuite inlassablement sa cause à chaque séance du conseil municipal. Mais la minorité combative n'était pas dupe. Le fait que la municipalité recevait des mises en garde depuis Seattle – Teresa Mosqueda, membre du conseil municipal de Seattle, à qui Amazon avait fait miroiter un compromis – se déplaça jusqu'à New York pour conseiller à ses homologues de garder des traces écrites du moindre échange avec l'entreprise. "Ce genre de manœuvres en matière de politiques publiques ne devrait se reproduire dans aucune autre ville, commenta-t-elle par la suite. Il faut qu'ils sachent ce que nous avons enduré."

Quelques semaines plus tard, c'était plié. Un jour, l'entreprise s'engageait dans des pourparlers avec ses détracteurs au sujet des conditions de travail déplorables de ses 5 000 employés dans l'entrepôt titanesque de Staten Island – il fut même question de les autoriser à constituer un syndicat, condition potentiellement préalable à l'approbation par la ville des subventions pour financer le nouveau quartier général. Une proposition qui allait trop loin pour Amazon. Le lendemain, Jay Carney, journaliste devenu influenceur en chef qui faisait désormais la pluie et le beau temps, appela le maire, Bill de Blasio, et le gouverneur, Andrew Cuomo, pour leur annoncer que l'entreprise se rétractait. Pas complètement, ceci dit : resteraient quelques milliers de cols blancs amazoniens, concentrés pour la plupart à Hudson Yards, le nouveau complexe immobilier monumental dans le West Side, dans l'ouest de Manhattan. Mais plus de HQ2, et sa somptueuse démesure. Un collectif financé par Robert Mercer, devenu milliardaire en gérant des fonds de placement, fit déployer sur Times Square un énorme panneau publicitaire pour pointer du doigt Ocasio-Cortez, responsable, selon eux, de cette perte : "MERCI POUR RIEN, AOC !"

Finalement, il y aurait donc bien un grand gagnant unique. Washington et la Virginie septentrionale étaient loin d'avoir réussi à mobiliser des forces comparables à la résistance qu'avait opposée New York. Peut-être était-ce parce que les exonérations proposées par la Virginie – environ 750 millions de dollars de subventions – étaient bien moins colossales et donc moins enclines à offenser le contribuable. Peut-être était-ce parce que Washington, où il existait des restrictions sur la hauteur des constructions, était exempte de ces protubérances phalliques, signes de richesse démesurée, qui hérissaient l'horizon de New York ; peut-être aussi parce que l'on manquait d'une Ocasio-Cortez à Washington. Peut-être était-ce parce que le journal établi dans l'agglomération de Washington, dont Jeff Bezos était propriétaire, s'était montré moins critique envers la future transaction que ses homologues new-yorkais. "Le HQ2 d'Amazon pourrait bien être un tremplin vers un avenir radieux pour la région de D.C.", s'enthousiasmait le titre d'un éditorial du *Washington Post*. C'est à un journal local, et pas au *Washington Post*, qu'il incomberait de divulguer les échanges d'e-mails montrant à quel point les élus d'Arlington s'étaient pliés en quatre pour dérouler le tapis devant Amazon, allant même jusqu'à lui procurer à l'avance les questions qu'ils envisageaient de poser lors d'une séance publique sur la transaction.

Ou peut-être était-ce tout simplement l'alliance parfaite ? Pour Washington, qui malgré l'afflux de nouvelles richesses nourrissait toujours un certain complexe quant à sa nature et son statut originel de ville gouvernementale, Amazon offrait l'occasion rêvée de démontrer qu'elle avait transcendé ses racines bureaucratiques : avec 25 000 salariés, elle deviendrait le plus gros employeur du secteur privé. Pour Amazon, la région serait une manne de talents dans les domaines techniques où elle fallait puiser : il y aurait de quoi recruter sans problème parmi les sous-traitants sollicités par le département de l'Intérieur et parmi les autres fournisseurs de contenus dématérialisés, sur le *cloud*.

D'autres villes, comme Boston et Austin, auraient pu offrir ces mêmes atouts, elles aussi. Mais elles n'étaient pas en mesure de procurer la proximité du pouvoir. L'entreprise avait désormais moins à craindre de ses concurrents que d'un gouvernement qui semblait de plus en plus préoccupé par son absence de concurrents ; voilà qui expliquait pourquoi Amazon s'apprêtait à dépasser la barre des 4 millions de dollars annuels alloués au lobbying, soit cinq fois plus que ce qu'elle y avait consacré cinq ans plus tôt. Parmi tous les géants du numérique, seul Facebook investissait plus qu'elle dans ce domaine. Au total, Amazon avait dépensé 80 millions de dollars au cours de la décennie passée afin de faire pression sur le gouvernement fédéral. Jay Carney, en revanche, soutenait que ces dépenses avaient une visée plus inoffensive. "Nous pouvons servir de ressource, procurer des informations à des décisionnaires et à des législateurs, déclara-t-il dans l'émission *Frontline* sur PBS. On ne fait pas du lobbying au sens traditionnel, c'est-à-dire pour essayer de persuader quelqu'un de faire quelque chose. Nous, on se contente d'apporter des réponses et de fournir des données et des renseignements."

L'équipe en charge de l'offre présentée par la Virginie – dirigée par Stephen Moret, qui faisait partie des convives lors de la réception au Club économique de Washington en l'honneur de Bezos – n'y était pas allée par quatre chemins pour insister sur cet avantage : elle avait conçu une carte à l'attention d'Amazon pour montrer qu'Arlington se situait à deux pas de certaines agences et d'institutions phares telles que la Commission fédérale du commerce et le département de la Justice, deux organismes qui menaçaient d'examiner de plus près l'hégémonie d'Amazon, entre autres géants du numérique. La proximité comportait aussi des avantages plus diffus : un grand nombre de législateurs, d'avocats antitrust et de journalistes résidant à Washington auraient désormais des Amazoniens dans leur voisinage et leur entourage – qu'ils côtoieraient sur les gradins du championnat de baseball junior ou aux réunions de l'association de parents d'élèves. De quoi adoucir, à terme, leur regard sur l'entreprise.

Et puis, la région de Washington offrait le site idéal pour le nouveau quartier général. Il serait construit tout au nord de Crystal City, un agglomérat de bâtiments, des immeubles de bureaux pour la plupart, bâtis sur des terrains en friche le long de la Route 1 au début des années 1960, et qui avait sombré dans une certaine somnolence depuis que les sous-traitants pour sociétés militaires privées qui prédominaient dans ce quartier avaient déménagé. Pour Amazon, c'était l'endroit parfait. Il ne se situait qu'à deux arrêts de métro du centre-ville et d'un point de convergence pour les transports en commun. En Uber, un court trajet enjambant le fleuve vous conduisait en ville en un rien de temps. Et de ce quartier, on pouvait se rendre à pied à l'aéroport national Ronald-Reagan ; il était si près du Pentagone – à une station de métro, soit moins de 600 mètres – qu'on aurait pu négocier les futurs contrats de défense par sémaphores. La majeure partie du terrain sur lequel on bâtirait HQ2 appartenait au même promoteur immobilier : JBG Smith, dont le PDG avait prononcé un chaleureux discours d'accueil à l'attention de Bezos lors du dîner au Club économique. Le caractère tout à fait quelconque du secteur constituait également un atout : Amazon pourrait imposer sa marque sur tout le secteur avec la même liberté que celle dont elle avait joui à South Lake Union. D'ailleurs, Amazon irait même jusqu'à le rebaptiser. Dorénavant, la zone située entre Crystal City et le centre commercial Pentagon City Mall serait, par décret d'Amazon, appelée "National Landing". Si nul ne savait vraiment ce que ce nom était censé signifier, personne n'y émit la moindre objection. Les lieux devinrent donc National Landing.

À Sparrows Point, à peine Bill Bodani avait-il remis des tracts à son jeune collègue, que le lendemain, son responsable, un homme d'une trentaine d'années, vint trouver Bo pour lui dire qu'il n'était pas autorisé à faire circuler des prospectus pendant son service, qu'ils soient de nature religieuse, politique ou autre. Apparemment, le jeune homme n'avait pas été très discret lors de sa distribution.

"Tu te crois où ? Dans un atelier syndical ?" avait assené le supérieur.

Bo s'était bien gardé de répondre. Au lieu de cela, il s'était excusé pour se rendre aux toilettes. En sortant des sanitaires, il trouva son responsable qui l'attendait, à 3 mètres de la porte.

“Tu viens de te voir retirer quinze minutes, l’informa son supérieur.

— En quel honneur ? s’étonna Bo.

— Pour être allé aux toilettes.” Bo avait donc dépassé ses vingt minutes de pause autorisées. “Temps passé hors du poste de travail, précisa le responsable.

— C’est une blague, j’espère, riposta Bo. J’ai pas les yeux rivés sur la pendule. Vous ne voulez quand même pas que je pointe à chaque fois que je vais pisser, si ?”

Alors, Bo sauta le pas.

“Vous savez quoi ? poursuivit-il. Vous voulez que je forme ces gars ? Eh bien, ce sera sans moi. Je viens de déposer mon préavis. Mon dernier jour, c’est vendredi.”

On était en plein coup de feu pour les fêtes de fin d’année. Ils tentèrent de le faire revenir sur sa décision, quoique sans lui proposer d’augmentation ou aucune mesure d’incitation digne de ce nom. Il se tint à ce qu’il avait annoncé. Lors de sa dernière semaine, il constata que le collègue à qui il avait remis les tracts avait disparu de la circulation, tout comme un autre jeune, qui avait évoqué l’idée d’un syndicat. Bo contacta le premier et apprit qu’ils avaient tous deux été mis à pied jusqu’après Noël. L’entreprise avait beau avoir un besoin désespéré de main-d’œuvre supplémentaire pour les fêtes, la nécessité de discipliner les agitateurs semblait l’avoir emporté. (Elle démentirait ces sanctions : “Amazon respecte le droit de ses employés à choisir d’adhérer à un syndicat ou pas”, déclarerait-elle.)

Bo ne savait pas trop comment son épouse et lui allaient s’en sortir sans revenus fixes. Il espérait obtenir assez d’heures au garage pour motocycles de son ami, sans toutefois aucune garantie. Mais la coupe était pleine : cinquante ans après ses débuts à Sparrows Point, Bill Bodani pointa pour la dernière fois.

Le boom fut instantané. Si les abords de National Landing étaient déjà plutôt cossus, le revenu moyen des 15 000 ménages qui vivaient à proximité immédiate du site s’élevant à 138 000 dollars, le secteur connut alors un essor fulgurant qui le propulsa au palier supérieur. Prenons l’exemple d’un appartement qui végétait à l’orée de Crystal City depuis quatre-vingt-dix jours, ayant suscité si peu d’intérêt que l’agent s’apprêtait à le retirer du marché. Quand la nouvelle de l’implantation prochaine du deuxième quartier général d’Amazon s'ébruita en novembre 2018, le bien partit en une journée et à 70 000 dollars de plus que le prix annoncé.

En avril 2019, le prix de vente moyen dans le comté d'Arlington, qui englobait le nouveau quartier général, atteignit 742 000 dollars, soit une hausse de plus de 11 % par rapport à l'année précédente. Une pénurie de logements à vendre affectait des zones entières d'Arlington et d'Alexandria. Certains particuliers cherchant à acheter sur Del Ray, un secteur agréable d'Alexandria, anciennement plus modeste et investi par la classe moyenne, s'entendaient dire que le deuxième tour de négociations serait réservé aux offres en *cash*. En août, le courtier Redfin avait décrit les marchés de l'immobilier à Arlington et Alexandria comme les plus compétitifs des États-Unis : la moitié des biens en vente dans ces secteurs trouvaient acquéreur en moins de deux semaines. Le parc immobilier de la région avait chuté à son niveau le plus bas depuis 2006, au paroxysme de la frénésie d'achats, juste avant l'effondrement des marchés financiers. Un acquéreur jeta son dévolu sur une maison ancienne en cul-de-sac dans les quartiers nord d'Arlington sans même la visiter, déboursant ainsi 900 000 dollars en vue de la faire raser, tant il était certain d'en tirer une forte plus-value. Un jour, une agence publia une alerte en ligne pour un appartement "bientôt disponible" à Rosslyn, un secteur au nord du nouveau quartier général. Une personne appela dans les cinq minutes implorant son interlocuteur de programmer illico une visite. Juste au sud, dans le comté de Fairfax, on avait reconverti l'ancien Lorton Reformatory, la prison ayant abrité des détenus de Washington pendant neuf décennies en biens de grand standing vendus à la pelle par les promoteurs immobiliers. Les nouveaux résidents pourraient se promener le long de Reformatory Way et de Sallyport Street.

Tous ces signes annonciateurs n'étaient qu'un petit avant-goût de ce qui se profilait. Amazon avait à peine foulé ce territoire pour l'instant. En 2019, elle ne prévoyait de créer que quatre cents postes dans ses bureaux temporaires. Les permis de construire n'avaient toujours pas été délivrés pour les nouvelles tours qu'elle comptait ériger. Selon le prévisionnel, son quartier général n'atteindrait pas les 25 000 employés avant 2030. Une fois qu'ils verraient le jour, ces emplois étaient censés en générer, par ricochet, 37 500 autres dans toute la région, soit un total de 6,5 milliards de dollars de revenus annuels et 650 millions de recettes fiscales pour l'État de Virginie et les collectivités locales.

Lorsque les défenseurs du droit au logement exprimèrent leur inquiétude quant à cette région déjà hors de prix qui ne cessait de devenir encore plus inaccessible, Amazon annonça son intention de faire un don de 3 millions de dollars pour financer la création de logements abordables dans la région d'Arlington. Toutefois, Jay Carney, en charge des relations publiques chez Amazon, déclara dans le journal possédé par Jeff Bezos que ce problème relevait de la responsabilité des autorités locales, pas de celle de l'entreprise.

"Bien sûr, nous voulons faire partie de la solution, déclara-t-il, travailler en étroite collaboration avec les élus et les autres... Mais en tant que citoyen, je ne suis pas pour confier les missions du gouvernement à des structures privées." Aucune allusion, en revanche, au fait qu'à tous les niveaux le gouvernement était de moins en moins apte à exercer ses fonctions, et ce, en raison de l'évasion fiscale, art que l'entreprise pratiquait désormais avec brio.

Il régnait sur le terne paysage urbain de Crystal City une atmosphère sinistre et figée, le calme avant la tempête. Les employés en première ligne ainsi qu'une palette d'entrepreneurs en bâtiment flânaient de trottoirs en esplanades, levant les yeux vers ce bâtiment en attente de rénovation, puis vers celui-ci, en instance de démolition. Dans le centre commercial souterrain défraîchi qui communiquait avec la station de métro Crystal City, des employés vaquaient à leurs activités dans de modestes boutiques ou fast-foods voués à disparaître.

L'endroit était en passe de se réinventer et déjà les prémices apparaissaient : dans l'atrium du centre commercial souterrain, visible de la rue, se déployait une vaste pancarte : "THE LANDING". Au rez-de-chaussée d'un des immeubles de bureaux temporaires, un traiteur et son équipe préparaient un cocktail en installant des illustrations grandeur nature visant à évoquer le raffinement et la prospérité qui investiraient bientôt les lieux : un café intitulé Claire's, un restaurant baptisé Daniel's, et un club appelé Studio Beloved. On se serait cru à South Lake Union à Seattle, sauf que, là-bas, la chaîne de cafés qui avait la mainmise sur la ville, avec trois points de vente au kilomètre carré, ne portait pas le nom Claire's. S'il planait encore le moindre doute quant à l'identité du nouvel occupant, l'annonce d'une *yappy hour*, une "heure des toutous", pendant laquelle le voisinage était invité à se mêler au personnel, en compagnie de ses chiens, achevait de la dévoiler.

Un mardi de la mi-septembre, l'horloge fit un bond vers le futur proche. Cinq mille personnes prirent d'assaut National Landing à l'occasion du tout premier *career day* de l'entreprise, une journée de rencontres pour les personnes souhaitant travailler au quartier général. Un grand barnum blanc, comme on en loue pour les mariages, se dressa sur l'espace vert en face de l'un des sites où devaient être bâties les nouvelles tours. De l'autre côté de la rue se trouvait un immeuble neuf abritant un Whole Foods et une salle de musculation. Pour donner à la scène un vernis branché, on avait égayé les grillages et les murs temporaires en y peignant des vélos en libre-service et des mots ou expressions posés là, pêle-mêle : "BRIGHT" (Clair), "WHAT IF" (Et si), "LISTEN TO THE QUIET VOICE" (Écoute la voix silencieuse).

Ces portes ouvertes devaient durer cinq heures, mais au bout d'une demi-heure, la queue serpentait dans tout le quartier, dépassant la résidence Lenox Club, tournant au coin de l'hôtel DoubleTree. Cette file indienne était d'une diversité incroyable : s'y mêlaient toutes les couleurs, accoutrées de tous les styles : têtes encadrées de casques audio, coiffées de foulards et de turbans, nœuds papillons, casquettes de baseball. Certains avaient les yeux dans le vague, la plupart avaient les yeux rivés à leurs téléphones. Un haut-parleur crépita et la foule de visiteurs fut divertie par une conversation qui avait lieu sur scène sous le barnum entre Linda Thomas, en charge de la Owned Content and Channels Team[1], ayant pour vocation de "raconter des histoires au sujet de notre entreprise, à destination d'un public ciblé", et Ardine Williams, vice-présidente des People Operations[2]. Elles parlaient de l'entreprise et de ce qu'elle recherchait chez les candidats.

"Nous sommes venus à Arlington car il y a du talent ici", affirma Williams.

"L'échec, c'est une notion qui nous intéresse chez Amazon, parce qu'en fait, on encourage les gens à le vivre, expliqua Thomas. Si tu ne connais pas l'échec, c'est que tu n'essaies pas assez, que tu ne vois pas les choses en grand.

— Si tu ne connais pas l'échec, ça veut dire que tu n'es pas allé chercher assez loin", renchérit Williams.

"Amazon est une entreprise très centrée sur le client, mais j'enfonce des portes ouvertes, continua Thomas.

— On construit des choses, expliqua Williams. On est curieux. On a la possibilité de collaborer… D'apprendre et d'être curieux. Moi-même, je suis d'une curiosité insatiable."

Elles évoquèrent la méthode STAR préconisée par l'entreprise pour la prise de décision : Situation, Tâche, Action, Résultat. Elles rappelèrent ses principes de *leadership*. Elles décrivirent sa culture du *day one*[3].

Une employée d'agence immobilière longeait la file pour distribuer des brochures sur papier glacé présentant deux nouveaux lotissements dans le secteur : "MAISONS MITOYENNES À 3 ÉTAGES AVEC TOIT-TERRASSE, À PARTIR DE 700 000 DOLLARS", "MAISONS MITOYENNES EN CENTRE-VILLE AVEC TOIT-TERRASSE ET GARAGE 2 PLACES".

Dans la queue, un chef de projet déjà en poste s'était quand même déplacé. "C'est Amazon, dit-il. Personne n'a envie de se fermer des portes. Parmi tous ces gens, il y en a plein qui ont déjà un boulot, mais c'est quand même Amazon. En tout cas, ils font la démarche de venir."

Latasha Bryant, originaire de Baltimore, était l'une d'entre eux. Ayant terminé le lycée depuis huit ans, elle cherchait désespérément un emploi stable qui lui permette de faire carrière. Elle avait débuté au guichet d'une banque, puis suivi une formation de douze semaines pour se perfectionner sur des tâches informatiques de base, savoir-faire qu'elle avait pu mettre en pratique lors de brefs passages chez le spécialiste de l'habillage de fenêtres Next Day Blinds et au guichet d'information de la municipalité de Baltimore. De son domicile à la sortie de Baltimore, elle aurait une heure et demie de route pour se rendre à National Landing. "Je suis prête à faire ce sacrifice", affirmait-elle.

Elle savait que Baltimore avait été en lice pour obtenir HQ2 et, même si elle avait souhaité que sa ville l'emportât, elle n'était pas surprise que ce n'ait pas été le cas. "Ça fait des années que Baltimore stagne, expliqua-t-elle. Les gens n'osent plus y faire le moindre investissement."

Quand, enfin, ils atteignaient le début de la queue, plusieurs récompenses les attendaient à l'entrée de la tente : un WC chimique, une banane et une bouteille d'eau. Mais une fois sous la tente, d'autres files apparaissaient. Il y en avait deux longues pour ceux qui souhaitaient faire passer en revue leur CV et pour ceux qui souhaitaient des conseils au sujet de l'entretien d'embauche. Il y en avait de plus courtes devant des stands dédiés à chacune des branches sur lesquelles jeter son dévolu : Amazon Web Services, Amazon Stores, Alexa Shopping, Finance & FinTech, et ainsi de suite. Déployée de façon ostentatoire sur une paroi intérieure de la tente, on pouvait lire une citation de Jeff Bezos : "Construisez-vous une grande histoire."

Une autre conversation avait cours sur scène, entre deux jeunes employés en T-shirt Amazon, assis sur des fauteuils pivotants d'un blanc immaculé.

"Et mon CV, quel format il faut qu'il fasse ? demanda la jeune femme qui jouait le rôle de la candidate.

— Oui, bon alors... Mettons que vous ayez quinze à vingt ans d'expérience à énumérer. Je plafonnerais le document à trois pages maximum, tout en tentant de faire tout tenir sur une ou deux", répondit l'homme, un dénommé Ryan, dont les chevilles nues ressortaient au-dessus de ses Vans sans lacets.

Il précisa aussi que les listes avec puces faisaient bonne impression sur les CV.

"Comment dois-je faire pour que mon CV sorte du lot ? s'interrogeait son interlocutrice. J'ai entendu parler des grands principes de *leadership*. Comment savoir si mon profil correspond bien à ce que recherche Amazon ?

— Renseignez-vous sur nos principes de *leadership*, recommanda Ryan. Faites l'inventaire de vos expériences professionnelles, des projets ou des initiatives auxquels vous avez contribué et qui attestent d'un certain degré d'expertise dans un de ces grands principes."

Lorsqu'ils sortaient du barnum, les visiteurs clignaient des yeux sous le soleil, munis de bouteilles d'eau, d'un des paquets de chips ou de pop-corn gratuits en libre-service sous la tente, et d'une petite fiche de renseignements orange portant l'inscription : "Venez construire le futur avec nous."

Latasha Bryant ne cachait pas sa déception. Elle avait fait le pied de grue aux stands AWS (Amazon Web Services) et Stages. "Je pensais que ça serait plus individualisé, déplora-t-elle. Je pensais qu'on pourrait parler avec quelqu'un en tête à tête, qu'on aurait l'occasion de balancer notre argumentaire de trente secondes. Mais, en fait, c'était plutôt : 'Tenez, prenez un prospectus' et puis 'Merci, au revoir'. Finalement, ils nous ont dit de postuler en ligne."

Elle remonta la file d'attente toujours interminable, des centaines de personnes faisant encore le poireau, pour regagner sa voiture et s'extraire de la ville avant l'heure de pointe, du moins l'espérait-elle, et reprendre la route de Baltimore.

Keith Taylor cherchait des briques, lui aussi. Non pas parmi les rangées de maisons mitoyennes d'East Baltimore, mais dans une benne à ordures de Sparrows Point.

Il subsistait toujours, çà et là, des vestiges de Bethlehem Steel, dans les recoins les plus reculés de la péninsule, même après l'implantation des nouveaux entrepôts. À présent, la déconstruction, l'effacement des ultimes traces de l'usine, commençait à s'accélérer, ce qui avait incité Taylor à redoubler d'efforts pour récupérer le plus possible de ces traces. Il avait grandi dans les environs, à Edgemere, et fréquenté le lycée de Sparrows Point ; le père de sa femme avait été mécanicien de chantier à l'atelier d'étamage, et pour sa part, il avait intégré Beth Steel à l'âge de trente-deux ans, en 1989, après avoir servi en qualité de technicien radariste au sein de l'armée puis travaillé pour le compte de deux entrepreneurs dans le secteur de la défense. "Je disais tout le temps : "Ta ta ta, je descends pas là-dedans" et, bien sûr, j'ai fini là-bas", commentait-il. En tant qu'ingénieur spécialisé dans le passage à l'électrique, il mettait son bagage en informatique à profit pour moderniser le train à bandes de 170 centimètres utilisé pour le laminage à chaud. Il chérissait la confrérie, qui lui rappelait, comme à Bill Bodani, l'esprit d'équipe et les liens étroits noués pendant ses années de service. "Travailler dans l'acier chez Beth Steel, c'était un honneur, se souvenait-il. On était une famille. On veillait les uns sur les autres."

Dès la fin des années 1990, il avait observé des signes de déclin – l'absence de papier dans les toilettes pour hommes, le nombre croissant de gars à se défoncer sur place, pendant le boulot –, alors il avait cherché une issue de secours. En 1999, il avait commencé à suivre des cours pour obtenir un certificat d'aptitude à l'enseignement, et un an plus tard, il avait quitté l'usine pour aller former, non loin de là, des élèves du lycée Patapsco à la réparation informatique.

En 2006, alors qu'il empruntait North Point Boulevard à vélo pour s'entraîner en vue du triathlon de la fondation Make-A-Wish, un conducteur lui frôla le coude puis continua de se déporter vers la droite, comme s'il ne l'avait pas vu du tout, et pila juste devant lui pour tourner à droite. Keith fonça dans la voiture et la percuta violemment. L'accident lui causa une hernie discale et des séquelles neurologiques. Il prit sa retraite et cessa d'enseigner en 2008, puis erra plusieurs années dans une sorte de brouillard.

Un jour qu'il promenait son chien à Sparrows Point High, il fut frappé comme jamais auparavant par la vitesse et le caractère total de l'anéantissement de Beth Steel. "C'est toute mon histoire, tout mon patrimoine qu'on est en train d'emporter sous mes yeux", songea-t-il. Il venait de trouver la prochaine mission de sa vie : il s'érigerait en gardien de la mémoire de Bethlehem Steel à Baltimore. "Une porte s'était fermée, une autre s'est ouverte, résumait-il. J'avais la cervelle détraquée, mais là, je me suis réveillé, et d'un coup, des tas d'idées ont fusé."

Il fonda la Société historique de Sparrows Point/North Point et entreprit de recueillir la moindre relique d'un monde en voie de disparition ; tout ce qu'il trouvait, il le ramassait. "Sparrows Point est un lieu chargé d'histoire, soutenait-il. Sans l'existence de Beth Steel, on parlerait japonais ou allemand, à l'heure qu'il est. Sparrows Point a sauvé l'Amérique."

Voilà ce qui l'avait conduit jusqu'à cette benne à ordures. Il savait qu'elle renfermait, quelque part dans ses entrailles, les briques d'un des bâtiments les plus emblématiques de la Pointe : les bureaux principaux de l'administration, construits dans les années 1930 pour remplacer les locaux d'origine, datant des années 1890. Il tenait à sauver ces briques dans le cadre du projet dont il rêvait : elles seraient réemployées sous forme de socles pour une rangée de lampadaires, aussi récupérés sur la Pointe, disposés en bordure des terrains de sport, au lycée de Sparrows Point, alimentés à l'énergie solaire et ponctués de panneaux d'information sur la Pointe et Beth Steel. Il appellerait cette installation *Beacon of Hope*, "Balise de l'espoir".

Par malheur, le temps qu'il se décide à les récupérer, les entreprises de démolition avaient déversé des monticules de déchets ordinaires sur les briques. Il n'y réfléchit pas à deux fois. Par une froide journée de décembre, il se rendit sur la Pointe au volant de sa camionnette et traversa la friche étalée où se trouvait jadis la ville. Chose sinistre, le GPS détectait toujours tout un maillage de rues, là où ne subsistait plus qu'une étendue vierge : "D Street... C Street...". Il enfila des gants et se hissa dans la benne, d'où il se mit à extraire les détritus pour les jeter dans une deuxième benne qui, par un heureux hasard, se trouvait à seulement 3 mètres de là. Hop, d'une poubelle à l'autre : de gros rouleaux de tuyaux de drainage en plastique, une antenne parabolique, des bouteilles de liqueur de whisky Fireball, des bouteilles de cognac Hennessy, un bidon d'essence, un casque de chantier. À la fin de la journée, il avait atteint la strate inférieure, l'objet de ses fouilles. Elle comportait plusieurs milliers de ces fameuses briques, largement de quoi réaliser son projet.

"Je n'arrêtais pas de me demander comment faire pour donner à l'école qui m'avait tant donné à moi, expliqua-t-il. Je suis très heureux. J'ai du pain sur la planche, mais je suis vraiment heureux."

Son regard se porta de l'autre côté de la friche, sur l'entrepôt titanesque dressé là où se trouvait jadis l'atelier de laminage à chaud abritant le train à bandes de 170 centimètres. Un grand conteneur rouge était posé sur l'herbe, juste à côté : "LIVRAISON CHINE", pouvait-on y lire. Debout dans la benne à ordures, Keith Taylor ricana à la vue du mot placardé sur les flancs du bâtiment : "*Fulfillment*, fit-il. L'épanouissement, l'accomplissement, quoi… Tout le monde y aspire. Y a plein de gens qui ont l'âme à la dérive. Qui ne savent pas ce qu'ils veulent dans la vie."

S'il avait, quant à lui, trouvé sa nouvelle vocation, il n'était pas aidé par le manque de coopération flagrant des nouveaux propriétaires de la Pointe, qui semblaient très pressés d'oblitérer l'ancienne identité de la péninsule pour la transformer en une plateforme logistique ultra-polyvalente. Avant la fin de l'année suivante, le groupe qui possédait le site annoncerait l'ouverture d'une centrale de stockage d'énergie éolienne, d'une exploitation d'agriculture urbaine et d'entrepôts supplémentaires, à l'usage de Home Depot et de Floor & Decor. Cela ne leur avait pas suffi de rebaptiser Sparrows Point "Tradepoint Atlantic" en 2016… En plus de cela, ils ne manifestaient pas le moindre intérêt pour l'initiative de Keith et ne semblaient guère enclins à adhérer à la liste des entreprises et associations locales qui contribuaient à ses efforts.

"Ils ont tout mis au rebut, déplorait-il. Ils veulent que tout disparaisse."

Aux yeux de Keith, leur façon de procéder allait totalement à l'encontre d'une maxime glanée dans un livre de Daniel Boorstin, l'historien et ancien bibliothécaire à la Bibliothèque du Congrès : "Essayer de planifier l'avenir sans tenir compte du passé revient à essayer de planter des fleurs coupées." Une citation qui lui parlait beaucoup.

Les nouveaux propriétaires firent tout de même une concession à la nostalgie : la cérémonie d'illumination de l'Étoile de Bethlehem, à Noël. Ils avaient tout d'abord fixé l'étoile métallique – plus de 8 mètres de large, 1,5 tonne – sur la station de traitement des eaux usées, choix qui, comme Taylor et d'autres l'avaient fait remarquer, montrait la valeur qu'ils attachaient à ce symbole : "Ils l'ont foutue sur les chiottes !" s'était-il offusqué. Ils avaient fini par l'installer à un endroit plus noble : le château d'eau.

Les premières voitures arrivèrent à la tombée de la nuit et furent guidées vers la gare de triage par un personnel de sécurité en sous-traitance. En fin de compte, à peine une centaine de personnes se réunirent sous une tente blanche ouverte aux quatre vents. Keith Taylor fut de la partie. Bill Bodani Jr. aussi. Des chants de Noël retentissaient à travers le site. Une petite dizaine de membres d'une église locale, la New Light Lutheran Church, de Dundalk, née cinq ans plus tôt de la fusion entre trois églises luthériennes dont le nombre de fidèles s'était amenuisé, s'employaient à servir des biscuits faits maison et du café. Parmi eux, Dawn Dieter, dont le père avait travaillé quarante-sept ans sur le site de la Pointe, de ses dix-sept ans à son départ en retraite.

"Jamais, même dans mes pires cauchemars, je n'aurais imaginé voir Bethlehem Steel s'éteindre de mon vivant, confia-t-elle. Ce ne sera plus pareil maintenant. Ils ne vont pas remplacer les postes des sidérurgistes par d'autres aussi bien payés… mais bon, ça reste des emplois."

Aaron Tomarchio, vice-président des affaires générales chez Atlantic Tradepoint, accueillit les invités avec un discours. "2018 aura été une année bien remplie, on peut le dire, déclara-t-il. Nous avons hissé haut notre vision, celle de créer un centre mondial spécialisé dans la logistique et le commerce."

Il salua le nouveau directeur général des services du comté de Baltimore, Johnny Olszewski Jr. "J'aimerais maintenant l'inviter à me rejoindre, pour vous donner le *la* dans le décompte jusqu'à l'étoile." "Vous", pas "nous". La formulation, loin d'être anodine, soulignait que Tradepoint organisait cette cérémonie pour faire plaisir à d'autres.

Olszewski s'avança. "Certes, il fait froid, mais nos esprits, eux, sont pleins de chaleur, et jamais je n'ai été, ni ne serai, aussi enthousiaste quant à l'avenir de Tradepoint", claironna-t-il.

Quelques semaines plus tard, Amazon annonça que le service Prime Now dans le secteur de Baltimore serait réactivé le 18 décembre, après le hiatus occasionné par l'effondrement d'une partie de l'entrepôt de Dundalk, juste à temps pour Noël. Lors du dernier trimestre 2018, Amazon vit pour la toute première fois ses bénéfices dépasser les 3 milliards de dollars et ses parts de vente en ligne augmenter de moitié pendant la période précédant les fêtes, asseyant comme jamais auparavant sa domination sur ses concurrents. À la fin de l'année, elle comptait un nombre d'abonnés Prime supérieur à 100 millions sur le territoire américain, et était donc en voie de s'introduire dans plus de la moitié des ménages du pays. Dès la première semaine de la nouvelle année, elle fut sacrée, une grande première, entreprise la plus valorisée en Bourse, c'est-à-dire la plus chère du monde.

Le décompte s'amorça, puis l'étoile s'illumina. Mais quelques instants plus tard, elle s'éteignit et demeura obscure pendant vingt minutes : un souci avec le disjoncteur. Les visiteurs repartirent au volant de leurs véhicules, longeant sous le regard des vigiles les immenses bâtiments flambant neufs, dont DCA1, où l'éclairage était vif, et où les employés faisaient face au coup de feu des fêtes de fin d'année, sans Bo Bodani.

Parmi les coins de Virginie septentrionale pas encore annexés par les centres de données subsistait un ensemble de terres agricoles et de vignobles au sud-ouest de Leesburg. C'est donc là, au domaine vinicole de Stone Tower, que l'industrie du traitement des données se mit au vert, un soir ensoleillé de la fin avril 2019, pour un banquet à l'occasion des tout premiers Data Center Leadership Awards (prix récompensant les dirigeants les plus performants dans le domaine du traitement des données).

On sentait l'effervescence d'une fête attendue de longue date. Il y avait des années que l'industrie du numérique à Washington et en Virginie septentrionale se développait dans la pénombre, prenant de l'ampleur quoique tapie derrière les murs opaques des *data centers* monolithiques et des acronymes sibyllins sur les cubes en verre des locaux administratifs. Mais à présent qu'Amazon avait décidé d'implanter son deuxième quartier général à Arlington, point de confluence exact entre la Virginie septentrionale et Washington, le monde allait enfin donner à la région ses lettres de noblesse en tant que nouvelle capitale de la tech, prête à éclore après des années de gestation. L'autosatisfaction était donc à l'ordre du jour.

Les convives arrivèrent dans un flot de voitures et de 4 x 4 dernier cri (plusieurs Lexus et BMW, au moins une Jaguar), après avoir quitté la Route 15 au niveau du panneau indiquant le Hogback Mountain Paintball, puis gravi la piste sinueuse. Une des Lexus arborait une plaque qui attirait l'œil : le n° 2 associé à la Virginie, une des immatriculations à un chiffre réservées aux membres du Sénat de l'État.

Elle appartenait à Janet Howell, sénatrice de l'État de Virginie depuis vingt-sept ans, une personnalité parmi la douzaine de législateurs d'État, en poste ou émérites, ayant répondu présents à cette invitation, dont le président de la Chambre des délégués. Cette forte participation des dirigeants politiques locaux attestait de la prédominance de ce secteur industriel dans la région. Fort de plus de 70 centres de données, le comté de Loudoun leur consacrait plus de 4 millions de mètres carrés, avec près de 1,5 million supplémentaires en instance de construction. Dans le comté du Prince William, on recensait 34 de ces centres, qui représentaient au total 6,9 milliards de dollars d'investissement. Les infrastructures commençaient même à se répandre encore plus au sud, de l'autre côté de la frontière de l'État. À elle seule, Amazon en supervisait au moins 29 en Virginie et prévoyait, disait-on, d'en implanter 11 encore. Microsoft paya 73 millions de dollars un terrain de 135 hectares à Loudoun en vue d'y bâtir un nouveau pôle d'activité titanesque.

Les convives descendirent un escalier pour accéder à une pièce spacieuse équipée d'un bar tout en longueur où se tiendrait le pot de bienvenue, sponsorisé par Amazon et Microsoft : les deux sociétés toujours en lice pour le contrat colossal avec le Pentagone, et qui poursuivraient la bataille devant le tribunal même une fois Microsoft finalement désigné gagnant par le Pentagone. (Amazon objecterait que ce choix aurait été biaisé par l'animosité que vouait le président Trump au propriétaire de ce qu'il appelait l'"*Amazon Washington Post*".) Verres de vin à la main, ils s'avancèrent d'un pas désinvolte jusqu'à une vaste terrasse, et au loin, déjà, le soleil déclinait, drapant de ses rayons les rangées de vignes qui s'étendaient sur une pente fuyant vers l'ouest.

Les participants étaient presque tous des hommes, presque tous des Blancs. On avait du mal à croire qu'il s'agissait d'une première pour l'industrie locale du numérique : les festivités avaient un air de petite sauterie habituelle, sur fond de blagues d'initiés et de cancans de bureau.

Au crépuscule, les hôtes furent invités à se rendre dans une salle de réception attenante à la terrasse. Chaque table était attribuée à un sponsor, le grade du convive matérialisé par sa distance avec la scène : AWS (Amazon Web Services) et Microsoft occupaient le premier rang, avec Google et Dominion, le fournisseur d'électricité, dont la position était à peine moins prestigieuse.

Cette importance était également signifiée par le placement des personnalités politiques : la table AWS accueillait la doyenne des législateurs présents dans la salle, Janet Howell, qui avait fait des pieds et des mains ces dernières années pour promouvoir l'industrie du numérique, au point que, sur son propre site Internet, elle se félicitait d'un sobriquet dont on l'affublait parfois : la “Techno-Sénatrice”. Démocrate originaire du comté de Fairfax, elle siégeait à cinq des commissions les plus influentes de Richmond, dont le comité des finances locales (auquel il incombait de gérer les taxes et les exonérations d'impôts). Ce soir-là, elle était flanquée de Peter Hirschboeck, qui développait des projets d'ordre énergétique pour AWS, et de Laurie Tyson, la lobbyiste en chef d'AWS sur tout le secteur sud-est.

Au terme du dîner, Howell monta sur scène en compagnie de plusieurs autres législateurs présents dans la salle pour une table ronde spéciale “secteur public” : un point sur les activités à Richmond susceptibles d'affecter l'industrie du traitement de données, agrémenté d'une énumération assez rébarbative des différents avantages fiscaux qu'avait à offrir la Virginie. Le modérateur rappela à l'auditoire qu'elle avait été le premier État à attirer les *data centers* grâce à une réduction d'impôts sur mesure (une exonération de la TVA et de la taxe à l'utilisation qui permettait à ce secteur industriel d'économiser 65 millions de dollars par an). Lors des présentations, on avait chanté les louanges des trois anciens législateurs pour leur rôle dans la légalisation de l'exonération fiscale.

Quand vint son tour, Howell nuança le portrait qu'on s'apprêtait à faire d'elle et assura à l'assemblée que ses homologues législateurs ici présents et elle-même défendraient leurs intérêts. “Vous avez sous les yeux trois, quatre amoureux du *big data*, affirma-t-elle. Et les trois d'entre nous qui siègent à l'Assemblée générale de Virginie représentent différentes régions de l'État, différents partis, mais nous sommes tous investis pour garantir le succès de ce secteur industriel en Virginie et pour veiller à ce que vous continuiez de croître et de vous multiplier."

Howell conclut sur un éloge du caractère extrêmement énergivore des centres de données, ces géants qui allaient pousser l'État à se tourner vers les sources d'électricité renouvelables. Pourtant, un rapport sur l'environnement avait récemment démontré, à l'inverse, que l'énergie utilisée pour alimenter les *data centers* en Virginie provenait toujours, en grande partie, de sources non renouvelables, et majoritairement du charbon. Les centres de données possédés par Amazon ne puisaient que 12 % de leur consommation en croissance perpétuelle dans des sources renouvelables – moins bonne élève que Microsoft et Facebook, mais mieux classée que Google. À l'échelle nationale et sur un laps de temps de deux décennies, pour chaque milliard de dollars investi dans les centres de données, on en consommait 7 en électricité. À l'échelle mondiale, les dépenses consacrées aux centres de données avaient dépassé 100 milliards de dollars par an.

Sur le thème des ressources énergétiques, Jeff Bezos était assez désabusé, voire fataliste. Et c'est pour cette raison qu'il nous fallait aller sur la Lune. "Nous allons nous retrouver à cours d'énergie sur Terre, prédit-il quelques semaines plus tard. C'est purement mathématique, ça va se produire."

Quelques années plus tôt, l'entreprise avait envisagé de proposer à ses clients une formule "verte" – des délais de livraison plus longs pour une moindre émission de CO_2 – mais avait finalement rejeté l'idée, de peur que les chiffres de vente en pâtissent. Début 2020, après de très vives protestations des employés de son quartier général, dont 8 700 signèrent une pétition sommant l'entreprise de prendre en considération le réchauffement climatique, Bezos s'engagea à y consacrer 10 milliards de sa fortune personnelle, dont la répartition resterait à déterminer, une fois créés des programmes spécifiques. L'entreprise orchestrait également quatre-vingt-onze projets d'énergie éolienne et solaire dans le monde, de quoi alimenter 680 000 foyers, et investissait 100 millions de dollars dans la reforestation à l'échelle mondiale.

Howell ne fit aucune allusion au rapport sur l'environnement où apparaissait clairement la dépendance au charbon de ces centres de données, ni à leurs besoins énergétiques en hausse constante.

"Les centres de données obligent la Virginie à s'engager dans un futur bâti sur les énergies renouvelables, déclara-t-elle. Je tiens à vous exprimer ma gratitude, à vous tous ici présents, pour nous avoir donné l'impulsion d'agir comme nous le devions. C'est le monde des affaires qui nous a forcés à prendre cette direction, et ça, nos enfants sauront s'en souvenir."

Les démolitions se concentraient désormais à l'est, dans des secteurs complètement excentrés comme les quartiers délabrés sur Montford Avenue, au nord de la voie ferroviaire Amtrak et au sud de North Avenue, non loin de l'endroit où cette artère cruciale du trafic est-ouest s'achevait dans une impasse et dans le cimetière de Baltimore. Ces derniers temps, Crews avait démoli plus de quinze maisons mitoyennes au niveau des numéros 1500, 1600, et 1700 de Montford Avenue. Certaines avaient été déconstruites dans un esprit de récupération, mais pas toutes.

Aux environs du numéro 1500, une vieille femme afro-américaine assise sur son perron contemplait l'espace vide où la rangée d'en face se trouvait encore il y a peu. Elle vivait depuis soixante-cinq ans dans cette rue, où elle s'était installée à son arrivée de Wrightsville, en Géorgie. "Ça me tracasse pas trop, ce qu'ils font, dit-elle au sujet des démolitions. Le Seigneur saura prendre soin de moi."

Aux environs du numéro 1600, une femme plus jeune émergea de la maison salement délabrée adjacente à une longue rangée tout juste démolie, en lieu et place de quoi ne subsistaient que quelques jeunes pousses d'arbres, une benne à ordures, et un coussin de canapé. Construit en 1920, le logement dont elle sortait montrait des signes d'abandon : fenêtres d'en bas condamnées, vitres brisées sur celles d'en haut. Pourtant, elle n'était pas inoccupée. Le père de Teresa y habitait depuis huit ans, et Teresa, trente-quatre ans, logée ailleurs, chez son petit copain, la plupart du temps, avait juste fait une visite éclair pour changer de vêtements. Elle avait les mains pleines : une cannette de bière forte ouverte drapée de papier kraft, un plat à emporter dans un sac plastique, un paquet de cigarettes. Elle était affublée d'une botte orthopédique, et ce, depuis qu'elle s'était cassé la cheville cinq mois plus tôt : "En essayant de botter le cul de mon ex." Au sens propre, précisa-t-elle. Après avoir fréquenté le lycée Patterson, comme Bill Bodani Jr., elle avait tenté de passer un diplôme de préparatrice en pharmacie dans une école privée. Il y avait cinq ans qu'elle n'avait pas travaillé, depuis qu'elle avait arrêté la mise en rayon chez Walmart ; elle avait déposé un dossier pour obtenir une pension d'invalidité. "C'est mes mecs qui s'occupent de moi", relativisait-elle.

Récemment, son père avait reçu un préavis de quatre-vingt-dix jours, car la maison ne tarderait pas à être démolie, elle aussi. D'après Teresa, il n'avait rien contre le fait de partir.

"Il a vraiment envie de quitter le quartier une bonne fois pour toutes, expliqua-t-elle. Donc ça lui va."

Elle était navrée de voir tant de maisons rayées de la carte, mais ça ne l'attristait pas plus que ça, finalement.

"Il faut qu'elles disparaissent, poursuivit-elle. Ça fait un bail qu'elles sont là. Elles sont vieilles. Il était temps. C'est le Baltimore historique, donc c'est sûr que c'est un peu triste de le voir s'en aller, mais c'est comme ça. Y a des choses qui doivent s'arrêter. Y a des choses qui doivent disparaître."

De l'autre côté de ce nouveau terrain vague, David Johnson Sr. consolidait la maçonnerie sur une maison contiguë, côté nord, ne figurant pas parmi celles qui allaient être démolies. À l'aide de blocs de stuc de 20 centimètres, il étayait les murs en s'efforçant de conserver au maximum l'aspect original du briquetage.

Son savoir-faire de maçon, Johnson l'avait acquis auprès de son père. Son intervention en aval de la démolition lui valait un cas de conscience. S'il était fier de mettre à profit ses compétences, il se sentait complice, aussi. "Il y a quarante ans, tous ces logements étaient occupés, disait-il. On a l'impression de contribuer à la dégradation, à la dévastation.

"C'est une situation équivoque, continua-t-il. Quand vous vous présentez dans un quartier, les gens trouvent ça dévalorisant que leur lieu de vie soit étiqueté "bon pour la casse". C'est donc très important de faire son travail de briquetage avec soin et amour, pour avoir l'impression de contribuer à la communauté. J'essaie de respecter le moindre détail, histoire de rester le plus proche possible de ce à quoi ressemblait le quartier, à l'origine. À force d'intervenir dans divers secteurs, on se rend compte que d'un quartier à l'autre, il y a des différences, des détails propres à tel ou tel endroit ; il faut tâcher de rendre au mieux cette spécificité."

Aux environs du n° 1700, une équipe de construction équipée de camions-bennes s'activait pour combler le gouffre béant laissé par la démolition d'environ neufs maisons, sur une impressionnante portion de terrain s'étalant de Montford Street à Port Street, le long de Lafayette Avenue. La pelleteuse qui avait servi à détruire les habitations se trouvait toujours sur place. Sur le trottoir d'en face, au croisement sud-ouest de Montford Street et de Lafayette Avenue, quatre jeunes hommes vendaient de la drogue avec désinvolture et un naturel total, sans se soucier le moins du monde de l'équipe de construction vaquant à ses propres activités, à même pas 10 mètres de là.

Toutes les cinq minutes environ, une voiture ou une camionnette se garait en double file, le conducteur remettait de l'argent à un des jeunes hommes puis redémarrait.

Un peu plus loin, à l'intersection entre Lafayette Avenue et Port Street, George Jackson, assis sur le petit banc qu'offrait son déambulateur, observait les camions affairés dans la fosse, tandis que son chien Jack errait dans la rue.

"Ils ont été longs à la détente, commenta-t-il. Y avait plus personne à habiter là-d'dans. À part les rats."

Coiffé d'un feutre et vêtu d'un débardeur, il avait la braguette ouverte. Il était né en Caroline du Sud quatre-vingt-huit ans plus tôt. Il vivait dans sa maison, au carrefour suivant sur Lafayette, depuis cinquante-deux ans. Il avait élevé cinq enfants. Travaillé au chantier naval de Beth Steel – pas le site de Sparrows Point, mais le chantier de réparations, à l'autre bout du port.

Quand le chantier naval avait fermé, en 1982, il touchait 12 dollars de l'heure – l'équivalent de 32 dollars indexés au taux actuel.

Un homme blanc passa, la dégaine traînante d'un opiomane. Un capuchon de seringue gisait au sol non loin du déambulateur de Jackson. La rangée dressée de l'autre côté de Lafayette Avenue affichait un hommage peint à la bombe : RIP LIL WILL (Repose en paix, petit Will). En 2019, ce quartier, Broadway East, subit la plus forte hausse du nombre d'homicides de toute la ville, un taux qui tripla, passant de quatre à douze. "Il y avait des gens à vivre partout dans les parages, se souvint Jackson. Toutes les maisons étaient pleines à craquer. Maintenant, ils sont tous partis, les gens et les maisons."

Le bois récupéré par Brick + Board était acheminé à son nouveau siège social, dans le centre-ville, où on le nettoyait avant de l'empiler. Les briques partaient à l'autre bout de la ville, jusqu'à un vieil entrepôt en pierre dans un coin reculé de West Baltimore, local loué par l'association à une entreprise qui traitait, sur le même site, la plupart des déchets recyclés de la ville. On jetait les briques sur le terrain de l'entrepôt, en tas imposants qui pouvaient atteindre 7 mètres de haut. À partir de là, on les chargeait sur une courroie de distribution qui les transportait jusqu'à un espace restreint et verrouillé à l'intérieur de l'entrepôt, où l'un des six ouvriers présents déterminerait si elles étaient récupérables.

Celles qui l'étaient, il les dirigeait vers les autres travailleurs, qui s'y attaquaient avec des outils plus que rudimentaires : une brosse et un marteau à pointe. Celles qui ne l'étaient pas ressortaient illico de l'entrepôt sur la courroie et finissaient dans une trémie, où elles étaient concassées en matériau de remblayage ensuite renvoyé sur les sites de démolition pour aplanir le sol. Les employés, qui avaient pour la plupart fait de la prison avant de rejoindre Humanim, commençaient avec un salaire horaire de 11,57 dollars ; les ouvriers ayant le plus d'ancienneté touchaient près de 20 dollars de l'heure. Une fois décrassées, les briques étaient chargées sur des palettes de 540 pièces puis enveloppées dans du plastique. Et ensuite, Max Pollock se chargeait de les vendre.

Le 16 juillet 2019, le sous-comité sur la législation commerciale, antitrust et administrative de la Commission des affaires judiciaires de la Chambre des représentants convoqua une audience à Capitol Hill au sujet des "plateformes en ligne et de leur influence sur le marché". Un véritable événement : après des années à observer en spectateurs une poignée d'entreprises croître au point de dominer le commerce et la vie dématérialisés, des membres du Congrès issus des deux partis exprimaient soudain leur inquiétude quant à l'ampleur de cette domination. Leurs scrupules n'étaient pas nés *ex nihilo*. Ils avaient été attisés par un groupe, réduit mais efficace, de penseurs et de militants qui, depuis plusieurs années, mettaient en lumière l'hégémonie de ces entreprises, sa nature et son coût pour la société. Parmi eux se trouvait Stacy Mitchell qui, avec l'Institute for Local Self-Reliance (organisme qui défend l'économie locale et l'indépendance des petites entreprises), recensait et analysait l'impact de ces grands groupes sur les entreprises de taille plus modeste, sur les habitants à échelle locale et sur la démocratie en général : "Ces entreprises, écrivait-elle, ont fondé une forme de gouvernement privé – ce sont des régimes autocratiques dont la mainmise sur nos principaux canaux d'information et de consommation ne cesse de se renforcer." Il y avait également Lina Khan, qui, pendant ses études de droit, avait rédigé un rapport révolutionnaire démontrant les manquements dans l'application des lois antitrust, incapables d'endiguer la menace représentée par ces nouveaux monopoles en devenir, et plus particulièrement Amazon. Selon elle, les législateurs s'étaient fourvoyés en concentrant leurs efforts uniquement sur les prix de vente et l'impact de leur hausse éventuelle sur les consommateurs, occultant les bouleversements occasionnés par ces entreprises sur le marché et la société en général. Amazon, soutenait-elle, était un prédateur, asphyxiant tout concurrent potentiel à coups de prix d'éviction et grâce aux avantages structurels découlant de sa position de plateforme en ligne dominante. Et, s'ils semblaient gagnants avec les tarifs bas dont ils bénéficiaient aujourd'hui, à long terme, les consommateurs n'auraient plus accès qu'à des produits de moindre qualité, un choix restreint et une capacité d'innovation limitée. Elle citait, par exemple, le rachat par Amazon, en 2010, de Quidsi, à qui appartenait le site rival Diapers.com, qu'elle avait poussé à bout en vendant ses propres couches Amazon en deçà du coût de fabrication. Perdre des dizaines de millions de dollars valait la peine, semblait-il, s'il s'agissait d'éliminer un concurrent.

Ses arguments étaient brandis par une nouvelle coalition, baptisée Athena, regroupant des dizaines de syndicats et de groupes militants, comme le Warehouse Worker Resource Center (Centre de ressources pour les employés travaillant en entrepôt) qui se battait depuis des années au nom de milliers de travailleurs Amazon dans la vallée de San Bernardino. Même certains des employés de la première heure chez Amazon commençaient à nourrir de sérieux doutes : “Je crois que la description d'Amazon comme un concurrent impitoyable est fondée, affirma Shel Kaphan, le programmeur qui avait écumé les rues de Santa Cruz avec Bezos, juste après la naissance de l'entreprise. Et sous cette bannière de l'obsession pour le client, ils peuvent se permettre beaucoup de choses… des choses pas forcément bonnes pour qui n'est pas leur client.” La Commission fédérale du commerce, le département de la Justice, plusieurs gouvernements d'États et la Commission européenne avaient tous lancé des enquêtes pour faire la lumière sur les pratiques de ces entreprises.

Et voilà qu'on avait convoqué des cadres dirigeants de quatre géants (Amazon, Google, Facebook et Apple) pour répondre à une question élémentaire : étaient-ils devenus trop grands pour être bénéfiques au pays ? “La croissance astronomique de notre Internet, ouvert et concurrentiel, a révolutionné notre façon de vivre, de travailler, de faire du commerce, elle a révolutionné le monde entier. Des millions d'emplois novateurs et bien rémunérés ont émergé. L'accès plus large à l'information augurait un renouvellement de notre démocratie et des progrès sociaux non négligeables, déclara le président du sous-comité, David Cicilline, un démocrate du Rhode Island. Chacune de ces entreprises américaines a offert des avancées technologiques et une valorisation économique colossales à notre pays. Toutes ont débuté avec des budgets dérisoires, dans des dortoirs universitaires ou des garages, et incarnent les valeurs fondamentales au cœur de notre nation. Mais dans l'optique de promouvoir et pérenniser cette économie nouvelle, le Congrès et les législateurs en charge d'appliquer les lois antitrust laissent ces sociétés s'autoréglementer, sans supervision ou presque. Conséquence de ce manque d'encadrement, Internet devient de plus en plus concentré, de moins en moins ouvert, et se montre vraiment hostile à l'innovation et à l'entrepreneuriat."

Il fit remarquer qu'Amazon contrôlait près de la moitié du secteur de l'e-commerce aux États-Unis, que la moitié des familles américaines possédaient désormais un compte Amazon Prime, que le concurrent le moins distancé par Amazon, eBay, détenait moins de 6 % du marché de la vente en ligne. Il cita Stacy Mitchell :

"Non seulement ces gardiens du temple du commerce en ligne contrôlent l'accès au marché, mais ils sont également en concurrence directe avec les plus petites entreprises qui dépendent d'eux." Il rappela qu'au cours des vingt dernières années, depuis que le département de la Justice avait intenté un procès, ayant fait date, contre Microsoft pour "abus de position dominante", pas une seule plainte n'avait été déposée pour dénoncer une conduite anticoncurrentielle dans le marché en ligne, lors même que l'innovation et l'émulation dans le domaine du numérique semblaient commencer à battre de l'aile. "Cette audience ne concerne pas que les entreprises ici présentes aujourd'hui, insista-t-il. Il s'agit ici de nous assurer que les conditions sont réunies pour que le prochain Google, le prochain Amazon, le prochain Facebook et le prochain Apple puissent se développer et prospérer."

Quand vint son tour de prendre la parole, Nate Sutton, le directeur juridique d'Amazon (qui portait en anglais le titre ronflant d'*associate general counsel of competition*), démentit d'emblée l'idée selon laquelle l'entreprise exercerait une telle domination. Elle ne détenait, dit-il, que 1 % de la totalité du marché global de la vente au détail et 4 % de la totalité du marché américain dans ce domaine.

“Notre mission, chez Amazon, c’est d’être, parmi toutes les entreprises de la planète, celle qui soit la plus centrée sur le client. La philosophie au cœur de nos actions est solidement ancrée dans un principe phare : travailler en rétropédalage à partir des désirs du client. Et nous cherchons à innover en permanence pour procurer à nos clients l’expérience optimale”, énonça-t-il. “Amazon orchestre un large éventail d’entreprises allant de la vente au détail au divertissement, en passant par l’électronique grand public et les services technologiques. Dans chacun de ces secteurs, nous sommes confrontés à une concurrence intense de la part de rivaux ayant pignon sur rue. Par exemple, le commerce de détail, qui reste de loin notre activité principale, existe depuis que l’humain pratique le négoce. Il a de tout temps – et cela se perpétue – été caractérisé par une concurrence intense à tous les niveaux.”

Les membres du comité accueillirent son laïus avec scepticisme. Ils demandèrent si les vendeurs tiers avaient réellement des solutions alternatives viables pour commercialiser leurs produits en ligne, en dehors d’Amazon. Ils s’interrogèrent sur la hausse des frais facturés à ces tiers pour vendre sur le site Amazon – en moyenne 27 *cents* pour chaque dollar perçu, soit une augmentation de 42 % en cinq ans – qui fonctionnait comme une sorte de taxe sur les ventes en ligne, prélevée par Amazon. Ils abordèrent les sanctions imposées par l’entreprise aux vendeurs qui enfreignaient certaines clauses, en suspendant leurs comptes et en désactivant leurs pages produits, les paralysant, par là même, en les excluant du marché.

Et ils centrèrent la discussion sur la contradiction intrinsèque selon laquelle, non contente de tenir les rênes de la plateforme où s’effectuaient près de la moitié de toutes les ventes en ligne, Amazon vendait aussi ses propres produits sur cette même plateforme. Ils voulurent savoir si l’entreprise privilégiait ses propres produits en les mettant en avant, plus haut sur la page, ou en les proposant à des prix bien en deçà du coût de fabrication, pour pousser ses concurrents à la banqueroute, et si elle se servait des données sur les ventes pour concevoir ses propres versions des articles les plus commandés. “Quand quelqu’un vend sa marchandise sur votre site, est-ce que vous surveillez ses transactions pour suivre les produits qui marchent le mieux ? Et après, vous arrive-t-il de créer un produit pour concurrencer ce modèle ? Parce que, en schématisant, vous disposez d'une mine d'informations gigantesque, n'est-ce pas ? s'interrogea Pramila Jayapal, une démocrate de Seattle qui, si elle représentait le fief natal d'Amazon, n'en osait pas moins critiquer haut et fort l'entreprise. Est-ce que vous suivez ces transactions, pour ensuite créer des produits en concurrence directe avec les marques les plus populaires sur la toile ?

— Nous n'utilisons aucune des données spécifiques à chaque vendeur pour créer des produits pour notre propre marque", répondit Sutton.

Cicilline, circonspect, renchérit, quelques instants plus tard :

"Vous vendez vos propres produits sur une plateforme que vous contrôlez, et ils se retrouvent en compétition avec des produits appartenant au marché de la vente au détail et proposés par d'autres vendeurs, n'est-ce pas ? demanda-t-il.

— Cette pratique est, me semble-t-il, usuelle dans le secteur de la vente au détail, et depuis des décennies, objecta Sutton. Dans leurs magasins, la plupart des détaillants proposent leurs propres produits ainsi que des articles commercialisés par des tiers, et...

— Mais... mais enfin, monsieur Sutton, la différence, c'est qu'Amazon est une entreprise au capital se comptant en billions de dollars, qui gère une plateforme en ligne générant des données collectées et analysées en temps réel, des millions d'achats et des milliards de dollars de transactions, capable de manipuler les algorithmes régissant sa plateforme pour favoriser son propre produit, intervint Cicilline. Ce n'est pas comparable avec le détaillant du coin qui abrite, mettons, une enseigne de produits cosmétiques et de parapharmacie et qui vendrait en parallèle une marque nationale. C'est même très différent. Vous prétendez ne pas utiliser les données sur les vendeurs pour concurrencer les vendeurs en ligne. Vous collectez une énorme quantité de données sur les produits populaires, sur ce qui se vend bien, pourquoi ça se vend bien. Vous insinuez que vous n'utilisez pas du tout ces informations en vue de promouvoir les produits Amazon ?

— Permettez-moi de répondre à votre question, je vous prie, fit Sutton.

— Et permettez-moi de vous rappeler que vous êtes sous serment, monsieur, insista Cicilline.

— Nous… nous utilisons ces données pour mieux servir nos clients, affirma Sutton. Nous n'utilisons pas les données de vendeurs individuels pour entrer en concurrence directe avec eux."

Dix mois plus tard, un reportage du *Wall Street Journal* contredira frontalement le témoignage de Sutton : l'auteur de l'article avait découvert que des employés d'Amazon avaient, à maintes reprises, consulté des documents et des données concernant des produits populaires bien précis juste avant le lancement sur le marché de produits quasi similaires par Amazon, du sac de rangement pour coffre de voiture aux coussins pour chaise de bureau. Exactement le genre de pratiques contre lesquelles certains défenseurs des droits des détaillants et du commerce local comme Stacy Mitchell et Mike Tucker, ce dernier directeur de l'association des fabricants de fournitures de bureau, avaient mis en garde les petites et moyennes entreprises. Le courroux suscité par ce démenti incita les membres du Congrès à exiger de Jeff Bezos qu'il vienne témoigner en personne devant le sous-comité. Lorsqu'il s'exécuta, en juillet 2020, des archives exhumées par le sous-comité prouvaient qu'Amazon décrivait bel et bien les vendeurs tiers hébergés sur son site comme des "concurrents internes" plutôt que comme les "partenaires" avec qui, en public, elle s'enorgueillissait de collaborer. Et Bezos dut reconnaître, sous serment, que l'entreprise orientait les acheteurs vers les vendeurs qui s'acquittaient des frais d'expédition Amazon, ce qui lui permettait de creuser toujours son avantage, en termes de bénéfices, sur les autres entreprises de livraison, mais qui décrédibilisait les revendications de l'entreprise qui se disait un marché neutre.

Trois mois plus tard, en octobre 2020, les membres démocrates du sous-comité de la Commission des affaires judiciaires de la Chambre des représentants divulguèrent un rapport de 449 pages présentant leur enquête sur l'hégémonie des quatre géants, et appelant le Congrès à prendre des mesures pour démanteler ces entreprises.

"En clair, des entreprises qui étaient jadis des start-up un peu brouillonnes, vouées, pensait-on, à rester dans l'ombre, ont bousculé les codes et le *statu quo* pour s'ériger en monopoles d'un genre que l'on n'avait pas connu depuis l'ère des magnats du pétrole et des seigneurs du rail, lisait-on dans ce rapport. Ces sociétés se sont octroyé un pouvoir démesuré, qui doit être muselé, soumis à une surveillance et à un cadre légal adéquats et mis en application. Il en va de l'avenir de notre économie et de notre démocratie."

Un jour, Max Pollock descendit à Washington en voiture pour rendre visite à quelques clients. Parmi eux, une grande demeure dans la banlieue chic du Maryland, à Potomac. Un café y proposait des "donuts gourmets", des beignets sophistiqués du type *pumpkin-spice latte crème brûlée* (beignet saveur café au lait et crème brûlée, relevé d'un mélange d'épices rappelant la tarte à la citrouille : cannelle, gingembre moulu, noix de muscade, quatre épices et clous de girofle moulus), *salted dulce de lech*e (douceur de lait salée) ou *caramel apple streusel* (beignet façon crumble pomme caramel). Le café se trouvait le long du fleuve Potomac, sur le Wharf, la version réaménagée du quai sud-ouest de Washington, dont les travaux de rénovation s'étaient élevés à 2,5 milliards de dollars : quatre hôtels, 1 375 appartements de luxe, des restaurants où l'on n'acceptait pas les espèces, et plus de 300 000 mètres carrés de bureaux. Un nouveau quartier dynamique où l'on pouvait débarquer en bateau-taxi ou en yacht, et où un énorme brasero baptisé "The Torch" projetait des flammes jusqu'à 4 mètres de hauteur.

Et puis, il y avait Chapman Stables, une vaste résidence en copropriété dans le quartier de Truxton Circle, non loin du carrefour entre New York Avenue et North Capitol Street. Une vingtaine d'années plus tôt, cette partie de la ville était habitée par une population majoritairement noire et ouvrière. Un peu plus au sud se trouvait Sursum Corda, une cité HLM en cours de destruction et de réaménagement par Toll Brothers, entreprise spécialisée dans la construction de maisons de très haut standing, qui avait promis de réserver 136 lots pour reloger certains habitants expulsés de Sursum Corda. Non loin de là, Temple Courts et ses logements sociaux avaient été démolis en 2008 puis remplacés par un parking. Les promoteurs n'étaient pas censés détruire Temple Courts avant d'avoir achevé la construction, à quelques pas, d'un nouvel immeuble nommé 2M, de sorte que les habitants délogés de l'ancienne tour puissent emménager aussitôt dans la nouvelle. Mais, en fin de compte, dix ans s'étaient écoulés entre la destruction et la fin des travaux de construction, et, à ce stade, les gens qui avaient perdu leur domicile à Temple Courts étaient partis depuis longtemps. Les immeubles de luxe poussaient comme des champignons dans ce secteur, et l'un d'eux, le Belgard, ne semblait vraiment avoir aucun scrupule quant à ses ambitions :

"VIVRE EN GRANDE ESTIME", proclamait l'imposant panneau affiché sur sa façade ouest.

Chapman Stables ayant autrefois abrité des écuries et un parc à charbon, les promoteurs avaient fait tout leur possible pour exploiter au maximum cette bribe d'authenticité surannée dans leur stratégie de communication. Dans un immeuble haut de gamme, seule une infime partie de la structure historique du bâti pouvait être conservée, mais les promoteurs avaient trouvé une solution facile pour y remédier : Brick + Board. Ils avaient acheté pas moins de 60 000 briques récupérées à Baltimore, un des plus gros contrats signés par Max Pollock. Celui-ci était donc venu visiter la résidence, en bonne voie d'être achevée, pour prendre des photos.

Il vit ses briques dans la composition du vaste mur intérieur, à l'entrée du bâtiment.

Il les vit dans le mur surplombant la cour. Il les vit à l'intérieur des logements, comprenant des parois hautes de 40 briques et large de 17. On avait égayé un appartement-témoin équipé d'appareils électroménagers de luxe Bosch avec quelques notes insolites, et un tantinet prétentieuses, tel ce cahier composé de pages arrachées à des livres puis ficelés ensemble de façon aléatoire et fort esthétique.

Les lots coûtaient entre 500 000 dollars pour un 65 mètres carrés et 1 million pour les plus spacieux.

"500 000 dollars ? Vous vous rendez compte ? s'offusqua Max Pollock. Ce n'est pas cher pour D.C., mais quand on y pense, c'est quand même *un demi-million de dollars* pour un studio. À peine plus grand qu'une chambre d'étudiant." Il ne voyait pas vraiment quel genre de jeunes pouvaient se payer un appartement à ce prix-là.

Ils étaient nombreux, justement, à ne pas pouvoir se le permettre, ce qui expliquait pourquoi Washington traversait une grave crise du logement. La ville se livrait aux mêmes débats que New York, Boston, Seattle et San Francisco, pour déterminer s'il valait mieux plafonner les loyers ou construire massivement afin de fournir un toit aux nouveaux arrivants. Le grand absent de ces discussions, c'était le contexte général, le fait que si les prix avaient flambé dans ces villes, c'était parce qu'on avait concentré une énorme partie de la croissance et des richesses du pays dans une poignée d'endroits ; et que les habitants de ces métropoles de la réussite seraient mieux lotis si davantage de cette richesse et de ce dynamisme s'étaient propagés jusqu'à d'autres villes, petites et grandes.

Les gens se saignaient pour pouvoir se payer des appartements exigus à 500 000 dollars décorés avec des briques en provenance de maisons démolies à 60 kilomètres de là, qui auraient pu être rachetées pour la modique somme de 10 000 ou 20 000 dollars. Une économie moins concentrée aurait pu générer des acquéreurs pour ces biens vacants à Baltimore, des citoyens soucieux d'insuffler une seconde vie à ces bâtiments mal aimés et ces quartiers dépeuplés. Au lieu de cela, le grand paradoxe continuait sa folle cavalcade : délabrement et abandon rampants dans une ville, encombrements et exclusions rampants dans une autre, à tout juste une heure de route. Une ville s'empressant de détruire des maisons mitoyennes à deux étages qui finiraient par se vendre 1 million de dollars dans la ville voisine.

On avait fini par les considérer comme deux mondes totalement distincts, mais ces pôles étaient connectés, alors peut-être existait-il une solution qui s'applique à l'un comme à l'autre. Dissoudre les mastodontes qui avaient amassé les richesses en leur sein, mais aussi dans les localités où ils avaient élu domicile. Répartir la prospérité sur un espace géographique plus large, à travers ce grand pays (dans tous les sens du terme), entre sa multitude de villes, quelle que soit leur taille, pas forcément de façon équitable – ce serait mission impossible – mais de façon assez diluée pour rétablir un certain équilibre, pour endiguer le ressentiment et le désespoir qui gangrènent un type de territoires et la complaisance et l'anxiété qui rongent l'autre.

Max Pollock avait bien conscience que la plupart des futurs résidents de Chapman Stables n'auraient pas la moindre idée de la provenance de ces briques. Ils en déduiraient sans doute qu'elles étaient d'origine. Le bâtiment n'était-il pas un "site historique", après tout ?

Cela le chagrinait un peu. Avant de quitter les lieux, il fit halte dans un des couloirs principaux du rez-de-chaussée offrant une palette particulièrement riche, avec son long mur fait de briques du sol au plafond. Il y avait des briques locales, çà et là : faciles à reconnaître par leur friabilité, leur qualité moindre. Mais toutes les autres provenaient de Baltimore. Il était même capable de dire dans quelles rues elles avaient été prélevées. Celles de couleur orange étaient issues de Chase Street. Celles à l'air le plus ancien, de Federal Street. Celles striées de lignes verticales, de Fenwick Avenue. Ces maisons-là avaient été bâties sur le tard, vers 1915, quand, les fours ayant évolué, il était devenu possible de cuire les briques à une température plus élevée.

Les briques étaient alors empilées de telle manière que certaines se retrouvaient plus exposées à la chaleur intense ; ce qui expliquait les lignes apparentes sur les briques de Fenwick Street.

Il avait ses photos. Il était temps de repartir. C'était toujours un soulagement de quitter cette ville pour regagner celle où il se sentait désormais chez lui.

Heure supplémentaire : Ah, le joli mois de mai en Amazonie

Le samedi qui précédait la fête de Pâques 2020, je pris la route de Baltimore, où j'habitais, vers Pittsfield, dans le Massachusetts, où j'avais grandi. L'ordre de rester chez soi avait été donné dans l'État du Maryland, mais je décidai qu'une visite à mes parents, que je n'avais pas vus depuis des mois, pouvait être considérée comme "essentielle". Je passerais la nuit ailleurs, pour garder une bonne distance ; nous pourrions faire une balade dominicale.

Je quittai Baltimore tôt dans la soirée. Je n'avais jamais vu l'Interstate 95, ce couloir éternellement embouteillé qui longe la côte Est, aussi déserte. Les panneaux d'information au-dessus de l'autoroute déclaraient "SAUVEZ DES VIES, RESTEZ CHEZ VOUS". Je ne m'étais jamais trouvé dans le voisinage d'une zone de guerre, mais cela devait donner une impression semblable, me dis-je – seuls les voyageurs les plus essentiels ou les plus imprudents parcourent les routes, le reste du monde est bien à l'abri chez soi.

Sauf qu'il n'y avait pas de transports de troupes ou de munitions dans cette zone de guerre. À la place, il y avait des camions. La plupart des rares véhicules sur la route étaient des semi-remorques et une bonne partie d'entre eux étaient des camions Amazon. J'en comptai deux douzaines au cours des 160 kilomètres qui séparent Baltimore du sud du New Jersey, où il commença à faire trop sombre pour distinguer les logos. J'avais vu beaucoup, énormément, de camions Amazon pendant mes voyages à travers le pays, ces dernières années, mais je n'en avais jamais vu une telle concentration.

Si nous étions en guerre contre le coronavirus, alors c'était Amazon qui transportait nos troupes. Dans cette guerre, se mobiliser pour attaquer l'ennemi signifiait un retrait généralisé et l'auto-isolement. Amazon répondait au besoin de cette mobilisation en nous apportant tout à la maison, nous permettant ainsi d'y rester. D'un coup, répondre à nos besoins par des achats en ligne était devenu une responsabilité civique, une cause qui nous dépassait. Une solution pratique qui avait auparavant été considérée avec appréhension – du moins par certains – devenait un parangon de vertu. En passant une commande en un seul clic, on faisait baisser la courbe.

Les colis arrivaient, innombrables. Souvent, ils restaient sous les porches ou dans les garages pour un jour ou deux au cas où le livreur y aurait laissé quelques particules contagieuses. Une fois cette période d'isolement passée, les colis étaient autorisés à entrer dans les foyers.

Ils arrivaient en telle quantité, les commandes se faisaient en telle quantité qu'une entreprise connue pour sa capacité logistique sans égale avait pour une fois du mal à suivre. Elle annonça qu'elle allait embaucher 100 000 travailleurs supplémentaires dans ses entrepôts, puis quelques semaines plus tard qu'elle en embaucherait 75 000 de plus. Elle fit savoir aux acheteurs et aux vendeurs tiers que les achats considérés comme non essentiels ne seraient pas prioritaires. Dans un revirement des plus inattendus de sa part, elle supprima brièvement certaines fonctionnalités conçues pour pousser les clients à consommer davantage sur le site – Amazon, pour une fois, *décourageait* les achats. L'entreprise avait prévu un futur où elle serait vraiment le Magasin Total, le Grand Tout, le Vendeur Définitif, mais elle n'était pas prête. Pas encore.

De telles mesures d'urgence étaient temporaires. Les habituelles incitations à l'achat revinrent, tout comme les articles non essentiels. Il apparut que les algorithmes de l'entreprise travaillaient en réalité à trouver de nouvelles façons de pousser les fabricants de produits à ne vendre leurs articles que sur le site, plutôt qu'en passant par d'autres vendeurs. Et, une fois passé le pic de la crise du printemps 2020, certaines conséquences devinrent manifestes. La pandémie avait eu un puissant effet d'accélérateur sur une série d'évolutions de la vie américaine, comme lorsqu'une bobine s'emballe.

Les médias, qui avaient déjà perdu l'essentiel de leurs revenus publicitaires au profit de la Silicon Valley, étaient désormais en train de perdre le peu qui restait en raison de l'arrêt des échanges commerciaux – pour tenter de survivre, beaucoup d'entre eux mirent les salles de rédaction en congés sans solde, travaillant par rotation en équipes réduites pour couvrir les deux sujets du moment, la pandémie et les protestations liées au meurtre de George Floyd par un policier à Minneapolis. En août, la situation était devenue si désespérée qu'un grand groupe de presse, Tribune Media, annonça qu'il fermait pour de bon ses salles de rédaction physiques et que cesseraient notamment de paraître le *New York Daily News*, l'*Orlando Sentinel* et l'*Allentown Morning Call*, le journal dans lequel était paru en 2011 un article consacré aux travailleurs qui s'évanouissaient à cause de la chaleur dans l'entrepôt local d'Amazon. En décembre, Tribune Media ferma les bureaux du *Hartford Courant*, le principal quotidien du Connecticut et le plus ancien journal publié de façon continue aux États-Unis.

Les entreprises commerciales historiques qui avaient survécu aux bouleversements des deux dernières décennies étaient maintenant en voie d'extinction. JCPenney, Neiman Marcus et J. Crew se déclarèrent en faillite. Macy's ferma temporairement ses 775 magasins et mit en congés sans solde la quasi-totalité de ses 125 000 employés ; ses actions ayant perdu 75 % de leur valeur en deux mois, elle fut écartée de l'indice S&P 500. Nordstrom, un voisin d'Amazon à Seattle, annonça des milliers de licenciements. Le bilan n'était pas meilleur pour les petites entreprises indépendantes à travers le pays. On s'attendait à ce que 25 000 magasins déposent le bilan d'ici la fin de l'année 2020, un chiffre qui triplait celui des fermetures massives de commerces des dernières années.

Entre-temps, les entreprises ayant investi depuis plusieurs décennies dans les tendances qui modifiaient l'économie ne cessaient de croître et d'avoir plus de succès, comme une sorte d'envers exact de l'hémorragie économique en cours dans le pays. À la fin mai, les cinq plus grosses firmes du numérique – Apple, Facebook, Microsoft, Amazon et Alphabet, la maison mère de Google – avaient ajouté l'ahurissante somme de 1,7 trillion à leur capitalisation boursière combinée en seulement deux mois, une augmentation de 43 %. La valeur combinée de ces seules cinq entreprises représentait maintenant un cinquième de l'indice S&P 500. Et elles allaient continuer à croître : elles étaient assises sur un magot de 557 milliards. Elles s'en servaient pour financer de nouvelles acquisitions et pour augmenter leurs dépenses dans la recherche et le développement de près de 30 milliards – plus que le budget de la NASA – alors même que leurs concurrents plus petits réduisaient leurs effectifs. “Ce qui est inhabituel en ce moment, c’est la santé extrêmement divergente de différents types d’entreprises, écrivit l’économiste Austan Goolsbee, un ancien conseiller de Barack Obama. Une bonne partie des plus grosses croulent sous les liquidités, tandis que les concurrents plus petits sont dans une forme plus fragile.”

Le grand gagnant, c’était Amazon. Son chiffre d’affaires du premier trimestre dépassait d’un quart celui de l’année précédente à la même période – et à un moment où les ventes en général plongeaient. La valeur des actions monta tellement à la mi-avril – elles augmentèrent de 30 % par rapport à l’année précédente, tandis que la pandémie approchait de son moment le plus meurtrier – que la fortune nette de Jeff Bezos augmenta de 24 milliards en l’espace de seulement deux mois. À la fin juillet, Amazon annonça que ses profits avaient doublé pendant le deuxième trimestre, avec un chiffre d’affaires dépassant de 40 % celui de l’année précédente. À l’annonce de la nouvelle, la valeur de l’action augmenta encore – au début septembre, elle dépassait de 84 % sa valeur de l’année précédente, faisant plus que doubler la hausse des autres géants du numérique. “Pour le dire simplement, le Covid-19, de notre point de vue, a été comme une injection d’hormones de croissance pour Amazon”, écrivit un analyste de l’industrie dans une note destinée aux investisseurs.

Pour faire face à l’augmentation de travail, l’entreprise avait, entre janvier et octobre, employé plus de 425 000 personnes au niveau mondial, amenant ainsi à 800 000 le nombre d’employés non saisonniers aux États-Unis et à 1,2 million dans le monde, soit 0,5 fois plus qu’un an plus tôt, l’entreprise n’étant plus devancée que par Walmart et China National Petroleum (et ce décompte n’incluait même pas les 500 000 chauffeurs qui livraient les colis). Pour accueillir tous ces travailleurs, l’entreprise se lança dans une frénésie d’achats et de locations, ouvrant cent bâtiments en septembre, s’apprêtant ainsi à occuper près de 9 millions de mètres carrés supplémentaires d’entrepôts à la fin de l’année 2020, soit une augmentation d’environ 50 %. Les entrepôts n’étaient pas la seule partie de l’entreprise en forte demande : ses *data centers* augmentaient leur capacité pour des clients tels que Zoom, tandis que des millions d’interactions humaines quotidiennes se faisaient désormais en ligne.

L'annonce, au milieu de l'été, des profits massifs d'Amazon liés à la pandémie coïncida avec celle du département du Commerce selon laquelle l'économie des États-Unis avait diminué de 10 %, la plus grosse chute jamais enregistrée pour un trimestre. En d'autres termes, Amazon connaissait une prospérité inégalée à l'un des moments les plus difficiles pour le pays tout entier : les destins de l'entreprise et de la nation avaient complètement divergé.

De tels déséquilibres de fortunes avaient largement contribué aux convulsions politiques de l'époque. Et, tandis que l'affreuse année 2020 touchait à sa fin, il devenait évident qu'un des premiers ordres du jour pour le président nouvellement élu, Joe Biden, et pour sa nouvelle administration, serait de décider comment faire face à cette divergence. Le pays ne pourrait pas supporter que la brèche s'élargisse davantage.

Même si la pandémie accélérait la concentration de richesse et de pouvoir des quelques entreprises dominantes, il était possible d'imaginer qu'elle *puisse* permettre une meilleure répartition de la prospérité et du dynamisme à travers le pays. Certains des nombreux New-Yorkais qui avaient fui la ville – quelques immeubles haut de gamme de Manhattan s'étaient retrouvés presque entièrement vides – envisageaient de déménager définitivement. On évoquait la possibilité que la pandémie signe la fin de la vie de bureau, que nous serions enfin libres de travailler depuis n'importe où. S'il n'y avait plus besoin de faire acte de présence dans une tour du centre, à quoi bon rester dans la grande ville, et pour un coût exorbitant ? Pourquoi ne pas s'installer dans un hameau du nord de l'État, ou même à Syracuse, à Erie ou à Akron ?

C'était une idée romantique, teinté de l'aura d'un temps plus simple – celui où Samuel Grumbacher avait envoyé ses enfants et ses beaux-enfants donner des lettres de noblesse au patronyme familial dans les petites villes de Pennsylvanie. Mais cette idée butait contre la plus brutale des réalités économiques. L'économie numérique avait engendré des entreprises et des villes qui raflaient la mise, et il était difficile d'imaginer que le grand bond en avant vers le tout-numérique suscité par la pandémie et les confinements multiples n'allait tout simplement pas amplifier cet effet, tandis que les géants de la tech et les villes auxquelles ils étaient associés renforçaient encore plus leur position dominante sur le marché. Rien de surprenant, dès lors, à ce que Facebook en profite pour louer 67 000 mètres carrés d'espace convertis en bureaux dans l'ancien bâtiment monumental des Postes en face de la gare de Penn Station à New York, ou qu'Amazon annonce l'embauche d'au moins 2 000 employés en col blanc dans l'ancien vaisseau amiral des grands magasins Lord & Taylor sur la Cinquième Avenue à Manhattan, qu'il avait acheté pour 1 milliard. À Seattle, où travaillaient désormais plus de 50 000 employés Amazon, l'entreprise annonça son projet d'en installer 25 000 de plus de l'autre côté du lac Washington, dans le quartier de Bellevue, d'ici à 2025 – et ainsi, la zone métropolitaine de Seattle absorberait l'équivalent du complexe tout entier d'HQ2 en Virginie septentrionale, ancrant encore plus sa prospérité sur le long terme. Et tandis que les niveaux stratosphériques des loyers et des prix des appartements commençaient à redescendre dans les villes les plus riches, la demande croissante en espaces de bureaux et en villes-dortoirs dans la banlieue de New York, d'appartements dans les stations de ski de l'ouest du pays et d'écoles dans la zone balnéaire huppée des Hamptons suggéraient que les bénéfices d'une éventuelle répartition resteraient largement contenus dans les limites des villes gagnantes et de leurs satellites et ne ruisselleraient pas sur les villes plus petites et plus distantes.

Entre-temps, lesdites petites villes se préparaient à subir de fortes coupes budgétaires puisque les aides fédérales dues à la pandémie étaient réservées aux agglomérations de plus de 500 000 habitants. On pouvait déjà voir les signes des effets qu'aurait la fermeture des restaurants et des bars sur des endroits comme Saint Louis et Detroit, dont les faibles lueurs d'une renaissance tardive s'étaient largement nourries de l'émergence d'une nouvelle vie nocturne. En août, American Airlines annonça qu'elle arrêtait de desservir une quinzaine de petites et moyennes agglomérations, ce qui ne pourrait qu'accélérer leur isolement et leur déclin.

Autrement dit, le bilan de la pandémie serait plus lourd pour les endroits qui manquaient le plus de coussins amortisseurs. Et c'était également vrai pour les individus. À Las Vegas, des fonctionnaires peignaient sur le goudron d'un parking des rectangles pour essayer de maintenir les SDF qui y dormaient à 2 mètres les uns des autres. Sur la côte du New Jersey, une banque alimentaire nommée Fulfill vit les demandes augmenter de 40 % et servit plus de 364 000 repas supplémentaires. Au niveau national, ceux qui gagnaient plus de 28 dollars de l'heure étaient revenus à leur niveau d'emploi d'avant la pandémie dès l'automne 2020, tandis que ceux qui gagnaient moins de 16 dollars de l'heure virent un quart de leurs emplois disparaître.

À Dayton, Todd Swallows avait perdu son emploi chez le fabricant d'emballages en carton, après qu'une nouvelle panne de voiture l'avait empêché de se rendre au travail. Au début de la pandémie, il travaillait chez Popeyes, près de là où il vivait avec Sarah et leurs enfants, à une demi-heure au sud de Dayton. Mais lorsque la pandémie frappa et que le restaurant dut passer à la vente à emporter, ses heures furent réduites, tandis que Sarah avait du mal à faire cours à domicile aux enfants, dans leur petit logement. Le stress eut un résultat prévisible : ils se séparèrent de nouveau en mai, se mettant d'accord sur la garde partagée des enfants. Todd, frustré par le refus de Popeyes de lui accorder une augmentation de son salaire à 11 dollars de l'heure, retourna travailler en octobre dans la logistique – dans un entrepôt de pneus à côté d'un de ces petits centres de distribution Amazon qui poussaient un peu partout. La paie était de 13 dollars, quasiment ce qu'il avait pu gagner auparavant chez le fabricant d'emballages en carton.

À 240 kilomètres à l'est, à Nelsonville, Taylor Sappington vit ses heures de travail à Texas Roadhouse réduites au point de le décider à trouver un nouvel emploi de caissier chez Kroger, l'unique supermarché de Nelsonville. Ce travail payait un tiers de moins que l'ancien. Il avait également une nouvelle position en ville : il avait été élu auditeur municipal, un poste à temps partiel rémunéré. Quelqu'un d'autre se serait senti mal à l'aise de scanner les courses des électeurs dont il supervisait les impôts, mais Taylor n'y pensa pas. D'autres choses l'inquiétaient : le fait, par exemple, que quelqu'un avait arraché certaines des briques étoilées des trottoirs pour les vendre au marché noir, constellant la ville de tristes parcelles nues, ou que les commerces du comté fermaient l'un après l'autre, y compris le Ruby Tuesday où Jared était mort. Il était désormais vide sur l'avenue Athens.

La crise avait frappé fort, aussi, pour Sandy Grodin à El Paso. Ses ventes de fournitures de bureau avaient baissé de 65 % en avril, et il dut renvoyer presque tout le monde chez soi, pour leur sécurité. Mais il obtint un prêt fédéral pour les petites entreprises, et en mai un district scolaire des environs lui fit une grosse commande de matériel pour tous les enfants qui suivaient les cours à distance.

Il remporta le contrat en partie parce que son entreprise, contrairement à Amazon, était capable d'organiser toutes les fournitures selon les niveaux et les classes, ce qui facilitait le travail de distribution du district. De l'autre côté de la ville, les Gandara connurent également une mauvaise passe au début de la crise. "Soudain, tout s'est effondré, dit Teresa, on est tombés dans un trou." Mais ils surent s'adapter : Pencil Cup combla un vide en livrant du matériel sanitaire et d'entretien à toutes les entreprises et aux familles qui se retrouvaient face aux rayons vides des magasins et aux augmentations aberrantes des prix sur le Web.

À Seattle, Katie Wilson et les autres membres de la Transit Riders Union participaient aux manifestations liées à la mort de George Floyd, qui débouchèrent finalement sur la création d'une "zone autonome" où les officiers de police n'avaient pas droit de cité, au cœur de Capitol Hill, le quartier branché proche du centre-ville. Ces manifestations stimulèrent la fibre militante de Katie, mais elle avait subi trop de déconvenues face à des opposants puissants pour retrouver vraiment espoir. "C'est chouette, disait-elle, mais ce n'est pas la révolution."

À Washington, les énormes manifestations dans toute la ville attirèrent, notamment, Jay Carney, le responsable des relations publiques d'Amazon. Il posta sur Twitter une photo de lui en lunettes de soleil, avec un masque et un T-shirt "Black Lives Matter".

À Baltimore, une femme de vingt-six ans nommée Shayla Melton hésitait à retourner travailler chez Amazon. Elle avait travaillé comme collectrice dans l'entrepôt de Broening Highway, à l'emplacement de l'ancienne usine General Motors, jusqu'au moment où elle avait eu son deuxième enfant, alors que la pandémie approchait. Son mari occupait le même poste, mais dans l'autre entrepôt d'Amazon, celui de Sparrows Point, et il s'était également absenté du travail à cause du grand nombre de cas de Covid-19.

La première réaction de l'entreprise face à la pandémie fut d'annoncer la mise en place d'un fonds de soutien pour les employés à temps partiel et pour les chauffeurs-livreurs indépendants qui n'avaient pas de couverture sociale et d'encourager le public à faire des dons. Les réactions furent moqueuses. L'entreprise promit également deux semaines de congés payés pour tous ceux à qui l'on diagnostiquait le Covid-19 et offrait des congés sans solde, sans risque de pénalité pour absence au travail, à quiconque préférait rester chez lui par précaution. Elle offrit une hausse temporaire de 2 dollars de l'heure à ceux qui restaient travailler. Elle installa des contrôleurs de température et des stations de dépistage du Covid-19 pour les travailleurs à leur arrivée. Elle fabriqua des masques et fournit des désinfectants pour les mains.

Hector Torrez observa la mise en pratique de ces mesures dans l'entrepôt de Thornton, dans le Colorado. Une petite armée de nettoyeurs débarqua un jour, en portant des combinaisons qui ressemblait à celles du film *SOS Fantômes*. Les habituelles séances d'étirements au début de la journée de travail furent annulées, ce qui ne fit que rendre encore plus dangereux un travail déjà physique, tout comme le fait que des tâches telles que le chargement des cartons dans les camions devraient maintenant être faites seul, sans coéquipier. Ce fut le contraste avec les employés du quartier général de l'entreprise qui mit le plus Hector en colère, car eux avaient le droit – on les y encourageait – de rester travailler chez eux. Les précautions prises dans l'entrepôt semblaient si superficielles qu'il décida de continuer de vivre dans son sous-sol, même une fois l'été bien entamé. Cela faisait des mois qu'il n'avait pas pris sa femme et ses enfants dans les bras ; les chiens et les chats de la famille étaient sa seule compagnie. "On ne s'assoit pas ensemble, on ne fait rien ensemble, dit-il. Je suis persuadé d'être exposé à quelque chose tous les jours."

Entre-temps, les nouveaux employés ne cessaient d'arriver. Beaucoup d'entre eux avaient une expérience de haut niveau comme la sienne : un ancien ingénieur industriel, un ancien plaideur, un ancien patron d'agence immobilière. "Autour de moi, je vois beaucoup de gens qui n'ont pas vraiment le choix, dit-il. Nous sommes des réfugiés économiques." Beaucoup d'autres travailleurs étaient plutôt jeunes, et Hector entamait la conversation avec eux, les encourageant à passer à autre chose le plus vite possible. "Le temps file, leur disait-il. Sortez d'ici tant que vous le pouvez encore et êtes encore libres de le décider."

Dans les entrepôts français de l'entreprise, les exigences syndicales en termes de sécurité avaient forcé à une fermeture de plusieurs semaines et à un accord final qui incluait une réduction de quinze minutes de la journée de travail, sans baisse de salaire, afin de pouvoir mieux appliquer la distance sociale lors des changements d'équipes. En l'absence de syndicats dans les entrepôts des États-Unis, le mécontentement s'exprima sous d'autres formes. "BIENVENUE EN ENFER", pouvait-on lire, tagué à l'intérieur des remorques des camions, loin des caméras de l'entrepôt. "BEZOS, VA TE FAIRE FOUTRE." Les travailleurs commencèrent à partager leurs inquiétudes dans les arrière-salles des forums en ligne et organisèrent des mouvements de protestation dans certains entrepôts, ce qui démontrait que la pandémie avait peut-être déclenché une nouvelle ère dans le militantisme sur le lieu de travail.

L'entreprise réagit pour ne pas se laisser déborder par de tels remous. Elle licencia un travailleur qui avait organisé une grève dans l'énorme entrepôt de Staten Island, affirmant qu'il avait violé le protocole sanitaire en venant à l'entrepôt alors qu'il s'était mis de lui-même en quarantaine en tant que cas contact. Elle licencia également deux employés de son quartier général de Seattle qui avaient soutenu les travailleurs contestataires des entrepôts.

Le seul activisme des travailleurs ne suffirait pas à mettre un frein à une entreprise aussi vaste et puissante, tout comme aux autres géants de l'industrie. Cela demanderait une action fédérale. La victoire aux élections de Joe Biden se fit dans la continuité des tendances politiques de l'époque : les démocrates renforcèrent leurs assises dans les banlieues aisées tout en perdant toujours plus de terrain dans les zones rurales en difficulté et dans les petites villes qui avaient fait élire Donald Trump. De façon préoccupante pour les démocrates, de nombreux signes indiquaient que, tandis qu'ils se transformaient en parti des professionnels urbains diplômés, l'érosion de leur soutien chez la classe laborieuse blanche s'étendait aux électeurs hispaniques et aux Noirs.

Ce serait à Biden, à sa nouvelle administration, et aux démocrates siégeant au Congrès de décider de lutter ou non contre cette érosion et le grand déséquilibre de classe et géographique qui se cachait derrière, en faisant face à leurs alliés de longue date de l'industrie du numérique. Le Parti démocrate, en un sens, était en train de devenir celui des consommateurs des classes moyennes aisées et de ceux qui faisaient emballer et livrer les produits qu'ils achetaient. Faire tenir une telle coalition représentait un défi.

À la fin avril, plusieurs mois après le début de la pandémie, l'autorisation de prendre des congés sans solde était sur le point d'expirer. Le mari de Shayla Melton allait donc être obligé de retourner travailler s'il ne voulait pas perdre son emploi. Et elle était aussi sur le point de prendre une décision. Elle venait de commencer à travailler comme chauffeuse pour Uber et envisageait de continuer plutôt que de retourner chez Amazon. Il lui semblait plus facile de contrôler ainsi son exposition au coronavirus, avec les fenêtres ouvertes et en désinfectant constamment sa voiture, plutôt que dans le tourbillon sous pression de l'entrepôt. "Je ne suis pas sûre de vouloir y retourner, dit-elle. Chez Uber, je me sens quand même un peu plus à l'aise."

Melton et sa famille vivaient tout près de Baltimore, dans un autre des nombreux complexes de logements des environs possédés par l'entreprise de promotion immobilière de la famille de Jared Kushner, à moins de 3 kilomètres de celui où le camion de livraison avait tué la petite fille de sept ans. Une jeune femme qui vivait à quelques portes de chez Melton avait récemment cessé de travailler pour Amazon car l'effort physique avait été fatal à son dos. Plus cela allait, plus grandissait la part de gens vivant dans les complexes de logements, qui travaillaient ou avaient travaillé chez Amazon, comme si ces complexes étaient devenus la nouvelle ville de l'entreprise, remplaçant les rues désignées par des lettres de Sparrows Point par des boucles et des culs-de-sac nommés Skipjack Court et Tidewater Lane.

Le 1er mai, des rumeurs circulèrent à propos d'une éventuelle grève des travailleurs dans les entrepôts Amazon du pays. Mais il n'y avait aucun signe d'agitation autour du centre de distribution de Broening Highway, où le vaste parking semblait plus rempli que jamais, ni dans le centre de tri adjacent, où les murs effondrés avaient été reconstruits et dont une moitié du bâtiment servait maintenant à emballer les commandes Prime Now d'articles d'épicerie et de maison, en forte demande.

Il n'y avait pas non plus de signe de troubles devant l'entrepôt de Sparrows Point. La veille, l'entreprise avait annoncé qu'elle y ouvrirait bientôt un deuxième entrepôt, avec 500 employés supplémentaires, pour emballer et expédier des articles encombrants tels que les équipements sportifs ou le mobilier. Ce serait un bâtiment encore plus long, situé à l'emplacement de l'ancien laminoir à fils machine. Ces nouveaux salariés feraient partie des 4 400 que l'entreprise ajoutait dans le Maryland aux 17 500 personnes qu'elle y employait déjà, se rapprochant ainsi encore davantage des chiffres de l'âge d'or de Beth Steel au mitan du siècle passé.

Sur les panneaux routiers qui conduisaient au parking de l'entrepôt déjà existant, on pouvait toujours lire TIN MILL ROAD, "Route de l'étain". Cela évoquait une autre ère, lorsque le pays avait été en guerre, vraiment en guerre, et avait réussi en peu de temps à construire sur ce lieu même plus d'une centaine de navires – bateaux de ravitaillement, de transport de troupes, pétroliers – et à produire les armatures et à forger les armes d'une infinité d'autres. Maintenant, sept décennies plus tard, le pays avait du mal à reconstruire sa chaîne de production pour mettre à disposition suffisamment d'équipements de protection à ses travailleurs de la santé.

Un homme se tenait devant le bureau d'embauche d'Integrity, l'entreprise de travail temporaire, en train d'attendre le conducteur Lyft qui le ramènerait chez lui, après avoir rempli une fiche de candidature. Âgé de trente-trois ans, il postulait pour la première fois à un emploi normal. Il avait passé la majorité de ses années d'adulte à bien gagner sa vie en vendant de l'héroïne et du fentanyl près de Lexington Market, dans la partie ouest du centre de Baltimore, mais c'était devenu plus difficile avec la pandémie : les magasins étant fermés, ses clients habituels ne pouvaient plus voler des choses pour les revendre et financer leur addiction. "Si tu peux pas voler, tu peux rien faire, dit-il. C'est vraiment devenu difficile, là. Il n'y a plus d'argent."

Alors il en était là, acceptant de suivre la voie que tout le monde, semblait-il, suivait. "Mon pote m'a dit qu'il était devenu chauffeur pour Amazon. Tout le monde essaie de venir bosser chez Amazon."

Il ne savait pas trop comment il s'en sortirait avec le salaire de l'entrepôt, mais il n'avait pas vraiment le choix. "C'est vraiment dur, c'est vraiment plus la même chose", dit-il.

"Je dois changer complètement ma façon de faire."

REMERCIEMENTS

L'idée originale de ce livre remonte à plus d'une décennie, mais ce furent mes conversations en 2017 et 2018 avec mon agente, Lauren Sharp, et mon éditeur, Alex Star, qui m'aidèrent à lui donner un angle et une structure. Sans leurs encouragements et leurs points de vue, ce livre n'aurait sans doute jamais pris forme. Le petit coup de pouce de Lynette Clemetson fut également crucial, son invitation à donner une conférence lors du Knight-Wallace Fellowships à l'université du Michigan en 2017 me força à commencer à mettre en forme les arguments en jeu ici.

Je n'aurais pas pu faire des recherches dans tant d'endroits à travers le pays sans l'aide de nombreuses personnes au cours du voyage. À Seattle, j'ai bénéficié de l'hospitalité de Gene et Rainee Johnson ; Kameko Thomas, Felix Ngoussou et Tia Young m'ont introduit auprès de la population du Central District ; Margaret O'Mara, Mike Rosenberg, Ethan Goodman, Laura Loe, Nick Licata, Cary Moon et Mike McGinn m'ont donné de nombreux éclairages. À Dayton, Ohio, mes explorations ont été facilitées par les collaborateurs avec qui j'ai réalisé en 2018 pour PBS le documentaire *Frontline*, qui se déroule dans cette ville : Nancy Guerin, Van Royko, Shimon Dotan et Frank Koughan. À Baltimore, J. M. Giordano, Bill Barry, Derrick Chase, Len Shindel et Mark Reutter m'ont apporté de nombreuses informations sur le contexte de Sparrows Point et présenté du monde ; l'équipe de la Bibliothèque Enoch Pratt m'a été d'une grande aide ; sans oublier les reportages de Valerie Hsu, qui couvrait les événements tandis que je voyageais hors de l'État pour les besoins de ce livre. À Washington, j'ai été guidé par Mark Muro, Clara Hendrickson, Greg LeRoy, Matt Stoller, Ben Zipperer et Marshall Steinbaum.

Au cours du chemin, j'ai bénéficié du soutien du McCoy Family Center for Ethics in Society de l'université Stanford, où s'est tenu un atelier de relecture organisé par Joan Berry et auquel ont participé Rob Reich, Alison McQueen, Leif Wenar, Michelle Wilde Anderson, Sarah Frisch, Barbara Kiviat, Michael Kahan, Marietje Schaake, Aaron Foley, Garance Burke, Collin Anthony et Diana Aguilera. Plusieurs états du texte ont également été relus par Franklin Foer, Mark Vanhoenacker, Stacy Mitchell, Nathan Pippenger, Adam Plunkett, Simon van Zuylen-Wood, Mya Frazier, Perry Bacon Jr., Avi Zenilman, B. J. Bethel, Seth Sawyers, et, avec une relecture particulièrement attentive, Rachel Morris.

En plus de l'aide de mon éditeur, Alex Star, le livre a bénéficié d'un travail consciencieux de vérification des informations réalisé par Hilary McClellen, de relecture d'épreuves par Susan VanHecke, et de l'aide à la production éditoriale de Ian Van Wye et Carrie Hsieh. Ces dernières années, plusieurs de mes articles ayant servi de fondations partielles à ce livre ont fait l'objet d'un attentif travail d'édition de la part, notamment, de Larry Roberts, Nick Varchaver, Charles Homans, Rachel Dry, Willing Davidson et Ann Hulbert.

Je remercie Stephen Engelberg et Robin Fields, de *ProPublica*, qui m'ont offert leurs encouragements et du temps pour travailler à ce livre. Je remercie ma mère, Ingrid MacGillis, et ma sœur, Lucy MacGillis, pour avoir contribué à instiller en moi un attachement à certains lieux qui aura été ma première motivation pour écrire ce livre. Je remercie les personnes avec qui je vis à Baltimore, qui ont été des compagnons compréhensifs pendant tout ce travail : mes fils, Harry et John, et ma femme, Rachel Brass. Enfin, je n'aurais jamais été capable de me lancer dans un tel livre sans l'expérience de toute une vie qui a été celle de mon père, le journaliste Donald MacGillis, qui a réalisé une lecture finale du manuscrit peu de temps avant sa mort prématurée.

Notes

Introduction. Au sous-sol

1. Hector Torrez est un pseudonyme, tout comme le prénom Laura donné à son épouse. Le recours à des pseudonymes vise à protéger cet employé d'éventuelles représailles, où il était toujours en poste au moment de la parution. Aucun autre pseudonyme n'a été utilisé dans cet ouvrage.

Chapitre 1. Communauté

1. Le Naval Security Group (NAVSECGRU), organisme actif de 1935 à 2005 au sein de la Navy (la marine de guerre des États-Unis), avait pour mission de recueillir des renseignements et d'empêcher les ennemis d'en collecter pour leur camp.
2. Votée par le Congrès en 1970, la loi RICO (Racketeer Influenced Corrupt Organizations) visait à lutter contre le crime organisé. Son but : fournir aux procureurs les moyens de poursuivre en justice les membres de gangs criminels accusés d'être mêlés à deux actes répréhensibles sur une période donnée. Cette loi conférait à la juridiction le droit de condamner automatiquement les malfrats concernés à vingt ans de prison.
3. La cour d'appel des États-Unis pour le neuvième circuit (United States Court of Appeals for the Ninth Circuit), sise à San Francisco, est une cour d'appel fédérale, devant laquelle sont interjetés les appels en provenance de quinze cours de district. Le neuvième circuit est de loin la plus importante cour d'appel fédérale des États-Unis, avec vingt-huit juges en service.

Chapitre 2. Carton

1. Établissements d'enseignement supérieur moins onéreux et moins prestigieux que les universités classiques, les *community colleges* dispensent des formations professionnelles en deux ans équivalant peu ou prou à un DUT. Les matières enseignées y sont toutefois plus variées que dans un IUT (commerce, TIC, gestion hôtelière, gestion de restaurant, psychologie, comptabilité, puériculture,

protection de l'environnement, technologie biomédicale, biotechnologie, robotique, optique laser).

2. Représentant officiel d'un gouvernement provincial ou territorial dont le rôle principal est de superviser ou de conduire des investigations médico-légales dans tous les cas de mort non naturelle, subite, inexpliquée ou sans surveillance.

Chapitre 3. Sécurité

1. Rocade délimitant le centre de Washington, où se concentrent les pouvoirs décisionnel et stratégique du pays (groupes de pression, organismes gouvernementaux, organes de presse nationaux, etc.), et les secteurs situés hors de cette zone d'influence.

Chapitre 4. Dignité

1. *Sparrow* en anglais.

2. Agence indépendante du gouvernement fédéral américain chargée de conduire les élections syndicales et d'enquêter sur les pratiques illégales dans le monde du travail.

3. Les Seabees (surnom dû à la prononciation de CB, pour Construction Battalions) sont une unité de génie militaire de la Navy (la marine de guerre des États-nis), créée durant la Seconde Guerre mondiale. Les SEAL sont la principale force spéciale de la Navy.

Chapitre 7. Refuge

1. Cette manifestation pacifique et silencieuse pour les droits des femmes s'est tenue à Seattle le 21 janvier 2017, dans le cadre des Women's Marches organisées partout dans le monde ce jour-là. La graphie "Womxn" sert symboliquement à marquer l'intersectionnalité avec la communauté transgenre.

2. Littéralement : "Éliminer et semer". Chapeauté par le ministre de la Justice, le programme Weed and Seed se déploie sur tout le territoire américain dans certaines zones urbaines sensibles ciblées à fort de taux de criminalité pour prévenir, maîtriser et réduire la violence, la toxicomanie et les agissements des gangs.

3. Festivaliers déguisés en "soldats-bisons", en hommage aux "cowboys noirs" qui combattirent dans les rangs de l'armée américaine au sein de divisions d'infanterie et de cavalerie ségréguées.

Chapitre 9. Livraison

1. Équipe en charge des contenus médias et des canaux de communication possédés par l'entreprise (site Web, blogs, réseaux sociaux).

2. Service de gestion du personnel qui se veut complémentaire des ressources humaines et qui considère les employés comme des "clients internes", c'est-à-dire qu'il veille notamment à leur bien-être et à leur progression au sein de l'entreprise.

3. Théorie selon laquelle, comme le dit Jeff Bezos : "Les grandes choses ont d'abord été petites" ("*Big things start small*").

Table

Du même auteur

The Cynic : The Political Education of Mitch McConnell

RÉALISATION : NORD COMPO À VILLENEUVE-D'ASCQ
ACHEVÉ D'IMPRIMER SUR ROTO-PAGE
PAR L'IMPRIMERIE FLOCH À MAYENNE
DÉPÔT LÉGAL : JUIN 2021. N° 148052 (98434)
Imprimé en France